U0856279

中国农村金融统计年鉴

1991

中国农业银行　编

中国统计出版社

（京）新登字041号

中国农村金融统计年鉴

ZHONGGUO NONGCUN JINRONG

TONGJI NIANJIAN

1991

中国农业银行　编

*

中国统计出版社出版

（北京三里河月坛南街38号　100826）

中国科学院印刷厂印刷

*

787×1092毫米　16开本　22.625印张　68万字

1992年1月第1版　1992年1月北京第1次印刷

印数：1—4200

ISBN　7-5037-0699-6/F·358

定价：28.00元

编者说明

一、《中国农村金融统计年鉴—1991》是一部全面反映农业银行与农村信用合作社发展情况的资料性年刊，收录了全国和各省、自治区、直辖市、各计划单列城市农业银行、农村信用社1990年信贷、现金、机构、人员、财务、专项调查等方面的统计数据，同时摘录了有关金融与农村经济方面的统计数据。

二、全书内容共分为九个部分：(1)信贷；(2)现金；(3)机构、人员、财务；(4)农业银行教育；(5)利率；(6)信贷资金使用情况专项调查；(7)金融主要指标；(8)国民经济与农村经济主要指标；(9)农民家庭经济调查。

三、书中所涉及的金融方面统计数字均未包括西藏自治区（农行未设机构）、台湾省和香港、澳门地区。

四、本书信贷部门的年末余额均为结转数，信贷增减额、增长率、构成与贷款累计收回数的计算也使用结转数，信贷各项目口径与《中国农村金融统计（1979—1989）》相同，均为可比数。

五、各地区信贷数据均以各行上报的结转数为准。各计划单列城市分行的数据均含在有关地区数据中。

六、书中的国民经济与农村经济主要指标、国家金融指标，主要选自国家统计局《中国统计年鉴》、人民银行《中国金融年鉴》。

七、书中信贷资金使用情况专项调查数据来源于农业银行信贷专项调查年度统计报表。农民家计调查资料系我行对全国29个省、自治区、直辖市2万多农户进行定点抽样调查所取得。

八、本书所列的年平均增长速度，也就是递增速度，采用“水平法”计算。从某年到某年平均增长速度的年份，均不包括基期年在内。

九、表中的“#”表示其中的主要项。

十、本年鉴由信息电脑部统计处编辑。提供资料的有信息电脑部调查信息处、人事部劳资处、工业信贷部乡镇企业信贷处、国营工业信贷处、农业信贷部农业信贷一处、二处、三处、信用合作管理部社务处、会计部财务处、综合计划部货币流通处、教育部院校处。信息电脑部运行处、数据库处进行有关数据采集和处理。

目　　录

一、信　贷

（一）农业银行

（二）农村信用社

（三）农业银行、信用社

二、现 金

（一）农业银行

（二）农村信用社

三、机构、人员、财务

（一）农业银行

（二）农村信用社

四、农业银行教育

五、利 率

六、信贷资金使用情况专项调查

七、金融主要指标

八、国民经济与农村经济主要指标

九、农民家庭经济调查

1

信 贷

农业银行信贷资金平衡表

（1990年）

单位：亿元

资金来源项目	余额	比上年增减	比上年增长(%)
资金来源总计	4 736.31	1 004.78	26.92
一、各项存款合计	2 640.55	585.09	28.46
（一）企业存款	438.39	68.96	18.67
1. 工业存款	34.63	6.20	21.79
2. 商业存款	310.18	43.95	16.50
3. 乡镇企业存款	66.33	10.08	17.92
4. 单位定期存款	27.25	8.73	47.14
（二）农业存款	853.67	131.15	18.15
1. 国营农业企事业存款	115.03	20.74	21.99
2. 集个体农业存款	19.21	2.54	15.22
3. 信用社存款	434.44	113.57	35.39
4. 信用社存款准备金	284.99	−5.70	−1.95
（三）储蓄存款	1 212.10	363.59	42.85
1. 活期	182.35	34.76	23.54
2. 定期	1 029.75	328.83	46.91
（四）其他存款	136.39	21.39	18.59
二、金融债券	9.68	−0.43	−4.27
三、财政性存款	58.74	15.75	36.64
四、向人行借款	1 438.88	256.01	21.64
临时借款	549.70	141.98	34.82
五、同业往来	275.88	116.07	72.62
六、信贷基金	268.02	11.01	4.28
七、纯益	11.55	−0.71	−5.79
八、其他	33.01	21.99	199.63

资金运用项目	余额	比上年增减	比上年增长(%)
资金运用总计	4 736.31	1 004.78	26.92
一、各项贷款合计	3 774.34	716.17	23.41
（一）流动资金贷款	3 071.00	587.61	23.66
1. 工业贷款	249.54	60.34	31.88
国营工业流动资金	114.99	32.67	39.68
集体工业贷款	113.67	24.23	27.08
集体工业固定资产	20.88	3.44	19.71
2. 商业贷款	2 359.28	485.70	25.92
国营商业贷款	126.74	19.14	17.78
供销社贷款	624.05	45.48	7.86
农机公司贷款	29.41	1.23	4.37
预购定金贷款	4.68	−0.45	−8.87
乡镇企业供销公司	32.15	5.04	18.60
集体商业贷款	65.26	4.22	6.92
个体商业贷款	12.51	0.24	1.88
收购农副产品贷款	1 405.83	407.01	40.75
其他商业贷款	58.65	3.79	6.90
3. 乡镇企业贷款	462.18	41.57	9.88
流动资金贷款	329.78	34.76	11.77
固定资产贷款	103.77	5.65	5.75
农村电力工业贷款	28.63	1.16	4.22
（二）固定资产贷款	76.43	10.84	16.53
1. 国营工业技改贷款	26.38	6.05	29.79
2. 国营商业技改贷款	15.57	0.40	2.63
3. 国营农业技改贷款	23.31	1.98	9.31
4. 基本建设贷款	11.17	2.41	27.42
（三）农业贷款	562.93	98.99	21.33
1. 国营农业贷款	203.00	38.54	23.43
2. 集体农业贷款	113.61	17.83	18.60
3. 农户贷款	99.41	8.82	9.73
4. 信用社贷款	37.47	3.49	10.29
5. 扶贫贴息贷款	47.71	9.99	26.49
6. 外资配套贷款	16.65	6.49	63.93
7. 开发性贷款	45.08	13.83	44.25
（四）特种贷款	25.79	−0.23	−0.88
（五）其他贷款	38.19	18.96	98.49
二、缴存准备金	340.15	81.40	31.46
三、在人行存款	387.77	137.77	55.10
四、同业往来	168.11	63.08	60.05
五、现金	65.94	6.36	10.66

农业银行各项存款余额分月统计表

（1990年）　　　　单位：亿元

项　　目	1　月	2　月	3　月	4　月	5　月	6　月
存款合计	2 082.71	2 161.08	2 192.61	2 208.11	2 252.38	2 339.57
1. 工业存款	25.44	26.26	28.44	29.60	30.59	31.37
2. 商业存款	262.52	255.05	259.31	263.36	277.76	289.30
3. 乡镇企业存款	44.44	44.42	48.50	50.81	53.10	54.21
4. 农业存款	744.40	772.09	757.93	740.82	737.48	774.12
(1) 国营农业企事业存款	85.38	83.71	86.26	87.72	89.23	91.50
(2) 集体农业存款	15.39	14.48	14.57	14.76	15.31	15.78
(3) 信用社存款	350.66	378.99	358.24	340.76	337.58	373.72
(4) 信用社存款准备金	292.97	294.91	298.86	297.58	295.36	293.12
5. 储蓄存款	883.45	937.68	972.75	996.94	1 024.35	1 056.98
* 定期存款	737.58	791.22	828.11	852.42	876.08	900.79
6. 信托存款	1.68	1.68	1.95	1.71	1.49	1.43
7. 其他存款	120.78	123.90	123.73	124.87	127.61	132.16

项　　目	7　月	8　月	9　月	10　月	11　月	12　月	月平均余额
存款合计	2 386.74	2 426.12	2 474.14	2 563.18	2 657.70	2 640.55	2 365.40
1. 工业存款	30.65	32.26	33.85	35.07	36.39	34.63	31.21
2. 商业存款	289.09	296.52	309.73	318.80	330.48	310.18	288.51
3. 乡镇企业存款	53.30	56.24	57.38	58.26	61.28	66.33	54.02
4. 农业存款	785.68	782.84	791.11	836.45	885.14	853.67	788.48
(1) 国营农业企事业存款	91.87	94.01	96.42	102.15	107.75	115.03	94.25
(2) 集体农业存款	15.97	16.28	16.12	16.37	17.22	19.21	15.96
(3) 信用社存款	382.48	378.77	394.11	432.43	473.37	434.44	386.30
(4) 信用社存款准备金	295.36	293.78	284.46	285.50	286.80	284.99	291.97
5. 储蓄存款	1 089.92	1 114.47	1 134.89	1 162.88	1 187.25	1 212.10	1 064.47
* 定期存款	928.26	951.32	966.83	989.42	1 009.70	1 029.75	905.12
6. 信托存款	1.43	1.36	1.34	1.26	1.28	1.16	1.48
7. 其他存款	136.67	142.43	145.84	150.46	155.88	162.48	137.23

农业银行各项贷款余额分月统计表

（1990年）　　单位：亿元

项　目	1　月	2　月	3　月	4　月	5　月	6　月
贷　款　合　计	3 029.98	2 992.82	2 989.53	2 974.87	2 970.52	3 045.44
1. 工业贷款	189.05	191.36	196.30	200.82	204.80	211.92
2. 商业贷款	1 850.12	1 804.89	1 769.67	1 726.39	1 697.71	1 724.70
#(1) 供销社贷款	573.72	573.94	574.31	566.84	555.11	555.21
(2) 国营商业贷款	106.32	106.54	108.94	110.32	111.39	115.19
(3) 收购农副产品贷款	982.41	935.46	886.55	840.95	820.04	841.95
(4) 农机公司贷款	28.10	28.46	27.52	26.82	26.47	26.76
(5) 集体、个体贷款	72.85	73.13	73.95	74.27	74.73	74.94
3. 技术改造贷款	55.96	55.53	55.19	55.03	54.90	55.59
(1) 工业技术改造贷款	20.12	19.95	19.92	19.90	20.01	20.57
(2) 商业技术改造贷款	14.79	14.63	14.45	14.43	14.27	14.43
(3) 国营农业技术改造贷款	21.05	20.95	20.82	20.70	20.62	20.59
4. 基本建设贷款	8.75	8.65	8.65	8.61	8.67	9.42
5. 乡镇企业贷款	416.71	417.50	420.32	424.99	429.07	434.96
(1) 乡镇企业流动资金贷款	292.67	293.79	297.04	302.06	306.29	312.30
(2) 乡镇企业固定资产贷款	96.66	96.25	95.66	95.05	94.63	94.38
(3) 农村电力工业贷款	27.38	27.46	27.62	27.88	28.15	28.28
6. 农业贷款	461.16	466.33	490.68	511.71	528.44	545.12
(1) 国营农业贷款	163.99	165.25	171.48	176.97	182.19	188.82
(2) 集体农业贷款	95.17	96.02	100.13	103.74	106.86	110.62
(3) 农户贷款	90.27	91.75	98.58	103.90	107.18	109.44
(4) 信用社贷款	33.32	34.19	39.73	43.95	46.43	47.57
(5) 扶贫贴息贷款	37.58	37.63	38.05	39.08	40.03	40.99
(6) 外资配套贷款	10.20	10.58	10.86	11.04	11.13	11.33
(7) 开发性贷款	30.63	30.91	31.85	33.03	34.62	36.35
7. 信托贷款	5.71	5.71	5.67	5.64	5.59	14.27
8. 特种贷款	25.75	25.73	25.78	25.66	25.56	25.51
9. 其他贷款	16.77	17.12	17.27	16.02	15.78	23.95

农业银行各项贷款余额分月统计表(续)

（1990年）　　　　　　　　　　　　　　　　　　单位：亿元

项　　目	7　月	8　月	9　月	10　月	11　月	12　月	月平均余额
贷 款 合 计	3 076.00	3 145.64	3 290.11	3 480.10	3 620.30	3 774.34	3 199.16
1. 工业贷款	215.11	221.19	227.64	231.37	237.01	249.54	214.68
2. 商业贷款	1 745.99	1 798.07	1 924.09	2 109.92	2 242.32	2 359.28	1 896.10
* (1) 供销社贷款	542.34	543.35	558.61	568.91	589.37	624.05	568.81
(2) 国营商业贷款	117.09	118.72	123.03	125.45	126.50	126.74	116.35
(3) 收购农副产品贷款	874.34	924.65	1 029.15	1 200.48	1 317.70	1 405.83	1 004.96
(4) 农机公司贷款	26.73	26.76	27.25	27.02	27.18	29.41	27.37
(5) 集体、个体贷款	75.35	76.18	77.31	78.31	78.71	77.77	75.63
3. 技术改造贷款	55.58	56.09	56.57	57.93	59.94	65.26	56.97
(1) 工业技术改造贷款	20.68	20.89	21.36	22.37	23.52	26.38	21.31
(2) 商业技术改造贷款	14.29	14.47	14.44	14.61	14.89	15.57	14.61
(3) 国营农业技术改造贷款	20.61	20.73	20.77	20.95	21.53	23.31	21.05
4. 基本建设贷款	9.99	10.22	10.78	10.79	10.78	11.17	9.71
5. 乡镇企业贷款	435.71	439.99	444.29	446.09	450.59	462.18	435.20
(1) 乡镇企业流动资金贷款	313.57	317.71	321.45	322.84	325.72	329.78	311.27
(2) 乡镇企业固定资产贷款	93.93	93.95	94.42	94.62	96.09	103.77	95.78
(3) 农村电力工业贷款	28.21	28.33	28.42	28.63	28.78	28.63	28.15
6. 农业贷款	551.63	558.13	564.97	563.66	557.60	562.93	530.20
(1) 国营农业贷款	191.37	193.19	196.13	197.12	197.76	203.00	185.61
(2) 集体农业贷款	111.87	113.73	116.10	115.44	114.52	113.61	108.15
(3) 农户贷款	110.38	111.74	111.51	110.01	105.35	99.41	104.13
(4) 信用社贷款	47.54	46.92	45.68	43.02	39.41	37.47	42.10
(5) 扶贫贴息贷款	41.76	42.52	43.52	44.23	44.97	47.71	41.51
(6) 外资配套贷款	11.63	11.90	12.79	14.13	15.02	16.65	12.27
(7) 开发性贷款	37.08	38.13	39.24	39.71	40.57	45.08	36.43
7. 信托贷款	14.09	14.11	13.93	13.54	13.94	14.36	10.55
8. 特种贷款	25.45	25.45	25.47	25.49	25.54	25.79	25.60
9. 其他贷款	22.45	22.39	22.37	21.31	22.58	23.83	20.15

各地区农业银行各项存款

（1990年）　　　　单位：万元

	各项存款合计		（一）企业存款		1．工业存款	
	余额	比上年增减	余额	比上年增减	余额	比上年增减
总行国际部	1 026	824	1 026	824		
北京	697 353	144 550	179 862	19 533	9 669	2 839
天津	459 770	114 471	108 472	－3 117	13 092	814
河北	1 694 287	321 113	205 181	35 837	11 648	848
山西	732 960	151 207	81 778	2 760	4 619	－477
内蒙古	380 645	89 331	47 978	6 627	3 095	1 232
辽宁	1 280 537	283 983	175 780	23 113	12 534	2 154
吉林	535 721	109 750	69 434	4 984	2 060	－127
黑龙江	912 513	202 605	106 448	22 521	6 446	1 985
上海	999 412	218 695	305 391	52 478	31 000	7 152
江苏	1 915 329	498 466	315 842	63 315	9 971	596
浙江	1 371 704	370 771	215 841	59 578	16 866	5 386
安徽	693 064	147 463	103 357	10 929	6 777	748
福建	713 247	159 320	129 492	22 430	17 002	2 508
江西	610 607	117 889	104 050	24 094	9 297	793
山东	2 123 813	428 958	275 124	39 034	16 469	6 974
河南	1 228 428	206 705	202 481	11 283	10 103	1 483
湖北	1 034 317	205 510	187 792	23 944	8 956	1 813
湖南	841 627	191 066	115 470	11 582	7 391	1 115
广东	2 748 956	620 739	513 863	95 275	48 303	9 724
广西	678 721	188 537	101 371	13 169	12 819	3 040
海南	242 442	62 931	31 712	6 903	1 589	532
四川	1 581 073	358 355	256 334	38 651	41 005	2 772
贵州	294 367	62 309	77 005	12 789	10 596	1 119
云南	731 761	171 186	191 602	38 256	12 755	2 713
陕西	573 182	110 557	71 997	6 111	5 127	－432
甘肃	363 477	62 833	60 996	9 218	4 673	1 386
青海	105 544	11 156	22 184	－2 286	2 615	－544
宁夏	108 198	20 632	18 245	2 161	4 459	1 726
新疆	751 414	218 995	107 864	37 694	5 372	2 105
#重庆	203 294	43 197	31 315	4 428	2 689	204
武汉	214 135	41 534	61 586	8 843	3 162	615
沈阳	258 196	78 707	40 687	9 057	3 121	－297
大连	298 344	73 621	42 201	8 776	4 392	1 205
哈尔滨	125 613	26 341	27 776	5 932	1 713	393
广州	557 183	123 278	120 549	18 913	14 138	4 310
西安	133 569	28 210	18 971	1 673	419	－333
青岛	213 041	47 517	36 657	9 452	1 871	631
宁波	221 389	69 263	34 864	11 983	2 398	953
厦门	50 826	16 938	13 900	4 905	917	8
深圳	290 309	66 320	122 139	21 069	12 618	1 931
长春	118 615	24 090	18 859	1 313	691	－374
南京	151 421	35 742	32 840	4 042	578	202
成都	278 361	70 742	49 284	11 043	3 583	799
合计	**26 405 495**	**5 850 907**	**4 383 972**	**689 690**	**346 308**	**61 977**

各地区农业银行各项存款(续1)

(1990年) 单位：万元

	2. 商业存款		3. 乡镇企业存款		4. 单位定期存款	
	余额	比上年增减	余额	比上年增减	余额	比上年增减
总行						
国际部	1 026	824				
北京	118 743	5 286	27 775	687	23 675	10 721
天津	62 060	12 707	28 115	4 689	5 205	−21 327
河北	160 435	28 665	25 037	1 021	8 061	5 303
山西	57 451	2 187	16 307	− 949	3 401	1 999
内蒙古	41 136	4 558	2 634	376	1 113	461
辽宁	122 989	18 145	29 760	2 940	10 497	− 126
吉林	58 501	2 105	7 259	2 238	1 614	768
黑龙江	87 311	14 291	6 885	1 418	5 806	4 827
上海	183 765	33 653	81 356	6 499	9 270	5 174
江苏	198 621	38 241	85 336	16 258	21 914	8 220
浙江	145 418	33 721	42 004	13 412	11 553	7 059
安徽	79 219	3 530	8 927	1 617	8 434	5 034
福建	80 919	14 388	25 905	3 783	5 666	1 751
江西	77 086	17 156	13 763	4 228	3 904	1 917
山东	224 214	21 181	22 542	4 170	11 899	6 709
河南	165 787	9 070	23 086	2 148	3 505	− 1 418
湖北	148 685	8 889	10 006	1 163	20 145	12 079
湖南	89 791	6 694	9 621	1 333	8 667	2 440
广东	339 142	58 429	92 743	18 401	33 675	8 721
广西	65 079	7 184	16 953	3 253	6 520	− 308
海南	22 252	4 438	1 235	−832	6 636	2 765
四川	160 925	22 731	33 153	4 369	21 251	8 779
贵州	57 901	10 898	6 450	356	2 058	416
云南	153 641	30 948	21 136	3 422	4 070	1 173
陕西	53 183	6 486	8 669	890	5 018	− 833
甘肃	47 365	6 097	6 652	1 141	2 306	594
青海	16 390	−2 367	969	131	2 210	494
宁夏	11 386	−381	2 093	618	307	198
新疆	71 406	19 785	6 948	2 038	24 138	13 766
*重庆	19 897	3 063	7 095	551	1 634	610
武汉	45 077	518	2 738	354	10 609	7 356
沈阳	33 274	9 634	3 858	686	434	− 966
大连	25 939	6 018	11 564	2 646	306	− 1 093
哈尔滨	23 803	5 017	2 152	442	108	80
广州	83 898	11 351	19 331	3 014	3 182	238
西安	15 372	3 888	2 540	528	640	− 2 410
青岛	22 785	5 852	8 338	1 593	3 663	1 376
宁波	23 418	7 598	7 800	2 486	1 248	946
厦门	10 509	3 894	1 261	300	1 213	703
深圳	82 158	13 785	9 574	2 105	17 789	3 248
长春	14 824	135	2 263	1 078	1 081	474
南京	19 743	−1 062	7 917	3 051	4 602	1 851
成都	34 106	6 330	7 688	1 977	3 907	1 937
合计	3 101 827	439 539	663 319	100 818	272 518	87 356

各地区农业银行各项存款（续2）

（1990年）

单位：万元

	（二）农业存款		1．国营农业企事业存款		2．集个体农业存款	
	余额	比上年增减	余额	比上年增减	余额	比上年增减
总行						
国际部						
北京	352 226	70 848	85 335	16 537	3 354	1 130
天津	165 249	64 026	13 235	1 556	5 348	－15
河北	552 680	10 519	34 307	7 483	8 012	717
山西	314 613	54 163	20 035	3 507	3 077	112
内蒙古	149 340	32 127	15 209	959	1 842	470
辽宁	417 937	52 617	44 270	10 083	11 699	869
吉林	153 042	18 612	21 843	2 288	2 378	－5
黑龙江	294 466	44 722	62 892	6 436	3 813	1 055
上海	134 220	－705	30 153	4 117	24 280	2 904
江苏	528 405	83 460	62 354	14 310	11 408	2 988
浙江	553 379	115 928	48 673	12 557	12 508	3 980
安徽	307 327	65 224	26 301	3 504	2 157	710
福建	197 964	32 763	43 074	6 720	10 019	998
江西	175 067	845	27 884	7 592	2 813	762
山东	672 096	26 253	46 456	11 911	6 217	691
河南	341 210	23 532	26 079	6 203	12 974	2 438
湖北	271 418	51 198	33 695	3 910	3 456	657
湖南	286 611	59 696	35 961	7 719	2 552	30
广东	1 014 628	146 260	79 883	15 660	28 507	63
广西	209 397	67 719	46 886	10 021	7 432	－350
海南	56 910	17 776	17 116	3 040	1 355	1
四川	519 446	107 201	81 812	7 366	4 214	868
贵州	81 820	14 713	22 407	2 114	1 565	429
云南	215 273	51 926	55 475	11 484	5 305	779
陕西	185 985	24 225	27 170	1 455	2 310	－282
甘肃	102 678	3 365	23 293	1 634	2 979	639
青海	31 311	3 280	7 844	－333	2 844	－355
宁夏	31 298	1 971	6 843	－288	455	48
新疆	220 707	67 254	103 798	27 807	7 224	2 999
*重庆	67 228	7 552	11 290	1 865	613	88
武汉	47 182	4 648	9 938	1 835	911	125
沈阳	76 441	13 993	10 847	2 849	1 237	－352
大连	122 706	22 466	7 834	2 419	5 485	2 040
哈尔滨	29 462	－611	12 290	577	1 096	331
广州	218 584	41 213	25 361	4 859	8 190	－2 843
西安	58 722	12 008	6 953	236	644	－78
青岛	48 008	－11 257	5 338	1 235	396	61
宁波	90 948	26 467	5 191	1 373	1 040	453
厦门	11 927	4 345	1 506	－21	350	－40
深圳	53 097	12 031	4 253	－547	4 540	1 272
长春	30 884	5 790	4 902	454	878	－83
南京	34 185	2 669	7 897	753	313	466
成都	88 959	16 146	18 581	2 082	495	－78
合计	8 536 703	1 311 518	1 150 283	207 352	192 097	25 380

各地区农业银行各项存款(续3)

(1990年)　　单位：万元

	3．信用社存款		4．信用社存款准备金		(三) 储蓄存款	
	余额	比上年增减	余额	比上年增减	余额	比上年增减
总行						
国际部						
北京	193 024	69 839	70 513	87 506	139 599	43 188
天津	105 686	63 991	40 980	65 532	169 892	50 105
河北	243 620	19 529	266 741	27 729	900 448	271 886
山西	181 265	66 242	110 236	69 861	307 064	89 761
内蒙古	103 349	29 280	28 940	30 709	158 723	46 480
辽宁	232 810	38 050	129 158	49 002	637 545	201 676
吉林	86 168	19 379	42 653	21 662	286 772	87 113
黑龙江	154 929	39 384	72 832	46 875	482 989	131 459
上海	30 212	−21 311	49 575	−14 290	504 943	155 973
江苏	230 008	54 681	224 635	71 979	984 406	342 953
浙江	303 619	114 049	188 579	130 586	534 232	181 282
安徽	203 117	64 501	75 752	68 715	242 431	67 383
福建	85 113	26 803	59 758	34 521	339 932	95 176
江西	96 961	−3 516	47 409	4 838	291 902	85 060
山东	301 904	12 710	317 519	25 312	1 076 210	337 741
河南	151 696	16 565	150 461	25 206	598 113	159 505
湖北	129 680	32 947	104 587	37 514	481 782	119 442
湖南	162 434	56 267	85 664	64 016	383 680	112 393
广东	504 100	198 231	402 138	213 954	1 113 728	368 918
广西	110 183	50 278	44 896	59 949	327 945	105 459
海南	24 831	15 505	13 608	18 546	142 723	38 697
四川	287 029	79 526	146 391	87 760	697 014	193 642
贵州	44 750	12 097	13 098	14 640	105 498	25 765
云南	116 508	32 918	37 985	45 181	259 175	68 989
陕西	86 945	11 430	69 560	12 603	289 440	78 288
甘肃	51 366	781	25 040	3 104	176 043	46 116
青海	17 414	5 162	3 209	4 474	45 537	9 360
宁夏	16 742	449	7 258	209	52 786	15 266
新疆	88 903	29 956	20 782	60 762	390 438	106 819
*重庆	33 240	3 717	22 085	5 670	92 099	29 533
武汉	22 876	1 446	13 457	3 406	80 575	25 509
沈阳	46 247	10 011	18 110	12 508	127 732	52 577
大连	75 747	22 422	33 640	26 881	124 100	40 024
哈尔滨	10 841	−548	5 235	360	62 479	18 227
广州	119 301	46 939	65 732	48 955	203 547	66 346
西安	31 142	9 074	19 983	9 232	51 863	14 222
青岛	16 976	−3 296	25 298	−2 000	116 404	45 982
宁波	56 348	23 406	28 369	25 232	86 251	29 749
厦门	6 641	4 358	3 430	4 297	23 268	7 691
深圳	29 289	12 581	15 015	13 306	102 801	31 883
长春	18 191	4 421	6 913	4 792	57 791	18 902
南京	15 320	4 204	10 155	5 423	75 103	27 931
成都	44 219	10 092	25 664	12 096	118 622	37 063
合计	4 344 366	1 135 723	2 849 957	1 368 455	12 120 990	3 635 895

各地区农业银行各项存款(续4)

(1990年)　　单位：万元

	1. 活期		2. 定期		(四)其他存款	
	余额	比上年增减	余额	比上年增减	余额	比上年增减
总行						
国际部						
北京	15 267	3 040	124 332	40 148	25 666	10 981
天津	21 718	2 068	148 174	48 037	16 157	3 457
河北	145 913	19 174	754 535	252 712	35 978	2 871
山西	38 560	4 848	268 504	84 913	29 505	4 523
内蒙古	39 436	9 123	119 287	37 357	24 604	4 097
辽宁	91 912	20 659	545 633	181 017	49 275	6 577
吉林	66 665	12 354	220 107	74 759	26 473	−959
黑龙江	73 737	8 352	409 252	123 107	28 610	3 903
上海	9 341	399	495 602	155 574	54 858	10 949
江苏	29 060	−446	955 346	343 399	86 676	8 738
浙江	74 999	26 535	459 233	154 747	68 252	13 983
安徽	59 347	11 052	183 084	56 331	39 949	3 927
福建	47 669	8 565	292 263	86 611	45 859	8 951
江西	55 000	8 478	236 902	76 582	39 588	7 890
山东	91 746	9 764	984 464	327 977	100 383	25 930
河南	122 442	23 171	475 671	136 334	86 624	12 385
湖北	73 766	9 287	408 016	110 155	93 325	10 926
湖南	61 009	8 905	322 671	103 488	55 866	7 395
广东	276 861	73 602	836 867	295 316	106 737	10 286
广西	81 503	17 621	246 442	87 838	40 008	2 190
海南	40 544	7 240	102 179	31 457	11 097	−445
四川	98 699	15 133	598 315	178 509	108 279	18 861
贵州	24 620	4 758	80 878	21 007	30 044	9 042
云南	40 582	9 789	218 593	59 200	65 711	12 015
陕西	42 123	8 661	247 317	69 627	25 760	1 933
甘肃	30 155	3 515	145 888	42 601	23 760	4 134
青海	8 273	881	37 264	8 479	6 512	802
宁夏	6 814	1 831	45 972	13 435	5 869	1 234
新疆	55 784	19 138	334 654	87 681	32 405	7 228
*重庆	11 988	3 567	80 111	25 966	12 652	1 684
武汉	12 916	1 167	67 659	24 342	24 792	2 534
沈阳	21 845	6 810	105 887	45 767	13 336	3 080
大连	9 422	2 387	114 678	37 637	9 337	2 355
哈尔滨	13 418	2 804	49 061	15 423	5 896	2 793
广州	40 947	6 428	162 600	59 918	14 503	−3 194
西安	7 766	1 880	44 097	12 342	4 013	307
青岛	9 373	929	107 031	45 053	11 972	3 340
宁波	11 459	3 748	74 792	26 001	9 326	1 064
厦门	3 229	1 039	20 039	6 652	1 731	−3
深圳	46 366	18 591	56 435	13 292	12 272	1 337
长春	9 899	712	47 892	18 190	11 081	−1 915
南京	2 517	13	72 586	27 918	9 293	1 100
成都	18 202	4 502	100 420	32 561	21 496	6 490
合计	1 823 545	347 497	10 297 445	3 288 398	1 363 830	213 804

各地区农业银行各项贷款

（1990年）

单位：万元

	各项贷款合计		一、流动资金贷款		1．工业贷款	
	余额	比上年增减	余额	比上年增减	余额	比上年增减
总行	5 300					
国际部						
北京	604 308	118 682	396 075	64 315	29 060	9 998
天津	542 602	142 683	438 051	106 752	45 208	6 657
河北	1 944 794	284 416	1 598 273	201 913	97 729	23 600
山西	807 093	147 248	668 758	122 475	20 493	3 997
内蒙古	785 336	217 152	642 297	201 376	22 903	6 162
辽宁	1 823 342	380 809	1 492 923	317 365	133 361	27 514
吉林	1 680 279	465 261	1 362 701	414 082	34 954	7 820
黑龙江	1 724 547	355 752	1 307 502	321 217	70 442	19 250
上海	980 530	164 581	813 419	136 771	261 824	85 639
江苏	2 492 953	445 885	2 222 887	383 139	189 834	27 681
浙江	1 358 443	221 140	1 194 065	180 100	158 213	35 916
安徽	1 429 290	327 619	1 194 147	285 997	61 081	14 175
福建	770 515	101 438	539 771	68 129	62 137	17 048
江西	1 158 259	240 279	881 312	187 238	52 537	10 153
山东	2 961 137	463 636	2 563 192	370 092	137 051	35 277
河南	2 335 191	478 849	1 960 835	400 661	72 778	17 932
湖北	2 369 026	558 600	2 040 381	509 624	159 430	23 073
湖南	1 454 190	244 766	1 197 738	205 308	88 873	17 781
广东	2 955 757	381 054	2 401 050	283 831	351 173	90 601
广西	820 610	113 308	554 763	84 743	56 360	15 272
海南	338 880	63 023	191 398	34 047	6 307	1 421
四川	2 435 295	460 166	2 110 151	382 417	189 618	54 627
贵州	549 020	78 964	377 308	48 193	31 029	7 219
云南	804 664	91 160	606 253	66 860	42 968	11 442
陕西	902 346	158 615	723 209	125 635	59 815	16 706
甘肃	525 064	97 059	401 566	84 467	17 982	4 389
青海	118 892	17 267	85 072	7 137	11 935	3 048
宁夏	156 485	25 605	110 354	23 348	11 775	2 498
新疆	909 276	316 695	634 469	258 824	18 519	6 453
*重庆	300 847	67 078	266 466	56 310	29 541	7 915
武汉	310 025	69 741	255 363	59 747	29 745	7 545
沈阳	354 768	93 961	302 064	78 287	49 867	11 815
大连	239 515	45 765	174 544	31 823	16 404	3 342
哈尔滨	190 142	45 502	143 809	34 101	15 130	6 169
广州	416 114	55 698	306 368	31 064	56 556	13 456
西安	198 965	33 904	165 350	25 614	13 498	4 048
青岛	253 023	59 350	208 933	42 948	24 084	6 959
宁波	226 068	49 056	201 604	42 443	25 347	4 872
厦门	70 610	24 236	46 441	16 411	5 406	752
深圳	381 328	71 173	292 138	66 792	85 613	31 384
长春	413 168	134 710	339 401	126 132	7 239	1 912
南京	177 252	21 593	146 843	15 360	12 104	3 192
成都	328 942	59 008	293 028	44 745	36 191	10 185
合计	**37 743 424**	**7 161 712**	**30 709 920**	**5 876 056**	**2 495 389**	**603 349**

各地区农业银行各项贷款(续1)

(1990年)　　单位：万元

	(1) 国营工业流动资金贷款		(2) 集体工业贷款		(3) 集体工业固定资产贷款	
	余额	比上年增减	余额	比上年增减	余额	比上年增减
总行						
国际部						
北京	18 685	7 966	10 046	1 857	329	175
天津	25 167	2 745	18 331	3 302	1 710	610
河北	58 648	18 205	36 720	5 158	2 361	237
山西	10 434	2 488	9 343	1 356	716	153
内蒙古	10 764	3 647	10 692	1 885	1 447	6[illegible]0
辽宁	79 728	19 708	47 382	7 170	6 251	636
吉林	14 989	3 232	16 493	3 503	3 472	1 085
黑龙江	36 729	12 008	30 750	5 870	2 963	1 372
上海	74 156	25 808	187 193	59 875	475	−44
江苏	12 545	1 857	137 926	23 365	39 363	2 459
浙江	34 817	11 102	109 424	21 145	13 972	3 669
安徽	22 488	6 770	29 665	5 072	8 928	2 333
福建	41 419	13 727	18 941	3 662	1 777	−341
江西	30 738	7 455	17 742	2 519	4 057	179
山东	51 122	12 970	67 312	18 826	18 617	3 481
河南	39 285	11 315	32 377	6 208	1 116	409
湖北	46 182	12 608	83 240	9 849	30 008	616
湖南	35 960	10 453	39 131	5 109	13 782	2 219
广东	198 665	57 022	131 266	32 545	21 242	1 034
广西	34 407	10 213	19 134	5 037	2 819	22
海南	5 913	1 418	393	11	1	−8
四川	135 512	43 309	37 214	7 964	16 892	3 354
贵州	28 016	7 131	2 790	94	223	−6
云南	20 252	−598	11 099	2 954	11 617	9 086
陕西	40 710	12 321	15 410	3 632	3 695	753
甘肃	12 486	3 826	5 496	563		
青海	10 041	2 689	1 849	359	45	
宁夏	9 830	1 965	1 342	522	603	11
新疆	10 195	3 314	8 026	2 877	298	262
*重庆	17 637	5 809	9 017	1 609	2 887	497
武汉	11 930	5 557	16 122	1 881	1 693	107
沈阳	31 454	9 178	16 239	2 483	2 174	154
大连	7 227	1 470	7 851	1 433	1 326	439
哈尔滨	5 275	1 068	8 556	4 277	1 299	824
广州	36 677	11 432	16 792	1 965	3 087	59
西安	7 121	2 499	5 559	1 156	818	393
青岛	5 957	1 827	14 185	4 683	3 942	449
宁波	2 443	311	20 858	4 135	2 046	426
厦门	2 778	395	2 341	427	287	−70
深圳	80 427	29 592	5 186	1 792		
长春	3 935	1 005	2 983	912	321	−5
南京	320	−31	6 294	2 620	5 490	603
成都	25 423	7 444	8 472	2 276	2 296	465
合计	**1 149 883**	**326 674**	**1 136 727**	**242 289**	**208 779**	**34 386**

各地区农业银行各项贷款(续2)

(1990年)

单位：万元

	2. 商业贷款		(1) 国营商业贷款		(2) 供销社贷款	
	余额	比上年增减	余额	比上年增减	余额	比上年增减
总行						
国际部						
北京	273 162	42 875	23 038	8 758	72 461	－299
天津	285 295	84 949	12 810	3 509	74 388	6 941
河北	1 257 862	159 065	32 779	2 548	366 924	28 308
山西	515 321	109 503	20 606	6 731	159 077	12 580
内蒙古	588 615	190 680	9 399	1 260	140 366	27 222
辽宁	1 138 458	264 456	43 449	7 363	317 336	41 195
吉林	1 232 689	395 908	15 392	4 344	298 993	37 131
黑龙江	1 141 102	291 022	45 961	9 024	280 767	33 293
上海	326 975	35 399	32 245	5 017	126 489	3 106
江苏	1 585 237	314 076	49 425	7 023	424 471	35 097
浙江	696 992	114 614	33 722	11 693	218 144	5 524
安徽	1 025 212	261 246	36 823	1 660	219 161	4 797
福建	337 411	37 846	38 102	8 075	117 309	－4 310
江西	708 472	165 606	21 341	6 583	187 275	10 448
山东	2 115 278	305 384	51 143	5 676	395 020	33 376
河南	1 701 458	366 871	55 100	9 348	351 979	29 173
湖北	1 665 354	470 154	61 768	12 199	302 605	15 813
湖南	927 837	172 409	26 028	4 457	299 029	15 336
广东	1 578 683	152 425	381 114	39 867	617 310	42 889
广西	415 961	62 361	22 724	988	167 043	13 709
海南	172 993	31 506	37 681	－813	48 951	1 284
四川	1 508 699	305 976	100 619	21 064	402 230	6 234
贵州	301 871	36 308	21 989	4 323	85 838	5 313
云南	482 999	47 916	16 716	109	148 778	7 677
陕西	550 310	98 427	33 672	2 713	214 078	20 036
甘肃	335 426	75 160	18 748	3 142	93 060	8 686
青海	63 613	2 869	12 049	1 137	13 074	－409
宁夏	80 894	17 333	2 867	473	23 406	－1 589
新疆	578 600	244 720	10 100	3 141	74 922	16 244
*重庆	179 806	43 854	13 255	5 993	51 714	－485
武汉	201 099	48 062	22 772	6 323	60 440	5 721
沈阳	226 642	62 017	18 408	3 473	64 889	11 043
大连	111 171	21 279	6 565	986	40 761	4 701
哈尔滨	116 893	24 710	9 779	－430	64 732	10 556
广州	207 334	11 033	60 630	1 413	80 359	3 628
西安	128 926	18 904	4 923	650	76 979	9 003
青岛	137 233	30 879	4 892	1 058	34 512	2 794
宁波	118 192	31 218	3 299	1 171	31 920	－934
厦门	37 059	15 477	16 345	8 958	3 671	－678
深圳	176 049	29 166	129 017	29 490	17 195	－690
长春	310 967	121 285	2 162	697	70 361	11 039
南京	99 913	7 172	2 765	528	35 202	－3 462
成都	183 533	29 817	18 766	4 592	49 454	3
合计	23 592 779	4 857 064	1 267 410	191 412	6 240 484	454 805

各地区农业银行各项贷款(续3)

(1990年)

单位：万元

	(3) 农机公司贷款		(4) 预购定金贷款		(5) 乡镇企业供销公司贷款	
	余额	比上年增减	余额	比上年增减	余额	比上年增减
总行						
国际部						
北京	20 978	2 661	78	58	4 674	753
天津	3 918	638	18	−111	3 523	288
河北	15 897	552	1 436	−269	19 375	2 748
山西	8 961	−1 153	1 229	−173	12 639	2 769
内蒙古	11 858	1 998	767	−40	3 417	731
辽宁	18 306	1 916	3 939	−401	7 701	1 171
吉林	15 335	301	3 190	−666	7 827	799
黑龙江	24 467	2 368	8 825	61	7 350	193
上海	3 285	−40	4	4	8 582	220
江苏	7 356	208	4 367	−630	31 089	5 120
浙江	7 110	−487	97	−68	26 102	7 688
安徽	6 065	179	3 915	−156	7 060	1 360
福建	4 072	−509	165	5	6 130	1 162
江西	4 573	−388	1 792	−208	6 710	1 437
山东	28 851	579	1 427	−1 340	18 716	3 416
河南	25 255	−392	2 154	−121	19 467	4 373
湖北	16 233	1 197	5 371	1 142	9 732	687
湖南	6 362	−408	679	41	13 207	3 318
广东	15 133	−249	1 553	−409	48 399	1 976
广西	4 298	91	1 476	−423	3 771	1 001
海南	4 400	712	610	−33	1 659	555
四川	12 597	762	476	−198	29 257	4 529
贵州	1 893	−101	371	−337	1 585	376
云南	3 897	121	560	−76	6 625	1 217
陕西	10 585	1 972	1 259	−124	8 680	753
甘肃	4 662	−458	323	143	4 159	732
青海	622	−5	115	19	424	105
宁夏	641	19		−25	496	82
新疆	6 457	231	574	−219	3 174	880
*重庆	2 696	161		−15	2 658	575
武汉	3 582	486	808	−9	1 325	−20
沈阳	4 408	1 385	252	24	198	−30
大连	1 347	−63	15	−28	718	197
哈尔滨	2 826	675	231	−157	2 254	−79
广州	2 156	−419	130	−15	2 379	−86
西安	3 335	1 260	461	−21	3 156	583
青岛	2 359	256	13	−138	971	18
宁波	1 614	511		−16	6 904	3 451
厦门	418	45			141	−15
深圳	260	−90	3		520	−8
长春	4 682	565	1 262	−599	1 021	−54
南京	418	−118	359	102	4 017	−714
成都	2 984	608	4	−2	7 000	70
合计	**294 067**	**12 315**	**46 770**	**−4 554**	**321 530**	**50 439**

各地区农业银行各项贷款(续 4)

(1990年)　　　　单位：万元

	(6) 集体商业贷款		(7) 个体商业贷款		(8) 收购农副产品贷款	
	余额	比上年增减	余额	比上年增减	余额	比上年增减
总行国际部						
北京	8 042	563	16	−3	140 266	29 662
天津	5 469	647	218	−16	163 566	67 997
河北	19 962	−276	6 958	−1 066	788 203	127 466
山西	21 416	1 907	5 544	−367	277 131	86 633
内蒙古	8 061	425	2 422	−168	394 201	154 288
辽宁	27 285	902	1 894	−108	697 777	209 136
吉林	18 438	145	1 628	−98	853 403	349 481
黑龙江	28 093	−167	5 800	−26	699 473	246 171
上海	15 990	−153	22	−42	75 916	31 022
江苏	65 821	4 872	1 285	−71	977 270	259 717
浙江	34 725	7 943	10 130	2 213	347 403	86 986
安徽	16 643	1 470	4 001	−41	719 826	252 019
福建	15 933	2 626	2 293	163	136 406	25 177
江西	12 813	826	4 766	−275	460 022	145 405
山东	39 246	2 937	637	−25	1 546 053	255 667
河南	26 804	385	9 413	−246	1 192 392	323 298
湖北	28 013	2 059	8 288	112	1 207 749	440 030
湖南	23 725	1 099	4 978	−255	547 415	147 806
广东	135 228	5 024	18 024	3 764	303 758	63 970
广西	16 935	707	7 971	−300	175 972	44 608
海南	5 348	−640	3 711	9	46 522	19 863
四川	43 324	6 666	6 113	−105	855 859	265 039
贵州	2 599	−83	2 064	−231	179 319	27 762
云南	7 361	22	2 541	−361	283 406	40 823
陕西	11 052	1 288	6 651	326	235 658	64 775
甘肃	8 246	−145	3 939	−383	199 931	62 836
青海	1 739	525	1 161	44	32 384	866
宁夏	507	52	334	−28	51 382	18 962
新疆	3 829	634	2 252	−104	469 685	222 716
*重庆	8 414	2 113	508	64	94 422	32 793
武汉	7 619	1 312	616	25	101 602	34 260
沈阳	6 502	1 032	162	11	127 556	44 870
大连	4 297	459	14	−3	54 216	14 075
哈尔滨	4 823	109	462	355	29 626	12 964
广州	18 327	−728	1 754	57	38 822	6 375
西安	2 351	300	1 025	−70	34 978	6 960
青岛	6 328	1 670			86 589	25 343
宁波	5 934	1 265	137	−4	63 348	22 402
厦门	3 619	1 033	135	53	6 158	2 609
深圳	11 843	902	1 166	282	1 624	−831
长春	4 991	−31	565	−46	218 356	106 838
南京	4 827	−127	126	31	51 591	11 830
成都	8 307	1 492	205	−13	92 545	23 249
合计	652 647	42 260	125 054	2 312	14 058 348	4 070 181

各地区农业银行各项贷款(续5)

(1990年)　　　　单位：万元

	(9)其他商业贷款		3. 乡镇企业贷款		(1)流动资金贷款	
	余额	比上年增减	余额	比上年增减	余额	比上年增减
总行						
国际部						
北京	3 609	722	93 853	11 442	64 323	10 145
天津	21 385	5 056	107 548	15 146	82 334	13 784
河北	6 328	−946	242 682	19 248	204 508	17 589
山西	8 718	576	132 944	8 975	93 418	7 836
内蒙古	18 124	4 964	30 779	4 534	20 150	3 432
辽宁	20 771	3 282	221 104	25 395	164 930	22 241
吉林	18 483	4 471	95 058	10 354	67 089	8 972
黑龙江	40 366	105	95 958	10 945	69 075	9 674
上海	64 442	−3 735	224 620	15 733	153 584	9 981
江苏	24 153	2 740	447 816	41 382	366 116	36 310
浙江	19 559	−6 878	338 860	29 570	283 019	24 656
安徽	11 718	−42	107 854	10 576	78 443	9 275
福建	17 001	5 457	140 223	13 235	87 710	12 872
江西	9 180	1 778	120 303	11 479	80 885	10 061
山东	34 185	5 098	310 863	29 431	229 517	25 498
河南	18 894	1 053	186 599	15 858	144 947	12 191
湖北	25 595	−3 085	215 597	16 397	148 436	11 543
湖南	6 414	1 015	181 028	15 118	106 535	12 033
广东	58 164	−4 407	471 194	40 805	339 172	33 639
广西	15 771	1 980	82 442	7 110	44 446	4 094
海南	24 111	10 569	12 098	1 120	7 088	72
四川	58 224	1 985	411 834	21 814	248 987	18 885
贵州	6 213	−714	44 408	4 666	26 530	3 640
云南	13 115	−1 616	80 286	7 502	41 952	5 083
陕西	28 675	6 688	113 084	10 502	78 022	8 770
甘肃	2 358	607	48 158	4 918	30 400	4 270
青海	2 045	587	9 524	1 220	5 322	1 067
宁夏	1 261	−613	17 685	3 517	10 760	3 204
新疆	7 607	1 197	37 350	7 651	19 974	6 691
#重庆	6 139	2 655	57 119	4 541	39 514	3 883
武汉	2 335	−36	24 519	4 140	20 506	3 505
沈阳	4 267	209	25 555	4 455	18 757	3 756
大连	3 238	955	46 969	7 202	32 510	6 254
哈尔滨	2 160	717	11 786	3 222	9 243	2 823
广州	2 777	808	42 478	6 575	30 501	5 364
西安	1 718	239	22 926	2 662	17 305	2 707
青岛	1 569	−122	47 616	5 110	35 896	4 370
宁波	5 036	3 372	58 065	6 353	50 916	5 274
厦门	6 572	3 472	3 976	182	3 315	344
深圳	14 421	111	30 476	6 242	17 157	4 412
长春	7 567	2 876	21 195	2 935	16 992	2 536
南京	608	−898	34 826	4 996	28 519	4 413
成都	4 268	−182	73 304	4 743	48 186	3 738
合计	586 469	37 894	4 621 752	415 643	3 297 672	347 508

各地区农业银行各项贷款(续6)

(1990年)　　　　单位：万元

	(2) 固定资产贷款		(3) 农村电力工业贷款		二、固定资产贷款	
	余额	比上年增减	余额	比上年增减	余额	比上年增减
总行					5 300	
国际部						
北京	28 904	1 327	626	−30	32 676	5 005
天津	22 981	1 362	2 233		12 312	1 434
河北	35 399	1 389	2 775	270	29 108	3 035
山西	38 219	936	1 307	203	10 292	1 128
内蒙古	10 619	1 101	10	1	13 154	1 191
辽宁	54 861	2 722	1 313	432	36 919	5 957
吉林	25 498	1 387	2 471	−5	18 858	3 256
黑龙江	24 643	1 331	2 240	−60	39 729	6 520
上海	71 036	5 752			21 897	3 398
江苏	78 769	6 243	2 931	−1 171	27 960	4 806
浙江	44 286	4 224	11 555	690	16 590	2 864
安徽	26 641	1 019	2 770	282	20 713	4 715
福建	25 278	1 096	27 235	−733	28 199	1 861
江西	27 293	873	12 125	545	23 033	2 178
山东	71 628	4 464	9 718	−531	46 043	6 201
河南	29 201	1 530	12 451	2 137	28 295	2 279
湖北	41 495	1 858	25 666	2 996	35 194	4 881
湖南	42 740	1 495	31 753	1 590	28 498	2 410
广东	85 355	6 107	46 667	1 059	45 491	5 414
广西	23 947	633	14 049	2 383	20 585	3 386
海南	4 185	2 611	825	−1 563	6 650	328
四川	113 134	2 659	49 713	270	54 141	7 879
贵州	14 502	570	3 376	456	38 603	7 373
云南	24 740	971	13 594	1 448	16 152	3 000
陕西	32 444	886	2 618	846	18 551	3 711
甘肃	17 080	567	678	81	7 249	746
青海	4 187	153	15		5 595	994
宁夏	6 925	313			17 473	−2 803
新疆	11 755	936	5 621	24	59 007	15 299
#重庆	15 078	935	2 527	−277	8 891	1 750
武汉	3 853	635	160		7 543	857
沈阳	6 798	699			10 725	1 632
大连	14 259	748	200	200	6 426	1 284
哈尔滨	2 543	399			6 124	1 202
广州	10 435	1 226	1 542	−15	12 803	1 691
西安	5 573	−43	48	−2	6 479	1 321
青岛	9 067	1 000	2 653	−260	6 877	1 700
宁波	6 180	1 064	969	15	2 578	731
厦门	625	−161	36	−1	1 481	80
深圳	13 319	1 830				
长春	4 203	399			4 018	848
南京	6 307	583			3 497	700
成都	19 120	556	5 998	449	9 024	1 475
合计	1 037 745	56 515	286 335	11 620	764 267	108 446

各地区农业银行各项贷款(续7)

(1990年)　　　　单位：万元

	1. 国营工业技改贷款		2. 国营商业技改贷款		3. 国营农业技改贷款	
	余　额	比上年增减	余　额	比上年增减	余　额	比上年增减
总　行			5 300			
国际部						
北　京	8 176	2 699	8 146	901	16 354	1 405
天　津	7 852	1 237	2 324	188	1 336	−291
河　北	13 538	2 800	3 993	−990	8 756	1 295
山　西	3 168	259	3 944	615	2 930	304
内蒙古	7 684	1 263	1 791	224	3 389	−286
辽　宁	16 717	3 323	8 393	1 102	10 839	1 332
吉　林	4 517	1 426	4 969	279	9 312	1 551
黑龙江	6 798	1 848	5 198	−54	19 833	1 726
上　海	9 660	1 462	4 568	536	6 419	1 000
江　苏	5 987	1 777	7 355	736	10 583	793
浙　江	6 004	2 012	3 507	63	7 079	1 089
安　徽	6 375	683	5 581	626	4 566	755
福　建	14 936	2 951	4 322	−525	3 541	−565
江　西	6 175	237	2 768	162	14 090	1 779
山　东	17 329	3 765	17 585	112	9 029	1 524
河　南	7 702	1 831	11 486	−243	6 007	391
湖　北	6 360	1 753	10 342	365	13 945	750
湖　南	9 758	1 501	7 422	364	10 918	545
广　东	24 716	5 726	6 483	−460	14 292	648
广　西	10 652	3 773	2 142	−289	7 791	−98
海　南	1 496	433	312	−36	4 838	−69
四　川	29 745	6 672	10 451	−449	5 833	656
贵　州	7 050	828	8 698	958	1 989	587
云　南	9 328	3 790	1 823	−147	4 701	−643
陕　西	8 018	2 566	3 212	−19	5 861	1 064
甘　肃	2 553	462	1 002	−118	3 694	402
青　海	4 465	894	515	180	615	−80
宁　夏	2 439	1 237	190	−119	1 844	−521
新　疆	4 640	1 350	1 835	33	22 732	2 816
#重　庆	4 872	1 512	1 556	−211	1 973	−1
武　汉	2 380	732	848	−158	4 315	283
沈　阳	5 489	1 099	1 945	212	2 841	121
大　连	2 916	497	2 131	555	1 379	232
哈尔滨	1 311	272	593	−40	4 220	970
广　州	8 563	2 762	874	−359	3 366	−212
西　安	3 571	1 339	818	−183	2 090	165
青　岛	5 438	1 593	226	−266	1 213	373
宁　波	300	300	696	6	1 582	725
厦　门	1 196	250	95	−29	190	−141
深　圳						
长　春	1 283	300	918	−98	1 817	646
南　京	1 274	449	30	−113	2 193	364
成　都	6 205	1 170	937	7	882	298
合　计	263 838	60 558	155 657	3 995	233 116	19 859

各地区农业银行各项贷款(续8)

(1990年)　　　　　　　　　　　　单位：万元

	4. 基本建设贷款		三、农业贷款		1. 国营农业贷款	
	余　额	比上年增减	余　额	比上年增减	余　额	比上年增减
总　　行						
国 际 部						
北　　京			143 800	43 909	103 101	33 423
天　　津	800	300	62 962	16 567	29 382	4 268
河　　北	2 821	－70	266 889	52 098	53 907	11 474
山　　西	250	－50	122 750	22 335	18 931	5 829
内 蒙 古	290	－10	126 646	14 623	30 912	5 305
辽　　宁	970	200	272 301	46 306	102 658	21 094
吉　　林	60		292 528	46 919	115 189	21 893
黑 龙 江	7 900	3 000	365 226	25 988	234 565	17 247
上　　海	1 250	400	103 363	19 378	54 646	13 623
江　　苏	4 035	1 500	192 667	42 211	96 186	18 270
浙　　江		－300	119 646	21 818	55 936	4 815
安　　徽	4 191	2 651	202 654	34 542	25 103	5 198
福　　建	5 400		187 248	25 269	33 464	6 536
江　　西			238 146	47 707	129 293	24 280
山　　东	2 100	800	310 876	69 057	97 399	26 292
河　　南	3 100	300	314 832	69 524	29 676	8 343
湖　　北	4 547	2 013	254 873	38 669	98 447	18 599
湖　　南	400		206 927	35 307	64 142	13 075
广　　东		－500	403 541	70 533	186 414	25 885
广　　西			235 549	24 118	62 769	10 690
海　　南	4		136 249	28 523	79 080	22 660
四　　川	8 112	1 000	237 309	58 024	64 472	16 703
贵　　州	20 866	5 000	128 452	21 195	7 579	783
云　　南	300		176 459	20 619	35 721	3 630
陕　　西	1 460	100	145 838	27 367	19 922	6 290
甘　　肃			113 777	11 453	19 989	5 045
青　　海			27 679	8 763	2 769	1 233
宁　　夏	13 000	－3 400	27 669	4 909	14 447	1 830
新　　疆	29 800	11 100	212 404	42 196	163 924	31 142
#重　　庆	490	450	19 438	4 829	15 128	3 732
武　　汉			40 678	7 935	32 364	7 086
沈　　阳	450	200	31 267	6 889	18 510	4 733
大　　连			53 702	10 892	8 068	1 972
哈 尔 滨			38 397	10 112	31 826	9 224
广　　州		－500	85 246	19 703	73 374	15 316
西　　安			22 252	5 010	8 122	2 562
青　　岛			27 835	11 210	10 143	3 352
宁　　波		－300	13 617	1 422	7 367	376
厦　　门			17 251	3 332	2 781	－762
深　　圳			31 338	－1 839	19 917	－6 071
长　　春			69 067	7 691	22 098	6 447
南　　京			22 655	6 186	11 442	1 313
成　　都	1 000		19 777	8 603	7 805	2 485
合　　计	111 656	24 034	5 629 260	989 927	2 030 023	385 455

各地区农业银行各项贷款(续9)

(1990年) 单位：万元

	2．集体农业贷款		3．农户贷款		4．信用社贷款	
	余额	比上年增减	余额	比上年增减	余额	比上年增减
总行						
国际部						
北京	33 983	7 641	45	−22	306	−39
天津	28 311	10 506	1 474	152	202	56
河北	39 552	4 172	111 879	21 063	11 201	203
山西	38 456	4 306	41 006	8 220	10 432	−282
内蒙古	29 604	−1 104	43 708	2 312	5 309	2 208
辽宁	94 853	15 250	26 743	2 239	5 226	−700
吉林	48 953	10 835	89 712	−5 274	15 662	8 523
黑龙江	42 258	818	68 949	−3 251	32	−52
上海	45 768	6 318				
江苏	59 303	13 906	2 095	218	9 211	−1 513
浙江	29 321	5 647	9 923	1 986	6 159	808
安徽	31 303	−3 261	43 430	7 047	44 187	4 077
福建	72 672	10 549	26 975	1 118	15 028	944
江西	19 237	2 027	11 421	−443	5 794	−1 463
山东	110 022	25 064	38 156	3 904	37	−54
河南	53 721	13 042	125 364	20 232	12 910	498
湖北	53 388	4 453	17 319	584	17 440	1 568
湖南	30 605	3 529	24 718	2 046	13 648	2 963
广东	108 929	25 550	57 262	12 012	16 246	−2 892
广西	36 700	−962	23 118	−193	31 750	−626
海南	17 932	537	28 882	3 016	7 656	17
四川	35 053	12 893	29 065	1 661	26 973	−1 801
贵州	14 021	2 275	16 061	730	38 255	6 520
云南	17 210	1 574	37 161	205	38 493	4 362
陕西	16 286	2 593	36 172	3 152	21 382	4 532
甘肃	15 047	−1 848	50 457	3 922	10 953	615
青海	1 769	−158	11 056	607	6 258	5 328
宁夏	1 518	−86	4 743	257	2 823	607
新疆	10 206	2 095	17 241	677	1 163	569
*重庆	2 714	976	682	−76	131	−136
武汉	4 943	344	406	24	1 013	40
沈阳	7 745	1 483	3 566	−111	118	40
大连	40 276	7 627	554	−59		
哈尔滨	4 145	603	1 971	−9		
广州	8 274	3 428	2 183	636	760	−76
西安	3 178	326	5 552	976	827	−55
青岛	13 821	5 499	175	24		
宁波	4 877	1 003	372	18	474	−30
厦门	8 467	1 078	2 390	123	1 674	1 504
深圳	8 231	3 264	2 099	700		
长春	4 962	82	38 336	195	1 435	643
南京	6 870	4 031	46	24	2 800	−593
成都	8 684	5 032	428	86	681	−110
合计	**1 135 981**	**178 161**	**994 135**	**88 177**	**374 736**	**34 976**

各地区农业银行各项贷款(续10)

(1990年)　　　　单位：万元

	5. 扶贫贴息贷款		6. 外资配套贷款		7. 开发性贷款	
	余额	比上年增减	余额	比上年增减	余额	比上年增减
总行						
国际部						
北京			3 095	3 095	3 270	−189
天津			1 900	1 900	1 693	−315
河北	18 773	4 145	700	700	30 877	10 341
山西	10 183	1 885			3 742	2 377
内蒙古	8 494	2 033	350	350	8 269	3 519
辽宁	7 457	1 487	3 889	3 141	31 475	3 795
吉林	3 602	964	5 587	5 587	13 823	4 391
黑龙江	685	−121	849	849	17 888	10 498
上海			2 500	−30	449	−533
江苏	43	−1	7 928	7 482	17 901	3 849
浙江	4 728	1 126	2 070	2 070	11 509	5 366
安徽	30 816	6 435	2 697	−1 232	25 118	16 278
福建	18 065	2 954	15 647	2 365	5 397	803
江西	32 214	9 152	2 317	2 283	37 870	11 871
山东	22 738	4 044	12 157	9 066	30 367	741
河南	43 099	9 142	21 665	7 102	28 397	11 165
湖北	24 116	4 235	14 927	825	29 236	8 405
湖南	13 689	2 268	20 099	−296	40 026	11 722
广东	10 413	2 064	5 897	5 897	18 380	2 017
广西	37 554	9 497	17 731	−462	25 927	6 174
海南	133	133			2 566	2 160
四川	50 842	10 199	12 469	7 433	18 435	10 936
贵州	40 297	8 450	3 621	2 176	8 618	261
云南	33 238	6 329	5 855	2 059	8 781	2 460
陕西	35 291	5 696	2 594	2 594	14 191	2 510
甘肃	16 310	3 296			1 021	423
青海	5 076	1 347			751	406
宁夏					4 138	2 301
新疆	9 228	3 165			10 642	4 548
#重庆			300	300	483	33
武汉	23	10	1 339	365	590	66
沈阳			600	600	728	224
大连			1 741	993	3 063	359
哈尔滨	4		300	300	151	−6
广州			600	600	55	−201
西安	2 699	564	450	450	1 424	187
青岛			1 620	1 620	2 076	715
宁波					527	55
厦门			1 930	1 394	9	−5
深圳					1 091	268
长春			194	194	2 042	130
南京	1		1 383	1 383	113	28
成都	200		1 056	528	923	582
合计	477 084	99 924	166 544	64 954	450 757	138 280

各地区农业银行各项贷款(续11)

(1990年)　　单位：万元

	四、特种贷款		五、其他贷款	
	余额	比上年增减	余额	比上年增减
总行				
国际部				
北京	26 621	1 468	5 136	3 985
天津	12 517	1 499	16 760	16 431
河北	16 146	567	34 378	26 803
山西	2 698	510	2 595	800
内蒙古	2 544	−395	695	357
辽宁	8 147	105	13 052	11 076
吉林	4 946	−229	1 246	1 233
黑龙江	6 980	−298	5 110	2 325
上海	3 819	−1 464	38 032	6 498
江苏	23 108	−1 041	26 331	16 770
浙江	9 346	778	18 796	15 580
安徽	8 023	−323	3 753	2 688
福建	6 873	−1 135	8 424	7 314
江西	7 849	809	7 919	2 347
山东	17 564	1 375	23 462	16 911
河南	8 811	−481	22 418	6 866
湖北	23 276	−1 869	15 302	7 295
湖南	13 037	−347	7 990	2 088
广东	16 561	−820	89 114	22 096
广西	3 812	−254	5 901	1 315
海南	222	−5	4 361	130
四川	14 088	−25	19 606	11 871
贵州	2 236	69	2 421	2 134
云南	3 792	18	2 008	663
陕西	11 092	−662	3 656	2 564
甘肃	2 064	37	408	356
青海	353	181	193	192
宁夏	579	−251	410	402
新疆	821	−107	2 575	483
#重庆	1 296	−105	4 756	4 294
武汉	4 061	−344	2 380	1 546
沈阳	4 072	599	6 640	6 554
大连	1 596	247	3 247	1 519
哈尔滨	1 389	199	423	-112
广州	3 920	−195	7 777	3 435
西安	2 199	5	2 685	1 954
青岛	4 480	900	4 898	2 592
宁波	3 992	687	4 277	3 773
厦门	900	−60	4 537	4 473
深圳	1 357	−963	56 495	7 183
长春	607	−36	75	75
南京	3 076	−1 400	1 181	747
成都	1 908	−136	5 205	4 321
合计	257 925	−2 290	382 052	189 573

农业银行信贷资金来源

（年末余额）　　单位：亿元

	1985年	1986年	1987年	1988年	1989年	1990年	1986—1990年平均每年增长（%）
资金来源总计	1 990.97	2 369.15	2 736.73	3 143.31	3 731.53	4 736.31	18.93
一、各项存款合计	912.35	1 211.80	1 487.30	1 713.73	2 055.46	2 640.55	23.68
（一）企业存款	202.05	262.77	305.00	351.36	369.43	438.39	16.76
1．工业存款	13.56	19.24	25.47	28.86	28.43	34.63	20.63
2．商业存款	156.97	196.72	221.69	253.18	266.23	310.18	14.59
3．乡镇企业存款	30.79	45.66	54.28	62.15	56.25	66.33	16.59
4．单位定期存款	0.73	1.15	3.56	7.17	18.52	27.25	106.26
（二）农业存款	474.87	588.39	656.99	672.22	722.52	853.67	12.45
1．国营农业企事业存款	62.76	83.53	94.65	92.23	94.29	115.03	12.88
2．集个体农业存款	7.45	9.94	12.34	15.08	16.68	19.21	20.86
3．信用社存款	197.04	265.86	285.51	287.17	320.86	434.44	17.13
4．信用社存款准备金	207.62	229.06	264.49	277.74	290.69	284.99	6.54
（三）储蓄存款	155.32	257.68	426.19	593.71	848.51	1 212.10	50.82
1．活期	34.55	54.38	99.91	154.24	147.60	182.36	39.47
2．定期	120.77	203.30	326.28	439.47	700.91	1 029.74	53.52
（四）其他存款	80.11	102.96	99.12	96.44	115.00	136.39	11.23
二、金融债券	4.68	10.20	10.65	12.90	10.11	9.68	15.64
三、财政性存款	19.65	26.86	29.81	27.68	42.99	58.74	24.48
四、向人行借款	751.57	774.67	834.54	993.80	1 182.87	1 438.88	13.87
#临时借款	70.38	66.93	110.40	246.69	407.72	549.70	50.85
五、同业往来	18.75	14.51	55.15	87.87	159.81	275.88	71.22
六、信贷基金	203.65	225.26	234.37	244.92	257.01	268.02	5.65
七、纯益	9.68	10.92	13.92	15.20	12.26	11.55	3.60
八、其他	70.64	94.93	70.99	47.21	11.02	33.01	－14.11

农业银行信贷资金来源增减额

（比上年末）　　　　单位：亿元

	1986年	1987年	1988年	1989年	1990年
资金来源总计	378.18	367.58	406.58	588.22	1004.78
一、各项存款合计	299.45	275.50	226.43	341.73	585.09
（一）企业存款	60.72	42.23	46.36	18.07	68.96
1. 工业存款	5.68	6.23	3.39	−0.43	6.20
2. 商业存款	39.75	24.97	31.49	13.05	43.95
3. 乡镇企事业存款	14.87	8.62	7.87	−5.90	10.08
4. 单位定期存款	0.42	2.41	3.61	11.35	8.73
（二）农业存款	113.52	68.60	15.23	50.30	131.15
1. 国营农业企事业存款	20.77	11.12	−2.42	2.06	20.74
2. 集个体农业存款	2.49	2.40	2.74	1.60	2.54
3. 信用社存款	68.82	19.65	1.66	33.69	113.57
4. 信用社存款准备金	21.44	35.43	13.25	12.95	−5.70
（三）储蓄存款	102.36	168.51	167.52	254.80	363.59
1. 活期	19.83	45.53	54.33	−6.64	34.76
2. 定期	82.53	122.98	113.19	261.44	328.83
（四）其他存款	22.85	−3.84	−2.68	18.56	21.39
二、金融债券	5.52	0.45	2.25	−2.79	−0.43
三、财政性存款	7.21	2.95	−2.13	15.31	15.75
四、向人行借款	23.10	59.87	159.26	189.07	256.01
*临时借款	−3.45	43.47	136.29	161.03	141.98
五、同业往来	−4.24	40.64	32.72	71.94	116.07
六、信贷基金	21.61	9.11	10.55	12.09	11.01
七、纯益	1.24	3.00	1.28	−2.94	−0.71
八、其他	24.29	−23.94	−23.78	−36.19	21.99

农业银行信贷资金来源增长率

（比上年末）　　　　单位：%

	1986年	1887年	1988年	1989年	1990年
资金来源总计	18.99	15.51	14.85	18.71	26.92
一、各项存款合计	32.82	22.73	15.22	19.94	28.46
（一）企业存款	30.05	16.07	15.19	5.14	18.67
1. 工业存款	41.86	32.40	13.29	−1.46	21.79
2. 商业存款	25.32	12.69	14.20	5.15	16.50
3. 乡镇企事业存款	48.30	18.86	14.50	−9.49	17.92
4. 单位定期存款	55.86	210.48	101.57	158.37	47.14
（二）农业存款	23.90	11.65	2.31	7.48	18.15
1. 国营农业企事业存款	33.10	13.30	−2.55	2.23	21.99
2. 集个体农业存款	33.17	24.13	22.58	10.54	15.22
3. 信用社存款	34.93	7.39	0.57	11.73	35.39
4. 信用社存款准备金	10.32	15.46	5.00	4.66	−1.95
（三）储蓄存款	65.90	65.39	39.33	42.91	42.85
1. 活期	57.36	83.74	54.37	−4.30	23.54
2. 定期	68.34	60.49	34.69	59.48	46.91
（四）其他存款	28.52	−3.74	−2.70	19.25	18.59
二、金融债券	117.96	4.39	21.15	−21.65	−4.27
三、财政性存款	36.64	10.99	−7.13	55.29	36.64
四、向人行借款	3.07	7.72	19.08	19.02	21.64
# 临时借款	−4.89	64.95	123.45	65.27	34.82
五、同业往来	−22.61	279.97	59.33	81.87	72.62
六、信贷基金	10.61	4.04	4.50	4.93	4.28
七、纯益	12.80	27.47	9.19	−19.34	−5.79
八、其他	34.40	−25.21	−33.53	−76.64	199.55

农业银行资金来源构成

单位：%

	1986年	1987年	1988年	1989年	1990年
资金来源总计	100.00	100.00	100.00	100.00	100.00
一、各项存款合计	51.15	54.35	54.52	55.08	55.75
(以各项存款为100)					
(一) 企业存款	21.68	20.51	20.50	17.98	16.60
(以企业存款为100)					
1. 工业存款	7.32	8.35	8.21	7.70	7.90
2. 商业存款	74.86	72.68	72.06	72.06	70.75
3. 乡镇企事业存款	17.38	17.80	17.69	15.23	15.13
4. 单位定期存款	0.44	1.17	2.04	5.01	6.22
(二) 农业存款	48.56	44.17	39.23	35.15	32.33
(以农业存款为100)					
1. 国营农业企事业存款	13.46	13.25	12.64	11.82	13.48
2. 集个体农业存款	1.69	1.88	2.24	2.31	2.25
3. 信用社存款	45.62	44.30	43.45	45.04	50.89
4. 信用社存款准备金	39.23	40.57	41.67	40.83	33.38
(三) 储蓄存款	21.26	28.66	34.64	41.28	45.90
(以储蓄存款为100)					
1. 活期	21.10	23.44	25.98	17.40	15.04
2. 定期	78.90	76.56	74.02	82.60	84.96
(四) 其他存款	8.50	6.66	5.63	5.59	5.17
二、金融债券	0.43	0.39	0.41	0.27	0.20
三、财政性存款	1.13	1.09	0.88	1.15	1.24
四、向人行借款	32.70	30.49	31.62	31.70	30.38
五、同业往来	0.61	2.02	2.80	4.28	5.82
六、信贷基金	9.51	8.56	7.79	6.89	5.66
七、纯益	0.46	0.51	0.48	0.33	0.24
八、其他	4.01	2.59	1.50	0.30	0.71

农业银行信贷资金运用

（年末余额） 单位：亿元

	1985年	1986年	1987年	1988年	1989年	1990年	1986—1990年平均每年增长（%）
资金运用总计	1 990.97	2 369.15	2 736.73	3 143.31	3 731.53	4 736.31	18.93
一、各项贷款合计	1 687.70	1 996.12	2 319.26	2 632.15	3 058.17	3 774.34	17.47
（一）流动资金贷款	1 405.31	1 629.45	1 871.90	2 131.51	2 483.38	3 071.00	16.92
1. 工业贷款	61.59	99.55	133.10	154.43	189.20	249.54	32.29
国营工业流动资金贷款	27.28	43.11	55.97	63.46	82.32	114.99	33.34
集体工业贷款	34.31	47.04	62.72	73.91	89.44	113.67	27.07
集体工业固定资产贷款		9.40	14.41	17.06	17.44	20.88	—
2. 商业贷款	1 155.74	1 241.97	1 388.73	1 569.39	1 873.57	2 359.28	15.34
国营商业贷款	43.81	54.77	65.67	85.82	107.60	126.74	23.67
供销社贷款	373.64	416.34	467.36	515.52	578.57	624.05	10.80
农机公司贷款	20.44	24.12	23.70	25.64	28.18	29.41	7.55
预购定金贷款	4.60	3.70	6.37	5.56	5.13	4.68	0.35
乡镇企业供销公司贷款	15.23	20.25	24.03	24.56	27.11	32.15	16.12
集体商业贷款	33.16	40.13	53.47	60.51	61.04	65.26	14.50
个体商业贷款	7.45	8.10	11.89	14.50	12.27	12.51	10.92
收购农副产品贷款	620.79	634.12	690.21	789.80	998.82	1 405.83	17.76
其他商业贷款	36.62	40.44	46.03	47.48	54.85	58.65	9.88
3. 乡镇企业贷款	187.98	287.93	350.07	407.69	420.61	462.18	19.71
流动资金贷款	113.70	197.76	241.57	280.04	295.02	329.78	23.74
固定资产贷款	60.26	72.50	85.98	101.31	98.12	103.77	11.48
农村电力工业贷款	14.02	17.67	22.52	26.34	27.47	28.63	15.35
（二）固定资产贷款	22.02	38.52	46.88	58.45	65.58	76.43	28.26
1. 国营工业技改贷款	3.50	13.31	12.66	17.15	20.33	26.38	49.78
2. 国营商业技改贷款	7.95	11.24	14.30	15.19	15.17	15.57	14.39
3. 国营农业技改贷款	10.55	13.92	17.01	19.84	21.32	23.31	17.18
4. 基本建设贷款	0.02	0.05	2.91	6.27	8.76	11.17	254.33
（三）农业贷款	221.76	279.83	338.68	396.80	463.93	562.93	20.48
1. 国营农业贷款	58.92	89.51	111.14	134.10	164.46	203.00	28.07
2. 集体农业贷款	66.44	65.17	72.06	82.78	95.77	113.61	11.33
3. 农户贷款	53.82	64.10	79.26	86.79	90.60	99.41	13.06
4. 信用社贷款	33.07	42.08	36.46	33.69	33.97	37.47	2.53
5. 扶贫贴息贷款		0.17	13.47	26.61	37.72	47.71	—
6. 外资配套贷款		3.14	5.66	7.81	10.16	16.65	—
7. 开发性贷款	9.51	15.66	20.63	25.02	31.25	45.08	36.51
（四）特种贷款	4.59	11.59	16.09	23.04	26.02	25.79	41.23
（五）其他贷款	34.02	36.73	45.71	22.35	19.26	38.19	2.34
二、缴存准备金	77.76	108.90	160.91	202.33	258.75	340.15	34.33
三、在人行存款	165.10	176.91	141.54	132.64	250.00	387.77	18.62
四、同业往来	13.05	40.31	71.69	127.31	105.03	168.11	66.72
五、现金	47.36	46.91	43.33	48.88	59.58	65.94	6.84

农业银行信贷资金运用增减额

（比上年末）　　　　单位：亿元

	1986年	1987年	1988年	1989年	1990年
资金适用总计	378.18	367.58	406.58	588.22	1004.78
一、各项贷款合计	308.42	323.14	312.89	426.02	716.17
（一）流动资金贷款	224.14	242.45	259.61	351.88	587.61
1. 工业贷款	37.96	33.55	21.33	34.77	60.34
国营工业流动资金贷款	15.83	12.86	7.49	18.86	32.67
集体工业贷款	12.73	15.68	11.19	15.53	24.23
集体工业固定资产贷款	9.40	5.01	2.65	0.38	3.44
2. 商业贷款	86.23	146.76	180.66	304.19	485.70
国营商业贷款	10.96	10.90	20.15	21.78	19.14
供销社贷款	42.70	51.02	48.16	63.05	45.48
农机公司贷款	3.68	−0.42	1.94	2.54	1.23
预购定金贷款	−0.90	2.67	−0.81	−0.43	−0.45
乡镇企业供销公司贷款	5.02	3.78	0.53	2.55	5.04
集体商业贷款	6.97	13.34	7.04	0.53	4.22
个体商业贷款	0.65	3.79	2.61	−2.23	0.24
收购农副产品贷款	13.33	56.09	99.59	209.02	407.01
其他商业贷款	3.82	5.59	1.45	7.38	3.79
3. 乡镇企业贷款	99.95	62.14	57.62	12.92	41.57
流动资金贷款	84.06	43.81	38.47	14.98	34.76
固定资产贷款	12.24	13.48	15.33	−3.19	5.65
农村电力工业贷款	3.65	4.85	3.82	1.13	1.16
（二）固定资产贷款	16.50	8.36	11.57	7.13	10.84
1. 国营工业技改贷款	9.81	−0.65	4.49	3.18	6.05
2. 国营商业技改贷款	3.29	3.06	0.89	−0.02	0.40
3. 国营农业技改贷款	3.37	3.09	2.83	1.48	1.98
4. 基本建设贷款	0.03	2.86	3.36	2.49	2.41
（三）农业贷款	58.07	58.85	58.12	67.13	98.99
1. 国营农业贷款	30.59	21.63	22.96	30.36	38.54
2. 集体农业贷款	−1.27	6.89	10.72	12.99	17.83
3. 农户贷款	10.28	15.16	7.53	3.81	8.82
4. 信用社贷款	9.01	−5.62	−2.77	0.28	3.49
5. 扶贫贴息贷款	0.17	13.30	13.14	11.11	9.99
6. 外资配套贷款	3.14	2.52	2.15	2.35	6.49
7. 开发性贷款	6.15	4.97	4.39	6.23	13.83
（四）特种贷款	7.00	4.50	6.95	2.98	−0.23
（五）其他贷款	2.71	8.98	−23.36	−3.10	18.96
二、缴存准备金	31.14	52.01	41.42	56.42	81.40
三、在人行存款	11.81	−35.37	−8.90	117.36	137.77
四、同业往来	27.26	31.38	55.62	−22.28	63.08
五、现金	−0.45	−3.58	5.55	10.70	6.36

农业银行信贷资金运用增长率

（比上年末） 单位：%

	1986年	1987年	1988年	1989年	1990年
资金适用总计	18.99	15.51	14.85	18.71	26.92
一、各项贷款合计	18.27	16.18	13.49	16.18	23.41
（一）流动资金贷款	15.94	14.87	13.86	16.50	23.66
1. 工业贷款	61.21	33.67	16.09	22.58	31.88
国营工业流动资金贷款	58.04	29.83	13.38	29.72	39.68
集体工业贷款	37.09	33.31	17.84	21.01	27.08
集体工业固定资产贷款		53.37	18.30	2.22	19.71
2. 商业贷款	7.46	11.81	13.00	19.38	25.92
国营商业贷款	25.01	19.89	30.69	25.37	17.78
供销社贷款	11.42	12.25	10.30	12.23	7.86
农机公司贷款	18.01	−1.72	8.16	9.88	4.37
预购定金贷款	−19.54	72.03	−12.72	−7.69	−8.87
乡镇企业供销公司贷款	32.91	18.67	2.23	10.36	18.60
集体商业贷款	21.02	33.26	13.15	0.87	6.90
个体商业贷款	8.77	46.85	21.91	−15.35	1.88
收购农副产品贷款	2.14	8.84	14.42	26.46	40.75
其他商业贷款	10.45	13.75	3.15	15.55	6.90
3. 乡镇企业贷款	53.16	21.58	16.46	3.16	9.88
流运资金贷款	73.92	22.15	15.92	5.34	11.77
固定资产贷款	20.73	18.69	17.70	−3.14	5.75
农村电力工业贷款	26.07	27.41	16.98	4.27	4.22
（二）固定资产贷款	74.95	21.71	24.68	12.19	16.53
1. 国营工业技改贷款	280.01	−4.90	35.42	18.55	29.79
2. 国营商业技改贷款	41.24	27.24	6.25	−0.15	2.63
3. 国营农业技改贷款	32.05	22.20	16.69	7.42	9.31
4. 基本建设贷款	150.00	5 720.00	115.46	39.71	27.42
（三）农业贷款	26.18	21.02	17.16	16.91	21.33
1. 国营农业贷款	51.92	24.16	20.65	22.63	23.43
2. 集体农业贷款	−1.91	10.55	14.88	15.70	18.60
3. 农户贷款	19.09	23.65	9.50	4.37	9.73
4. 信用社贷款	27.24	−13.33	−7.60	0.84	10.29
5. 扶贫贴息贷款		7 823.53	97.55	41.75	26.49
6. 外资配套贷款		80.25	37.99	30.09	63.93
7. 开发性贷款	64.73	31.71	21.27	24.88	44.25
（四）特种贷款	152.49	38.78	43.19	12.92	−0.88
（五）其他贷款	7.93	24.45	−51.10	−13.86	98.49
二、缴存准备金	40.05	47.76	25.73	27.88	31.46
三、在人行存款	7.15	−19.99	−6.29	88.48	55.10
四、同业往来	208.68	77.80	77.59	−17.50	60.05
五、现金	−0.95	−7.62	12.80	21.90	10.66

农业银行信贷资金运用构成

单位：%

	1986年	1987年	1988年	1989年	1990年
资金适用总计	100.00	100.00	100.00	100.00	100.00
一、各项贷款合计	84.18	84.67	83.66	81.85	79.69
（以各项贷款为100）					
（一）流动资金贷款	81.63	80.72	80.97	81.21	81.37
（以流动资金贷款为100）					
1. 工业贷款	6.11	7.11	7.24	7.62	8.13
（以工业贷款为100）					
国营工业流动资金贷款	43.31	42.05	41.09	43.51	46.08
集体工业贷款	47.25	47.12	47.86	47.27	45.55
集体工业固定资产贷款	9.44	10.83	11.05	9.22	8.37
2. 商业贷款	76.22	74.19	73.63	75.44	76.82
（以商业贷款为100）					
国营商业贷款	4.41	4.73	5.47	5.74	5.37
供销社贷款	33.52	33.65	32.85	30.88	26.45
农机公司贷款	1.94	1.71	1.63	1.50	1.24
预购定金贷款	0.30	0.46	0.35	0.27	0.20
乡镇企业供销公司贷款	1.63	1.73	1.57	1.45	1.36
集体商业贷款	3.23	3.85	3.86	3.26	2.77
个体商业贷款	0.65	0.86	0.92	0.66	0.53
收购农副产品贷款	51.06	49.70	50.33	53.31	59.59
其他商业贷款	3.26	3.31	3.02	2.93	2.49
3. 乡镇企业贷款	17.67	18.70	19.13	16.94	15.05
（以乡镇企业贷款为100）					
流动资金贷款	68.68	69.01	68.69	70.14	71.35
固定资产贷款	25.18	24.56	24.85	23.33	22.45
农村电力工业贷款	6.14	6.43	6.46	6.53	6.20
（二）固定资产贷款	1.93	2.02	2.22	2.14	2.03
（以固定资产贷款为100）					
1. 国营工业技改贷款	34.57	27.02	29.33	30.99	34.52
2. 国营商业技改贷款	29.17	30.49	25.99	23.13	20.37
3. 国营农业技改贷款	36.14	36.28	33.96	32.52	30.50
4. 基本建设贷款	0.12	6.21	10.72	13.36	14.61
（三）农业贷款	14.02	14.60	15.08	15.17	14.91
（以农业贷款为100）					
1. 国营农业贷款	31.98	32.82	33.79	35.44	36.06
2. 集体农业贷款	23.29	21.27	20.86	20.65	20.18
3. 农户贷款	22.91	23.40	21.87	19.53	17.66
4. 信用社贷款	15.04	10.77	8.49	7.32	6.66
5. 扶贫贴息贷款	0.06	3.98	6.71	8.13	8.48
6. 外资配套贷款	1.12	1.67	1.97	2.19	2.96
7. 开发性贷款	5.60	6.09	6.31	6.74	8.00
（四）特种贷款	0.58	0.69	0.88	0.85	0.68
（五）其他贷款	1.84	1.97	0.85	0.63	1.01
二、缴存准备金	4.60	5.88	6.44	6.93	7.18
三、在人行存款	7.47	5.17	4.22	6.70	8.19
四、同业往来	1.70	2.62	4.05	2.81	3.55
五、现金	2.05	1.66	1.63	1.71	1.39

各地区农业银行各项存款

单位：万元

	1985年	1986年		1987年	
	年末余额	年末余额	比上年增减	年末余额	比上年增减
总行		1 513	1 513	333	－1 180
北京	322 807	339 330	16 523	396 604	57 274
天津	149 200	204 407	55 207	251 905	47 498
河北	628 551	812 568	184 017	1 004 585	192 017
山西	253 596	328 926	75 330	400 368	71 442
内蒙古	133 894	175 759	41 865	228 193	52 434
辽宁	397 907	525 646	127 739	653 989	128 343
吉林	153 694	264 433	110 739	315 291	50 858
黑龙江	265 496	340 499	75 003	440 753	100 254
上海	318 410	442 742	124 332	526 806	84 064
江苏	615 640	872 324	256 684	1 025 975	153 651
浙江	508 317	696 400	188 083	733 190	36 790
安徽	244 158	345 254	101 096	413 791	68 537
福建	302 374	388 315	85 941	483 910	95 595
江西	216 071	288 057	71 986	368 251	80 194
山东	905 804	1 023 685	117 881	1 251 576	227 891
河南	498 549	586 511	87 962	788 540	202 029
湖北	345 953	464 779	118 826	574 661	109 882
湖南	307 803	438 450	130 647	537 982	99 532
广东	767 814	1 159 199	391 385	1 346 375	187 176
广西	206 224	307 454	101 230	386 888	79 434
海南		103 903	103 903	118 094	118 094
四川	560 141	743 400	183 259	929 727	186 327
贵州	104 169	148 531	44 362	183 537	35 006
云南	227 984	314 960	86 976	383 734	68 774
陕西	206 395	287 616	81 221	361 699	74 083
甘肃	146 817	177 326	30 509	225 796	48 470
青海	58 197	69 971	11 774	80 084	10 113
宁夏	42 949	54 828	11 879	66 386	11 558
新疆	234 591	315 101	80 510	393 930	78 829
#重庆	71 646	101 311	29 665	123 708	22 397
武汉	70 095	87 811	17 716	111 573	23 762
沈阳	65 374	80 857	15 483	105 251	24 394
大连	96 800	130 896	34 096	152 088	21 192
哈尔滨	28 991	37 244	8 253	54 829	17 585
广州	152 434	223 199	70 765	286 160	62 961
西安	45 661	66 152	20 491	81 646	15 494
青岛		96 315	96 315	117 749	21 434
宁波				113 008	113 008
厦门					
深圳					
长春					
南京					
成都					
合计	9 123 505	12 117 984	2 994 479	14 872 953	2 754 969

注：1986年海南的数字为广东省的其中数。

各地区农业银行各项存款(续)

单位：万元

	1988年		1989年		1990年		1986—1990年平均每年增长(%)
	年末余额	比上年增减	年末余额	比上年增减	年末余额	比上年增减	
总　　行	86	−247	202	116	1 026	824	
北　　京	476 100	79 496	552 803	76 703	697 353	144 550	16.65
天　　津	296 964	45 059	345 299	48 335	459 770	114 471	25.24
河　　北	1 126 309	121 724	1 373 174	246 865	1 694 287	321 113	21.94
山　　西	467 098	66 730	581 753	114 655	732 960	151 207	23.65
内 蒙 古	273 804	45 611	291 314	17 510	380 645	89 331	23.24
辽　　宁	823 381	169 392	996 554	173 173	1 280 537	283 983	26.33
吉　　林	401 836	86 545	425 971	24 135	535 721	109 750	28.37
黑 龙 江	555 061	114 308	709 908	154 847	912 513	202 605	28.01
上　　海	632 370	105 564	780 717	148 347	999 412	218 695	25.70
江　　苏	1 155 844	129 869	1 416 863	261 019	1 915 329	498 466	25.48
浙　　江	799 303	66 113	1 000 933	201 630	1 371 704	370 771	21.96
安　　徽	469 189	55 398	545 601	76 412	693 064	147 463	23.20
福　　建	473 946	− 9 964	553 927	79 981	713 247	159 320	18.72
江　　西	412 947	44 696	492 718	79 771	610 607	117 889	23.09
山　　东	1 436 102	184 526	1 694 855	258 753	2 123 813	428 958	18.58
河　　南	895 995	107 455	1 021 723	125 728	1 228 428	206 705	19.76
湖　　北	684 267	109 606	828 807	144 540	1 034 317	205 510	24.46
湖　　南	512 306	−25 676	650 561	138 255	841 627	191 066	22.28
广　　东	1 760 112	413 737	2 128 217	368 105	2 748 956	620 739	29.06
广　　西	420 494	33 606	490 184	69 690	678 721	188 537	26.90
海　　南	161 138	43 044	179 511	18 373	242 442	62 931	
							23.06
四　　川	1 000 879	71 152	1 222 718	221 839	1 581 073	358 355	23.09
贵　　州	200 942	17 405	232 058	31 116	294 367	62 309	26.27
云　　南	436 486	52 752	560 575	124 089	731 761	171 186	
							22.66
陕　　西	380 319	18 620	462 625	82 306	573 182	110 557	19.88
甘　　肃	262 266	36 470	300 644	38 378	363 477	62 833	12.64
青　　海	93 779	13 695	94 388	609	105 544	11 156	20.30
宁　　夏	71 959	5 573	87 566	15 607	108 198	20 632	26.22
新　　疆	456 063	62 133	532 419	76 356	751 414	218 995	
*重　　庆	131 959	8 251	160 097	28 138	203 294	43 197	23.19
武　　汉	138 904	27 331	172 601	33 697	214 135	41 534	25.03
沈　　阳	132 791	27 540	179 489	46 698	258 196	78 707	31.62
大　　连	190 804	38 716	224 723	33 919	298 344	73 621	25.25
哈 尔 滨	78 257	23 428	99 272	21 015	125 613	26 341	34.08
广　　州	349 141	62 981	433 905	84 764	557 183	123 278	23.95
西　　安	83 989	2 343	105 359	21 370	133 569	28 210	
青　　岛	137 440	19 691	165 524	28 084	213 041	47 517	
宁　　波	122 748	9 740	152 126	29 378	221 389	69 263	
厦　　门	26 931	26 931	33 888	6 957	50 826	16 938	
深　　圳	203 575	203 575	223 989	20 414	290 309	66 320	
长　　春			94 525	94 525	118 615	24 090	
南　　京			115 679	115 679	151 421	35 742	
成　　都			207 619	207 619	278 361	70 742	
合　　计	17 137 345	2 264 392	20 554 588	3 417 243	26 405 495	5 850 907	23.68

各地区农业银行储蓄存款

单位：万元

	1985年	1986年		1987年	
	年末余额	年末余额	比上年增减	年末余额	比上年增减
总　行					
北　京	11 147	19 725	8 578	34 463	14 738
天　津	33 322	47 984	14 662	69 204	21 220
河　北	71 240	143 712	72 472	279 518	135 806
山　西	26 609	50 908	24 299	89 373	38 465
内蒙古	16 702	29 164	12 462	52 407	23 243
辽　宁	25 204	66 898	41 694	161 058	94 160
吉　林	16 250	41 178	24 928	86 522	45 344
黑龙江	58 955	91 454	32 499	152 028	60 574
上　海	82 474	132 218	49 744	187 328	55 110
江　苏	102 390	184 119	81 729	321 118	136 999
浙　江	94 923	140 690	45 767	191 263	50 573
安　徽	30 200	54 604	24 404	92 871	38 267
福　建	79 058	112 666	33 608	156 875	44 209
江　西	49 577	76 101	26 524	113 194	37 093
山　东	26 833	87 601	60 768	261 710	174 109
河　南	85 473	141 044	55 571	244 669	103 625
湖　北	79 298	131 297	51 999	207 631	76 334
湖　南	54 944	95 740	40 796	154 597	58 857
广　东	147 560	241 772	94 212	342 477	100 705
广　西	50 809	78 341	27 532	121 375	43 034
海　南		43 578	43 578	62 468	62 468
四　川	140 229	213 145	72 916	299 413	86 268
贵　州	20 632	31 934	11 302	51 383	19 449
云　南	52 213	73 833	21 620	110 913	37 080
陕　西	50 857	78 316	27 459	116 347	38 031
甘　肃	26 209	42 601	16 392	69 828	27 227
青　海	16 017	20 682	4 665	25 713	5 031
宁　夏	9 071	14 403	5 332	20 922	6 519
新　疆	94 998	134 626	39 628	185 209	50 583
*重　庆	15 194	24 225	9 031	35 731	11 506
武　汉	11 299	17 685	6 386	29 408	11 723
沈　阳	3 300	9 675	6 375	20 210	10 535
大　连	3 996	11 387	7 391	32 274	20 887
哈尔滨	1 835	3 431	1 596	9 549	6 118
广　州	20 646	33 463	12 817	57 121	23 658
西　安	7 830	12 385	4 555	19 086	6 701
青　岛		10 763		25 937	15 174
宁　波				32 311	32 311
厦　门					
深　圳					
长　春					
南　京					
成　都					
合　计	1 553 194	2 576 756	1 023 562	4 261 877	1 685 121

注：1986年海南的数字为广东省的其中数。

各地区农业银行储蓄存款(续)

单位：万元

	1988年		1989年		1990年		1986—1989年平均每年增长(%)
	年末余额	比上年增减	年末余额	比上年增减	年末余额	比上年增减	
总行							
北京	56 420	21 957	96 411	39 991	139 599	43 188	65.78
天津	85 436	16 232	119 787	34 351	169 892	50 105	38.51
河北	419 144	139 626	628 562	209 418	900 448	271 886	66.09
山西	144 136	54 763	217 303	73 167	307 064	89 761	63.09
内蒙古	82 360	29 953	112 243	29 883	158 723	46 480	56.88
辽宁	288 131	127 073	435 869	147 738	637 545	201 676	90.81
吉林	149 656	63 134	199 659	50 003	286 772	87 113	77.56
黑龙江	241 210	89 182	351 530	110 320	482 989	131 459	52.29
上海	235 935	48 607	348 970	113 035	504 943	155 973	43.67
江苏	411 065	89 947	641 453	230 388	984 406	342 953	57.24
浙江	227 404	36 141	352 950	125 546	534 232	181 282	41.28
安徽	131 349	38 478	175 048	43 699	242 431	67 383	51.68
福建	174 387	17 512	244 756	70 369	339 932	95 176	33.87
江西	148 539	35 345	206 842	58 303	291 902	85 060	42.56
山东	486 423	224 713	738 469	252 046	1 076 210	337 741	109.24
河南	332 770	88 101	438 608	105 838	598 113	159 505	47.57
湖北	279 988	72 357	362 340	82 352	481 782	119 442	43.46
湖南	184 592	29 995	271 287	86 695	383 680	112 393	47.51
广东	506 508	164 031	744 810	238 302	1 113 728	368 918	49.82
广西	162 577	41 202	222 486	59 909	327 945	105 459	45.20
海南	85 705	23 237	104 026	18 321	142 723	38 697	
四川	364 516	65 103	503 372	138 856	697 014	193 642	37.81
贵州	61 872	10 489	79 733	17 861	105 498	25 765	38.59
云南	140 423	29 510	190 186	49 763	259 175	68 989	37.77
陕西	150 445	34 098	211 152	60 707	289 440	78 288	41.59
甘肃	96 025	26 197	129 927	33 902	176 043	46 116	46.36
青海	30 946	5 233	36 177	5 231	45 537	9 360	23.24
宁夏	27 785	6 863	37 520	9 735	52 786	15 266	42.22
新疆	231 370	46 161	283 619	52 249	390 438	106 819	32.67
#重庆	42 842	7 111	62 566	19 724	92 099	29 533	43.39
武汉	39 689	10 281	55 066	15 377	80 575	25 509	48.13
沈阳	40 560	20 350	75 155	34 595	127 732	52 577	107.76
大连	57 610	25 336	84 076	26 466	124 100	40 024	98.81
哈尔滨	27 952	18 403	44 252	16 300	62 479	18 227	102.50
广州	82 230	25 109	137 201	54 971	203 547	66 346	58.04
西安	25 995	6 909	37 641	11 646	51 863	14 222	45.96
青岛	45 547	19 610	70 422	24 875	116 404	45 982	
宁波	36 758	4 447	56 502	19 744	86 251	29 749	
厦门	11 315		15 577	4 262	23 268	7 691	
深圳	50 422		70 918	20 496	102 801	31 883	
长春			38 889		57 791	18 902	
南京			47 172		75 103	27 931	
成都			81 559		118 622	37 063	
合计	5 937 117	1 675 240	8 485 095	2 547 978	12 120 990	3 635 895	50.82

各地区农业银行各项贷款

单位：万元

	1985年	1986年		1987年	
	年末余额	年末余额	比上年增减	年末余额	比上年增减
总　行		20 000	20 000	43 400	23 400
北　京	184 796	223 496	38 700	305 093	81 597
天　津	153 685	220 061	66 376	272 181	52 120
河　北	1 100 231	1 263 977	163 746	1 364 859	100 882
山　西	398 409	418 063	19 654	474 474	56 411
内蒙古	303 376	351 620	48 244	409 869	58 249
辽　宁	663 493	832 800	169 307	1 016 353	183 553
吉　林	643 827	758 630	114 803	915 997	157 367
黑龙江	824 622	965 894	141 272	1 040 322	74 428
上　海	225 897	360 986	135 089	445 909	84 923
江　苏	1 163 369	1 449 133	285 764	1 710 035	260 902
浙　江	606 885	769 606	162 721	891 728	122 122
安　徽	645 417	790 770	145 353	871 098	80 328
福　建	360 427	436 133	75 706	517 120	80 987
江　西	464 942	523 621	58 679	646 029	122 408
山　东	1 796 220	1 885 815	89 595	2 056 566	170 751
河　南	1 256 313	1 368 620	112 307	1 482 287	113 667
湖　北	1 061 492	1 170 279	108 787	1 370 803	200 524
湖　南	613 576	773 134	159 558	943 037	169 903
广　东	1 401 708	1 739 993	338 285	1 918 633	178 640
广　西	381 360	451 809	70 449	555 279	103 470
海　南		157 085	157 085	182 315	182 315
四　川	1 077 935	1 313 617	235 682	1 510 165	196 548
贵　州	229 701	297 241	67 540	345 971	48 730
云　南	350 633	429 439	78 806	518 411	88 972
陕　西	372 121	442 735	70 614	540 607	97 872
甘　肃	237 883	277 621	39 738	323 245	45 624
青　海	37 317	49 602	12 285	60 543	10 941
宁　夏	45 691	54 524	8 833	84 205	29 681
新　疆	275 697	322 028	46 331	376 019	53 991
# 重　庆	117 743	148 551	30 808	173 929	25 378
武　汉	124 946	145 030	20 084	168 670	23 640
沈　阳	99 494	133 551	34 057	169 591	36 040
大　连	79 629	105 384	25 755	132 180	26 796
哈尔滨	50 059	72 494	22 435	83 886	11 392
广　州	179 858	223 393	43 535	291 922	68 529
西　安	93 325	108 312	14 987	121 758	13 446
青　岛		103 234		132 611	29 377
宁　波				134 529	
厦　门					
深　圳					
长　春					
南　京					
成　都					
合　计	16 877 023	19 961 247	3 084 224	23 192 553	3 231 306

注：1986年海南的数字为广东省的其中数。

各地区农业银行各项贷款（续）

单位：万元

	1988年		1989年		1990年		1986—1990年平均每年增长（%）
	年末余额	比上年增减	年末余额	比上年增减	年末余额	比上年增减	
总　行	5 300	－38 100	5 300		5 300		
北　京	394 788	89 695	485 626	90 838	604 308	118 682	26.74
天　津	325 034	52 853	399 919	74 885	542 602	142 683	28.70
河　北	1 478 450	113 591	1 660 378	181 928	1 944 794	284 416	12.07
山　西	565 566	91 092	659 845	94 279	807 093	147 248	15.16
内蒙古	481 267	71 398	568 184	86 917	785 336	217 152	20.95
辽　宁	1 199 579	183 226	1 442 533	242 954	1 823 342	380 809	22.41
吉　林	1 092 206	176 209	1 215 018	122 812	1 680 279	465 261	21.15
黑龙江	1 199 818	159 496	1 368 795	168 977	1 724 547	355 752	15.90
上　海	594 728	148 819	815 949	221 221	980 530	164 581	34.13
江　苏	1 764 323	54 288	2 047 068	282 745	2 492 953	445 885	16.47
浙　江	982 317	90 589	1 137 303	154 986	1 358 443	221 140	17.49
安　徽	956 950	85 852	1 101 671	144 721	1 429 290	327 619	17.23
福　建	579 875	62 755	669 077	89 202	770 515	101 438	16.41
江　西	739 731	93 702	917 980	178 249	1 158 259	240 279	20.03
山　东	2 229 442	172 876	2 497 501	268 059	2 961 137	463 636	10.52
河　南	1 648 265	165 978	1 856 342	208 077	2 335 191	478 849	13.20
湖　北	1 522 889	152 086	1 810 426	287 537	2 369 026	558 600	17.42
湖　南	1 013 526	70 489	1 209 424	195 898	1 454 190	244 766	18.84
广　东	2 298 266	379 633	2 574 703	276 437	2 955 757	381 054	16.09
广　西	631 481	76 202	707 302	75 821	820 610	113 308	16.56
海　南	242 621	60 306	275 857	33 236	338 880	63 023	
四　川	1 681 794	171 629	1 975 129	293 335	2 435 295	460 166	17.70
贵　州	404 148	58 177	470 056	65 908	549 020	78 964	19.04
云　南	636 142	117 731	713 504	77 362	804 664	91 160	18.07
陕　西	625 981	85 374	743 731	117 750	902 346	158 615	19.38
甘　肃	372 285	49 040	428 005	55 720	525 064	97 059	17.16
青　海	79 583	19 040	101 625	22 042	118 892	17 267	26.08
宁　夏	108 317	24 112	130 880	22 563	156 485	25 605	27.92
新　疆	466 810	90 791	592 581	125 771	909 276	316 695	26.96
#重　庆	198 874	24 945	233 769	34 895	300 847	67 078	20.64
武　汉	201 478	32 808	240 284	38 806	310 025	69 741	19.93
沈　阳	206 283	36 692	260 807	54 524	354 768	93 961	28.95
大　连	159 980	27 800	193 750	33 770	239 515	45 765	24.64
哈尔滨	113 797	29 911	144 640	30 843	190 142	45 502	30.59
广　州	317 420	25 498	360 416	42 996	416 114	55 698	18.27
西　安	137 922	16 164	165 061	27 139	198 965	33 904	16.35
青　岛	158 013	25 402	193 673	35 660	253 023	59 350	
宁　波	149 400	14 871	177 012	27 612	226 068	49 056	
厦　门	41 046		46 374	5 328	70 610	24 236	
深　圳	257 621		310 155	52 534	381 328	71 173	
长　春			278 458		413 168	134 710	
南　京			155 659		177 252	21 593	
成　都			269 934		328 942	59 008	
合　计	26 321 482	3 128 929	30 581 712	4 260 230	37 743 424	7 161 712	17.47

各地区农业银行商业贷款

单位：万元

	1985年	1986年		1987年	
	年末余额	年末余额	比上年增减	年末余额	比上年增减
总　　行					
北　　京	102 416	99 793	−2 623	147 534	47 741
天　　津	81 543	101 568	20 025	118 155	16 587
河　　北	906 022	953 470	47 448	931 246	−22 224
山　　西	250 409	244 213	−6 196	271 190	26 977
内 蒙 古	201 458	233 264	31 806	269 199	35 935
辽　　宁	438 420	494 273	55 853	593 636	99 363
吉　　林	474 919	507 790	32 871	620 134	112 344
黑 龙 江	484 270	576 843	92 573	590 416	13 573
上　　海	88 095	111 488	23 393	134 815	23 327
江　　苏	797 733	844 939	47 206	995 881	150 942
浙　　江	325 310	337 641	12 331	418 030	80 389
安　　徽	487 516	561 974	74 458	605 091	43 117
福　　建	170 438	179 474	9 036	195 914	16 440
江　　西	309 700	299 286	−10 414	363 016	63 730
山　　东	1 526 467	1 519 911	−6 556	1 551 790	31 879
河　　南	1 008 050	1 056 640	48 590	1 098 072	41 432
湖　　北	767 212	772 798	5 586	874 175	101 377
湖　　南	451 778	488 818	37 040	578 595	89 777
广　　东	795 929	945 718	149 789	1 056 404	110 686
广　　西	224 203	242 458	18 255	278 594	36 136
海　　南		76 031	76 031	89 962	89 962
四　　川	694 105	750 665	56 560	854 415	103 750
贵　　州	153 175	186 151	32 976	197 009	10 858
云　　南	224 569	244 997	20 428	285 652	40 655
陕　　西	233 662	264 191	30 529	315 809	51 618
甘　　肃	139 063	159 725	20 662	186 282	26 557
青　　海	21 716	26 794	5 078	33 020	6 226
宁　　夏	28 460	31 102	2 642	37 678	6 576
新　　疆	170 768	183 765	12 997	195 550	11 785
*重　　庆	722 059	82 496	10 437	96 079	13 583
武　　汉	94 322	93 192	−1 130	102 047	8 855
沈　　阳	66 260	78 193	11 933	99 641	21 448
大　　连	44 345	48 645	4 300	61 223	12 578
哈 尔 滨	33 574	49 652	16 078	54 980	5 328
广　　州	104 966	119 496	14 530	156 526	37 030
西　　安	66 544	73 654	7 110	80 167	6 513
青　　岛		70 058		77 829	7 771
宁　　波				59 875	
厦　　门					
深　　圳					
长　　春					
南　　京					
成　　都					
合　　计	11 557 406	12 419 749	862 343	13 887 264	1 467 515

注：1986年海南的数字为广东省的其中数。

各地区农业银行商业贷款(续)

单位：万元

	1988年		1989年		1990年		1986—1990年平均每年增长(%)
	年末余额	比上年增减	年末余额	比上年增减	年末余额	比上年增减	
总　行							
北　京	182 465	34 931	230 287	47 822	273 162	42 875	21.68
天　津	148 253	30 098	200 346	52 093	285 295	84 949	28.46
河　北	984 349	53 103	1 098 797	114 448	1 257 862	159 065	6.78
山　西	331 244	60 054	405 818	74 574	515 321	109 503	15.53
内蒙古	327 802	58 603	397 935	70 133	588 615	190 680	23.92
辽　宁	701 135	107 499	874 002	172 867	1 138 458	264 456	21.03
吉　林	753 047	132 913	836 781	83 734	1 232 689	395 908	21.02
黑龙江	717 961	127 545	850 080	132 119	1 141 102	291 022	18.70
上　海	204 665	69 850	291 576	86 911	326 975	35 399	30
江　苏	1 033 815	37 934	1 271 161	237 346	1 585 237	314 076	14.72
浙　江	471 302	53 272	582 378	111 076	696 992	114 614	16.46
安　徽	647 074	41 983	763 966	116 892	1 025 212	261 246	16.03
福　建	237 467	41 553	299 565	62 098	337 411	37 846	14.64
江　西	402 278	39 262	542 866	140 588	708 472	165 606	18.00
山　东	1 621 042	69 252	1 809 894	188 852	2 115 278	305 384	6.74
河　南	1 191 780	93 708	1 334 587	142 807	1 701 458	366 871	11.04
湖　北	957 011	82 836	1 195 200	238 189	1 665 354	470 154	16.77
湖　南	596 542	17 947	755 428	158 886	927 837	172 409	15.48
广　东	1 250 406	194 002	1 426 258	175 852	1 578 683	152 425	14.68
广　西	305 836	27 242	353 600	47 764	415 961	62 361	13.16
海　南	128 501	38 539	141 487	12 986	172 993	31 506	
四　川	967 051	112 636	1 202 723	235 672	1 508 699	305 976	16.80
贵　州	224 628	27 619	265 563	40 935	301 871	36 308	14.53
云　南	379 251	93 599	435 083	55 832	482 999	47 916	16.55
陕　西	368 215	52 406	451 883	83 668	550 310	98 427	18.69
甘　肃	218 958	32 676	260 266	41 308	335 426	75 160	19.26
青　海	43 637	10 617	60 744	17 107	63 613	2 869	23.98
宁　夏	49 614	11 936	63 561	13 947	80 894	17 333	23.24
新　疆	248 541	52 991	333 880	85 339	578 600	244 720	27.64
*重　庆	110 927	14 848	135 952	25 025	179 806	43 854	20.07
武　汉	122 359	20 312	153 037	30 678	201 099	48 062	16.35
沈　阳	120 588	20 947	164 625	44 037	226 642	62 017	27.88
大　连	75 256	14 033	89 892	14 636	111 171	21 279	20.18
哈尔滨	73 489	18 509	92 183	18 694	116 893	24 710	28.34
广　州	171 524	14 998	196 301	24 777	207 334	11 033	14.58
西　安	90 254	10 087	110 022	19 768	128 926	18 904	14.14
青　岛	81 816	3 987	106 354	24 538	137 233	30 879	
宁　波	67 100	7 225	86 974	19 775	118 192	31 218	
厦　门	21 135		21 582	447	37 059	15 477	
深　圳	113 664		146 883	33 219	176 049	29 166	
长　春			189 682		310 967	121 285	
南　京			92 741		99 913	7 172	
成　都			153 716		183 533	29 817	
合　计	15 693 870	1 806 606	18 735 715	3 041 845	23 592 779	4 857 064	15.34

各地区农业银行一般商业贷款

单位：万元

	1985年	1986年		1987年	
	年末余额	年末余额	比上年增减	年末余额	比上年增减
总　　行					
北　　京	80 782	68 537	－12 245	92 474	23 937
天　　津	67 047	71 501	4 454	73 616	2 115
河　　北	265 717	318 496	52 779	384 432	65 936
山　　西	164 113	160 328	－3 785	172 316	11 988
内 蒙 古	97 605	110 488	12 883	127 316	16 828
辽　　宁	230 672	259 916	29 244	287 246	27 330
吉　　林	223 897	259 587	35 690	285 630	26 043
黑 龙 江	277 905	287 452	9 547	338 248	50 796
上　　海	80 665	106 997	26 332	131 360	24 363
江　　苏	323 634	377 074	53 440	464 856	87 782
浙　　江	168 463	197 132	28 669	235 340	38 208
安　　徽	196 580	235 249	38 669	247 728	12 479
福　　建	127 634	129 554	1 920	143 600	14 046
江　　西	136 102	149 953	13 851	174 968	25 015
山　　东	325 443	353 839	28 396	421 240	67 401
河　　南	288 118	364 664	76 546	395 255	30 591
湖　　北	295 459	318 580	23 121	370 170	51 590
湖　　南	256 471	282 244	25 773	311 976	29 732
广　　东	682 664	826 032	143 368	904 259	78 227
广　　西	178 366	188 004	9 638	204 594	16 590
海　　南		71 547	71 547	80 690	80 690
四　　川	372 412	437 717	65 305	490 512	52 795
贵　　州	68 077	83 722	15 645	90 968	7 246
云　　南	128 002	139 878	11 876	152 667	12 789
陕　　西	172 236	183 744	11 508	209 486	25 742
甘　　肃	70 106	83 457	13 351	92 137	8 680
青　　海	11 733	15 378	3 645	20 534	5 156
宁　　夏	19 317	19 791	474	23 327	3 536
新　　疆	40 237	49 251	9 014	58 213	8 962
*重　　庆	45 204	52 195	6 991	58 338	6 143
武　　汉	46 969	50 636	3 667	63 857	13 221
沈　　阳	41 089	49 184	8 095	58 030	8 846
大　　连	23 908	29 991	6 083	32 120	2 129
哈 尔 滨	31 325	39 997	8 672	47 475	7 478
广　　州	90 007	100 861	10 854	132 916	32 055
西　　安	58 572	60 849	2 277	63 776	2 927
青　　岛		33 066		33 473	407
宁　　波				30 544	
厦　　门					
深　　圳					
长　　春					
南　　京					
成　　都					
合　　计	5 349 457	6 078 565	729 108	6 985 158	906 593

注：1986年海南的数字为广东省的其中数

各地区农业银行一般商业贷款(续)

单位：万元

	1988年		1989年		1990年		1986—1990年平均每年增长（%）
	年末余额	比上年增减	年末余额	比上年增减	年末余额	比上年增减	
总　行							
北　京	105 872	13 398	119 683	13 811	132 896	13 213	10.47
天　津	85 790	12 174	104 777	18 987	121 729	16 952	12.67
河　北	405 274	20 842	438 060	32 786	469 659	31 599	12.07
山　西	190 427	18 111	215 320	24 893	238 190	22 870	7.73
内蒙古	139 174	11 858	158 022	18 848	194 414	36 392	14.78
辽　宁	326 341	39 095	385 361	59 020	440 681	55 320	13.82
吉　林	303 921	18 291	332 859	28 938	379 286	46 427	11.12
黑龙江	362 342	24 094	396 778	34 436	441 629	44 851	9.71
上　海	203 319	71 959	246 682	43 363	251 059	4 377	25.49
江　苏	503 773	38 917	553 608	49 835	607 967	54 359	13.44
浙　江	278 910	43 570	321 961	43 051	349 589	27 628	15.72
安　徽	267 995	20 267	296 159	28 164	305 386	9 227	9.21
福　建	167 794	24 194	188 336	20 542	201 005	12 669	9.51
江　西	193 954	18 986	228 249	34 295	248 450	20 201	12.79
山　东	459 379	38 139	519 508	60 129	569 225	49 717	11.83
河　南	422 119	26 864	465 493	43 374	509 066	43 573	12.06
湖　北	387 688	17 518	427 481	39 793	457 605	30 124	9.14
湖　南	323 734	11 758	355 819	32 085	380 422	24 603	8.20
广　东	1 072 218	167 959	1 186 470	114 252	1 274 925	88 455	13.31
广　西	204 124	－470	222 236	18 112	239 989	17 753	6.11
海　南	111 749	31 059	114 828	3 079	126 471	11 643	
四　川	543 051	52 539	611 903	68 852	652 840	40 937	11.88
贵　州	101 266	10 298	114 006	12 740	122 552	8 546	12.48
云　南	171 348	18 681	192 500	21 152	199 593	7 093	9.29
陕　西	244 351	34 865	281 000	36 649	314 652	33 652	12.81
甘　肃	102 848	10 711	123 171	20 323	135 495	12 324	14.09
青　海	24 472	3 938	29 226	4 754	31 229	2 003	21.63
宁　夏	23 046	－281	31 141	8 095	29 512	－1 629	8.85
新　疆	69 565	11 352	86 911	17 346	108 915	22 004	22.04
*重　庆	63 963	5 625	74 323	10 360	85 384	11 061	13.56
武　汉	72 033	8 176	85 695	13 662	99 497	13 802	16.20
沈　阳	65 883	7 853	81 939	16 056	99 086	17 147	19.25
大　连	41 001	8 881	49 751	8 750	56 955	7 204	18.96
哈尔滨	61 327	13 852	75 521	14 194	87 267	11 746	22.74
广　州	143 601	10 685	163 854	20 253	168 512	4 658	13.36
西　安	71 779	8 003	82 004	10 225	93 948	11 944	9.91
青　岛	37 927	4 454	45 108	7 181	50 644	5 536	
宁　波	37 613	7 069	46 028	8 415	54 844	8 816	
厦　门	16 952	16 952	18 033	1 081	30 901	12 868	
深　圳	112 006		144 428	32 422	174 425	29 997	
长　春			78 164		92 611	14 447	
南　京			52 980		48 322	－4 658	
成　都			84 420		90 988	6 568	
合　计	7 795 844	810 686	8 747 548	951 704	9 534 431	786 883	12.25

各地区农业银行农副产品收购贷款

单位：万元

	1985年	1986年		1987年	
	年末余额	年末余额	比上年增减	年末余额	比上年增减
总行					
北京	21 634	31 256	9 622	55 060	23 804
天津	14 496	30 067	15 571	44 539	14 472
河北	640 305	634 974	−5 331	546 814	−88 160
山西	86 296	83 885	−2 411	98 874	14 989
内蒙古	103 853	122 776	18 923	141 883	19 107
辽宁	207 748	234 357	26 609	306 390	72 033
吉林	251 022	248 203	−2 819	334 504	86 301
黑龙江	206 365	289 391	83 026	252 168	−37 223
上海	7 430	4 491	−2 939	3 455	−1 036
江苏	474 099	467 865	−6 234	531 025	63 160
浙江	156 847	140 509	−16 338	182 690	42 181
安徽	290 936	326 725	35 789	357 363	30 638
福建	42 804	49 920	7 116	52 314	2 394
江西	173 598	149 333	−24 265	188 048	38 715
山东	1 201 024	1 166 072	−34 952	1 130 550	−35 522
河南	719 932	691 976	−27 956	702 817	10 841
湖北	471 753	454 218	−17 535	504 005	49 787
湖南	195 307	206 574	11 267	266 619	60 045
广东	113 265	119 686	6 421	152 145	32 459
广西	45 837	54 454	8 617	74 000	19 546
海南		4 484	4 484	9 272	9 272
四川	321 693	312 948	−8 745	363 903	50 955
贵州	85 098	102 429	17 331	106 041	3 612
云南	96 567	105 119	8 552	132 985	27 866
陕西	61 426	80 447	19 021	106 323	25 876
甘肃	68 957	76 268	7 311	94 145	17 877
青海	9 983	11 416	1 433	12 486	1 070
宁夏	9 143	11 311	2 168	14 351	3 040
新疆	130 531	134 514	3 983	137 337	2 823
#重庆	26 855	30 301	3 446	37 741	7 440
武汉	47 353	42 556	−4 797	38 190	−4 366
沈阳	25 171	29 009	3 838	41 611	12 602
大连	20 437	18 654	−1 783	29 103	10 449
哈尔滨	2 249	9 655	7 406	7 505	−2 150
广州	14 959	18 635	3 676	23 610	4 975
西安	7 972	12 805	4 833	16 391	3 586
青岛		36 992		44 356	7 364
宁波				29 430	
厦门					
深圳					
长春					
南京					
成都					
合计	6 207 949	6 341 184	133 235	6 902 106	560 922

注：1986年海南的数字为广东省的其中数。

各地区农业银行农副产品收购贷款(续1)

单位：万元

	1988年		1989年		1990年		1986—1989年平均每年增长（%）
	年末余额	比上年增减	年末余额	比上年增减	年末余额	比上年增减	
总 行							
北 京	76 593	21 533	110 604	34 011	140 266	29 662	45.33
天 津	62 463	17 924	95 569	33 106	163 566	67 997	62.36
河 北	579 075	32 261	660 737	81 662	788 203	127 466	4.24
山 西	140 817	41 943	190 498	49 681	277 131	86 633	26.28
内蒙古	188 628	46 745	239 913	51 285	394 201	154 288	30.57
辽 宁	374 794	68 404	488 641	113 847	697 777	209 136	27.42
吉 林	449 126	114 622	503 922	54 796	853 403	349 481	27.73
黑龙江	355 619	103 451	453 302	97 683	699 473	246 171	27.65
上 海	1 346	2 109	44 894	43 548	75 916	31 022	59.17
江 苏	530 042	－983	717 553	187 511	977 270	259 717	15.57
浙 江	192 392	9 702	260 417	68 025	347 403	86 986	17.24
安 徽	379 079	21 716	467 807	88 728	719 826	252 019	19.86
福 建	69 673	17 359	111 229	41 556	136 406	25 177	26.09
江 西	208 324	20 276	314 617	106 293	460 022	145 405	21.52
山 东	1 161 663	31 113	1 290 386	128 723	1 546 053	255 667	5.18
河 南	769 661	66 844	869 094	99 433	1 192 392	323 298	10.62
湖 北	569 323	65 318	767 719	198 396	1 207 749	440 030	20.68
湖 南	272 808	6 189	399 609	126 801	547 415	147 806	22.89
广 东	178 188	26 043	239 788	61 600	303 758	63 970	21.81
广 西	101 712	27 712	131 364	29 652	175 972	44 608	30.87
海 南	16 752	7 480	26 659	9 907	46 522	19 863	
四 川	424 000	60 097	590 820	166 820	855 859	265 039	21.62
贵 州	123 362	17 321	151 557	28 195	179 319	27 762	16.08
云 南	207 903	74 918	242 583	34 680	283 406	40 823	24.03
陕 西							
陕 西	123 864	17 541	170 883	47 019	235 658	64 775	30.85
甘 肃	116 110	21 965	137 095	20 985	199 931	62 836	23.73
青 海	19 165	6 679	31 518	12 353	32 384	866	26.54
宁 夏	26 568	12 217	32 420	5 852	51 382	18 962	41.24
新 疆	178 976	41 639	246 969	67 993	469 685	222 716	29.19
*重 庆	46 964	9 223	61 629	14 665	94 422	32 793	28.59
武 汉	50 326	12 136	67 342	17 016	101 602	34 260	16.50
沈 阳	54 705	13 094	82 686	27 981	127 556	44 870	38.34
大 连	34 255	5 152	40 141	5 886	54 216	14 075	21.55
哈尔滨	12 162	4 657	16 662	4 500	29 626	12 964	67.47
广 州	27 923	4 313	32 447	4 524	38 822	6 375	21.01
西 安	18 475	2 084	28 018	9 543	34 978	6 960	34.41
青 岛	43 889	－467	61 246	17 357	86 589	25 343	
宁 波	29 586	156	40 946	11 360	63 348	22 402	
厦 门	4 183		3 549	－634	6 158	2 609	
深 圳	1 658		2 455	797	1 624	－831	
长 春			111 518		218 356	106 838	
南 京			39 761		51 591	11 830	
成 都			69 296		92 545	23 249	
合 计	7 898 026	995 920	9 988 167	2 090 141	14 058 348	4 070 181	17.76

各地区农业银行乡镇企业贷款

单位：万元

	1985年	1986年		1987年	
	年末余额	年末余额	比上年增减	年末余额	比上年增减
总行					
北京	35 804	54 753	18 949	62 449	7 696
天津	34 996	56 824	21 828	75 166	18 342
河北	64 201	140 544	76 343	190 240	49 696
山西	68 434	87 024	18 590	102 660	15 636
内蒙古	10 525	15 534	5 009	21 218	5 684
辽宁	79 591	128 180	48 589	161 007	32 827
吉林	33 225	56 916	23 691	73 447	16 531
黑龙江	44 473	54 911	10 438	70 976	16 065
上海	94 722	158 289	63 567	173 619	15 330
江苏	155 305	294 868	139 563	339 496	44 628
浙江	127 753	213 187	85 434	250 828	37 641
安徽	36 842	62 002	25 160	79 310	17 308
福建	67 287	89 601	22 314	109 036	19 435
江西	51 535	73 888	22 353	89 050	15 162
山东	128 286	180 873	52 587	233 016	52 143
河南	74 850	106.402	31 552	139 625	33 223
湖北	104 285	137 491	33 206	172 861	35 370
湖南	58 797	115 872	57 075	147 367	31 495
广东	238 161	299 958	61 797	339 256	39 298
广西	36 723	46 833	10 110	60 589	13 756
海南		9 731	9 731	11 594	11 594
四川	210 360	309 315	98 955	350 501	41 136
贵州	14 545	25 312	10 767	31 589	6 277
云南	31 852	51 689	19 837	61 754	10 065
陕西	49 963	71 759	21 796	88 293	16 534
甘肃	16 031	24 724	8 693	31 956	7 232
青海	2 150	4 152	2 002	4 755	603
宁夏	2 738	5 634	2 896	8 884	3 250
新疆	6 362	12 739	6 377	20 124	7 385
* 重庆	25 825	39 145	13 320	44 380	5 285
武汉	7 600	11 980	4 380	16 583	4 603
沈阳	7 695	12 414	4 719	16 558	4 144
大连	18 338	28 378	10 040	32 395	4 017
哈尔滨	3 302	4 107	805	6 028	1 921
广州	23 223	28 933	5 710	37 642	8 709
西安	9 995	14 176	4 181	17 389	3 213
青岛		17 859		31 167	13 308
宁波				37 190	
厦门					
深圳					
长春					
南京					
成都					
合计	1 879 796	2 879 274	999 478	3 500 666	621 392

注：1986年海南的数字为广东省的其中数。

各地区农业银行乡镇企业贷款(续)

单位：万元

	1988年		1989年		1990年		1986—1990年平均每年增长(%)
	年末余额	比上年增减	年末余额	比上年增减	年末余额	比上年增减	
总　　行							
北　　京	77 707	15 258	82 411	4 704	93 853	11 442	21.26
天　　津	88 956	13 790	92 402	3 446	107 548	15 146	25.17
河　　北	216 636	26 396	223 434	6 798	242 682	19 248	30.47
山　　西	120 849	18 189	123 969	3 120	132 944	8 975	14.20
内 蒙 古	25 885	4 667	26 245	360	30 779	4 534	23.94
辽　　宁	190 104	29 097	195 709	5 605	221 104	25 395	22.67
吉　　林	84 424	10 977	84 704	280	95 058	10 354	23.40
黑 龙 江	84 756	13 780	85 013	257	95 958	10 945	16.63
上　　海	208 107	34 488	208 887	780	224 620	15 733	18.85
江　　苏	383 199	43 703	406 434	23 235	447 816	41 382	23.59
浙　　江	282 848	32 020	309 290	26 442	338 860	29 570	21.54
安　　徽	97 222	17 912	97 278	56	107 854	10 576	23.96
福　　建	118 585	9 549	126 988	8 403	140 223	13 235	15.82
江　　西	106 866	17 816	108 824	1 958	120 303	11 479	18.48
山　　东	273 887	40 871	281 432	7 545	310 863	29 431	19.37
河　　南	168 057	28 432	170 741	2 684	186 599	15 858	20.04
湖　　北	195 632	22 771	199 200	3 568	215 597	16 397	15.63
湖　　南	163 027	15 660	165 910	2 883	181 028	15 118	25.22
广　　东	417 990	78 734	430 389	12 399	471 194	40 805	14.62
广　　西	73 524	12 935	75 332	1 808	82 442	7 110	17.56
海　　南	10 363	−1 231	10 978	615	12 098	1 120	
四　　川	384 133	33 632	390 020	5 887	411 834	21 814	14.38
贵　　州	39 242	7 653	39 742	500	44 408	4 666	25.01
云　　南	72 840	11 086	72 784	−56	80 286	7 502	20.31
陕　　西	99 987	11 694	102 582	2 595	113 084	10 502	17.75
甘　　肃	41 261	9 305	43 240	1 979	48 158	4 918	24.61
青　　海	8 124	3 369	8 304	180	9 524	1 220	34.67
宁　　夏	13 832	4 948	14 168	336	17 685	3 517	45.22
新　　疆	28 871	8 747	29 699	828	37 350	7 651	42.48
*重　　庆	50 347	5 967	52 578	2 231	57 119	4 541	17.21
武　　汉	19 113	2 530	20 379	1 266	24 519	4 140	26.40
沈　　阳	21 046	4 488	21 100	54	25 555	4 455	27.13
大　　连	37 386	4 991	39 767	2 381	46 969	7 202	20.70
哈 尔 滨	8 562	2 534	8 564	2	11 786	3 222	28.98
广　　州	34 415	−3 227	35 903	1 488	42 478	6 575	12.84
西　　安	19 524	2 135	20 264	740	22 926	2 662	18.06
青　　岛	40 676	9 509	42 506	1 830	47 616	5 110	
宁　　波	46 119	8 920	51 712	5 593	58 065	6 353	
厦　　门	3 355		3 794	439	3 976	182	
深　　圳	21 577		24 234	2 657	30 476	6 242	
长　　春			18 260		21 195	2 935	
南　　京			29 830		34 826	4 996	
成　　都			68 561		73 304	4 743	
合　　计	4 076 914	576 248	4 206 109	129 195	4 621 752	415 643	19.71

各地区农业银行农业贷款

单位：万元

	1985年	1986年		1987年	
	年末余额	年末余额	比上年增减	年末余额	比上年增减
总　行					
北　京	22 902	35 595	12 693	48 373	12 778
天　津	15 001	20 414	5 413	28 298	7 884
河　北	90 918	105 951	15 033	140 648	34 697
山　西	68 695	70 615	1 920	78 096	7 481
内蒙古	77 697	83 181	5 484	92 573	9 392
辽　宁	95 531	128 107	32 576	153 092	24 985
吉　林	114 868	166 384	51 516	189 306	22 922
黑龙江	257 609	273 671	16 062	298 475	24 804
上　海	22 368	34 672	12 304	43 604	8 932
江　苏	78 192	102 203	24 011	114 481	12 278
浙　江	52 630	74 945	22 315	73 498	−1 447
安　徽	95 116	119 347	24 231	125 988	6 641
福　建	73 375	103 376	30 001	136 461	33 085
江　西	69 385	99 169	29 784	132 447	33 278
山　东	81 986	104 567	22 581	149 680	45 113
河　南	112 605	136 452	23 847	162 904	26 452
湖　北	103 899	136 081	32 182	164 023	27 942
湖　南	53 980	92 944	38 964	124 908	31 964
广　东	183 231	237 287	54 056	228 716	−8 571
广　西	95 036	122 768	27 732	160 610	37 842
海　南		59 321	59 321	68 022	68 022
四　川	84 517	103 545	19 028	129 073	25 528
贵　州	49 612	59 522	9 910	78 802	19 280
云　南	81 127	106 292	25 165	132 583	26 291
陕　西	70 913	78 029	7 116	93 818	15 789
甘　肃	73 213	78 918	5 705	85 769	6 851
青　海	9 979	12 096	2 117	14 071	1 975
宁　夏	10 298	12 891	2 593	16 661	3 770
新　疆	72 929	99 318	26 389	121 842	22 524
* 重　庆	8 051	9 225	1 174	10 888	1 663
武　汉	12 223	21 277	9 054	24 395	3 118
沈　阳	9 112	12 359	3 247	14 325	1 966
大　连	10 309	17 592	7 283	24 090	6 498
哈尔滨	8 771	11 542	2 771	14 044	2 502
广　州	27 590	41 506	13 916	50 785	9 279
西　安	10 080	10 898	818	11 868	970
青　岛		6 945		8 183	1 238
宁　波				8 832	
厦　门					
深　圳					
长　春					
南　京					
成　都					
合　计	2 217 612	2 798 340	580 728	3 386 822	588 482

注：1986年海南的数字为广东省的其中数。

各地区农业银行农业贷款(续)

单位：万元

	1988年		1989年		1990年		1986—1980年平均每年增长（%）
	年末余额	比上年增减	年末余额	比上年增减	年末余额	比上年增减	
总　行							
北　京	72 178	23 805	99 891	27 713	143 800	43 909	44.40
天　津	35 264	6 966	46 395	11 131	62 962	16 567	33.23
河　北	170 987	30 339	214 791	43 804	266 889	52 098	24.03
山　西	87 616	9 520	100 415	12 799	122 750	22 335	12.31
内蒙古	99 894	7 321	112 023	12 129	126 646	14 623	10.26
辽　宁	180 986	27 894	225 995	45 009	272 301	46 306	23.31
吉　林	214 640	25 334	245 609	30 969	292 528	46 919	20.56
黑龙江	316 364	17 889	339 238	22 874	365 226	25 988	7.23
上　海	64 675	21 071	83 985	19 310	103 363	19 378	35.81
江　苏	126 705	12 224	150 456	23 751	192 667	42 211	19.76
浙　江	84 775	11 277	97 828	13 053	119 646	21 818	17.85
安　徽	149 312	23 324	168 112	18 800	202 654	34 542	16.33
福　建	145 941	9 480	161 979	16 038	187 248	25 269	20.61
江　西	163 141	30 694	190 439	27 298	238 146	47 707	27.97
山　东	192 561	42 881	241 819	49 258	310 876	69 057	30.55
河　南	198 095	35 191	245 308	47 213	314 832	69 524	22.83
湖　北	187 365	23 342	216 204	28 839	254 873	38 669	19.66
湖　南	149 537	24 629	171 620	22 083	206 927	35 307	30.83
广　东	278 227	49 511	333 008	54 781	403 541	70 533	17.11
广　西	191 808	31 198	211 431	19 623	235 549	24 118	19.91
海　南	89 572	21 550	107 726	18 154	136 249	28 523	
四　川	151 359	22 286	179 285	27 926	237 309	58 024	22.93
贵　州	93 286	14 484	107 257	13 971	128 452	21 195	20.97
云　南	142 658	10 075	155 840	13 182	176 459	20 619	16.81
陕　西	106 379	12 561	118 471	12 092	145 838	27 367	15.51
甘　肃	93 191	7 422	102 324	9 133	113 777	11 453	9.22
青　海	16 022	1 951	18 916	2 894	27 679	8 763	22.63
宁　夏	18 452	1 791	22 760	4 308	27 669	4 909	21.86
新　疆	147 018	25 176	170 208	23 190	212 404	42 196	23.84
*重　庆	12 952	2 064	14 609	1 657	19 438	4 829	19.28
武　汉	27 901	3 506	32 743	4 842	40 678	7 935	27.19
沈　阳	18 583	4 258	24 378	5 795	31 267	6 889	27.97
大　连	29 712	5 622	42 810	13 098	53 702	10 892	39.11
哈尔滨	20 170	6 126	28 285	8 115	38 397	10 112	34.35
广　州	52 639	1 854	65 543	12 904	85 246	19 703	25.31
西　安	14 184	2 316	17 242	3 058	22 252	5 010	17.16
青　岛	12 685	4 502	16 625	3 940	27 835	11 210	
宁　波	9 936	1 104	12 195	2 259	13 617	1 422	
厦　门	10 229		13 919	3 690	17 251	3 332	
深　圳	24 161		33 177	9 016	31 338	−1 839	
长　春			61 376		69 067	7 691	
南　京			16 469		22 655	6 186	
成　都			11 174		19 777	8 603	
合　计	3 968 008	581 186	4 639 333	671 325	5 629 260	989 927	20.48

农业银行各项贷款累计发放与收回

（1990年）　　单位：亿元

	累　放	比上年同期增减	累　收	比上年同期增减
各项贷款合计	6 013.22	628.06	5 297.05	337.91
一、流动资金贷款	5 336.94	471.88	4 749.33	236.15
1. 工业贷款	401.46	81.50	341.12	55.93
国营工业流动资金贷款	189.12	40.95	156.45	27.14
集体工业贷款	204.97	37.94	180.74	29.24
集体工业固定资产贷款	7.37	2.61	3.93	−0.45
2. 商业贷款	4 425.65	338.36	3 939.95	156.85
国营商业贷款	247.31	20.97	228.17	23.61
供销社贷款	1 540.82	−39.60	1 495.34	−22.03
农机公司贷款	66.38	−3.64	65.15	−2.33
预购定金	31.03	3.40	31.48	3.42
乡镇企业供销公司贷款	73.85	10.43	68.80	7.93
集体商业贷款	123.81	−5.38	119.58	−9.08
个体商业贷款	13.27	−0.11	13.04	−2.57
收购农副产品贷款	2 227.69	368.57	1 820.67	170.57
其　他	101.50	−16.28	97.71	−12.67
3. 乡镇企业贷款	509.83	52.02	468.27	23.37
流动资金贷款	475.25	41.39	440.50	21.61
固定资产贷款	28.97	9.12	23.32	0.28
农村电力工业贷款	5.60	1.51	4.44	1.48
二、固定资产贷款	24.37	7.12	13.53	3.41
1. 国营工业技改贷款	10.11	3.71	4.05	0.84
2. 国营商业技改贷款	4.47	1.21	4.08	0.79
3. 国营农业技改贷款	6.78	2.09	4.79	1.58
4. 基本建设贷款	3.01	0.11	0.61	0.20
三、农业贷款	582.04	123.55	483.05	91.69
1. 国营农业贷款	303.14	49.95	264.60	41.77
2. 集体农业贷款	93.33	29.21	75.52	24.37
3. 农户贷款	79.71	14.98	70.89	9.97
4. 信用社贷款	47.80	5.75	44.30	2.54
5. 扶贫贴息贷款	16.12	1.85	6.13	2.97
6. 外资配套贷款	11.98	5.38	5.49	1.24
7. 开发性贷款	29.96	16.43	16.13	8.83
四、特种贷款	11.31	−0.50	11.54	2.71
五、其他贷款	58.56	26.01	39.60	3.95

各地区农业银行各项贷款累计发放与收回

（1990年）

单位：万元

	各项贷款合计		一、流动资金贷款		1．工业贷款	
	累放	累收	累放	累收	累放	累收
北京	905 835	787 153	694 400	630 085	47 197	37 199
天津	1 044 313	901 630	917 355	810 603	103 768	97 111
河北	3 318 114	3 033 698	2 916 119	2 714 206	168 333	144 733
山西	1 357 377	1 210 129	1 241 643	1 119 168	30 688	26 691
内蒙古	859 841	642 689	760 131	558 755	23 045	16 883
辽宁	3 186 548	2 805 739	2 840 018	2 522 653	200 914	173 400
吉林	2 347 391	1 882 130	2 014 222	1 600 140	44 160	36 340
黑龙江	2 201 038	1 845 286	1 747 700	1 426 483	82 283	63 033
上海	2 575 896	2 411 315	2 146 540	2 009 769	725 879	640 240
江苏	5 603 385	5 157 500	5 202 413	4 819 274	371 174	343 493
浙江	3 500 198	3 279 058	3 244 747	3 064 647	362 246	326 330
安徽	1 809 570	1 481 951	1 631 846	1 345 849	59 557	45 382
福建	1 130 878	1 029 440	977 065	908 936	90 831	73 783
江西	1 433 782	1 193 503	1 221 681	1 034 443	54 176	44 023
山东	4 360 722	3 897 086	3 961 821	3 591 729	183 900	148 623
河南	3 662 714	3 183 865	3 346 144	2 945 483	124 885	106 953
湖北	2 553 230	1 994 630	2 295 973	1 786 349	100 585	77 512
湖南	2 238 346	1 993 580	2 045 647	1 840 339	120 510	102 729
广东	4 629 200	4 248 146	4 086 769	3 802 938	519 404	428 803
广西	1 255 436	1 142 128	1 049 541	964 798	67 249	51 977
海南	267 471	204 448	173 247	139 200	3 318	1 897
四川	4 277 427	3 817 261	4 014 860	3 632 443	267 001	212 374
贵州	606 693	527 729	524 515	476 322	25 269	18 050
云南	1 235 631	1 144 471	1 108 379	1 041 519	57 776	46 334
陕西	1 478 088	1 319 473	1 357 964	1 232 329	109 105	92 399
甘肃	855 231	758 172	749 233	664 766	34 298	29 909
青海	109 572	92 305	89 354	82 217	11 641	8 593
宁夏	160 364	134 759	137 701	114 353	11 025	8 527
新疆	1 167 943	851 248	872 370	613 546	14 337	7 884
#重庆	510 161	443 083	473 062	416 752	51 615	43 700
武汉	560 764	491 023	472 985	413 238	29 634	22 089
沈阳	760 586	666 625	686 187	607 900	82 500	70 685
大连	481 593	435 828	397 736	365 913	28 222	24 880
哈尔滨	315 790	270 288	265 970	231 869	19 483	13 314
广州	842 407	786 709	688 550	657 486	94 452	80 996
西安	350 408	316 504	317 628	292 014	46 764	42 716
青岛	508 021	448 671	445 725	402 777	51 270	44 311
宁波	607 099	558 043	557 317	514 874	57 528	52 656
厦门	115 144	90 908	91 357	74 946	8 936	8 184
深圳	389 134	317 961	335 831	269 039	99 683	68 299
长春	495 908	361 198	428 629	302 497	5 760	3 848
南京	348 194	326 601	310 192	294 832	16 973	13 781
成都	725 955	666 947	681 044	636 299	52 282	42 097
合计	**60 132 234**	**52 970 522**	**53 369 398**	**47 493 342**	**4 014 554**	**3 411 205**

各地区农业银行各项贷款累计发放与收回（续 1）

（1990年）

单位：万元

	(1) 国营工业流动资金贷款		(2) 集体工业贷款		(3) 国营工业固定资产贷款	
	累放	累收	累放	累收	累放	累收
北京	27 628	19 662	19 319	17 462	250	75
天津	62 381	59 636	40 559	37 257	828	218
河北	109 235	91 030	58 209	53 051	889	652
山西	19 000	16 512	11 437	10 081	251	98
内蒙古	13 102	9 455	9 048	7 163	895	265
辽宁	131 288	111 580	66 823	59 653	2 803	2 167
吉林	20 115	16 883	22 674	19 171	1 371	286
黑龙江	47 431	35 423	32 598	26 728	2 254	882
上海	253 064	227 256	472 774	412 899	41	85
江苏	23 185	21 328	331 150	307 785	16 839	14 380
浙江	81 253	70 151	272 510	251 365	8 483	4 814
安徽	29 601	22 831	26 769	21 697	3 187	854
福建	62 657	48 930	27 743	24 081	431	772
江西	35 123	27 668	17 991	15 472	1 062	883
山东	71 425	58 455	104 915	86 089	7 560	4 079
河南	74 714	63 399	49 559	43 351	612	203
湖北	35 080	22 472	60 523	50 674	4 982	4 366
湖南	70 647	60 194	43 029	37 920	6 834	4 615
广东	276 629	219 607	237 025	204 480	5 750	4 716
广西	45 914	35 701	20 815	15 778	520	498
海南	3 227	1 809	91	80		8
四川	202 933	159 624	58 584	50 620	5 484	2 130
贵州	23 925	16 794	1 344	1 250		6
云南	44 971	45 569	11 814	8 860	991	
陕西	73 805	61 484	34 228	30 596	1 072	319
甘肃	26 354	22 528	7 937	7 374	7	7
青海	10 118	7 429	1 523	1 164		
宁夏	9 667	7 702	1 335	813	23	12
新疆	6 711	3 397	7 358	4 481	268	6
*重庆	35 508	29 699	15 105	13 496	1 002	505
武汉	6 738	1 181	22 564	20 683	332	225
沈阳	55 649	46 471	25 178	22 695	1 673	1 519
大连	14 833	13 363	12 869	11 436	520	81
哈尔滨	7 186	6 118	11 470	7 193	827	3
广州	63 017	51 585	30 273	28 308	1 162	1 103
西安	25 638	23 139	20 655	19 499	471	78
青岛	15 034	13 207	33 388	28 705	2 848	2 399
宁波	4 534	4 223	51 655	47 520	1 339	913
厦门	5 061	4 666	3 755	3 328	120	190
深圳	95 143	65 551	4 540	2 748		
长春	1 607	602	4 146	3 234	7	12
南京	791	822	12 895	10 275	3 287	2 684
成都	32 745	25 301	18 608	16 332	929	464
合计	1 891 183	1 564 509	2 049 684	1 807 395	73 687	39 301

各地区农业银行各项贷款累计发放与收回(续2)

(1990年)　　单位：万元

	2．商业贷款		*(1) 国营商业贷款		(2) 供销社贷款	
	累　放	累　收	累放　放	累收　收	累　放	累　收
北　京	563 653	520 778	37 346	28 588	173 043	173 342
天　津	661 417	576 468	20 876	17 367	173 981	167 040
河　北	2 467 354	2 308 289	70 622	68 074	889 206	860 898
山　西	1 066 975	957 472	55 517	48 786	411 244	398 664
内蒙古	720 382	529 702	13 975	12 715	234 904	207 682
辽　宁	2 434 439	2 169 983	126 871	119 508	872 874	831 679
吉　林	1 907 546	1 511 638	28 491	24 147	617 700	580 569
黑龙江	1 616 252	1 325 230	82 667	73 643	505 781	472 488
上　海	1 004 361	968 962	114 178	109 161	419 254	416 148
江　苏	3 903 089	3 589 013	141 174	134 151	1 647 549	1 612 452
浙　江	2 143 842	2 029 228	102 792	91 099	837 081	831 557
安　徽	1 503 786	1 242 540	51 791	50 131	395 828	391 031
福　建	751 468	713 622	78 426	70 351	300 041	304 351
江　西	1 091 710	926 104	51 015	44 432	424 803	414 355
山　东	3 463 521	3 158 137	118 441	112 765	846 823	813 447
河　南	3 070 284	2 703 413	111 742	102 394	811 613	782 440
湖　北	2 110 711	1 640 557	99 181	86 982	579 693	563 880
湖　南	1 824 420	1 652 011	41 075	36 618	724 913	709 577
广　东	3 060 576	2 908 151	672 890	633 023	1 405 634	1 362 745
广　西	948 673	886 312	41 548	40 560	455 264	441 555
海　南	166 783	135 277	14 521	15 334	35 761	34 477
四　川	3 404 343	3 098 367	200 457	179 393	1 236 779	1 230 545
贵　州	482 254	445 946	23 582	19 259	147 649	142 336
云　南	1 003 840	955 924	30 935	30 826	341 128	333 451
陕　西	1 171 741	1 073 314	72 865	70 152	498 683	478 647
甘　肃	681 584	606 424	42 131	38 989	236 331	227 645
青　海	73 928	71 059	12 811	11 674	18 839	19 248
宁　夏	117 396	100 063	2 669	2 196	43 045	44 634
新　疆	840 215	595 495	12 512	9 371	122 753	106 509
*重　庆	368 202	324 348	22 676	16 683	134 470	134 955
武　汉	419 446	371 384	53 077	46 754	217 570	211 849
沈　阳	574 320	512 303	66 744	63 271	220 524	209 481
大　连	313 364	292 085	20 155	19 169	116 184	111 483
哈尔滨	235 227	210 517	25 483	25 913	153 686	143 130
广　州	545 186	534 153	156 055	154 642	256 215	252 587
西　安	255 610	236 706	9 077	8 427	150 484	141 481
青　岛	319 791	288 912	14 981	13 923	126 900	124 106
宁　波	363 122	331 904	16 280	15 109	129 032	129 966
厦　门	77 381	61 904	32 921	23 963	11 842	12 520
深　圳	221 266	192 100	163 751	134 261	23 477	24 167
长　春	411 631	290 346	6 243	5 546	133 266	122 227
南　京	242 089	234 917	6 459	5 931	111 620	115 082
成　都	540 448	510 631	45 367	40 775	207 024	207 021
合　计	44 256 543	39 399 479	2 473 101	2 281 689	15 408 197	14 953 392

各地区农业银行各项贷款累计发放与收回(续3)

(1990年)

单位：万元

	(3) 农机公司贷款		(4) 预购定金贷款		(5) 乡镇企业供销公司贷款	
	累　放	累　收	累　放	累　收	累　放	累　收
北　京	29 858	27 197	183	125	10 571	9 818
天　津	7 105	6 467	417	528	9 803	9 515
河　北	36 284	35 732	4 210	4 479	35 309	32 561
山　西	32 771	33 924	2 256	2 429	35 798	33 029
内蒙古	22 546	20 548	3 760	3 800	3 700	2 969
辽　宁	48 500	46 584	33 232	33 633	17 071	15 900
吉　林	37 603	37 302	27 259	27 925	10 400	9 601
黑龙江	33 356	30 988	41 576	41 515	8 023	7 830
上　海	10 838	10 878	441	437	33 249	33 029
江　苏	28 518	28 310	28 277	28 907	112 402	107 282
浙　江	28 740	29 227	6 370	6 438	142 358	134 670
安　徽	11 167	10 988	30 962	31 118	8 255	6 895
福　建	11 477	11 986	5 880	5 875	10 200	9 038
江　西	8 661	9 049	23 384	23 592	9 416	7 979
山　东	56 618	56 039	1 959	3 299	35 451	32 035
河　南	74 429	74 821	6 251	6 372	30 481	26 108
湖　北	24 794	23 597	29 246	28 104	13 896	13 209
湖　南	15 128	15 536	24 214	24 173	29 838	26 520
广　东	31 476	31 725	5 732	6 141	72 294	70 318
广　西	12 531	12 440	4 601	5 024	5 084	4 083
海　南	4 703	3 991	40	73	636	81
四　川	36 129	35 367	14 445	14 643	58 527	53 998
贵　州	3 463	3 564	656	993	1 152	776
云　南	8 430	8 309	1 352	1 428	9 882	8 665
陕　西	24 756	22 784	261	385	18 780	18 027
甘　肃	11 486	11 944	3 692	3 549	11 787	11 055
青　海	1 280	1 285	176	157	484	379
宁　夏	1 284	1 265	1 402	1 427	407	325
新　疆	9 860	9 629	8 017	8 236	3 208	2 328
*重　庆	5 106	4 945	13	28	3 985	3 410
武　汉	3 141	2 655	2 224	2 233	5 465	5 485
沈　阳	10 382	8 997	8 095	8 071	1 055	1 085
大　连	2 995	3 058	500	528	2 191	1 994
哈尔滨	5 893	5 218	720	877	5 955	6 034
广　州	5 417	5 836	1 420	1 435	5 367	5 453
西　安	6 267	5 007	66	87	10 195	9 612
青　岛	7 510	7 254	26	164	3 361	3 343
宁　波	4 750	4 239	1 744	1 760	31 719	28 268
厦　门	460	415			347	362
深　圳	518	608			230	238
长　春	11 680	11 115	9 671	10 270	2 063	2 117
南　京	1 286	1 404	2 874	2 772	12 489	13 203
成　都	12 237	11 629	365	367	19 540	19 470
合　计	**663 791**	**651 476**	**310 251**	**314 805**	**738 462**	**688 023**

各地区农业银行各项贷款累计发放与收回(续4)

(1990年)　　单位：万元

	(6) 集体商业贷款		(7) 个体商业贷款		(8) 收购农副产品贷款	
	累　放	累　收	累　放	累　收	累　放	累　收
北　京	14 446	13 883	1	4	288 562	258 900
天　津	13 576	12 929	243	259	357 834	289 837
河　北	29 590	29 866	2 314	3 380	1 389 881	1 262 415
山　西	36 375	34 468	3 903	4 270	473 958	387 325
内蒙古	8 364	7 939	1 546	1 714	414 262	259 974
辽　宁	47 881	46 979	1 103	1 211	1 236 475	1 027 339
吉　林	17 404	17 259	1 089	1 187	1 143 968	794 487
黑龙江	25 893	26 060	2 061	2 087	874 767	628 596
上　海	55 059	55 212	89	131	190 334	159 312
江　苏	226 842	221 970	2 323	2 394	1 663 555	1 403 838
浙　江	132 225	124 282	38 698	36 485	806 459	719 473
安　徽	16 216	14 746	3 403	3 444	971 444	719 425
福　建	28 999	26 373	3 549	3 386	281 033	255 856
江　西	14 035	13 209	2 171	2 446	542 248	396 843
山　东	75 471	72 534	384	409	2 296 861	2 041 194
河　南	29 363	28 978	7 232	7 478	1 973 542	1 650 244
湖　北	28 971	26 912	5 509	5 397	1 297 410	857 380
湖　南	28 873	27 774	3 198	3 453	947 725	799 919
广　东	270 328	265 304	32 379	28 615	466 711	402 741
广　西	13 477	12 770	2 647	2 947	387 594	342 986
海　南	1 849	2 489	1 258	1 249	86 800	66 947
四　川	80 267	73 601	5 222	5 327	1 688 831	1 423 792
贵　州	1 796	1 879	913	1 144	295 971	268 209
云　南	6 858	6 836	1 240	1 601	588 660	547 837
陕　西	15 304	14 016	4 339	4 013	482 102	417 327
甘　肃	12 577	12 722	2 463	2 846	357 219	294 383
青　海	1 536	1 011	521	477	36 182	35 316
宁　夏	537	485	309	337	66 399	47 437
新　疆	3 985	3 351	2 585	2 689	670 123	447 407
*重　庆	16 370	14 257	593	529	175 100	142 307
武　汉	16 483	15 171	468	443	117 761	83 501
沈　阳	18 482	17 450	274	263	236 342	191 472
大　连	8 677	8 218		3	157 661	143 586
哈尔滨	6 930	6 821	416	61	34 026	21 062
广　州	29 975	30 703	1 826	1 769	83 334	76 959
西　安	3 755	3 455	258	328	68 755	61 795
青　岛	21 961	20 291	3	3	141 280	115 937
宁　波	25 385	24 120	513	517	144 486	122 084
厦　门	10 034	9 001	173	120	10 789	8 180
深　圳	9 392	8 490	937	655	3 929	4 760
长　春	3 375	3 406	495	541	235 252	128 414
南　京	12 622	12 749	209	178	91 766	79 936
成　都	16 058	14 566	182	195	233 677	210 428
合　计	1 238 097	1 195 837	132 692	130 380	22 276 910	18 206 729

各地区农业银行各项贷款累计发放与收回(续5)

(1990年)

单位：万元

地区	(9) 其他贷款		3. 乡镇企业贷款		(1) 流动资金贷款	
	累放	累收	累放	累收	累放	累收
北京	8 112	7 671	83 550	72 108	74 468	64 323
天津	78 247	72 918	152 170	137 024	142 551	128 767
河北	7 830	8 179	280 432	261 184	263 333	245 744
山西	14 310	13 701	143 980	135 005	133 312	125 476
内蒙古	16 274	11 678	16 704	12 170	14 493	11 061
辽宁	48 010	44 751	204 665	179 270	187 023	164 782
吉林	22 528	17 822	62 516	52 162	56 219	47 247
黑龙江	43 494	38 617	49 165	38 220	44 947	35 273
上海	181 319	184 654	416 300	400 567	389 195	379 214
江苏	47 278	41 817	928 150	886 768	892 702	856 392
浙江	44 846	52 175	738 659	709 089	718 959	694 303
安徽	12 438	9 569	68 503	57 927	61 968	52 693
福建	28 564	22 852	134 766	121 531	126 814	113 942
江西	10 509	9 955	75 795	64 316	67 751	57 690
山东	30 909	24 809	314 400	284 969	289 122	263 624
河南	23 154	21 559	150 975	135 117	138 852	126 661
湖北	28 667	31 328	84 677	68 280	68 999	57 456
湖南	5 598	5 129	100 717	85 599	87 174	75 141
广东	97 586	102 273	506 789	465 984	477 497	443 858
广西	19 992	19 375	33 619	26 509	25 234	21 140
海南	19 500	9 003	3 146	2 026	1 968	1 896
四川	71 142	68 377	343 516	321 702	315 337	296 452
贵州	8 897	4 973	16 992	12 326	13 730	10 090
云南	13 218	15 043	46 763	39 261	38 585	33 502
陕西	50 961	44 533	77 118	66 616	68 358	59 588
甘肃	3 034	2 802	33 351	28 433	27 492	23 222
青海	1 964	1 319	3 785	2 565	3 416	2 349
宁夏	315	4 326	9 280	5 763	8 290	5 086
新疆	16 639	4 320	17 818	10 167	14 751	8 060
*重庆	7 192	4 544	53 245	48 704	49 746	45 863
武汉	3 257	3 293	23 905	19 765	18 120	14 615
沈阳	12 622	12 213	29 367	24 912	26 168	22 412
大连	4 631	3 956	56 150	48 948	51 777	45 523
哈尔滨	2 113	1 376	11 260	8 038	10 619	7 796
广州	5 517	5 211	48 912	42 337	46 495	41 131
西安	6 523	6 222	15 254	12 592	14 206	11 499
青岛	3 369	3 501	74 664	69 554	69 658	65 288
宁波	8 976	5 921	136 667	130 314	133 463	128 189
厦门	10 748	7 304	5 040	4 858	4 874	4 530
深圳	19 032	18 921	14 882	8 640	11 255	6 843
长春	8 878	6 085	11 238	8 303	10 371	7 835
南京	2 135	3 066	51 130	46 134	48 123	43 710
成都	5 440	5 321	88 314	83 571	83 075	79 337
合计	955 335	895 528	5 098 301	4 682 658	4 752 540	4 405 032

各地区农业银行各项贷款累计发放与收回(续6)

(1990年)　　单位：万元

	(2) 固定资产贷款		(3) 农村电力工业贷款		二、固定资产贷款	
	累　放	累　收	累　放	累　收	累　放	累　收
北　京	8 985	7 658	97	127	10 683	5 678
天　津	9 619	8 257			4 434	3 000
河　北	16 429	15 040	670	400	7 788	4 753
山　西	10 352	9 416	316	113	3 282	2 154
内蒙古	2 212	1 111			3 807	2 616
辽　宁	17 104	14 382	538	106	11 373	5 416
吉　林	5 761	4 374	536	541	6 662	3 406
黑龙江	3 578	2 247	640	700	13 195	6 675
上　海	27 105	21 353			11 455	8 057
江　苏	33 353	27 110	2 095	3 266	11 910	7 104
浙　江	17 130	12 906	2 570	1 880	7 598	4 734
安　徽	5 842	4 823	693	411	9 619	4 904
福　建	5 301	4 205	2 651	3 384	6 301	4 440
江　西	6 144	5 271	1 900	1 355	8 617	6 439
山　东	23 783	19 319	1 495	2 026	15 138	8 937
河　南	8 263	6 733	3 860	1 723	5 924	3 645
湖　北	5 778	3 920	9 900	6 904	11 537	6 656
湖　南	8 118	6 623	5 425	3 835	10 377	7 967
广　东	24 398	18 291	4 894	3 835	13 066	7 652
广　西	3 419	2 786	4 966	2 583	6 624	3 238
海　南	557		621	2 184	2 623	2 295
四　川	21 872	19 213	6 307	6 037	13 838	5 959
贵　州	1 826	1 256	1 436	980	10 879	3 506
云　南	5 219	4 248	2 959	1 511	6 547	3 547
陕　西	7 733	6 847	1 027	181	5 516	1 805
甘　肃	5 753	5 186	106	25	1 339	593
青　海	369	216			1 450	456
宁　夏	990	677			1 429	4 232
新　疆	2 729	1 793	338	314	20 693	5 394
*重　庆	3 477	2 542	22	299	2 617	867
武　汉	915	280	4 870	4 870	3 784	2 927
沈　阳	3 199	2 500			3 320	1 688
大　连	4 173	3 425	200		2 941	1 657
哈　滨	634	235	7	7	2 286	1 084
广　州	2 381	1 155	36	51	3 905	2 214
西　安	1 014	1 057	34	36	2 014	693
青　岛	3 824	2 824	1 182	1 442	2 853	1 153
宁　波	3 105	2 041	99	84	2 144	1 413
夏　门	166	327		1	250	170
深　圳	3 627	1 797				
长　春	867	468			974	126
南　京	3 007	2 424			1 567	867
成　都	4 065	3 509	1 174	725	2 181	706
合　计	289 722	233 207	56 040	44 419	243 704	135 258

各地区农业银行各项贷款累计发放收回(续7)

(1990年)

单位：万元

	1. 国营工业技改贷款		2. 国营商业技改贷款		3. 国营农业技改贷款	
	累放	累收	累放	累收	累放	累收
北京	4 649	1 950	2 119	1 218	3 915	2 510
天津	2 550	1 313	940	752	144	435
河北	4 318	1 518	715	1 705	2 465	1 170
山西	1 132	873	1 305	690	759	455
内蒙古	2 651	1 388	571	347	475	761
辽宁	5 067	1 744	3 356	2 254	2 750	1 418
吉林	1 814	388	1 349	1 070	3 439	1 888
黑龙江	3 075	1 227	650	704	5 670	3 944
上海	5 539	4 077	2 377	1 841	3 139	2 139
江苏	3 040	1 263	2 602	1 866	3 918	3 125
浙江	2 910	898	1 192	1 129	3 496	2 407
安徽	2 069	1 386	3 530	2 904	1 370	615
福建	5 173	2 222	493	1 018	635	1 200
江西	1 411	1 174	1 062	900	6 096	4 317
山东	6 300	2 535	4 015	3 903	4 023	2 499
河南	2 647	816	1 683	1 926	1 294	903
湖北	2 351	598	4 141	3 776	4 653	3 903
湖南	3 960	2 459	4 165	3 801	2 252	1 707
广东	8 662	2 936	1 411	1 871	2 993	2 345
广西	4 872	1 099	118	407	1 634	1 732
海南	1 166	733	30	66	1 427	1 496
四川	9 665	2 993	1 286	1 735	1 537	881
贵州	2 248	1 420	2 723	1 765	908	321
云南	5 122	1 332	459	606	656	1 299
陕西	3 332	766	914	933	1 170	106
甘肃	515	53	712	830	112	
青海	1 190	296	260	80		80
宁夏	1 379	142		119	50	571
新疆	2 245	895	530	497	6 818	4 002
*重庆	1 648	136	90	301	429	430
武汉	677		575	733	2 532	2 249
沈阳	1 403	304	1 360	1 148	357	236
大连	1 008	511	1 340	785	593	361
哈尔滨	372	100	100	140	1 814	844
广州	3 321	559	120	479	464	676
西安	1 465	126	269	452	280	115
青岛	2 043	450	120	386	690	317
宁波	302	2	287	281	1 555	830
厦门	250			29		141
深圳						
长春	304	4	18	116	652	6
南京	698	249		113	869	505
成都	1 385	215	405	398	391	93
合计	101 052	40 494	44 708	40 913	67 798	47 939

各地区农业银行各项贷款累计发放与收回(续8)

(1990年)　　单位：万元

	4.基本建设贷款		三、农业贷款		1.国营农业贷款	
	累放	累收	累放	累收	累放	累收
北京			189 411	145 502	160 963	127 540
天津	800	500	89 114	72 547	45 445	41 177
河北	290	360	345 854	293 756	102 547	91 073
山西	86	136	109 247	86 912	34 709	28 880
内蒙古	110	120	94 650	80 027	32 428	27 123
辽宁	200		300 874	254 568	155 173	134 079
吉林	60	60	322 920	276 001	161 226	139 333
黑龙江	3 800	800	427 946	401 958	326 587	309 340
上海	400		208 142	188 764	138 001	124 378
江苏	2 350	850	306 473	264 262	185 586	167 316
浙江		300	202 048	180 230	145 202	140 387
安徽	2 650		158 174	123 632	26 718	21 520
福建			133 369	108 100	49 638	43 102
江西	48	48	188 446	140 739	130 490	106 210
山东	800		353 976	284 919	165 926	139 634
河南	300		295 223	225 699	41 606	33 263
湖北	392		219 578	180 909	136 349	117 750
湖南			172 698	137 391	80 268	67 193
广东		500	476 277	405 744	278 826	252 941
广西			197 614	173 496	107 576	96 886
海南			90 499	61 976	72 857	50 197
四川	1 350	350	233 807	175 783	97 793	81 090
贵州	5 000		69 882	48 687	3 671	2 888
云南	310	310	117 905	97 286	33 374	29 744
陕西	100		105 018	77 651	35 411	29 121
甘肃			101 844	90 391	42 092	37 047
青海			18 092	9 329	2 626	1 393
宁夏		3 400	20 584	15 675	12 163	10 333
新疆	11 100		270 747	228 551	226 157	195 015
*重庆	450		32 083	27 254	28 236	24 504
武汉			76 416	68 481	72 357	65 271
沈阳	200		51 466	44 577	36 431	31 698
大连			71 287	60 395	15 378	13 406
哈尔滨			45 945	35 833	38 028	28 804
广州		500	146 977	127 274	134 200	118 884
西安			25 000	19 990	18 109	15 547
青岛			51 073	39 863	26 996	23 644
宁波		300	29 409	27 987	22 822	22 446
厦门			17 020	13 688	5 202	5 964
深圳			30 207	32 046	22 608	28 679
长春			66 128	58 437	30 038	23 591
南京			32 379	26 193	19 864	18 551
成都			40 171	31 568	17 115	14 630
合计	30 146	6 112	5 820 412	4 830 485	3 031 408	2 645 953

各地区农业银行各项贷款累计发放与收回(续9)

(1990年)

单位：万元

	2.集体农业贷款		3.农户贷款		4.信用社贷款	
	累放	累收	累放	累收	累放	累收
北京	24 143	16 502	1	23		39
天津	38 165	27 659	1 370	1 218	323	267
河北	50 362	46 190	142 623	121 560	16 726	16 523
山西	26 688	22 382	35 626	27 406	8 513	8 795
内蒙古	6 300	7 404	25 942	23 630	19 908	17 700
辽宁	92 782	77 532	19 632	17 393	9 979	10 679
吉林	55 237	44 402	65 948	71 222	20 957	12 434
黑龙江	22 027	21 209	51 824	55 075	5 111	5 163
上海	69 157	62 839				
江苏	69 407	55 501	2 956	2 738	22 405	23 918
浙江	24 064	18 417	11 169	9 183	9 812	9 004
安徽	12 578	15 839	30 588	23 541	48 586	44 509
福建	40 930	30 381	14 780	13 662	13 561	12 617
江西	11 205	9 178	4 164	4 607	6 819	8 282
山东	113 289	88 225	36 229	32 325	563	617
河南	47 940	34 898	131 980	111 748	15 343	14 845
湖北	23 466	19 013	8 831	8 247	17 404	15 836
湖南	20 929	17 400	13 164	11 118	26 603	23 640
广东	101 389	75 839	62 101	50 089	14 594	17 486
广西	6 112	7 074	6 540	6 733	46 108	46 734
海南	2 370	1 833	10 224	7 208	2 732	2 715
四川	41 526	28 633	14 034	12 373	42 341	44 142
贵州	3 614	1 339	6 547	5 817	37 260	30 740
云南	7 624	6 050	15 911	15 706	41 628	37 266
陕西	8 588	5 995	18 461	15 309	25 538	21 006
甘肃	7 281	9 129	38 135	34 213	9 177	8 562
青海	184	342	6 364	5 757	6 662	1 334
宁夏	356	442	2 374	2 117	1 891	1 284
新疆	5 632	3 537	19 578	18 901	7 469	6 900
*重庆	2 909	1 933	137	213	441	577
武汉	2 122	1 778	241	217	1 098	1 058
沈阳	9 627	8 144	1 432	1 543	2 790	2 830
大连	51 113	43 486	814	873		
哈尔滨	3 890	3 287	2 772	2 781	862	862
广州	8 692	5 264	1 889	1 253	1 500	1 576
西安	2 018	1 692	2 698	1 722	449	504
青岛	19 458	13 959	121	97		
宁波	5 519	4 516	220	202	690	720
厦门	5 457	4 379	1 993	1 870	1 674	170
深圳	5 803	2 539	1 466	766		
长春	4 564	4 482	26 518	26 323	3 293	2 650
南京	9 140	5 109	51	27	1 704	2 297
成都	18 407	13 375	459	373	2 066	2 176
合计	933 345	755 184	797 096	708 919	478 013	443 037

各地区农业银行各项贷款累计发放与收回(续10)

(1990年)　　单位：万元

	5.扶贫贴息贷款		6.外资配套贷款		7.开发性贷款	
	累　放	累　收	累　放	累　收	累　放	累　收
北　京			3 170	75	1 134	1 323
天　津			2 150	250	1 661	1 976
河　北	7 926	3 781	790	90	24 880	14 539
山　西	2 552	667			1 159	
内蒙古	3 102	1 069	350		6 620	3 101
辽　宁	3 374	1 887	5 393	2 252	14 541	10 746
吉　林	2 362	1 398	6 499	912	10 691	6 300
黑龙江	684	805	849		20 864	10 366
上　海			984	1 014		533
江　苏	11	12	6 698		19 410	15 561
浙　江	2 461	1 335	2 414	344	6 926	1 560
安　徽	10 225	3 790	5 277	6 509	24 202	7 924
福　建	4 059	1 105	8 799	6 434	1 602	799
江　西	8 882		2 215		24 671	12 800
山　东	6 870	2 826	19 379	10 313	11 720	10 979
河　南	17 199	8 057	18 605	11 503	22 550	11 385
湖　北	9 604	5 369	6 681	5 856	17 243	8 838
湖　南	4 852	2 584	2 637	2 933	24 245	12 523
广　东	2 477	413	6 079	182	10 811	8 794
广　西	15 919	6 422	2 986	3 448	12 373	6 199
海　南	123				2 193	33
四　川	16 818	6 619	4 151		17 144	6 208
贵　州	12 262	3 812	4 966	2 790	1 562	1 301
云　南	9 550	3 221	7 188	5 129	2 630	170
陕　西	8 912	3 216	1 554		6 554	4 044
甘　肃	4 544	1 248			615	192
青　海	1 738	391			518	112
宁　夏					3 800	1 499
新　疆	4 677	1 512			7 234	2 686
*重　庆			300		60	27
武　汉			366	1	232	166
沈　阳			624	24	562	338
大　连			3 222	2 229	760	401
哈尔滨	52	52	300		41	47
广　州			665	65	31	232
西　安	696	132	450		580	393
青　岛			2 980	1 360	1 518	803
宁　波					158	103
厦　门			2 691	1 297	3	8
深　圳					330	62
长　春			194		1 521	1 391
南　京	1	1	1 513	130	106	78
成　都	200	200	684	156	1 240	658
合　计	161 183	61 259	119 814	54 860	299 553	161 273

各地区农业银行各项贷款累计发放与收回(续11)

(1990年)　　　　单位：万元

	四、特种贷款		五、其他贷款	
	累放	累收	累放	累收
北京	9 661	8 193	1 680	
天津	14 292	12 793	19 118	2 687
河北	8 144	7 577	40 209	13 406
山西	1 701	1 191	1 504	704
内蒙古	156	551	1 097	740
辽宁	4 604	4 499	29 679	18 603
吉林	1 172	1 401	2 415	1 182
黑龙江	1 861	2 159	10 336	8 011
上海	581	2 045	209 178	202 680
江苏	10 778	11 819	71 811	55 041
浙江	8 600	7 822	37 205	21 625
安徽	2 111	2 434	7 820	5 132
福建	1 902	3 037	12 241	4 927
江西	5 098	4 289	9 940	7 593
山东	6 960	5 585	22 827	5 916
河南	1 981	2 462	13 442	6 576
湖北	12 858	14 727	13 284	5 989
湖南	3 835	4 182	5 789	3 701
广东	5 157	5 977	47 931	25 835
广西	168	422	1 489	174
海南	36	41	1 066	936
四川	4 346	4 371	10 576	
贵州	666	597	751	
云南	1 379	1 361	1 421	758
陕西	2 770	3 432	6 820	4 256
甘肃	2 056	2 019	759	403
青海	13		663	471
宁夏	107	358	543	141
新疆	150	257	3 983	3 500
	160			
*重庆	2 873	265	2 239	
武汉	3 351	3 217	4 706	3 160
沈阳	802	2 752	16 262	9 708
大连	699	555	8 827	7 308
哈尔滨		500	890	1 002
广州	299	195	2 975	
西安	2 816	294	5 467	3 513
青岛	6 007	1 916	5 554	2 962
宁波	100	5 320	12 222	8 449
厦门		160	6 417	1 944
深圳	46	963	23 096	15 913
长春	1 839	82	131	56
南京	288	3 239	2 217	1 470
成都		424	2 271	
合计	113 143	115 433	585 577	396 004

农业银行各项贷款累计发放与收回

单位：亿元

	1986年			1987年			1988年		
	累计发放	累计收回	回收率%	累计发放	累计收回	回收率%	累计发放	累计收回	回收率%
各项贷款合计	3 290.35	2 998.43	91.13	4 345.12	4 021.98	92.56	5 398.46	5 085.57	94.20
一、流动资金贷款	2 963.98	2 749.24	92.76	3 889.52	3 647.07	93.77	4 830.26	4 570.65	94.63
1. 工业贷款	132.96	104.40	78.52	222.89	189.34	84.95	296.72	275.39	92.81
国营工业流动资金贷款	60.13	44.30	73.67	99.27	86.41	87.05	131.72	124.23	94.31
集体工业贷款	72.83	60.10	82.52	111.82	96.14	85.98	155.85	144.66	92.82
集体工业固定资产贷款				11.80	6.79	57.54	9.15	6.50	71.04
2. 商业贷款	2 512.61	2 426.38	96.57	3 196.69	3 049.93	95.41	3 936.21	3 755.55	95.41
国营商业贷款	101.71	90.75	89.22	138.76	127.86	92.14	216.55	196.40	90.60
供销社贷款	1 037.04	994.34	95.88	1 282.44	1 231.42	96.02	1 564.91	1 516.75	96.92
农机公司贷款	56.58	52.90	93.50	59.30	59.72	100.71	69.37	67.43	97.20
预购定金贷款	0.51	1.41	276.47	22.88	20.21	88.33	28.23	29.04	102.87
乡镇企业供销公司贷款	44.71	39.69	88.77	68.85	65.07	94.51	82.40	81.87	99.36
集体商业贷款	64.36	57.39	89.17	110.76	97.42	87.96	163.34	156.30	95.69
个体商业贷款	7.70	7.05	91.56	18.37	14.58	79.37	26.90	24.29	90.30
收购农副产品贷款	1 118.47	1 105.14	98.81	1 392.02	1 335.93	95.97	1 668.38	1 568.79	94.03
其他商业贷款	81.53	77.71	95.31	103.31	97.72	94.59	116.13	114.68	98.75
3. 乡镇企业贷款	318.41	218.46	68.61	469.94	407.80	86.78	597.33	539.71	90.35
流动资金贷款	280.51	196.45	70.03	424.42	380.61	89.68	543.26	504.79	92.92
固定资产贷款	32.75	20.51	62.63	38.38	24.90	64.88	46.51	31.18	67.04
农村电力工业贷款	5.15	1.50	29.13	7.14	2.29	32.07	7.56	3.74	49.47
二、固定资产贷款	19.48	6.77	34.75	27.68	19.32	69.80	26.54	14.97	56.41
1. 国营工业技改贷款	6.02			9.95	10.60	106.53	9.02	4.53	50.22
2. 国营商业技改贷款	6.50	3.21	49.38	7.26	4.20	57.85	5.53	4.64	83.91
3. 国营农业技改贷款	6.82	3.45	50.59	7.56	4.47	59.13	7.96	5.13	64.45
4. 基本建设贷款	0.14	0.11	78.57	2.91	0.05	1.72	4.03	0.67	16.63
三、农业贷款	271.73	216.97	79.85	370.65	311.80	84.12	465.44	407.32	87.51
1. 国营农业贷款	127.44	96.85	76.00	179.28	157.65	87.94	248.17	225.21	90.75
2. 集体农业贷款	18.90	20.17	106.72	34.43	27.54	79.99	51.35	40.63	79.12
3. 农户贷款	46.63	36.35	77.95	67.74	52.58	77.62	78.46	70.93	90.40
4. 信用社贷款	69.89	60.88	87.11	60.59	66.21	109.28	55.71	58.48	104.97
5. 扶贫贴息贷款				14.24	0.94	6.60	15.32	2.18	14.23
6. 外资配套贷款				4.81	2.29	47.61	6.41	4.26	66.46
7. 开发性贷款	8.87	2.72	30.67	9.56	4.59	48.01	10.02	5.63	56.19
四、特种贷款	10.34	3.34	32.30	12.67	8.17	64.48	18.55	11.60	62.53
五、其他贷款	24.82	22.11	89.08	44.60	35.62	79.87	57.67	81.03	140.51

农业银行各项贷款累计发放与收回(续)

单位：亿元

	1989年			1990年			1986—1990年五年累计		
	累计发放	累计收回	回收率%	发放	累计收回	回收率%	发放	收回	回收率%
各项贷款合计	5 385.16	4 959.14	92.09	6 013.22	5 297.05	88.09	24 432.31	22 362.17	91.53
一、流动资金贷款	4 865.06	4 513.18	92.77	5 336.94	4 749.33	88.98	21 885.76	20 229.47	92.43
1. 工业贷款	319.96	285.19	89.13	401.46	341.12	84.97	1 373.99	1 195.44	87.01
国营工业流动资金贷款	148.17	129.31	87.27	189.12	156.45	82.72	628.41	540.70	86.04
集体工业贷款	167.03	151.50	90.70	204.97	180.74	88.17	712.50	633.14	88.86
集体工业固定资产贷款	4.76	4.38	92.02	7.37	3.93	53.33	33.08	21.60	65.30
2. 商业贷款	4 087.29	3 783.10	92.56	4 425.65	3 939.95	89.02	18 158.45	16 954.91	93.37
国营商业贷款	226.34	204.56	90.38	247.31	228.17	92.26	930.67	847.74	91.09
供销社贷款	1 580.42	1 517.37	96.01	1 540.82	1 495.34	97.04	7 005.63	6 755.22	96.43
农机公司贷款	70.02	67.48	96.37	66.38	65.15	98.14	321.65	312.68	97.21
预购定金贷款	27.63	28.06	101.56	31.03	31.48	101.46	110.28	110.20	99.93
乡镇企业供销公司贷款	63.42	60.87	95.98	73.85	68.80	93.16	333.23	316.30	94.92
集体商业贷款	129.19	128.66	99.59	123.81	119.58	95.38	591.46	559.35	94.57
个体商业贷款	13.38	15.61	116.67	13.27	13.04	98.25	79.62	74.57	93.66
收购农副产品贷款	1 859.12	1 650.10	88.76	2 227.69	1 820.67	81.72	8 265.68	7 480.63	90.50
其他商业贷款	117.77	110.39	93.73	101.49	97.72	96.26	520.23	498.22	95.77
3. 乡镇企业贷款	457.81	444.89	97.18	509.83	468.26	91.84	2 353.32	2 079.12	88.35
流动资金贷款	433.87	418.89	96.55	475.26	440.50	92.68	2 157.32	1 941.24	89.98
固定资产贷款	19.85	23.04	116.07	28.97	23.32	80.49	166.46	122.95	73.86
农村电力工业贷款	4.09	2.96	72.37	5.60	4.44	79.26	29.54	14.93	50.54
二、固定资产贷款	17.25	10.12	58.67	24.37	13.53	55.50	115.32	64.71	56.11
1. 国营工业技改贷款	6.40	3.22	50.31	10.11	4.06	40.07	41.50	22.41	53.98
2. 国营商业技改贷款	3.26	3.28	100.61	4.47	4.07	91.06	27.02	19.40	71.80
3. 国营农业技改贷款	4.69	3.21	68.44	6.78	4.79	70.70	33.81	21.05	62.26
4. 基本建设贷款	2.90	0.41	14.14	3.01	0.61	20.27	12.99	1.85	14.24
三、农业贷款	458.49	391.36	85.36	582.04	483.05	82.99	2 148.35	1 810.50	84.27
1. 国营农业贷款	253.19	222.83	88.01	303.14	264.60	87.28	1 111.22	967.14	87.03
2. 集体农业贷款	64.12	51.13	79.74	93.33	75.50	80.91	262.13	214.97	82.02
3. 农户贷款	64.73	60.92	94.11	79.71	70.89	88.93	337.27	291.67	86.48
4. 信用社贷款	42.05	41.77	99.33	47.80	44.31	92.68	276.04	271.65	89.09
5. 扶贫贴息贷款	14.27	3.16	22.14	16.12	6.13	38.00	59.95	12.41	20.70
6. 外资配套贷款	6.60	4.25	64.39	11.98	5.49	45.78	29.80	16.29	54.66
7. 开发性贷款	13.53	7.30	53.95	29.96	16.13	53.83	71.94	36.37	56.23
四、特种贷款	11.81	8.83	74.77	11.31	11.54	102.02	64.68	43.48	67.22
五、其他贷款	32.55	35.65	109.52	58.56	39.60	67.62	218.20	214.01	98.08

中国农业银行外汇信贷资产负债表

（1989—1990年）　　单位：万美元

资　　产	1990年	1989年	1990比1989年增　减
总　　计	267 449	159 532	107 917
一、贷款合计	75 700	43 816	31 884
1. 一般外汇贷款	41 916	28 081	13 835
2. 三资企业贷款	32 953	14 554	18 399
3. 利用世行贷款	334	798	464
4. 利用外国政府贷款	497	383	114
二、同业往来	12 993	7 083	5 910
三、系统内往来	70 385	61 944	8 441
四、存放港澳及国外同业	39 009	17 382	21 627
五、境外拆出资金	27 152	5 431	21 721
六、库存现金	3 530	2 339	1 191
七、其他	38 680	21 537	17 143

负　　债	1990年	1989年	1990比1989年增　减
总　　计	267 449	159 532	107 917
一、存款合计	86 397	44 633	41 764
1. 个人定期存款	39 905	22 774	17 131
2. 个人活期储蓄存款	8 920	5 969	2 951
3. 企事业单位存款	23 762	12 293	11 469
4. 单位定期存款	13 805	3 593	10 212
5. 港澳及国外同业存款	5	4	1
二、同业往来	4 006	2 051	1 955
三、系统内往来	66 109	57 448	8 661
四、借入资金合计	9 823	10 964	—1 141
1. 借入国外商业银行资金	7 100	7 100	
2. 借入世行资金	1 209	1 569	—360
3. 借入外国政府资金		383	—383
4. 境外短期拆入资金	1 514	1 912	—398
五、自有外汇营运资金	35 665	14 079	21 586
六、结益	4 222	2 773	1 449
七、其他	61 227	27 584	33 643

信用社信贷资金平衡表

（1990年）　　　　单位：万元

资金来源项目	余　额	比上年增　减	比上年增　长（%）	资金运用项目	余　额	比上年增　减	比上年增　长（%）
资金来源总计	2 999.49	689.50	29.84	资金运用总计	2 999.49	689.50	29.84
一、各项存款合计	2 144.94	481.57	28.95	一、各项贷款合计	1 413.01	322.29	29.54
1. 集体存款	303.34	46.77	18.22	1. 集体农业贷款	134.12	27.69	26.01
集体农业存款	106.45	14.50	15.77	2. 乡镇企业贷款	700.72	160.50	29.70
乡镇企业存款	149.88	23.95	19.02	流动资金贷款	608.27	151.84	33.26
集体定期存款	12.41	3.37	37.21	固定资产贷款	92.45	8.66	10.33
其他存款	34.60	4.95	16.68	3. 农户贷款	518.22	104.18	25.16
2. 农户储蓄存款	1 841.60	434.80	30.90	4. 其他工商业贷款	59.95	29.92	99.64
活期	386.46	54.42	16.38	二、转存银行款	772.48	116.34	17.73
定期	1 455.14	380.38	35.39	三、特种贷款	52.62	15.71	42.55
二、自有资金	82.33	5.70	7.43	四、其他资金占款	120.94	24.50	25.40
三、股金	79.36	16.60	26.45	五、库存现金	34.56	1.40	4.21
四、借入银行款	42.01	4.38	11.64	六、其他	605.88	209.26	52.76
五、结益	8.72	0.07	0.81				
六、其他	642.13	181.18	39.31				

各地区信用社各项存款

（1990年） 单位：万元

	各项存款合计		一、集体存款		1.集体农业存款	
	余额	比上年增减	余额	比上年增减	余额	比上年增减
北京	592 497	142 157	206 603	38 844	75 463	7 845
天津	302 001	77 565	55 801	3 141	18 334	－384
河北	2 004 787	463 999	174 805	21 007	49 465	3 510
山西	839 525	164 622	98 482	3 677	35 079	－2 601
内蒙古	207 387	44 757	24 532	4 352	8 862	1 617
辽宁	1 019 534	245 141	119 740	28 603	53 725	11 063
吉林	337 116	70 407	30 991	2 586	11 205	2 194
黑龙江	447 186	95 484	56 198	19 561	39 836	16 398
上海	408 722	98 831	117 663	13 182	52 147	7 871
江苏	1 671 406	390 350	269 812	46 375	108 857	13 219
浙江	1 382 029	392 004	259 503	62 480	60 665	13 417
安徽	534 854	112 695	79 672	3 096	16 374	600
福建	441 880	120 757	59 937	11 466	25 300	3 380
江西	347 514	74 975	38 033	6 376	460	460
山东	2 400 434	445 891	298 433	48 595	116 350	14 854
河南	1 164 007	242 212	103 742	9 674	34 370	1 845
湖北	593 023	108 073	80 120	－2 118	20 545	848
湖南	655 686	170 242	92 088	－792	23 318	1 557
广东	3 045 558	672 108	404 149	97 181	171 780	37 983
广西	366 554	104 925	42 867	7 665	11 395	1 144
海南	99 829	19 991	5 769	－1 161	2 067	－411
四川	1 171 065	252 463	186 558	15 829	36 515	－28
贵州	102 365	19 037	19 640	2 054	6 974	－35
云南	308 421	65 463	77 852	11 792	32 311	4 325
陕西	561 340	116 844	59 691	4 949	19 385	205
甘肃	196 787	41 318	32 643	3 886	12 009	1 266
青海	26 114	3 173	8 997	－142	5 374	－142
宁夏	58 435	13 352	5 500	372	2 126	236
新疆	163 334	46 818	23 529	5 152	14 209	2 793
*重庆	184 871	52 374	34 045	5 995	7 252	967
武汉	112 801	20 389	28 692	－2 408	6 166	176
沈阳	146 873	38 805	26 725	6 529	10 675	3 673
大连	268 663	58 311	34 868	10 043	14 164	4 008
哈尔滨	35 711	6 118	5 319	943	3 453	758
广州	471 605	107 015	80 670	15 462	40 564	4 641
西安	152 156	31 942	19 556	2 402	8 887	1 211
青岛	193 429	30 182	28 591	3 056	13 286	536
宁波	184 290	56 772	43 028	10 058	9 694	2 138
厦门	29 385	9 793	5 875	1 399	2 450	－443
深圳	121 594	33 977	29 439	13 277	11 568	5 782
长春	54 546	8 834	5 091	385	2 435	253
南京	79 039	15 038	18 820	2 175	7 976	1 214
成都	203 075	53 325	32 680	6 977	8 668	1 155
合计	21 449 390	4 815 654	3 033 350	467 682	1 064 500	145 029

各地区信用社各项存款(续1)

(1990年)

单位：万元

	2.乡镇企事业存款		3.集体定期存款		4.其他存款	
	余额	比上年增减	余额	比上年增减	余额	比上年增减
北京	96 006	18 510	12 390	5 815	22 744	6 674
天津	31 883	2 410	1 462	794	4 122	321
河北	80 639	8 815	8 861	2 783	35 840	5 899
山西	42 868	2 627	4 296	2 255	16 239	1 396
内蒙古	12 698	2 785	350	205	2 622	−255
辽宁	57 524	14 997	2 501	523	5 990	2 020
吉林	11 821	1 233	22	17	7 943	−858
黑龙江	14 082	2 859	497	238	1 783	66
上海	63 671	5 660	1 060	283	785	−632
江苏	136 884	26 584	12 187	3 861	11 884	2 711
浙江	148 366	35 915	8 717	4 241	41 755	8 907
安徽	34 005	430	2 016	584	27 277	1 482
福建	28 259	6 083	1 387	897	4 991	1 106
江西	31 232	4 232	1 451	966	4 890	718
山东	165 819	27 165	10 584	4 761	5 680	1 815
河南	57 826	4 807	5 131	2 315	6 415	707
湖北	42 283	−1 517	6 327	−639	10 965	−810
湖南	40 016	5 485	2 923	−10 708	25 831	2 874
广东	191 273	46 096	16 027	6 093	25 069	7 009
广西	23 339	4 575	2 439	316	5 694	1 630
海南	1 269	−447	70	−142	2 363	−161
四川	98 025	9 152	9 643	3 709	42 375	2 996
贵州	6 536	500	559	338	5 571	1 251
云南	34 569	4 062	4 665	2 406	6 307	999
陕西	24 634	3 190	3 324	590	12 348	964
甘肃	13 325	1 709	2 330	355	4 979	556
青海	1 964	−95	876	315	783	−220
宁夏	2 201	127	85	31	1 088	−22
新疆	5 756	1 582	1 929	458	1 635	319
*重庆	19 692	3 428	1 714	494	5 387	1 106
武汉	13 113	−1 642	4 692	−683	4 721	−259
沈阳	13 157	1 824	449	177	2 444	855
大连	18 512	5 237	1 097	137	1 095	661
哈尔滨	1 573	40	210	115	83	30
广州	26 457	5 412	6 640	2 364	7 009	3 045
西安	7 068	708	766	162	2 835	321
青岛	14 494	2 421	811	99		
宁波	26 600	6 924	1 511	651	5 223	345
厦门	2 596	1 084	755	730	74	28
深圳	14 907	6 299	466	94	2 498	1 102
长春	1 925	−80	5		726	212
南京	9 778	679	499	272	567	10
成都	18 078	3 796	1 464	817	4 470	1 209
合计	1 498 773	239 531	124 109	33 660	345 968	49 462

各地区信用社各项存款(续2)

(1990年)　　单位：万元

	二、农户储蓄存款		1.活期		2.定期	
	余　额	比上年增减	余　额	比上年增减	余　额	比上年增减
北　京	385 894	103 313	55 286	4 546	330 608	98 767
天　津	246 200	74 424	43 884	7 094	202 316	67 330
河　北	1 829 982	442 992	265 339	28 756	1 564 643	414 236
山　西	741 043	160 945	84 342	16 226	656 701	144 719
内蒙古	182 855	40 405	58 947	11 269	123 908	29 136
辽　宁	899 794	216 538	132 559	20 724	767 235	195 814
吉　林	306 125	67 821	71 351	7 858	234 774	59 963
黑龙江	390 988	75 923	80 203	4 365	310 785	71 558
上　海	291 059	85 649	1 898	139	289 161	85 510
江　苏	1 401 594	343 975	245 666	38 488	1 155 928	305 487
浙　江	1 122 526	329 524	222 935	49 341	899 591	280 183
安　徽	455 182	109 599	146 190	22 151	308 992	87 448
福　建	381 943	109 291	60 944	8 151	320 999	101 140
江　西	309 481	68 599	76 352	-7 427	233 129	76 026
山　东	2 102 001	397 296	324 182	30 660	1 777 819	366 636
河　南	1 060 265	232 538	245 620	36 588	814 645	195 950
湖　北	512 903	110 191	167 403	24 396	345 500	85 795
湖　南	563 598	171 034	116 565	24 680	447 033	146 354
广　东	2 641 409	574 927	819 711	110 662	1 821 698	464 265
广　西	323 687	97 260	153 970	38 074	169 717	59 186
海　南	94 060	21 152	35 076	4 918	58 984	16 234
四　川	984 507	236 634	191 187	17 316	793 320	219 318
贵　州	82 725	16 983	29 839	5 115	52 886	11 868
云　南	230 569	53 671	55 853	8 112	174 716	45 559
陕　西	501 649	111 895	81 240	9 997	420 409	101 898
甘　肃	164 144	37 432	43 672	5 035	120 472	32 397
青　海	17 117	3 315	4 836	292	12 281	3 023
宁　夏	52 935	12 980	8 992	1 819	43 943	11 161
新　疆	139 805	41 666	40 604	14 847	99 201	26 819
*重　庆	150 826	46 379	20 528	3 761	130 298	42 618
武　汉	84 109	22 797	18 098	2 567	66 011	20 230
沈　阳	120 148	32 276	18 519	3 738	101 629	28 538
大　连	233 795	48 268	38 980	9 638	194 815	38 630
哈尔滨	30 392	5 175	6 910	737	23 482	4 438
广　州	390 935	91 553	110 621	13 044	280 314	78 509
西　安	132 600	29 540	20 433	2 653	112 167	26 887
青　岛	164 838	27 126	29 594	948	135 244	26 178
宁　波	141 262	46 714	34 733	9 441	106 529	37 273
厦　门	23 510	8 394	1 888	735	21 622	7 659
深　圳	92 155	20 700	30 114	7 108	62 041	13 592
长　春	49 455	8 449	8 546	-593	40 909	9 042
南　京	60 219	12 863	9 425	1 115	50 794	11 748
成　都	170 395	46 348	27 771	4 513	142 624	41 835
合　计	18 416 040	4 347 972	3 864 646	544 192	14 551 394	3 803 780

各地区信用社各项贷款

（1990年）

单位：万元

	各项贷款合计		一、集体农业贷款		二、乡镇企业贷款		1.流动资金贷款	
	余　额	比上年增减	余　额	比上年增减	余　额	比上年增减	余　额	比上年增减
北　京	274 242	51 447	82 486	18 944	174 209	28 619	145 051	26 819
天　津	194 447	55 416	25 901	3 638	144 189	45 698	126 787	43 058
河　北	1 363 582	337 959	113 052	37 870	496 186	112 291	448 319	109 346
山　西	584 513	145 373	61 839	13 906	253 018	70 234	219 959	65 303
内蒙古	95 119	17 117	5 155	899	24 426	7 072	23 261	7 068
辽　宁	676 624	167 852	123 115	19 779	334 445	100 094	293 109	91 729
吉　林	199 351	35 760	16 340	2 754	56 347	15 160	53 772	15 126
黑龙江	224 914	46 685	8 684	-380	91 059	27 822	81 641	26 107
上　海	272 263	65 380	39 173	4 656	228 082	61 184	183 014	57 706
江　苏	1 066 553	202 889	113 636	20 442	857 722	158 124	754 882	128 934
浙　江	775 471	204 535	29 796	6 016	555 723	140 186	519 179	138 650
安　徽	305 702	57 245	7 662	1 360	87 039	11 802	83 547	11 845
福　建	262 646	68 871	27 730	5 547	86 485	24 769	82 750	25 051
江　西	195 009	53 017	490	490	67 631	21 875	62 909	21 484
山　东	1 612 329	333 121	338 601	64 442	914 365	174 911	752 929	159 330
河　南	936 119	195 767	49 576	5 808	325 090	63 661	321 015	64 311
湖　北	381 100	82 413	39 024	13 035	142 000	28 340	128 699	26 969
湖　南	419 525	119 762	10 167	1 744	166 488	37 903	151 172	38 013
广　东	2 373 113	621 856	197 422	50 203	1 485 633	383 899	1 215 001	367 887
广　西	269 679	56 276	10 159	1 542	52 316	14 556	44 441	13 593
海　南	69 134	6 863	4 010	-81	9 295	868	8 039	732
四　川	744 678	148 294	12 571	2 496	269 635	45 054	225 734	45 969
贵　州	91 208	11 681	2 534	-232	7 263	886	5 327	743
云　南	201 076	26 551	7 798	375	39 350	5 165	30 781	5 992
陕　西	356 626	79 816	8 937	364	96 702	16 981	87 927	18 186
甘　肃	94 106	18 962	2 965	1 092	21 387	3 977	19 571	3 993
青　海	11 307	1 218	344	-51	1 868	-22	1 306	85
宁　夏	26 386	5 930	200	-34	7 194	2 083	4 853	1 952
新　疆	53 258	4 871	1 827	293	12 083	1 791	7 751	2 386
#重　庆	113 031	36 721	2 489	427	49 010	6 765	39 434	6 896
武　汉	59 987	10 833	4 302	922	38 046	6 613	34 293	5 140
沈　阳	73 667	22 455	10 015	4 668	42 257	13 346	38 826	12 767
大　连	175 721	34 699	56 067	4 065	105 692	29 822	84 231	23 927
哈尔滨	19 790	6 774	351	-35	14 554	5 597	13 943	5 598
广　州	321 277	78 348	33 055	5 821	175 242	41 974	122 494	39 143
西　安	73 655	13 295	2 428	524	37 733	5 954	35 089	6 636
青　岛	145 898	40 394	29 794	6 562	101 313	26 205	80 383	18 097
宁　波	101 612	29 987	3 123	269	86 005	26 736	80 831	25 369
厦　门	21 833	9 958	3 010	603	4 352	2 103	4 351	2 103
深　圳	73 346	14 194	4 088	1 575	52 824	8 054	19 377	4 914
长　春	31 594	6 713	184	-8	11 305	3 534	11 305	3 534
南　京	48 972	10 098	5 846	894	38 790	7 938	32 679	6 892
成　都	128 027	26 428	3 479	1 931	82 291	16 357	73 401	16 412
合　计	14 130 080	3 222 927	1 341 194	276 917	7 007 230	1 604 983	6 082 726	1 518 367

各地区信用社各项贷款（续）

（1990年） 单位：万元

	2.固定资产贷款		三、农户贷款		四、其他商企业贷款	
	余　　额	比上年增减	余　　额	比上年增减	余　　额	比上年增减
北　京	29 158	1 800	7 243	57	10 304	3 827
天　津	17 402	2 640	21 790	3 991	2 567	2 089
河　北	47 867	2 945	701 135	154 414	53 209	33 384
山　西	33 059	4 931	251 493	52 201	18 163	9 032
内蒙古	1 165	4	64 676	9 158	862	-12
辽　宁	41 336	8 365	193 636	35 529	25 428	12 450
吉　林	2 575	34	119 607	15 158	7 057	2 688
黑龙江	9 418	1 715	70 559	4 226	54 612	23 469
上　海	45 068	3 478	4 968	-445	40	-15
江　苏	102 840	29 190	90 523	25 997	4 672	-1 674
浙　江	36 544	1 536	181 223	54 342	8 729	3 991
安　徽	3 492	-43	207 660	44 150	3 341	-67
福　建	3 735	-282	144 217	34 676	4 214	3 879
江　西	4 722	391	122 327	28 675	4 561	1 977
山　东	161 436	15 581	288 512	43 308	70 851	50 460
河　南	4 075	-650	531 979	111 820	29 474	14 478
湖　北	13 301	1 371	173 474	25 979	26 602	15 059
湖　南	15 316	-110	211 404	56 471	31 466	23 644
广　东	270 632	16 012	560 886	135 872	129 172	51 882
广　西	7 875	963	198 822	37 174	8 382	3 004
海　南	1 256	136	53 956	6 082	1 873	-6
四　川	43 901	-915	398 904	65 661	63 568	35 083
贵　州	1 936	143	79 395	10 667	2 016	360
云　南	8 569	-827	149 627	20 144 5	4 301	867
陕　西	8 775	-1 205	223 830	56 128	27 157	6 343
甘　肃	1 816	-16	67 205	13 587	2 549	306
青　海	562	-107	8 991	1 257	104	34
宁　夏	2 341	131	17 138	2 503	1 854	1 378
新　疆	4 332	-595	36 968	1 474	2 380	1 318
* 重　庆	9 576	-131	33 494	7 457	28 038	22 072
武　汉	3 753	1 473	9 723	1 058	7 916	2 240
沈　阳	3 431	579	12 888	2 298	8 507	2 143
大　连	21 461	5 895	13 940	790	22	22
哈尔滨	611	-1	3 221	394	1 664	818
广　州	52 748	2 831	45 155	8 278	67 825	22 275
西　安	2 644	-682	28 231	8 218	5 263	-1 401
青　岛	20 930	8 108	2 973	483	11 818	7 144
宁　波	5 174	1 367	11 815	2 888	669	94
厦　门	1		12 771	5 552	1 700	1 700
深　圳	33 447	3 140	10 791	3 521	5 643	1 044
长　春			17 139	1 465	2 966	1 722
南　京	6 111	1 046	4 261	1 225	75	41
成　都	8 890	-55	35 453	7 672	6 804	468
合　计	924 504	86 616	5 182 148	1 041 804	599 508	299 223

信用社信贷资金来源

（年末余额） 单位：亿元

	1985年	1986年	1987年	1988年	1989年	1990年	1986—1990年平均每年增长（%）
资金来源总计	955.71	1 224.90	1 618.54	1 911.31	2 309.98	2 999.49	25.70
一、各项存款合计	724.90	962.34	1 225.21	1 399.82	1 663.37	2 144.94	24.23
1．集体存款	160.09	196.22	219.49	257.49	256.56	303.34	13.64
集体农业存款	71.92	83.87	89.87	98.37	91.95	106.45	8.16
乡镇企事业存款	72.13	91.68	104.70	128.33	125.92	149.88	15.75
集体定期存款	2.27	2.79	3.48	5.02	9.04	12.41	40.46
其他存款	13.77	17.88	21.44	25.77	29.65	34.60	20.23
2．农户储蓄存款	564.81	766.12	1 005.72	1 142.33	1 406.81	1841.60	26.67
活期	180.85	226.25	297.36	350.86	332.05	386.46	16.40
定期	383.96	539.87	708.36	791.47	1 074.76	1455.14	30.53
二、自有资金	31.53	63.56	100.55	133.20	76.64	82.33	21.16
三、股金		16.06	23.41	36.58	62.75	79.36	
四、借入银行款	32.85	41.49	37.67	36.03	37.63	42.01	5.04
五、结益	12.45	13.24	13.73	11.12	8.65	8.72	－6.87
六、其他	153.98	128.21	217.97	294.56	460.94	642.13	33.06

信用社信贷资金运用

（年末余额） 单位：亿元

	1985年	1986年	1987年	1988年	1989年	1990年	1986—1990年平均每年增长（%）
资金运用总计	955.71	1 224.90	1 618.54	1 911.31	2 309.98	2 999.49	25.70
一、各项贷款合计	399.96	568.51	771.35	908.60	1 090.72	1 413.01	28.71
1．集体农业贷款	41.35	44.64	64.51	80.09	106.43	134.12	26.53
2．乡镇企业贷款	164.43	265.84	359.31	440.17	540.23	700.72	33.63
流动资金贷款	135.17	218.05	282.74	352.41	456.44	608.27	35.10
固定资产贷款	29.26	47.79	76.57	87.76	83.79	92.45	25.87
3．农户贷款	194.18	258.03	340.01	372.38	414.03	518.22	21.69
4．其他工商企业贷款			7.52	15.96	30.03	59.95	
二、转存银行款	401.37	493.31	551.86	579.68	656.14	772.48	13.99
三、存人民银行特种款			47.46	49.14	36.92	52.62	
四、其他资金占款	154.38	107.88	143.34	199.86	96.44	120.94	－4.77
五、库存现金					33.16	34.56	
六、其他		55.20	104.53	174.03	396.60	605.88	

信用社信贷资金来源增减额

（比上年末）　　单位：亿元

	1986年	1987年	1988年	1989年	1990年
资金来源总计	269.19	393.64	292.77	398.67	689.50
一、各项存款合计	237.44	262.87	174.61	263.55	481.57
1．集体存款	36.13	23.27	38.00	－0.93	46.77
集体农业存款	11.95	6.00	8.50	－6.42	14.50
乡镇企事业存款	19.55	13.02	23.63	－2.41	23.95
集体定期存款	0.52	0.69	1.54	4.02	3.37
其他存款	4.11	3.56	4.33	3.88	4.95
2．农户储蓄存款	201.31	239.60	136.61	264.48	434.80
活期	45.40	71.11	53.50	－18.81	54.42
定期	155.91	168.49	83.11	283.29	380.38
二、自有资金	32.03	36.99	32.65	－56.56	5.70
三、股金	16.06	7.35	13.17	26.17	16.60
四、借入银行款	8.64	－3.82	－1.64	1.60	4.38
五、结益	0.79	0.49	－2.61	－2.47	0.07
六、其他	－25.77	89.76	76.59	166.38	181.18

信用社信贷资金运用增减额

（比上年末）　　单位：亿元

	1986年	1987年	1988年	1989年	1990年
资金运用总计	269.19	393.64	292.77	398.67	689.50
一、各项贷款合计	168.55	202.84	137.25	182.12	322.29
1．集体农业贷款	3.29	19.87	15.58	26.34	27.69
2．乡镇企业贷款	101.41	93.47	80.86	100.06	160.50
流动资金贷款	82.88	64.69	69.67	104.03	151.84
固定资产贷款	18.53	28.78	11.19	－3.97	8.66
3．农户贷款	63.85	81.98	32.37	41.65	104.18
4．其他工商企业贷款		7.52	8.44	14.07	29.92
二、转存银行款	91.94	58.55	27.82	76.46	116.34
三、存人民银行特种款		47.46	1.68	－12.22	15.71
四、其他资金占款	－46.50	35.46	56.52	－103.42	24.50
五、库存现金				33.16	1.40
六、其他	55.20	49.33	69.50	222.57	209.26

信用社信贷资金来源增长率

(比上年末)　　　　单位：%

	1986年	1987年	1988年	1989年	1990年
资金来源总计	28.16	32.13	18.08	20.85	29.84
一、各项存款合计	32.75	27.31	14.25	18.82	28.95
1. 集体存款	22.56	11.86	17.31	-0.35	18.22
集体农业存款	16.62	7.14	9.46	-6.53	15.77
乡镇企事业存款	27.09	14.20	22.57	-1.87	19.02
集体定期存款	22.95	24.60	44.24	80.24	37.21
其他存款	29.83	19.95	20.16	15.06	16.68
2. 农户储蓄存款	35.64	31.27	13.58	23.15	30.90
活期	25.10	31.42	17.98	-5.36	16.38
定期	40.60	31.20	11.73	35.79	35.39
二、自有资金	101.59	58.21	32.46	-42.46	7.43
三、股金		45.71	56.29	71.54	26.45
四、借入银行款	26.29	-9.20	-4.36	4.44	11.64
五、结益	6.38	3.70	-19.01	-22.21	0.81
六、其他	-16.73	69.99	35.14	63.56	39.31

信用社信贷资金运用增长率

(比上年末)　　　　单位：%

	1986年	1987年	1988年	1989年	1990年
资金运用总计	28.16	32.13	18.08	20.85	29.84
一、各项贷款合计	42.14	35.67	17.79	20.04	29.54
1. 集体农业贷款	7.96	44.50	24.15	32.88	26.01
2. 乡镇企业贷款	61.67	35.15	22.50	22.73	29.70
流动资金贷款	61.31	29.66	24.64	29.51	33.26
固定资产贷款	63.33	60.23	14.60	-4.51	10.33
3. 农户贷款	32.88	31.77	9.52	11.18	25.16
4. 其他工商企业贷款			112.17	88.11	99.64
二、转存银行款	22.90	11.86	5.04	13.19	17.73
三、存人民银行特种款			3.54	-24.87	42.55
四、其他资金占款	-30.12	32.87	39.43	-51.74	25.40
五、库存现金					4.21
六、其他		89.36	66.47	127.91	52.76

信用社信贷资金来源构成

单位：%

	1986年	1987年	1988年	1989年	1990年
资金来源总计	100.00	100.00	100.00	100.00	100.00
一、各项存款合计	78.56	75.69	73.24	72.00	71.51
（以各项存款为100）					
1．集体存款	20.39	17.91	18.39	15.42	14.14
（以集体存款为100）					
集体农业存款	42.75	40.95	38.20	35.83	35.09
乡镇企事业存款	46.72	47.70	49.84	49.08	49.41
集体定期存款	1.42	1.58	1.95	3.53	4.09
其他存款	9.11	9.77	10.01	11.56	11.41
2．农户储蓄存款	79.61	82.09	81.61	84.58	85.86
（以农户储蓄存款为100）					
活期	29.53	29.57	30.71	23.60	20.99
定期	70.47	70.43	69.29	76.40	79.01
二、自有资金	5.19	6.21	6.97	3.32	2.74
三、股金	1.31	1.45	1.91	2.72	2.65
四、借入银行款	3.39	2.33	1.89	1.63	1.40
五、结益	1.08	0.85	0.58	0.37	0.29
六、其他	10.47	13.47	15.41	19.96	21.41

信用社信贷资金运用构成

单位：%

	1986年	1987年	1988年	1989年	1990年
资金运用总计	100.00	100.00	100.00	100.00	100.00
一、各项贷款合计	46.41	47.66	47.54	47.22	47.11
（以各项贷款为100）					
1．集体农业贷款	7.85	8.36	8.82	9.76	9.49
2．乡镇企业贷款	46.76	46.58	48.44	49.53	49.59
（以乡镇企业贷款为100）					
流动资金贷款	82.02	78.69	80.06	84.49	86.81
固定资产贷款	17.98	21.31	19.94	15.51	13.19
3．农户贷款	45.39	44.08	40.98	37.96	36.68
4．其他工商企业贷款		0.98	1.76	2.75	4.24
二、转存银行款	40.27	34.10	30.33	28.40	25.75
三、存人民银行特种款		2.93	2.57	1.60	1.75
四、其他资金占款	8.81	8.86	10.46	4.17	4.03
五、库存现金				1.44	1.15
六、其他	4.51	6.45	9.10	17.17	20.21

各地区信用社各项存款

单位：万元

	1985年	1986年		1987年		1988年	
	年末余额	年末余额	比上年增减	年末余额	比上年增减	年末余额	比上年增减
北京	180 373	236 178	55 805	311 011	74 833	375 548	64 537
天津	80 139	110 875	30 736	149 546	38 671	184 328	34 782
河北	619 500	831 413	211 913	1 078 156	246 743	1 270 610	192 454
山西	280 885	349 930	69 045	433 076	83 146	538 426	105 350
内蒙古	92 831	113 306	20 475	138 854	25 548	163 935	25 081
辽宁	333 408	444 075	110 667	577 616	133 541	678 870	101 254
吉林	147 045	199 587	52 542	247 867	48 280	262 179	14 312
黑龙江	146 360	215 314	68 954	248 792	33 478	303 976	55 184
上海	140 363	178 202	37 839	222 892	44 690	261 480	38 588
江苏	558 593	755 881	197 288	935 199	179 318	1 044 330	109 131
浙江	407 412	605 313	197 901	700 775	95 462	762 358	61 583
安徽	201 183	277 354	76 171	352 500	75 146	374 128	21 628
福建	179 724	229 386	49 662	276 916	47 530	271 313	－5 603
江西	131 493	169 471	37 978	211 923	42 452	230 403	18 480
山东	980 266	1 215 706	235 440	1 465 539	249 833	1 665 714	200 175
河南	413 927	529 763	115 836	728 742	198 979	824 632	95 890
湖北	231 671	293 400	61 729	383 967	90 567	434 490	50 523
湖南	225 698	323 995	98 297	404 253	80 258	384 105	20 148
广东	893 448	1 217 941	324 493	1 592 438	374 497	1 974 421	381 983
广西	120 122	162 676	42 554	216 388	53 712	237 808	21 420
海南		51 106	51 106	61 028	61 028	77 847	16 819
四川	393 909	539 432	145 523	693 690	154 258	721 945	28 255
贵州	48 308	58 617	10 309	74 520	15 903	83 991	9 471
云南	114 709	137 995	23 286	182 441	44 446	213 554	31 113
陕西	155 320	216 811	61 491	301 034	84 223	357 036	56 002
甘肃	77 525	97 550	20 025	121 773	24 223	138 013	16 240
青海	17 620	19 094	1 474	21 016	1 922	23 170	2 154
宁夏	21 765	27 859	6 094	34 717	6 858	39 135	4 418
新疆	55 377	66 254	10 877	85 417	19 163	100 438	15 021
*重庆	60 229	84 672	24 443	103 978	19 306	110 460	6 482
武汉	35 085	45 863	10 778	64 531	18 668	78 186	13 655
沈阳	39 531	53 152	13 621	70 928	17 776	86 023	15 095
大连	90 204	125 551	35 347	159 680	34 129	191 221	31 541
哈尔滨	13 302	19 652	6 350	24 621	4 969	25 953	1 332
广州	140 156	188 384	48 228	262 981	74 595	303 651	40 670
西安	40 806	58 661	17 855	82 256	23 595	96 782	14 526
青岛		115 695	115 695	129 589	13 894	135 416	5 827
宁波				94 301		101 955	7 654
厦门						14 665	
深圳						78 286	
长春							
南京							
成都							
合计	7 248 974	9 623 378	2 374 404	12 252 086	2 628 708	13 998 183	1 746 097

注：1986年海南的数字为广东省的其中数。

各地区信用社各项存款(续)

单位：万元

	1989年		1990年		1986—1990年平均每年增长(%)
	年末余额	比上年增减	年末余额	比上年增减	
北　京	450 340	74 792	592 497	142 157	26.85
天　津	224 436	40 108	302 001	77 565	30.39
河　北	1 540 788	270 178	2 004 787	463 999	26.48
山　西	674 903	136 477	839 525	164 622	24.48
内蒙古	162 630	−1 305	207 387	44 757	17.44
辽　宁	774 393	95 523	1 019 534	245 141	25.05
吉　林	266 709	4 530	337 116	70 407	18.05
黑龙江	351 702	47 726	447 186	95 484	25.03
上　海	309 891	48 411	408 722	98 831	23.83
江　苏	1 281 056	236 726	1 671 406	390 350	24.51
浙　江	990 025	227 667	1 382 029	392 004	27.67
安　徽	422 159	48 031	534 854	112 695	21.60
福　建	321 123	49 810	441 880	120 797	19.71
江　西	272 539	42 136	347 514	74 975	21.45
山　东	1 954 543	288 829	2 400 434	445 891	19.62
河　南	921 795	97 163	1 164 007	242 212	22.97
湖　北	484 950	50 460	593 023	108 073	20.68
湖　南	485 444	101 339	655 686	170 242	23.78
广　东	2 373 450	399 029	3 045 558	672 108	27.80
广　西	261 629	23 821	366 554	104 925	25.00
海　南	79 838	1 991	99 829	19 991	
四　川	918 602	196 657	1 171 065	252 463	24.35
贵　州	83 328	−663	102 365	19 037	16.21
云　南	242 958	29 404	308 421	65 463	21.87
陕　西	444 496	87 460	561 340	116 844	29.30
甘　肃	155 469	17 456	196 787	41 318	20.48
青　海	22 941	−229	26 114	3 173	8.19
宁　夏	45 083	5 948	58 435	13 352	21.84
新　疆	116 516	16 078	163 334	46 818	24.15
*重　庆	132 497	22 037	184 871	52 374	25.14
武　汉	92 412	14 226	112 801	20 389	26.31
沈　阳	108 068	22 045	146 873	38 805	30.02
大　连	210 352	19 131	268 663	58 311	24.39
哈尔滨	29 593	3 640	35 711	6 118	21.84
广　州	364 590	60 939	471 605	107 015	27.47
西　安	120 214	23 432	152 156	31 942	30.11
青　岛	163 247	27 831	193 429	30 182	
宁　波	127 518	25 563	184 290	56 772	
厦　门	19 592	4 927	29 385	9 793	
深　圳	87 617	9 331	121 594	33 977	
长　春	45 712		54 546	8 834	
南　京	64 001		79 039	15 038	
成　都	149 750		203 075	53 325	
合　计	16 633 736	2 635 553	21 449 390	4 815 654	24.23

各地区信用社储蓄存款

单位：万元

	1985年	1987年		1988年		1989年	
	年末余额	年末余额	比上年增减	年末余额	比上年增减	年末余额	比上年增减
北　京	94 464	129 539	35 075	177 915	48 376	210 925	33 010
天　津	56 080	80 369	24 289	111 318	30 949	128 154	16 836
河　北	507 784	698 515	190 731	939 121	240 606	1 104 511	165 390
山　西	232 316	292 909	60 593	370 443	77 534	459 478	89 035
内蒙古	77 720	97 154	19 434	118 567	21 413	141 159	22 592
辽　宁	282 988	381 834	98 846	511 702	129 868	583 788	72 086
吉　林	117 618	151 489	33 871	200 521	49 032	216 485	15 964
黑龙江	127 487	170 409	42 922	220 107	49 698	258 192	38 085
上　海	73 003	102 594	29 591	135 378	32 784	154 630	19 252
江　苏	415 419	577 208	161 789	750 875	173 667	826 035	75 160
浙　江	291 599	457 486	165 887	548 252	90 766	569 991	21 739
安　徽	144 865	210 141	65 276	270 553	66 412	290 868	14 315
福　建	141 491	183 945	42 454	229 374	45 429	219 367	−10 007
江　西	104 621	137 474	32 853	175 240	37 766	197 029	21 789
山　东	797 594	1 011 106	213 512	1 240 483	229 377	1 428 244	187 761
河　南	346 706	453 289	106 583	640 327	187 038	721 680	81 353
湖　北	181 267	238 333	57 066	316 807	78 474	349 951	33 144
湖　南	173 099	256 893	83 794	329 111	72 218	307 124	−21 987
广　东	759 638	1 031 860	272 222	1 359 847	327 987	1 659 906	300 059
广　西	98 366	133 180	34 814	179 374	46 194	201 298	21 924
海　南		45 741	45 741	55 616	55 616	68 960	13 344
四　川	290 378	411 167	120 789	541 715	130 548	569 053	27 338
贵　州	32 077	41 386	9 309	55 637	14 251	64 123	8 486
云　南	66 845	87 122	20 277	123 486	36 364	148 049	24 563
陕　西	119 639	172 081	52 442	247 157	75 076	305 661	58 504
甘　肃	51 922	71 300	19 378	93 985	22 685	109 341	15 356
青　海	6 665	8 475	1 810	10 159	1 684	12 293	2 134
宁　夏	16 939	22 879	5 940	29 429	6 550	33 649	4 220
新　疆	39 518	51 065	11 547	68 665	17 600	83 305	14 640
*重　庆	42 044	61 026	18 982	76 144	15 118	81 472	5 328
武　汉	23 002	31 551	8 549	43 216	11 665	48 140	4 924
沈　阳	30 664	41 708	11 044	57 350	15 642	66 850	9 500
大　连	73 037	103 602	30 565	139 617	36 015	163 408	23 786
哈尔滨	11 495	15 514	4 019	20 371	4 857	21 052	681
广　州	109 980	149 368	39 388	210 436	61 068	235 168	24 732
西　安	29 922	44 058	14 136	64 354	20 296	79 634	15 280
青　岛		85 424		102 179	16 755	109 534	7 355
宁　波				70 144		67 350	−2 704
厦　门						11 517	
深　圳						60 751	
长　春							
南　京							
成　都							
合　计	5 648 108	7 661 202	2 013 094	10 057 164	2 395 962	11 423 249	1 366 085

注：1986年海南的数字为广东省的其中数。

各地区信用社储蓄存款（续）

单位：万元

	1989年		1990年		1986—1990年平均每年增长%
	年末余额	比上年增减	年末余额	比上年增减	
北　京	282 581	71 656	385 894	103 313	32.51
天　津	171 776	43 622	246 200	74 424	34.43
河　北	1 386 990	282 479	1 829 982	442 992	29.23
山　西	580 098	120 620	741 043	160 945	26.11
内蒙古	142 450	1 291	182 855	40 405	18.66
辽　宁	683 256	99 468	899 794	216 538	26.03
吉　林	238 304	21 819	306 125	67 821	21.08
黑龙江	315 065	56 873	390 988	75 923	25.12
上　海	205 410	50 780	291 059	85 649	31.86
江　苏	1 057 619	231 584	1 401 594	343 975	27.53
浙　江	793 002	223 011	1 122 526	329 524	30.94
安　徽	345 583	54 715	455 182	109 599	25.73
福　建	272 652	53 285	381 943	109 291	21.97
江　西	240 882	43 853	309 481	68 599	24.22
山　东	1 704 705	276 461	2 102 001	397 296	21.39
河　南	827 727	106 047	1 060 265	232 538	25.05
湖　北	402 712	52 761	512 903	110 191	23.12
湖　南	392 564	85 440	563 598	171 034	26.23
广　东	2 066 482	406 576	2 641 409	574 927	28.31
广　西	226 427	25 129	323 687	97 260	26.90
海　南	72 908	3 948	94 060	21 152	
四　川	747 873	178 820	984 507	236 634	27.66
贵　州	65 742	1 619	82 725	16 983	20.86
云　南	176 898	28 849	230 569	53 671	28.10
陕　西	389 754	84 093	501 649	111 895	33.20
甘　肃	126 712	17 371	164 144	37 432	25.89
青　海	13 802	1 509	17 117	3 315	20.76
宁　夏	39 955	6 306	52 935	12 980	25.60
新　疆	98 139	14 834	139 805	41 666	28.75
#重　庆	104 447	22 975	150 826	46 379	29.11
武　汉	61 312	13 172	84 109	22 797	29.60
沈　阳	87 872	21 022	120 148	32 276	31.41
大　连	185 527	22 124	233 795	48 268	26.20
哈尔滨	25 217	4 165	30 392	5 175	21.47
广　州	299 382	64 214	390 935	91 553	28.84
西　安	103 060	23 426	132 600	29 540	34.68
青　岛	137 712	28 178	164 838	27 126	
宁　波	94 548	27 108	141 262	46 714	
厦　门	15 116	3 599	23 510	8 394	
深　圳	71 455	10 704	92 155	20 700	
长　春	41 006		49 455	8 449	
南　京	47 356		60 219	12 863	
成　都	124 047		170 395	46 348	
合　计	14 068 068	2 644 819	18 416 040	434 797	26.67

各地区信用社各项贷款

单位：万元

	1985年	1986年		1987年		1988年	
	年末余额	年末余额	比上年增减	年末余额	比上年增减	年末余额	比上年增减
北京	72 111	91 190	19 079	137 378	46 188	181 562	44 184
天津	42 406	58 148	15 742	86 343	28 195	108 941	22 598
河北	274 500	434 373	159 873	652 124	217 751	841 277	189 153
山西	159 339	197 114	37 775	250 111	52 997	334 225	84 114
内蒙古	31 757	37 353	5 596	47 675	10 322	61 692	14 017
辽宁	149 149	224 534	75 385	322 342	97 808	413 805	91 463
吉林	80 363	100 075	19 712	133 469	33 394	145 642	12 173
黑龙江	67 442	98 706	31 264	131 211	32 505	154 223	23 012
上海	66 440	106 423	39 983	142 176	35 753	181 131	38 955
江苏	338 063	486 305	148 242	638 433	152 128	721 143	82 710
浙江	201 561	354 341	152 780	430 941	76 600	475 092	44 151
安徽	116 868	169 896	53 028	214 872	44 976	232 431	17 559
福建	88 782	124 003	35 221	156 144	32 141	161 356	5 212
江西	64 248	84 135	19 887	104 273	20 138	121 853	17 580
山东	418 214	651 357	233 143	855 993	204 636	1 037 071	181 078
河南	281 417	391 473	110 056	547 308	155 835	627 135	79 827
湖北	130 485	160 337	29 852	217 201	56 864	255 027	37 826
湖南	109 683	169 236	59 553	245 136	75 900	257 186	12 050
广东	607 055	831 757	224 702	1 163 847	332 090	1 429 770	265 923
广西	100 465	128 752	28 287	179 634	50 882	198 703	19 069
海南		37 102	37 102	50 158	50 158	61 313	11 155
四川	271 435	369 744	98 309	474 730	104 986	483 477	8 747
贵州	50 865	60 988	10 123	72 905	111 917	79 329	6 424
云南	103 192	125 236	22 044	156 788	31 552	167 713	10 925
陕西	104 695	146 841	42 146	196 579	49 738	228 910	32 331
甘肃	35 542	45 971	10 429	57 024	11 053	63 519	6 495
青海	6 768	7 289	521	8 101	812	9 201	1 100
宁夏	8 285	8 496	211	10 184	1 688	15 384	5 200
新疆	18 506	21 071	2 565	30 458	9 387	37 928	7 470
*重庆	31 554	42 010	10 456	55 116	13 106	62 217	7 101
武汉	14 320	21 679	7 359	32 010	10 331	42 127	10 117
沈阳	12 162	23 756	11 594	36 210	12 454	46 626	10 416
大连	36 497	55 865	19 368	88 613	32 748	117 646	29 033
哈尔滨	5 077	6 445	1 368	8 226	1 781	10 581	2 355
广州	69 450	104 512	35 062	156 852	52 340	187 288	30 436
西安	23 875	32 003	8 128	42 487	10 484	53 172	10 685
青岛		65 501		79 784	14 283	90 066	10 282
宁波				52 698		60 910	8 212
厦门						8 801	
深圳						50 675	
长春							
南京							
成都							
合计	3 999 636	5 685 144	1 685 508	7 713 538	2 028 394	9 086 039	1 372 501

注：1986年海南的数字为广东省的其中数。

各地区信用社各项贷款(续)

单位：万元

	1989年		1990年		1986—1990年平均每年增长%
	年末余额	比上年增减	年末余额	比上年增减	
北京	222 795	41 233	274 242	51 447	30.63
天津	139 031	30 090	194 447	55 416	35.60
河北	1 025 623	184 346	1 363 582	337 959	37.79
山西	439 140	104 915	584 513	145 373	29.69
内蒙古	78 002	16 310	95 119	17 117	24.53
辽宁	508 772	94 967	676 624	167 852	35.31
吉林	163 591	17 949	199 351	35 760	19.93
黑龙江	178 229	24 006	224 914	46 685	27.24
上海	206 883	25 752	272 263	65 380	32.59
江苏	863 664	142 521	1 066 553	202 889	25.83
浙江	570 936	95 844	775 471	204 535	30.93
安徽	248 457	16 026	305 702	57 245	21.20
福建	193 775	32 419	262 646	68 871	24.23
江西	141 992	20 139	195 009	53 017	24.86
山东	1 279 208	242 137	1 612 329	333 121	30.98
河南	740 352	113 217	936 119	195 767	27.17
湖北	298 687	43 660	381 100	82 413	23.91
湖南	299 763	42 577	419 525	119 762	30.77
广东	1 751 257	321 487	2 373 113	621 856	31.35
广西	213 403	14 700	269 679	56 276	21.83
海南	62 271	958	69 134	6 863	
四川	596 384	112 907	744 678	148 294	22.37
贵州	79 527	198	91 208	11 681	12.39
云南	174 525	6 812	201 076	26 551	14.27
陕西	276 810	47 900	356 626	79 816	27.78
甘肃	75 144	11 625	94 106	18 962	21.50
青海	10 089	888	11 307	1 218	10.81
宁夏	20 456	5 072	26 386	5 930	26.07
新疆	48 387	10 459	53 258	4 871	23.54
#重庆	76 310	14 093	113 031	36 721	29.07
武汉	49 154	7 027	59 987	10 833	33.18
沈阳	51 212	4 586	73 667	22 455	43.37
大连	141 022	23 376	175 721	34 699	36.93
哈尔滨	13 016	2 435	19 790	6 774	31.27
广州	242 929	55 641	321 277	78 348	35.84
西安	60 360	7 188	73 655	13 295	25.27
青岛	105 504	15 438	145 898	40 394	
宁波	71 625	10 715	101 612	29 987	
厦门	11 875	3 074	21 833	9 958	
深圳	59 152	8 477	73 346	14 194	
长春	24 881		31 594	6 713	
南京	38 874		48 972	10 098	
成都	101 599		128 027	26 428	
合计	10 907 153	1 821 114	14 130 080	3 222 927	28.71

各地区信用社乡镇企业贷款

单位：万元

	1985年	1986年		1987年		1988年	
	年末余额	年末余额	比上年增减	年末余额	比上年增减	年末余额	比上年增减
北京	50 928	67 331	16 403	92 917	25 586	116 978	24 061
天津	23 347	36 759	13 412	58 270	21 511	76 256	17 986
河北	73 377	127 599	54 222	209 836	82 237	293 416	83 580
山西	35 604	54 931	19 327	86 481	31 550	135 173	48 692
内蒙古	3 101	4 690	1 589	6 892	2 202	10 914	4 022
辽宁	47 402	95 236	47 834	147 549	52 313	191 190	43 641
吉林	15 586	22 612	7 026	30 419	7 807	35 373	4 954
黑龙江	17 290	40 069	22 779	49 391	9 322	53 416	4 025
上海	50 233	82 912	32 679	106 477	23 565	138 798	32 321
江苏	276 499	406 730	130 231	545 205	138 475	601 400	56 195
浙江	145 896	259 753	113 857	310 130	50 377	345 526	35 396
安徽	28 214	45 304	17 090	57 159	11 855	66 711	9 552
福建	23 464	37 485	14 021	46 343	8 858	52 303	5 960
江西	14 985	20 125	5 140	26 163	6 038	33 974	7 811
山东	163 413	368 011	204 598	472 023	104 012	596 108	124 085
河南	90 184	129 064	38 880	171 253	42 189	207 207	35 954
湖北	38 926	56 964	18 038	83 779	26 815	98 856	15 077
湖南	33 606	62 018	28 412	91 533	29 515	101 322	9 789
广东	380 522	534 400	153 878	712 795	178 395	903 932	191 137
广西	11 567	15 369	3 802	23 049	7 680	32 252	9 203
海南		5 277	5 277	6 705	6 705	7 794	1 089
四川	69 468	118 191	48 723	156 919	38 728	172 756	15 837
贵州	3 408	3 479	71	4 522	1 043	6 158	1 636
云南	9 617	15 226	5 609	24 477	9 251	29 487	5 010
陕西	30 704	42 008	11 304	54 351	12 343	67 305	12 954
甘肃	5 068	9 338	4 270	10 745	1 407	13 394	2 649
青海	720	947	227	1 255	308	1 570	315
宁夏	269	355	86	739	384	2 915	2 176
新疆	943	1 547	604	5 753	4 206	9 166	3 413
*重庆	14 342	21 697	7 355	29 394	7 697	35 278	5 884
武汉	9 104	15 013	5 909	22 680	7 667	27 440	4 760
沈阳	5 877	14 495	8 618	22 168	7 673	24 337	2 169
大连	17 704	30 810	13 106	50 316	19 506	64 730	14 414
哈尔滨	2 160	3 884	1 724	4 284	400	6 595	2 311
广州	41 114	67 420	26 306	73 879	6 459	101 671	27 792
西安	12 348	18 513	6 165	21 499	2 986	27 839	6 340
青岛		47 885		53 993	6 108	64 693	10 700
宁波				44 633		50 618	5 985
厦门						1 871	
深圳						37 874	
长春							
南京							
成都							
合计	1 644 341	2 658 453	1 014 112	3 593 130	934 677	4 401 650	808 520

注：1986年海南的数字为广东省的其中数。

各地区信用社乡镇企业贷款(续)

单位：万元

	1989年		1990年		1986—1990年平均每年增长%
	年末余额	比上年增减	年末余数	比上年增减	
北京	145 590	28 612	174 209	28 619	27.89
天津	98 491	22 235	144 189	45 698	43.93
河北	383 895	90 479	496 186	112 291	46.56
山西	182 784	47 611	253 018	70 234	48.02
内蒙古	17 354	6 440	24 426	7 072	51.1
辽宁	234 351	43 161	334 445	100 094	47.81
吉林	41 187	5 814	56 347	15 160	29.31
黑龙江	63 237	9 821	91 059	27 822	39.41
上海	166 898	28 100	228 082	61 184	35.34
江苏	699 598	98 198	857 722	158 124	25.41
浙江	415 537	70 011	555 723	140 186	30.67
安徽	75 237	8 526	87 039	11 802	25.27
福建	61 716	9 413	86 485	24 769	29.81
江西	45 756	11 782	67 631	21 875	35.18
山东	739 454	143 346	914 365	174 911	41.11
河南	261 429	54 222	325 090	63 661	29.23
湖北	113 660	14 804	142 000	28 340	29.54
湖南	128 585	27 263	166 488	37 903	37.72
广东	1 101 734	197 802	1 485 633	383 899	31.31
广西	37 760	5 508	52 316	14 556	35.23
海南	8 427	633	9 295	868	
四川	224 581	51 825	269 635	45 054	31.16
贵州	6 377	219	7 263	886	16.34
云南	34 185	4 698	39 350	5 165	32.55
陕西	79 721	12 416	96 702	16 981	25.79
甘肃	17 410	4 016	21 387	3 977	33.37
青海	1 890	320	1 868	— 22	21.01
宁夏	5 111	2 196	7 194	2 083	92.95
新疆	10 292	1 126	12 083	1 791	66.55
#重庆	42 245	6 967	49 010	6 765	27.86
武汉	31 433	3 993	38 046	6 613	33.11
沈阳	28 911	4 547	42 257	13 346	48.37
大连	75 870	11 140	105 692	29 822	42.95
哈尔滨	8 957	2 362	14 554	5 597	46.46
广州	133 268	31 597	175 242	41 974	33.64
西安	31 779	3 940	37 733	5 954	25.03
青岛	75 108	10 415	101 313	26 205	
宁波	59 269	8 651	86 005	26 736	
厦门	2 249	378	4 352	2 103	
深圳	44 770	6 896	52 824	8 054	
长春	7 771		11 305	3 534	
南京	30 852		38 790	7 938	
成都	65 934		82 291	16 357	
合计	**5 402 247**	**1 000 597**	**7 007 230**	**1 604 983**	**33.63**

各地区信用社农业贷款

单位：万元

	1985年	1986年		1987年		1988年	
	年末余额	年末余额	比上年增减	年末余额	比上年增减	年末余额	比上年增减
北京	21 183	23 859	2 676	38 956	15 097	57 578	18 622
天津	19 059	21 389	2 330	27 977	6 588	32 649	4 672
河北	201 123	306 774	105 651	441 557	134 783	540 567	99 010
山西	123 735	142 183	18 448	163 618	21 435	197 315	33 697
内蒙古	28 656	32 663	4 007	40 739	8 076	50 483	9 744
辽宁	101 747	129 298	27 551	173 552	44 254	211 211	37 659
吉林	64 777	77 463	12 686	102 088	24 625	106 370	4 282
黑龙江	50 152	58 637	8 485	75 445	16 808	79 765	4 320
上海	16 207	23 511	7 304	35 592	12 081	42 245	6 651
江苏	61 564	79 575	18 011	91 926	12 351	114 684	22 758
浙江	55 665	94 588	38 923	119 970	25 382	126 773	6 803
安徽	88 654	124 592	35 938	156 543	31 951	163 498	6 955
福建	65 318	86 518	21 200	109 758	23 240	108 969	− 789
江西	49 283	64 010	14 747	77 971	13 961	87 211	9 240
山东	254 801	283 346	28 545	383 970	100 624	435 557	51 987
河南	191 233	262 409	71 176	372 606	110 197	412 281	39 675
湖北	91 559	103 373	11 814	131 052	27 679	149 457	18 405
湖南	76 077	107 218	31 141	150 748	43 530	151 988	1 240
广东	226 533	297 357	70 824	417 967	120 610	476 425	58 458
广西	88 898	113 383	24 485	152 044	38 661	160 889	8 845
海南		31 825	31 825	43 215	43 215	52 021	8 806
四川	201 967	251 553	49 586	314 440	62 887	306 165	− 8 275
贵州	47 457	57 509	10 052	68 381	10 872	71 787	3 406
云南	93 575	110 010	16 435	131 500	21 490	136 656	5 156
陕西	73 991	104 833	30 842	137 597	32 764	154 381	16 784
甘肃	30 474	36 633	6 159	45 113	8 480	48 980	3 867
青海	6 048	6 342	294	6 845	503	7 631	786
宁夏	8 016	8 141	125	9 395	1 254	12 434	3 039
新疆	17 563	19 524	1 961	24 609	5 085	28 396	3 787
#重庆	17 212	20 313	3 101	24 983	4 670	25 650	667
武汉	5 216	6 666	1 450	8 722	2 056	10 809	2 087
沈阳	6 285	9 261	2 976	13 579	4 318	15 637	2 058
大连	18 793	25 055	6 262	38 297	13 242	52 916	14 619
哈尔滨	2 917	2 561	− 356	3 530	969	3 366	− 164
广州	28 336	37 092	8 756	62 701	25 609	56 246	− 6 455
西安	11 527	13 490	1 963	17 513	4 023	20 437	2 924
青岛		17 616		25 791	8 175	22 567	− 3 224
宁波				7 938		9 813	1 875
厦门						6 930	
深圳						8 306	
长春							
南京							
成都							
合计	2 355 295	3 026 691	671 396	4 045 174	1 018 483	4 524 764	479 590

注：1986年海南的数字为广东省 其中数。

各地区信用社农业贷款（续）

单位：万元

	1989年		1990年		1986—1990年 平均每年增长%
	年末余额	比上年增减	年末余数	比上年增减	
北京	70 728	13 150	89 729	19 001	33.47
天津	40 062	7 413	47 691	7 629	20.13
河北	621 903	81 336	814 187	192 284	32.27
山西	247 225	49 910	313 332	66 107	20.42
内蒙古	59 774	9 291	69 831	10 057	19.5
辽宁	261 443	50 232	316 751	55 308	25.5
吉林	118 035	11 665	135 947	17 912	15.98
黑龙江	83 849	4 084	79 243	— 4 606	9.58
上海	39 930	— 2 313	44 141	4 211	22.19
江苏	157 720	43 036	204 159	46 439	27.09
浙江	150 661	23 888	211 019	60 358	30.54
安徽	169 812	6 314	215 322	45 510	19.42
福建	131 724	22 755	171 947	40 223	21.36
江西	93 652	6 441	122 817	29 165	20.05
山东	519 363	83 406	627 113	107 750	19.74
河南	463 927	51 646	581 555	117 628	24.91
湖北	173 484	24 027	212 498	39 014	18.34
湖南	163 356	11 368	221 571	58 215	23.84
广东	572 233	95 808	758 308	186 075	27.33
广西	170 265	9 376	208 981	38 716	18.64
海南	51 965	— 56	57 966	6 001	
四川	343 318	37 153	411 475	68 157	15.33
贵州	71 494	—293	81 929	10 435	11.54
云南	136 906	250	157 425	20 519	10.96
陕西	176 275	21 894	232 767	56 492	25.76
甘肃	55 499	6 511	70 170	14 679	18.15
青海	8 121	498	9 335	1 206	9.07
宁夏	14 869	2 435	17 338	2 469	16.68
新疆	37 028	8 632	38 795	1 767	17.18
# 重庆	28 099	2 449	35 983	7 884	15.89
武汉	12 045	1 236	14 025	1 980	21.87
沈阳	15 937	300	22 903	6 966	29.51
大连	65 152	12 236	70 007	4 855	30.09
哈尔滨	3 213	— 153	3 572	359	4.13
广州	64 111	7 865	78 210	14 099	22.51
西安	21 917	1 480	30 659	8 742	21.61
青岛	25 722	3 155	32 767	7 045	
宁波	11 781	1 968	14 938	3 157	
厦门	9 626	2 696	15 781	6 155	
深圳	9 783	1 477	14 879	5 096	
长春	15 866		17 323	1 457	
南京	7 988		10 107	2 119	
成都	29 320		38 932	9 603	
合计	**5 204 621**	**679 857**	**6 523 342**	**1 318 721**	**22.6**

信用社各项贷款累计发放与收回

（1990年）　　　　单位：亿元

	累　放	比上年增减	累　收	比上年增减
各项贷款合计	2 024.48	564.36	1 702.18	424.17
1．集体农业贷款	179.89	52.92	152.20	51.56
2．乡镇企业贷款	1 057.07	275.24	896.56	214.79
流动资金贷款	1 015.24	263.02	863.40	215.21
固定资产贷款	41.83	12.22	33.16	－0.42
3．农户贷款	706.76	191.73	602.58	129.19
4．其他工商业贷款	80.76	44.47	50.84	28.63

信用社各项贷款累计发放与收回

单位：亿元

	1986年			1987年			1988年		
	累　放	累　放	回收率%	累　放	累　放	回收率%	累　放	累　放	回收率%
各项贷款合计	821.04	652.49	79.47	1 272.52	1 077.20	84.65	1 423.48	1 286.23	90.36
1．集体农业贷款	51.63	48.33	93.61	88.10	68.23	77.45	106.32	90.74	85.35
2．乡镇企业贷款	416.07	314.66	75.63	637.81	544.35	85.35	751.82	670.96	89.24
流动资金贷款	382.81	299.93	78.35	581.26	516.58	88.87	693.54	623.86	89.95
固定资产贷款	33.26	14.73	44.29	56.55	27.77	49.11	58.28	47.10	80.82
3．农户贷款	353.34	289.50	81.93	546.61	464.62	85.00	541.12	508.74	94.02
4．其他工商企业贷款							24.22	15.79	65.19

	1989年			1990年			1986—1990年五年累计		
	累　放	累　收	回收率%	累　放	累　收	回收率%	发　放	回　收	回收率（%）
各项贷款合计	1 460.12	1 278.01	87.53	2 024.48	1 702.18	84.08	7 001.64	5 996.11	85.64
1．集体农业贷款	126.97	100.64	79.26	179.89	152.20	84.60	552.91	460.14	83.22
2．乡镇企业贷款	781.83	681.77	87.20	1 057.07	896.56	84.81	3 644.60	3 108.30	85.26
流动资金贷款	752.22	648.19	86.17	1 015.24	863.40	85.04	3 425.07	2 951.96	86.17
固定资产贷款	29.61	33.58	113.41	41.83	33.16	79.29	219.53	156.34	71.22
3．农户贷款	515.03	473.39	91.92	706.76	602.58	85.25	2 662.86	2 338.83	87.83
4．其他工商企业贷款	36.29	22.21	61.20	80.76	50.84	62.95	141.27	88.84	62.89

各地区信用社各项贷款累计发放与收回

（1990年）　　　　单位：万元

	各项贷款合计		一、集体农业贷款		二、乡镇企业贷款		1．流动资金贷款	
	累放	累收	累放	累收	累放	累收	累放	累收
北京	289 279	237 832	80 966	62 022	192 010	163 391	180 181	153 362
天津	264 605	209 189	28 920	25 282	205 062	159 364	193 984	150 926
河北	1 732 625	1 394 666	133 134	95 264	559 059	446 768	531 508	422 162
山西	691 506	546 133	62 012	48 106	304 427	234 193	287 672	222 369
内蒙古	135 333	118 216	5 996	5 097	31 591	24 519	31 296	24 228
辽宁	958 906	791 054	187 304	167 525	440 016	339 922	421 381	329 652
吉林	226 394	190 634	18 346	15 592	57 606	42 446	56 459	41 333
黑龙江	292 817	246 132	10 525	10 905	94 397	66 575	88 613	62 506
上海	507 330	441 950	67 712	63 056	430 446	369 262	407 580	349 874
江苏	2 642 468	2 439 579	245 042	224 600	2 143 740	1 985 616	2 081 789	1 952 855
浙江	1 794 142	1 589 607	61 419	55 403	1 286 032	1 145 846	1 269 577	1 130 927
安徽	438 591	381 346	9 087	7 727	106 565	94 763	105 286	93 441
福建	352 846	283 975	28 668	23 121	126 614	101 845	125 808	100 757
江西	251 097	198 080			74 433	52 558	71 935	50 451
山东	2 374 412	2 041 291	509 919	445 477	1 215 730	1 040 819	1 149 984	990 654
河南	1 083 393	887 626	45 672	39 864	364 119	300 458	361 273	296 962
湖北	479 574	397 161	43 395	30 360	136 177	107 837	130 133	103 164
湖南	649 798	530 036	15 421	13 677	206 871	168 968	198 862	160 849
广东	3 062 612	2 440 756	203 050	152 847	2 080 091	1 696 192	1 966 573	598 686
广西	252 750	196 474	5 414	3 872	39 909	25 353	38 251	24 658
海南	28 479	21 616	710	791	3 803	2 935	3 661	2 929
四川	897 097	748 803	115 818	13 322	299 385	254 331	286 251	240 282
贵州	64 373	52 692	414	646	4 099	3 213	3 660	2 917
云南	168 086	141 535	6 779	6 404	39 829	34 664	37 498	31 506
陕西	361 822	282 006	6 406	6 042	87 170	70 189	84 989	66 803
甘肃	118 458	99 496	2 657	1 565	25 329	21 352	24 728	20 735
青海	9 982	8 764	99	150	946	968	926	841
宁夏	31 548	25 618	17	51	5 636	3 553	4 934	2 982
新疆	84 444	79 573	4 020	3 727	9 532	7 741	7 571	5 185
*重庆	136 400	99 679	3 012	2 585	49 285	42 520	47 430	40 534
武汉	70 460	59 627	4 204	3 282	43 688	37 075	42 196	37 056
沈阳	116 127	93 672	19 921	15 253	60 011	46 665	58 237	45 470
大连	257 695	222 996	92 998	88 933	144 790	114 968	134 121	110 194
哈尔滨	29 548	22 774	450	485	17 517	11 920	17 181	11 583
广州	324 068	245 720	27 166	21 345	200 291	158 317	177 448	138 305
西安	74 432	61 137	1 525	1 001	35 239	29 285	34 274	27 638
青岛	264 260	223 866	48 852	42 290	185 797	159 592	172 238	154 141
宁波	265 426	235 439	7 087	6 818	226 181	199 445	222 016	196 647
厦门	29 267	19 309	5 797	5 194	5 489	3 386	5 489	3 386
深圳	36 940	22 746	2 472	897	24 548	16 494	13 077	8 163
长春	49 607	42 894	90	98	17 445	13 911	17 445	13 911
南京	88 688	78 590	10 982	10 088	68 456	60 518	65 625	58 733
成都	156 973	130 545	6 117	4 186	99 645	83 288	96 627	80 215
合计	20 244 767	17 021 840	1 798 922	1 522 005	10 570 624	8 965 641	10 152 363	8 633 996

各地区信用社各项贷款累计发放与收回(续)

(1990年)　　　　单位：万元

地区	2. 固定资产贷款		三、农户贷款		四、其他工商企业贷款	
	累放	累收	累放	累收	累放	累收
北京	11 829	10 029	5 546	5 489	10 757	6 930
天津	11 078	8 438	24 599	20 608	6 024	3 935
河北	27 551	24 606	970 918	816 504	69 514	36 130
山西	16 755	11 824	303 614	251 413	21 453	12 421
内蒙古	295	291	96 385	87 227	1 361	1 373
辽宁	18 635	10 270	294 076	258 547	37 510	25 060
吉林	1 147	1 113	141 955	126 797	8 487	5 799
黑龙江	5 784	4 069	112 187	116 413	75 708	52 239
上海	22 866	19 388	9 076	9 521	96	111
江苏	61 951	32 761	239 917	213 920	13 769	15 443
浙江	16 455	14 919	419 090	364 748	27 601	23 610
安徽	1 279	1 322	315 477	271 327	7 462	7 529
福建	806	1 088	192 946	158 270	4 618	739
江西	2 498	2 107	170 504	141 829	6 160	4 183
山东	65 746	50 165	548 099	504 791	100 664	50 204
河南	2 846	3 496	638 172	526 352	35 430	20 952
湖北	6 044	4 673	254 660	228 681	45 342	30 283
湖南	8 009	8 119	393 946	337 475	33 560	9 916
广东	113 518	97 506	616 465	480 593	163 006	111 124
广西	1 658	695	202 526	165 352	4 901	1 897
海南	142	6	23 535	17 453	431	437
四川	13 134	14 049	497 476	431 815	84 418	49 335
贵州	439	296	58 325	47 658	1 535	1 175
云南	2 331	3 158	116 813	96 669	4 665	3 798
陕西	2 181	3 386	236 082	179 954	32 164	25 821
甘肃	601	617	85 117	71 530	5 355	5 049
青海	20	127	8 831	7 574	106	72
宁夏	702	571	23 460	20 957	2 435	1 057
新疆	1 961	2 556	67 788	66 314	3 104	1 791
*重庆	1 855	1 986	43 596	36 139	40 507	18 435
武汉	1 492	19	9 291	8 233	13 277	11 037
沈阳	1 774	1 195	27 284	24 986	8 911	6 768
大连	10 669	4 774	19 873	19 083	34	12
哈尔滨	336	337	9 914	9 520	1 667	849
广州	22 843	20 012	41 079	32 801	55 532	33 257
西安	965	1 647	30 351	22 133	7 317	8 718
青岛	13 559	5 451	8 651	8 168	20 960	13 816
宁波	4 165	2 798	30 422	27 534	1 736	1 642
厦门			16 281	10 729	1 700	
深圳	11 471	8 331	7 552	4 031	2 368	1 324
长春			26 900	25 435	5 172	3 450
南京	2 831	1 785	9 134	7 909	116	75
成都	3 018	3 073	45 078	37 406	6 133	5 665
合计	418 261	331 645	7 067 585	6 025 781	807 636	508 413

农业银行、信用社信贷资金平衡表

（1990年）　　单位：亿元

资金来源项目	余额	比上年增减	比上年增长(%)	资金运用项目	余额	比上年增减	比上年增长(%)
农村存款合计	**4 066.06**	**958.78**	**30.85**	**农村贷款合计**	**5 149.88**	**1 034.97**	**25.15**
一、企业存款	586.97	91.62	18.49	一、流动资金贷款	3 771.72	748.10	24.74
1. 工商业存款	370.76	57.58	18.38	1. 工业贷款	249.54	60.33	31.88
2. 乡镇企事业存款	216.21	34.03	18.68	2. 商业贷款	2 359.28	485.71	25.92
二、农业存款	287.70	46.09	19.07	3. 乡镇企事业贷款	1 162.90	202.06	21.02
1. 国营农业存款	115.03	20.74	21.99	二、固定资产贷款	76.43	10.85	16.53
2. 集个体农业存款	125.66	17.04	15.68	三、农业贷款	1 177.79	227.37	23.92
3. 农业其他存款	47.01	8.31	21.48	1. 国营农业贷款	203.00	38.55	23.43
三、储蓄存款	3 053.70	798.39	35.40	2. 集体农业贷款	247.72	45.51	22.50
1. 活期	568.82	89.17	18.59	3. 农户农业贷款	617.63	113.00	22.39
2. 定期	2 484.88	709.22	39.94	4. 扶贫贴息贷款	47.71	9.99	26.49
四、其他存款	137.69	22.68	19.72	5. 外资配套贷款	16.65	6.49	63.93
				6. 开发性贷款	45.08	13.83	44.25
				四、特种贷款	25.79	－0.23	－0.88
				五、其他贷款	98.15	48.88	99.19

各地区农业银行、信用社各项存款

（1990年）

单位：万元

	农村存款合计		一、企业存款		二、商业存款	
	余额	比上年增减	余额	比上年增减	余额	比上年增减
总行						
国际部	1 026	824	1 026	824	1 026	824
北京	1 026 313	233 526	275 868	38 043	152 087	18 846
天津	615 105	129 551	140 110	－952	80 112	－8 051
河北	3 188 713	782 793	285 819	44 651	180 143	34 815
山西	1 280 984	265 285	124 646	5 387	65 471	3 709
内蒙古	455 743	103 390	60 572	9 308	45 240	6 147
辽宁	1 938 103	487 459	233 304	38 110	146 020	20 173
吉林	744 016	163 828	80 991	5 953	61 911	2 482
黑龙江	1 131 938	260 858	120 515	25 365	99 548	21 088
上海	1 328 347	325 252	367 058	56 134	222 031	43 975
江苏	3 132 092	822 654	450 941	88 114	228 721	45 272
浙江	2 261 535	663 384	364 205	95 491	173 835	46 164
安徽	949 049	199 148	137 362	11 359	94 430	9 312
福建	1 010 256	255 032	157 751	28 513	103 587	18 647
江西	813 751	200 373	135 088	28 132	90 093	19 672
山东	3 904 824	861 198	440 943	66 199	252 582	34 864
河南	2 090 278	434 026	260 307	16 090	179 395	9 135
湖北	1 393 073	266 952	228 608	20 960	176 319	21 314
湖南	1 249 215	309 361	155 452	17 033	105 815	10 215
广东	4 888 276	1 162 310	701 583	137 818	417 567	73 321
广西	890 196	235 414	124 452	17 486	84 160	9 658
海南	303 832	68 187	32 479	5 954	29 975	7 233
四川	2 318 718	511 851	353 815	47 259	222 637	33 738
贵州	338 884	69 176	83 530	13 278	70 544	12 422
云南	885 689	196 986	226 171	42 318	170 466	34 834
陕西	978 017	204 349	94 823	7 493	61 520	3 413
甘肃	483 858	103 109	74 321	10 927	54 344	8 077
青海	111 035	10 361	23 928	－2 601	20 995	－2 637
宁夏	142 633	31 773	20 426	2 268	16 132	1 523
#新疆	805 063	229 365	113 620	39 276	100 916	35 656
重庆	332 840	89 972	51 006	7 855	24 219	3 876
武汉	290 603	59 235	73 508	6 010	57 657	7 298
沈阳	340 712	106 016	53 844	10 881	36 829	8 371
大连	457 620	113 925	60 713	14 013	30 637	6 130
哈尔滨	145 248	33 978	29 349	5 972	25 624	5 490
广州	843 755	191 096	146 981	24 300	101 193	15 874
西安	234 600	48 302	25 988	2 330	16 380	1 094
青岛	364 196	90 252	51 151	11 873	28 319	7 859
宁波	320 962	101 394	61 464	18 907	27 064	9 497
厦门	70 140	22 325	16 496	5 989	12 639	4 605
深圳	367 599	88 991	133 822	24 144	109 341	15 740
长春	148 057	27 505	20 625	1 074	16 437	76
南京	204 985	49 330	42 115	4 218	24 420	488
成都	411 553	109 925	67 362	14 839	41 596	9 066
合计	**40 660 562**	**9 587 775**	**5 869 714**	**916 190**	**3 707 622**	**575 841**

各地区农业银行、信用社各项存款(续1)

(1990年)　　单位：万元

	乡镇企事业存款		二、农业存款		1. 国营农业企事业存款	
	余　额	比上年增减	余　额	比上年增减	余　额	比上年增减
总　行						
国际部						
北　京	123 781	19 197	199 286	38 001	85 335	16 537
天　津	59 998	7 099	42 501	2 272	13 235	1 556
河　北	105 676	9 836	136 485	20 392	34 307	7 483
山　西	59 175	1 678	78 726	4 669	20 035	3 507
内蒙古	15 332	3 161	28 885	2 996	15 209	959
辽　宁	87 284	17 937	118 185	24 558	44 270	10 083
吉　林	19 080	3 471	43 391	3 636	21 843	2 288
黑龙江	20 967	4 277	108 821	24 193	62 892	6 436
上　海	145 027	12 159	108 425	14 543	30 153	4 117
江　苏	222 220	42 842	206 690	37 089	62 354	14 310
浙　江	190 370	49 327	172 318	43 102	48 673	12 557
安　徽	42 932	2 047	74 125	6 880	26 301	3 504
福　建	54 164	9 866	84 771	13 101	43 074	6 720
江　西	44 995	8 460	37 498	10 498	27 884	7 592
山　东	188 361	31 335	185 287	34 032	46 456	11 911
河　南	80 912	6 955	84 969	13 508	26 079	6 203
湖　北	52 289	−354	74 988	3 966	33 695	3 910
湖　南	49 637	6 819	90 585	1 472	35 961	7 719
广　东	284 016	64 497	321 266	66 808	79 883	15 660
广　西	40 292	7 828	73 846	12 761	46 886	10 021
海　南	2 504	−1 279	22 971	2 327	17 116	3 040
四　川	131 178	13 521	174 559	14 911	81 812	7 366
贵　州	12 986	856	37 076	4 097	22 407	2 114
云　南	55 705	7 484	104 063	19 993	55 475	11 484
陕　西	33 303	4 080	64 537	2 932	27 170	1 455
甘　肃	19 977	2 850	45 590	4 500	23 293	1 634
青　海	2 933	36	17 721	−735	7 844	−333
宁　夏	4 294	745	10 597	5	6 843	−288
新　疆	12 704	3 620	128 795	34 376	103 798	27 807
*重　庆	26 787	3 979	26 256	4 520	11 290	1 865
武　汉	15 851	−1 288	26 428	1 194	9 938	1 835
沈　阳	17 015	2 510	25 652	7 202	10 847	2 849
大　连	30 076	7 883	29 675	9 265	7 834	2 419
哈尔滨	3 725	482	17 132	1 811	12 290	577
广　州	45 788	8 426	87 764	12 066	25 361	4 859
西　安	9 608	1 236	20 085	1 852	6 953	236
青　岛	22 832	4 014	19 831	1 931	5 338	1 235
宁　波	34 400	9 410	22 659	4 960	5 191	1 373
厦　门	3 857	1 384	5 135	254	1 506	−21
深　圳	24 481	8 404	23 325	7 703	4 253	−547
长　春	4 188	998	8 946	836	4 902	454
南　京	17 695	3 730	17 752	2 715	7 897	753
成　都	25 766	5 773	33 678	5 185	18 581	2 082
合　计	2 162 092	340 349	2 876 957	460 883	1 150 283	207 352

各地区农业银行、信用社各项存款(续2)

(1990年)　　单位：万元

	2．集体个体农业存款		3．农业其他存款		三、储蓄存款	
	余额	比同期	余额	比同期	余额	比同期
总行						
国际部						
北京	78 817	8 975	35 134	12 489	525 493	146 501
天津	23 682	−399	5 584	1 115	416 092	124 529
河北	57 477	4 227	44 701	8 682	2 730 430	714 878
山西	38 156	−2 489	20 535	3 651	1 048 107	250 706
内蒙古	10 704	2 087	2 972	−50	341 578	86 885
辽宁	65 424	11 932	8 491	2 543	1 537 339	418 214
吉林	13 583	2 189	7 965	−841	592 897	154 934
黑龙江	43 649	17 453	2 280	304	873 977	207 382
上海	76 427	10 775	1 845	−349	796 002	241 622
江苏	120 265	16 207	24 071	6 572	2 386 000	686 928
浙江	73 173	17 397	50 472	13 148	1 656 758	510 806
安徽	18 531	1 310	29 293	2 066	697 613	176 982
福建	35 319	4 378	6 378	2 003	721 875	204 467
江西	3 273	1 222	6 341	1 684	601 383	153 659
山东	122 567	15 545	16 264	6 576	3 178 211	735 037
河南	47 344	4 283	11 546	3 022	1 658 378	392 043
湖北	24 001	1 505	17 292	−1 449	994 685	229 633
湖南	25 870	1 587	28 754	−7 834	947 278	283 427
广东	200 287	38 046	41 096	13 102	3 755 137	943 845
广西	18 827	−794	8 133	1 946	651 632	202 719
海南	3 422	−410	2 433	−303	236 783	59 849
四川	40 729	840	52 018	6 705	1 681 521	430 276
贵州	8 539	394	6 130	1 589	188 223	42 748
云南	37 616	5 104	10 972	3 405	489 744	122 660
陕西	21 695	−77	15 672	1 554	791 089	190 183
甘肃	14 988	1 955	7 309	911	340 187	83 548
青海	8 218	−497	1 659	95	62 654	12 675
宁夏	2 581	284	1 173	9	105 721	28 246
新疆	21 433	5 792	3 564	777	530 243	148 485
*重庆	7 865	1 055	7 101	1 600	242 925	75 912
武汉	7 077	301	9 413	−942	164 684	48 306
沈阳	11 912	3 321	2 893	1 032	247 880	84 853
大连	19 649	6 048	2 192	798	357 895	88 292
哈尔滨	4 549	1 089	293	145	92 871	23 402
广州	48 754	1 798	13 649	5 409	594 482	157 899
西安	9 531	1 133	3 601	483	184 463	43 762
青岛	13 682	597	811	99	281 242	73 108
宁波	10 734	2 591	6 734	996	227 513	76 463
厦门	2 800	−483	829	758	46 778	16 085
深圳	16 108	7 054	2 964	1 196	194 956	52 583
长春	3 313	170	731	212	107 246	27 351
南京	8 789	1 680	1 066	282	135 322	40 794
成都	9 163	1 077	5 934	2 026	289 017	83 411
合计	1 256 597	170 409	470 077	83 122	30 537 030	7 983 867

各地区农业银行、信用社各项存款(续3)

(1990年)　　　　单位：万元

	1. 活期		2. 定期		四、其他存款	
	余额	比同期	余额	比同期	余额	比同期
总行						
国际部						
北京	70 553	7 586	454 940	138 915	25 666	10 981
天津	65 602	9 162	350 490	115 367	16 402	3 702
河北	411 252	47 930	2 319 178	666 948	35 979	2 872
山西	122 902	21 074	925 205	229 632	29 505	4 523
内蒙古	98 383	20 392	243 195	66 493	24 708	4 201
辽宁	224 471	41 383	1 312 868	376 831	49 275	6 577
吉林	138 016	20 212	454 881	134 722	26 737	－695
黑龙江	153 940	12 717	720 037	194 665	28 625	3 918
上海	11 239	538	784 763	241 084	56 862	12 953
江苏	274 726	38 042	2 111 274	648 886	88 461	10 523
浙江	297 934	75 876	1 358 824	434 930	68 254	13 985
安徽	205 537	33 203	492 076	143 779	39 949	3 927
福建	108 613	16 716	613 262	187 751	45 859	8 951
江西	131 352	1 051	470 031	152 608	39 782	8 084
山东	415 928	40 424	2 762 283	694 613	100 383	25 930
河南	368 062	59 759	1 290 316	332 284	86 624	12 385
湖北	241 169	33 683	753 516	195 950	94 792	12 393
湖南	177 574	33 585	769 704	249 842	55 900	7 429
广东	1 096 572	184 264	2 658 565	759 581	110 290	13 839
广西	235 473	55 695	416 159	147 024	40 266	2 448
海南	76 620	12 158	161 163	47 691	11 599	57
四川	289 886	32 449	1 391 635	397 827	108 823	19 405
贵州	54 459	7 873	133 764	32 875	30 055	9 053
云南	96 435	17 901	393 309	104 759	65 711	12 015
陕西	123 363	18 658	667 726	171 525	27 568	3 741
甘肃	73 827	8 550	266 360	74 998	23 760	4 134
青海	13 109	1 173	49 545	11 502	6 732	1 022
宁夏	15 806	3 650	89 915	24 596	5 889	1 254
新疆	96 388	33 985	433 855	114 500	32 405	7 228
*重庆	32 516	7 328	210 409	68 584	12 653	1 685
武汉	31 014	3 734	133 670	44 572	25 983	3 725
沈阳	40 364	10 548	207 516	74 305	13 336	3 080
大连	48 402	12 025	309 493	76 267	9 337	2 355
哈尔滨	20 328	3 541	72 543	19 861	5 896	2 793
广州	151 568	19 472	442 914	138 427	14 528	－3 169
西安	28 199	4 533	156 264	39 229	4 064	358
青岛	38 967	1 877	242 275	71 231	11 972	3 340
宁波	46 192	13 189	181 321	63 274	9 326	1 064
厦门	5 117	1 774	41 661	14 311	1 731	－3
深圳	76 480	25 699	118 476	26 884	15 496	4 561
长春	18 445	119	88 801	27 232	11 240	－1 756
南京	11 942	1 128	123 380	39 666	9 796	1 603
成都	45 973	9 015	243 044	74 396	21 496	6 490
合计	**5 688 191**	**891 689**	**24 848 839**	**7 092 178**	**1 376 861**	**226 835**

各地区农业银行、信用社各项贷款

(1990年)　　单位：万元

	农村贷款合计		一、流动资金贷款		1. 工业贷款	
	余额	比上年增减	余额	比上年增减	余额	比上年增减
总行国际部	5 300					
北京	878 244	170 168	570 284	92 934	29 060	9 998
天津	736 847	198 043	582 240	152 450	45 208	6 657
河北	3 297 175	622 172	2 094 459	314 204	97 729	23 600
山西	1 381 174	292 903	921 776	192 709	20 493	3 997
内蒙古	875 146	232 061	666 723	208 448	22 903	6 162
辽宁	2 494 740	549 361	1 827 368	417 459	133 361	27 514
吉林	1 863 968	492 498	1 419 048	429 242	34 954	7 820
黑龙江	1 949 429	402 489	1 398 561	349 039	70 442	19 250
上海	1 252 793	229 961	1 041 501	197 955	261 824	85 639
江苏	3 120 295	650 287	3 080 609	541 263	189 834	27 681
浙江	2 127 755	424 867	1 749 788	320 286	158 213	35 916
安徽	1 690 805	380 787	1 281 186	297 799	61 081	14 175
福建	1 018 133	169 365	626 256	92 898	62 137	17 048
江西	1 347 474	294 759	948 943	209 113	52 537	10 153
山东	4 573 429	796 811	3 477 557	545 003	137 051	35 277
河南	3 258 400	674 118	2 285 925	464 322	72 778	17 932
湖北	2 732 686	639 445	2 182 381	537 964	159 430	23 073
湖南	1 860 067	361 565	1 364 226	243 211	88 873	17 781
广东	5 312 624	1 005 802	3 886 683	667 730	351 173	90 601
广西	1 058 539	170 210	607 079	99 299	56 360	15 272
海南	400 358	69 869	200 693	34 915	6 307	1 421
四川	3 153 000	610 261	2 379 786	427 471	189 618	54 627
贵州	601 973	84 125	384 571	49 079	31 029	7 219
云南	967 247	113 349	645 603	72 025	42 968	11 442
陕西	1 237 590	233 899	819 911	142 616	59 815	16 706
甘肃	608 217	115 406	422 953	88 444	17 982	4 389
青海	123 941	13 157	86 940	7 115	11 935	3 048
宁夏	180 048	30 928	117 548	25 431	11 775	2 498
新疆	961 371	320 997	646 552	260 615	18 519	6 453
*重庆	413 747	103 935	315 476	63 075	29 541	7 915
武汉	368 999	80 534	293 409	66 360	29 745	7 545
沈阳	428 317	116 456	344 321	91 633	49 867	11 815
大连	415 236	80 464	280 236	61 645	16 404	3 342
哈尔滨	209 932	52 276	158 363	39 698	15 130	6 169
广州	736 631	134 122	481 610	73 038	56 556	13 456
西安	271 793	47 254	203 083	31 568	13 498	4 048
青岛	398 921	99 744	310 246	69 153	24 084	6 969
宁波	327 206	79 073	287 609	69 179	25 347	4 872
厦门	90 769	32 690	50 793	18 514	5 406	752
深圳	454 674	85 367	344 962	74 846	85 613	31 384
长春	443 327	140 780	350 706	129 666	7 239	1 912
南京	223 424	32 284	185 633	23 298	12 104	3 192
成都	456 288	85 546	375 319	61 102	36 191	10 185
合计	**51 498 768**	**10 349 663**	**37 717 150**	**7 481 039**	**2 495 389**	**603 349**

各地区农业银行、信用社各项贷款(续1)

(1990年)　　单位：万元

	2. 商业贷款		3. 乡镇企业贷款		二、固定资产贷款	
	余额	比上年增减	余额	比上年增减	余额	比上年增减
总行					5 300	
国际部						
北京	273 162	42 875	268 062	40 061	32 676	5 005
天津	285 295	84 949	251 737	60 844	12 312	1 434
河北	1 257 862	159 065	738 868	131 539	29 108	3 035
山西	515 321	109 503	385 962	79 209	10 292	1 128
内蒙古	588 615	190 680	55 205	11 606	13 154	1 191
辽宁	1 138 458	264 456	555 549	125 489	36 919	5 957
吉林	1 232 689	395 908	151 405	25 514	18 858	3 256
黑龙江	1 141 102	291 022	187 017	38 767	39 729	6 520
上海	326 975	35 399	452 702	76 917	21 897	3 398
江苏	1 585 237	314 076	1 305 538	199 506	27 960	4 806
浙江	696 992	114 614	894 583	169 756	16 590	2 864
安徽	1 025 212	261 246	194 893	22 378	20 713	4 715
福建	337 411	37 846	226 708	38 004	28 199	1 861
江西	708 472	165 606	187 934	33 354	23 033	2 178
山东	2 115 278	305 384	1 225 228	204 342	46 043	6 201
河南	1 701 458	366 871	511 689	79 519	28 295	2 279
湖北	1 665 354	470 154	357 597	44 737	35 194	4 881
湖南	927 837	172 409	347 516	53 021	28 498	2 410
广东	1 578 683	152 425	1 956 827	424 704	45 491	5 414
广西	415 961	62 361	134 758	21 666	20 585	3 386
海南	172 993	31 506	21 393	1 988	6 650	328
四川	1 508 699	305 976	681 469	66 868	54 141	7 879
贵州	301 871	36 308	51 671	5 552	38 603	7 373
云南	482 999	47 916	119 636	12 667	16 152	3 000
陕西	550 310	98 427	209 786	27 483	18 551	3 711
甘肃	335 426	75 160	69 545	8 895	7 249	746
青海	63 613	2 869	11 392	1 198	5 595	994
宁夏	80 894	17 333	24 879	5 600	17 473	−2 803
新疆	578 600	244 720	49 433	9 442	59 007	15 289
重庆	179 806	43 854	106 129	11 306	8 891	1 750
武汉	201 099	48 062	62 565	10 753	7 543	857
沈阳	226 642	62 017	67 812	17 801	10 725	1 632
大连	111 171	21 279	152 661	37 024	6 426	1 284
哈尔滨	116 893	24 710	26 340	8 819	6 124	1 202
广州	207 334	11 033	217 720	48 549	12 803	1 691
西安	128 926	18 904	60 659	8 616	6 479	1 321
青岛	137 233	30 879	148 929	31 315	6 877	1 700
宁波	118 192	31 218	144 070	33 089	2 578	731
厦门	37 059	15 477	8 328	2 285	1 481	80
深圳	176 049	29 166	83 300	14 296		
长春	310 967	121 285	32 500	6 469	4 018	848
南京	99 913	7 172	73 616	12 934	3 497	700
成都	183 533	29 817	155 595	21 100	9 024	1 475
合计	23 592 779	4 857 064	11 628 982	2 020 626	764 267	108 446

各地区农业银行、信用社各项贷款(续2)

(1990年)　　　　单位：万元

	三、农业贷款		1. 国营农业贷款		2. 集体农业贷款	
	余额	比上年增减	同额	比上年增减	余额	比上年增减
总行						
国际部						
北京	233 223	62 949	103 101	33 423	116 469	26 585
天津	110 451	24 140	29 382	4 268	54 212	14 144
河北	1 069 875	244 179	53 907	11 474	152 604	42 042
山西	425 650	88 724	18 931	5 829	100 295	18 212
内蒙古	191 168	22 472	30 912	5 305	34 759	−205
辽宁	583 826	102 314	102 658	21 094	217 968	35 029
吉林	412 813	56 308	115 189	21 893	65 293	13 589
黑龙江	444 437	21 434	234 565	17 247	50 942	438
上海	147 504	23 589	54 646	13 623	84 941	10 974
江苏	387 615	90 163	96 186	18 270	172 939	34 348
浙江	324 506	81 368	55 936	4 815	59 117	11 663
安徽	373 789	75 975	25 103	5 198	38 965	−1 901
福建	344 167	64 548	33 464	6 536	100 402	16 096
江西	355 169	78 335	129 293	24 280	19 727	2 517
山东	937 952	176 861	97 399	26 292	448 623	89 506
河南	883 477	186 654	29 676	8 343	103 297	18 850
湖北	449 931	76 115	98 447	18 599	92 412	17 488
湖南	414 850	90 559	64 142	13 075	40 772	5 273
广东	1 145 603	259 500	186 414	25 885	306 351	75 753
广西	412 780	63 460	62 769	10 690	46 859	580
海南	186 559	34 507	79 080	22 660	21 942	456
四川	621 811	127 982	64 472	16 703	47 624	15 389
贵州	172 126	25 110	7 579	783	16 555	2 043
云南	295 391	36 776	35 721	3 630	25 008	1 949
陕西	357 223	79 327	19 922	6 290	25 223	2 957
甘肃	172 994	25 517	19 989	5 045	18 012	−756
青海	30 756	4 641	2 769	1 233	2 113	−209
宁夏	42 184	6 771	14 447	1 830	1 718	−120
新疆	250 036	43 394	163 924	31 142	12 033	2 388
*重庆	55 290	12 849	15 128	3 732	5 203	1 403
武汉	53 690	9 875	32 364	7 086	9 245	1 266
沈阳	54 052	13 895	18 510	4 733	17 760	6 151
大连	123 709	15 747	8 068	1 972	96 343	11 692
哈尔滨	41 969	10 471	31 826	9 224	4 496	568
广州	162 696	33 878	73 374	15 316	41 329	9 249
西安	52 084	13 807	8 122	2 562	5 606	850
青岛	60 602	18 255	10 143	3 352	43 615	12 061
宁波	28 081	4 609	7 367	376	8 000	1 272
厦门	31 358	7 983	2 781	−762	11 477	1 681
深圳	46 217	3 257	19 917	−6 071	12 319	4 839
长春	84 955	8 505	22 098	6 447	5 146	74
南京	29 962	8 898	11 442	1 313	12 716	4 925
成都	58 028	18 316	7 805	2 485	12 163	6 963
合计	11 777 866	2 273 672	2 030 023	385 455	2 477 175	455 078

各地区农业银行、信用社各项贷款(续3)

（1990年）　　　　单位：万元

	3．农户贷款		4．扶贫贴息贷款		5．外资配套贷款	
	余　额	比上年增减	余　额	比上年增减	余　额	比上年增减
总　行						
国际部						
北　京	7 288	35			3 095	3 095
天　津	23 264	4 143			1 900	1 900
河　北	813 014	175 477	18 773	4 145	700	700
山　西	292 499	60 421	10 183	1 885		
内蒙古	108 384	11 470	8 494	2 033	350	350
辽　宁	220 379	37 768	7 457	1 487	3 889	3 141
吉　林	209 319	9 884	3 602	964	5 587	5 587
黑龙江	139 508	−7 477	685	−121	849	849
上　海	4 968	−445			2 500	−30
江　苏	92 618	26 215	43	−1	7 928	7 482
浙　江	191 146	56 328	4 728	1 126	2 070	2 070
安　徽	251 090	51 197	30 816	6 435	2 697	−1 232
福　建	171 192	35 794	18 065	2 954	15 647	2 365
江　西	133 748	28 232	32 214	9 152	2 317	2 283
山　东	326 668	47 212	22 738	4 044	12 157	9 066
河　南	657 343	132 052	43 099	9 142	21 665	7 102
湖　北	190 793	26 563	24 116	4 235	14 927	825
湖　南	236 122	58 517	13 689	2 268	20 099	−296
广　东	618 148	147 884	10 413	2 064	5 897	5 897
广　西	221 940	36 981	37 554	9 497	17 731	−462
海　南	82 838	9 098	133	133		
四　川	427 969	67 322	50 842	10 199	12 469	7 433
贵　州	95 456	11 397	40 297	8 450	3 621	2 176
云　南	186 788	20 349	33 238	6 329	5 855	2 059
陕　西	260 002	59 280	35 291	5 696	2 594	2 594
甘　肃	117 662	17 509	16 310	3 296		
青　海	20 047	1 864	5 076	1 347		
宁　夏	21 881	2 760				
新　疆	54 209	2 151	9 228	3 165		
*重　庆	34 176	7 381			300	300
武　汉	10 129	1 082	23	10	1 339	365
沈　阳	16 454	2 187			600	600
大　连	14 494	731			1 741	993
哈尔滨	5 192	385	4		300	300
广　州	47 338	8 914			600	600
西　安	33 783	9 194	2 699	564	450	450
青　岛	3 148	507			1 620	1 620
宁　波	12 187	2 906				
厦　门	15 161	5 675			1 930	1 394
深　圳	12 890	4 221				
长　春	55 475	1 660			194	194
南　京	4 307	1 249	1		1 383	1 383
成　都	35 881	7 758	200		1 056	528
合　计	**6 176 283**	**1 129 981**	**477 084**	**99 924**	**166 544**	**64 954**

各地区农业银行、信用社各项贷款(续4)

(1990年)　　　　单位：万元

	6．开发性贷款		四、特种贷款		五、其他贷款	
	余　额	比上年增减	余　额	比上年增减	余　额	比上年增减
总　行						
国际部						
北　京	3 270	－189	26 621	1 468	15 440	7 812
天　津	1 693	－315	12 517	1 499	19 327	18 520
河　北	30 877	10 341	16 146	567	87 587	60 187
山　西	3 742	2 377	2 698	510	20 758	9 832
内蒙古	8 269	3 519	2 544	－395	1 557	345
辽　宁	31 475	3 795	8 147	105	38 480	23 526
吉　林	13 823	4 391	4 946	－229	8 303	3 921
黑龙江	17 888	10 498	6 980	－298	59 722	25 794
上　海	449	－533	3 819	－1 464	38 072	6 483
江　苏	17 901	3 849	23 108	－1 041	31 003	15 096
浙　江	11 509	5 366	9 346	778	27 525	19 571
安　徽	25 118	16 278	8 023	－323	7 094	2 621
福　建	5 397	803	6 873	－1 135	12 638	11 193
江　西	37 870	11 871	7 849	809	12 480	4 324
山　东	30 367	741	17 564	1 375	94 313	67 371
河　南	28 397	11 165	8 811	－481	51 892	21 344
湖　北	29 236	8 405	23 276	－1 869	41 904	22 354
湖　南	40 026	11 722	13 037	－347	39 456	25 732
广　东	18 380	2 017	16 561	－820	218 286	73 978
广　西	25 927	6 174	3 812	－254	14 283	4 319
海　南	2 566	2 160	222	－5	6 234	124
四　川	18 435	10 936	14 088	－25	83 174	46 954
贵　州	8 618	261	2 236	69	4 437	2 494
云　南	8 781	2 460	3 792	18	6 309	1 530
陕　西	14 191	2 510	11 092	－662	30 813	8 907
甘　肃	1 021	423	2 064	37	2 957	662
青　海	751	406	353	181	297	226
宁　夏	4 138	2 301	579	－251	2 264	1 780
新　疆	10 642	4 548	821	－107	4 955	1 796
#重　庆	483	33	1 296	－105	32 794	26 366
武　汉	590	66	4 061	－344	10 296	3 786
沈　阳	728	224	4 072	599	15 147	8 697
大　连	3 063	359	1 596	247	3 269	1 541
哈尔滨	151	－6	1 389	199	2 087	706
广　州	55	－201	3 920	－195	75 602	25 710
西　安	1 424	187	2 199	5	7 948	553
青　岛	2 076	715	4 480	900	16 716	9 736
宁　波	527	55	3 992	687	4 946	3 867
厦　门	9	－5	900	－60	6 237	6 173
深　圳	1 091	268	1 357	－963	62 138	8 227
长　春	2 042	130	607	－36	3 041	1 797
南　京	113	28	3 076	－1 400	1 256	788
成　都	923	582	1 908	－136	12 009	4 789
合　计	**450 757**	**138 280**	**257 925**	**－2 290**	**981 560**	**488 796**

农业银行、信用社各项存款

（年末余额）　　单位：亿元

	1985年	1986年	1987年	1988年	1989年	1990年	1986—1990年平均每年增长（%）
农村存款合计	**1 232.59**	**1 679.21**	**2 162.50**	**2 548.64**	**3 107.28**	**4 066.06**	**26.96**
一、企业存款	274.18	354.45	409.70	479.69	495.35	586.97	16.44
1. 工商业存款	171.26	217.11	250.72	289.21	313.18	370.76	16.70
2. 乡镇企事业存款	102.92	137.34	158.98	190.48	182.17	216.21	16.01
二、农业存款	158.17	198.01	221.78	236.47	241.61	287.70	12.71
1. 国营农业企事业存款	62.76	83.53	94.65	92.23	94.29	115.03	12.88
2. 集个体农业存款	79.37	93.81	102.21	113.45	108.63	125.66	9.62
3. 农业其他存款	16.04	20.67	24.92	30.79	38.69	47.01	23.99
三、储蓄存款	720.13	1 023.80	1 431.91	1 736.04	2 255.32	3 053.70	33.50
1. 活期	215.40	280.63	397.27	505.10	479.65	568.82	21.44
2. 定期	504.73	743.17	1 034.64	1 230.94	1 775.67	2 484.88	37.55
四、其他存款	80.11	102.95	99.11	96.44	115.00	137.69	11.44

农业银行、信用社各项贷款

（年末余额）　　单位：亿元

	1985年	1986年	1987年	1988年	1989年	1990年	1986—1990年平均每年增长（%）
农村贷款合计	**2 054.60**	**2 522.56**	**3 054.15**	**3 507.06**	**4 114.91**	**5 149.88**	**20.18**
一、流动资金贷款	1 569.74	1 895.29	2 231.21	2 571.68	3 023.62	3 771.72	19.16
1. 工业贷款	61.59	99.55	133.10	154.43	189.20	249.54	32.29
2. 商业贷款	1 155.74	1 241.97	1 388.73	1 569.39	1 873.58	2 359.28	15.34
3. 乡镇企业贷款	352.41	553.77	709.38	847.86	960.84	1 162.90	26.97
二、固定资产贷款	22.02	38.52	46.88	58.45	65.58	76.43	28.26
三、农业贷款	424.22	540.43	706.74	815.59	950.42	1 177.79	22.66
1. 国营农业贷款	58.92	89.52	111.14	134.10	164.46	203.00	28.07
2. 集体农业贷款	107.79	109.81	136.57	162.87	202.20	247.72	18.11
3. 农户农业贷款	248.00	322.13	419.27	459.18	504.63	617.63	20.02
4. 扶贫贴息贷款		0.17	13.47	26.61	37.72	47.71	
5. 外资配套贷款		3.14	5.66	7.81	10.16	16.65	
6. 开发性贷款	9.51	15.66	20.63	25.02	31.25	45.08	36.51
四、特种贷款	4.59	11.59	16.09	23.04	26.02	25.79	41.23
五、其他贷款	34.03	36.73	53.23	38.30	49.27	98.15	23.60

农业银行、信用社各项存款增减额

（比上年末）　　　　单位：亿元

	1986年	1987年	1988年	1989年	1990年
农村存款合计	**446.62**	**483.29**	**386.14**	**558.64**	**958.78**
一、企业存款	80.27	55.25	69.99	15.66	91.62
1. 工商业存款	45.85	33.61	38.49	23.97	57.58
2. 乡镇企事业存款	34.42	21.64	31.50	−8.31	34.04
二、农业存款	39.84	23.77	14.69	5.14	46.09
1. 国营农业企事业存款	20.77	11.12	−2.42	2.06	20.74
2. 集个体农业存款	14.44	8.40	11.24	−4.82	17.04
3. 农业其他存款	4.63	4.25	5.87	7.90	8.31
三、储蓄存款	303.67	408.11	304.13	519.28	798.39
1. 活期	65.23	116.64	107.83	−25.45	89.17
2. 定期	238.44	291.47	196.30	544.73	709.22
四、其他存款	22.84	−3.84	−2.67	18.56	22.68

农业银行、信用社各项贷款增减额

（比上年末）　　　　单位：亿元

	1986年	1987年	1988年	1989年	1990年
农村贷款合计	**467.96**	**531.59**	**452.91**	**607.85**	**1 034.97**
一、流动资金贷款	325.55	335.92	340.47	451.94	748.10
1. 工业贷款	37.96	33.55	21.33	34.77	60.33
2. 商业贷款	86.23	146.76	180.66	304.19	485.71
3. 乡镇企业贷款	201.36	155.61	138.48	112.98	202.06
二、固定资产贷款	16.50	8.36	11.57	7.13	10.85
三、农业贷款	116.21	166.31	108.85	134.83	227.37
1. 国营农业贷款	30.60	21.62	22.96	30.36	38.55
2. 集体农业贷款	2.02	26.76	26.30	39.33	45.51
3. 农户农业贷款	74.13	97.14	39.91	45.45	113.00
4. 扶贫贴息贷款	0.17	13.30	13.14	11.11	9.99
5. 外资配套贷款	3.14	2.52	2.15	2.35	6.49
6. 开发性贷款	6.15	4.97	4.39	6.23	13.83
四、特种贷款	7.00	4.50	6.95	2.98	−0.23
五、其他贷款	2.70	16.50	−14.93	10.97	48.88

农业银行、信用社各项存款增长率

（比上年末）　　单位：%

	1986年	1987年	1988年	1989年	1990年
农村存款合计	**36.23**	**28.78**	**17.85**	**21.91**	**30.85**
一、企业存款	29.27	15.59	17.08	3.26	18.49
1. 工商业存款	26.76	15.48	15.34	8.28	18.38
2. 乡镇企事业存款	33.44	15.75	19.81	−4.37	18.68
二、农业存款	25.18	12.00	6.62	2.17	19.07
1. 国营农业企事业存款	33.10	13.30	−2.55	2.23	21.99
2. 集个体农业存款	18.17	8.94	11.00	−4.25	15.68
3. 农业其他存款	28.86	20.58	23.52	25.69	21.48
三、储蓄存款	42.16	39.86	21.23	29.91	35.40
1. 活期	30.27	41.56	27.14	−5.03	18.59
2. 定期	47.24	39.21	18.97	44.25	39.94
四、其他存款	28.52	−3.73	−2.70	19.25	19.72

农业银行、信用社各项贷款增长率

（比上年末）　　单位：%

	1986年	1987年	1988年	1989年	1990年
农村贷款合计	**22.78**	**21.07**	**14.82**	**17.33**	**25.15**
一、流动资金贷款	20.73	17.72	15.25	17.57	24.74
1. 工业贷款	61.63	33.70	16.02	22.51	31.88
2. 商业贷款	7.46	11.81	13.00	19.38	25.92
3. 乡镇企业贷款	57.13	28.09	19.52	13.32	21.02
二、固定资产贷款	74.95	21.71	24.68	12.19	16.53
三、农业贷款	27.39	30.77	15.40	16.53	23.92
1. 国营农业贷款	51.92	24.16	20.65	22.63	23.43
2. 集体农业贷款	1.87	24.35	19.26	24.15	22.50
3. 农户农业贷款	29.88	30.15	9.51	9.89	22.39
4. 扶贫贴息贷款		7 806.63	97.50	41.73	26.49
5. 外资配套贷款		80.32	37.94	30.15	63.93
6. 开发性贷款	64.73	31.71	21.27	24.88	44.25
四、特种贷款	152.49	38.78	43.19	12.92	−0.88
五、其他贷款	7.93	44.93	−28.03	28.62	99.19

农业银行、信用社各项存款构成

单位：%

	1986年	1987年	1988年	1989年	1990年
农村存款合计	100.00	100.00	100.00	100.00	100.00
一、企业存款	21.11	18.94	18.82	15.94	14.44
（以企业存款为100）					
1. 工商业存款	61.25	61.20	60.29	63.22	63.17
2. 乡镇企事业存款	38.75	38.80	39.71	36.78	36.83
二、农业存款	11.79	10.26	9.28	7.78	7.08
（以农业存款为100）					
1. 国营农业存款	42.18	42.68	39.00	39.02	39.98
2. 集个体农业存款	47.38	46.08	47.98	44.96	43.68
3. 农业其他存款	10.44	11.24	13.02	16.02	16.34
三、储蓄存款	60.97	66.22	68.12	72.58	75.10
（以储蓄存款为100）					
1. 活期	27.41	27.74	29.09	21.27	18.63
2. 定期	72.59	72.26	70.91	78.73	81.37
四、其他存款	6.13	4.58	3.78	3.70	33.38

农业银行、信用社各项贷款构成

单位：%

	1986年	1987年	1988年	1989年	1990年
农村贷款合计	100.00	100.00	100.00	100.00	100.00
一、流动资金贷款	75.08	72.97	73.16	67.08	73.24
（以流动资金贷款为100）					
1. 工业贷款	4.37	5.02	4.75	5.32	6.62
2. 商业贷款	66.41	63.19	62.28	62.90	62.55
3. 乡镇企业贷款	29.22	31.79	32.97	31.78	30.83
二、固定资产贷款	1.53	1.53	1.67	1.59	1.48
三、农业贷款	21.42	23.14	23.26	23.10	22.87
（以农业贷款为100）					
1. 国营农业贷款	16.56	15.73	16.44	17.29	17.24
2. 集体农业贷款	20.32	19.32	19.97	21.28	21.03
3. 农户农业贷款	59.61	59.32	56.30	53.10	52.44
4. 扶贫贴息贷款	0.03	1.91	3.26	3.97	4.05
5. 外资配套贷款	0.58	0.80	0.96	1.07	1.41
6. 开发性贷款	2.90	2.92	3.07	3.29	3.83
四、特种贷款	0.51	0.62	0.82	1.34	0.50
五、其他贷款	1.46	1.74	1.09	6.89	1.91

农业银行、信用社储蓄存款

（年末余额）　　　　单位：亿元

	1985年	1986年	1987年	1988年	1989年	1990年	1986—1990平均每年增长（%）
农村储蓄存款合计	**720.13**	**1 023.80**	**1 431.91**	**1 736.04**	**2 255.32**	**3 053.70**	**33.50**
一、按吸储单位分							
1. 农业银行	155.32	257.68	426.19	593.71	848.51	1 212.10	50.82
2. 信用社	564.81	766.12	1 005.72	1 142.33	1 406.81	1 841.60	26.67
二、按储蓄存款期限分							
1. 活期	215.40	280.63	397.27	505.10	479.65	568.82	21.44
2. 定期	504.73	743.17	1 034.64	1 230.94	1 775.67	2 484.88	37.55

农业银行、信用社储蓄存款增减额

（比上年末）　　　　单位：亿元

	1986年	1987年	1988年	1989年	1990年
农村储蓄存款合计	**303.67**	**408.11**	**304.13**	**519.28**	**798.38**
一、按吸储单位分					
1. 农业银行	102.36	168.51	167.52	254.80	363.59
2. 信用社	201.31	239.60	136.61	264.48	434.79
二、按储蓄存款期限分					
1. 活期	65.23	116.64	107.83	−25.45	89.17
2. 定期	238.44	291.47	196.30	544.73	709.21

农业银行、信用社储蓄存款增长率

（比上年末）　　　　单位：%

	1986年	1987年	1988年	1989年	1990年
农村储蓄存款合计	**42.16**	**39.86**	**21.23**	**29.91**	**35.40**
一、按吸储单位分					
1. 农业银行	65.90	65.39	39.30	42.91	42.85
2. 信用社	35.64	31.27	13.58	23.15	30.90
二、按储蓄存款期限分					
1. 活期	30.27	41.56	27.14	−5.03	18.59
2. 定期	47.24	39.21	18.97	44.25	39.94

农业银行、信用社储蓄存款构成

单位：%

	1986年	1987年	1988年	1989年	1990年
农村储蓄存款合计	**100.00**	**100.00**	**100.00**	**100.00**	**100.00**
一、按吸储单位分					
1. 农业银行	25.17	29.76	34.20	37.62	39.69
2. 信用社	74.83	70.24	65.80	62.38	60.31
二、按储蓄存款期限分					
1. 活期	27.41	27.74	29.09	21.27	18.63
2. 定期	72.59	72.26	70.91	78.73	81.37

农业银行、信用社乡镇企业贷款

（年末余额）　　　　单位：亿元

	1985年	1986年	1987年	1988年	1989年	1990年	1986—1990年平均每年增长（%）
乡镇企业贷款合计	**352.41**	**553.77**	**709.38**	**847.86**	**960.84**	**1162.90**	**26.97**
一、按贷款部门分							
1．农业银行	187.98	287.93	350.07	407.69	420.61	462.18	19.71
2．信用社	164.43	265.84	359.31	440.17	540.23	700.72	33.63
二、按贷款用途分							
（一）乡企流动资金贷款	248.87	415.81	524.31	632.45	751.46	938.04	30.39
1．乡企轻纺贷款			192.76	219.73	259.07	318.13	
2．乡企食品贷款			35.81	40.65	43.52	48.48	
3．乡企矿业贷款			15.22	18.01	21.51	27.66	
4．乡企建材贷款			69.46	79.61	94.63	114.19	
5．乡企冶机化贷款			85.87	106.20	129.17	160.86	
6．乡企交运建贷款			16.21	18.33	18.74	20.81	
7．乡企商业贷款	24.25	33.38	44.42	52.17	59.12	75.96	25.65
8．乡企其他贷款			64.56	97.75	125.70	171.95	
9．乡企工业贷款	197.46	343.72					
10．乡企其他企业贷款	27.16	38.71					
（二）乡企固定资产贷款	89.52	120.29	162.55	189.07	181.91	196.22	16.99
1．乡企轻纺贷款			46.93	54.30	52.09	57.63	
2．乡企食品贷款			13.85	12.56	11.57	11.34	
3．乡企矿业贷款			7.97	8.58	8.83	9.58	
4．乡企建材贷款			30.85	34.14	32.57	33.04	
5．乡企冶机化贷款			24.26	30.76	30.30	34.95	
6．乡企交运建贷款			4.03	4.09	3.44	3.08	
7．乡企商业贷款			4.65	4.66	4.02	4.03	
8．乡企其他贷款			29.63	39.64	38.77	42.25	
9．乡企设备贷款	89.52	120.03					
10．黄金设备贷款		0.26	0.38	0.34	0.32	0.32	
（三）农村电力工业贷款	14.02	17.67	22.52	26.34	27.47	28.64	15.36

农业银行、信用社乡镇企业贷款增减额

（比上年末）　　　　单位：亿元

	1986年	1987年	1988年	1989年	1990年
乡镇企业贷款合计	**201.36**	**155.61**	**138.48**	**112.98**	**202.06**
一、按贷款部门分					
1．农业银行	99.95	62.14	57.62	12.92	41.56
2．信用社	101.41	93.47	80.86	100.06	160.50
二、按贷款用途分					
（一）乡镇流动资金贷款	166.94	108.50	108.14	119.01	186.59
1．乡企轻纺贷款		192.76	26.97	39.34	59.05
2．乡企食品贷款		35.81	4.84	2.87	4.95
3．乡企矿业贷款		15.22	2.79	3.50	6.15
4．乡企建材贷款		69.46	10.15	15.02	19.57
5．乡企冶机化贷款		85.87	20.33	22.97	31.69
6．乡企交运建贷款		16.21	2.12	0.41	2.08
7．乡企商业贷款	9.13	11.04	7.75	6.95	16.84
8．乡企其他贷款		64.56	33.19	27.95	46.26
9．乡企工业贷款	146.26	－343.72			
10．乡企其他企业贷款	11.55	－ 38.71			
（二）乡企固定资产贷款	30.77	42.26	26.52	－7.16	14.31
1．乡企轻纺贷款		46.93	7.37	－2.21	5.53
2．乡企食品贷款		13.85	－1.29	－0.99	－0.23
3．乡企矿业贷款		7.97	0.61	0.25	0.75
4．乡企建材贷款		30.85	3.29	－1.57	0.46
5．乡企冶机化贷款		24.26	6.50	－0.46	4.65
6．乡企交运建贷款		4.03	0.06	－0.65	－0.36
7．乡企商业贷款		4.65	0.01	－0.64	0.02
8．乡企其他贷款		29.63	10.01	－0.87	3.49
9．乡企设备贷款	30.51	－120.03			
10．黄金设备贷款	0.26	0.12	－0.04	－0.02	
（三）农村电力工业贷款	3.65	4.85	3.82	1.13	1.16

农业银行、信用社乡镇企业贷款增长率

（比上年末）　　　　单位：%

	1986年	1987年	1988年	1989年	1990年
乡镇企业贷款合计	**57.13**	**28.10**	**19.52**	**13.32**	**21.02**
一、按贷款部门分					
1. 农业银行	53.17	21.58	16.46	3.16	9.88
2. 信用社	61.67	35.16	22.50	22.73	29.70
二、按贷款用途分					
（一）乡企流动资金贷款	67.07	26.09	20.62	18.81	24.83
1. 乡企轻纺贷款			13.99	17.90	22.79
2. 乡企食品贷款			13.50	7.06	11.38
3. 乡企矿业贷款			18.31	19.44	28.58
4. 乡企建材贷款			14.61	18.86	20.67
5. 乡企冶机化贷款			23.67	21.62	24.53
6. 乡企交运建贷款			13.07	2.21	11.08
7. 乡企商业贷款	37.67	33.07	17.43	13.33	28.47
8. 乡企其他贷款			51.43	28.57	36.80
9. 乡企工业贷款	74.06				
10. 乡企其他企业贷款	42.49				
（二）乡企固定资产贷款	34.37	35.14	16.30	－3.79	7.86
1. 乡企轻纺贷款			15.70	－4.05	10.61
2. 乡企食品贷款			－9.28	－7.87	－1.97
3. 乡企矿业贷款			7.68	2.88	8.52
4. 乡企建材贷款			10.66	－4.57	1.41
5. 乡企冶机化贷款			26.78	－1.49	15.36
6. 乡企交运建贷款			1.42	－15.85	－10.55
7. 乡企商业贷款			0.20	－13.72	0.37
8. 乡企其他贷款			33.71	－2.22	9.01
9. 乡企设备贷款	34.07				
10. 黄金设备贷款		44.28	－9.67	－4.91	－1.05
（三）农村电力工业贷款	26.03	27.45	16.96	4.29	4.22

农业银行、信用社乡镇企业贷款构成

单位：%

	1986年	1987年	1988年	1989年	1990年
乡镇企业贷款合计	100.00	100.00	100.00	100.00	100.00
一、按贷款部门分					
1. 农业银行	51.99	49.35	48.08	43.78	39.75
2. 信用社	48.01	50.65	51.92	56.22	60.25
二、按贷款用途分					
（一）乡企流动资金贷款	75.09	73.91	74.59	78.21	80.66
(以乡镇企业流动资金贷款为100)					
1．乡企轻纺贷款		36.77	34.74	34.48	33.91
2．乡企食品贷款		6.83	6.43	5.79	5.16
3．乡企矿业贷款		2.90	2.85	2.86	2.95
4．乡企建材贷款		13.25	12.59	12.59	12.17
5．乡企冶机化贷款		16.38	16.79	17.19	17.15
6．乡企交运建贷款		3.09	2.90	2.49	2.22
7．乡企商业贷款	8.03	8.47	8.25	7.87	8.10
8．乡企其他贷款		12.31	15.45	16.73	18.34
9．乡企工业贷款	82.66				
10．乡企其他企业贷款	9.31				
（二）乡企固定资产贷款	21.72	22.92	22.30	18.93	16.87
(以乡镇企业固定资产贷款为100)					
1．乡企轻纺贷款		28.87	28.72	28.63	29.37
2．乡企食品贷款		8.52	6.64	6.36	5.78
3．乡企矿业贷款		4.90	4.54	4.85	4.88
4．乡企建材贷款		18.98	18.06	17.91	16.84
5．乡企冶机化贷款		14.92	16.27	16.66	17.81
6．乡企交运建贷款		2.48	2.16	1.89	1.57
7．乡企商业贷款		2.86	2.46	2.21	2.05
8．乡企其他贷款		18.24	20.97	21.31	21.53
8．乡企设备贷款	99.78				
10．黄金设备贷款	0.22	0.23	0.18	0.18	0.17
（三）农村电力工业贷款	3.19	3.17	3.11	2.86	2.47

农业银行、信用社集体、农户农业贷款

单位：亿元

	1985年	1986年	1987年	1988年	1989年	1990年	1986—1990年平均每年增长(%)
农业贷款合计	**355.79**	**431.94**	**555.84**	**622.04**	**706.83**	**865.35**	**19.45**
一、按发放贷款部门分							
1. 农业银行	120.26	129.27	151.32	169.57	186.37	213.01	12.11
2. 信用社	235.53	302.67	404.52	452.47	520.46	652.34	22.60
二、按贷款项目分							
1. 集体农业贷款	107.79	109.81	136.57	162.87	202.20	247.72	18.11
2. 农户农业贷款	248.00	322.13	419.27	459.17	504.63	617.63	20.02
三、按贷款用途分							
1. 农业贷款	238.61	283.18	341.47	364.22	405.97	488.09	15.39
# 农业银行	93.83	94.75	101.30	107.54	114.24	125.33	5.96
2. 林业贷款	1.80	2.66	3.71	4.83	5.42	7.17	31.84
# 农业银行	0.96	1.68	2.51	2.99	3.60	4.92	38.66
3. 牧业贷款	4.78	6.17	8.91	12.69	14.44	16.23	27.70
# 农业银行	2.04	2.69	3.81	5.35	6.47	7.12	28.40
4. 渔业贷款	12.37	16.17	23.44	28.45	34.75	40.72	26.91
# 农业银行	7.81	9.68	13.23	15.30	18.18	20.54	21.34
5. 工商业贷款	18.40	27.68	42.12	50.91	57.42	73.83	32.03
# 农业银行	3.19	4.25	6.88	9.00	9.12	10.64	27.24
6. 生活贷款	33.71	41.65	51.33	53.17	54.06	62.65	13.20
7. 其他行业贷款	46.12	54.43	84.86	107.77	134.77	176.66	30.81
# 农业银行	8.93	10.67	16.13	21.28	26.08	34.47	31.01

农业银行、信用社集体、农户农业贷款增减额

（比上年末）　　单位：亿元

	1986年	1987年	1988年	1989年	1990年
农业贷款合计	76.15	123.90	66.20	84.79	158.51
一、按发放贷款部门分					
1．农业银行	9.01	22.05	18.25	16.80	26.63
2．信用社	67.14	101.85	47.95	67.99	131.88
二、按贷款项目分					
1．集体农业贷款	2.02	26.76	26.30	39.33	45.51
2．农户农业贷款	74.13	97.14	39.90	45.46	113.00
三、按贷款用途分					
1．农业贷款	44.57	58.29	22.75	41.75	82.13
* 农业银行	0.92	6.55	6.24	6.70	11.09
2．林业贷款	0.86	1.05	1.12	0.59	1.75
* 农业银行	0.72	0.83	0.48	0.61	1.32
3．牧业贷款	1.39	2.74	3.78	1.75	1.79
* 农业银行	0.65	1.12	1.54	1.12	0.65
4．渔业贷款	3.80	7.27	5.01	6.30	5.97
* 农业银行	1.87	3.55	2.07	2.88	2.36
5．工商业贷款	9.28	14.44	8.79	6.51	16.42
* 农业银行	1.06	2.63	2.12	0.12	1.52
6．生活贷款	7.94	9.68	1.84	0.89	8.59
7．其他行业贷款	8.31	30.43	22.91	27.00	41.86
* 农业银行	1.74	5.46	5.15	4.80	8.39

农业银行、信用社集体、农户农业贷款增长率

（比上年末）　　单位：%

	1986年	1987年	1988年	1989年	1990年
农业贷款合计	21.40	28.68	11.91	13.63	22.42
一、按发放贷款部门分					
1．农业银行	7.48	17.05	12.06	9.90	14.29
2．信用社	28.50	33.65	11.85	15.03	25.33
二、按贷款项目分					
1．集体农业贷款	1.87	24.35	19.26	24.15	22.50
2．农户农业贷款	29.88	30.15	9.51	9.90	22.39
三、按贷款用途分					
1．农业贷款	18.68	20.58	6.66	11.46	20.23
* 农业银行	0.97	6.91	6.16	6.23	9.70
2．林业贷款	47.78	39.47	30.19	12.22	32.31
* 农业银行	75.00	49.40	19.12	20.40	36.72
3．牧业贷款	29.08	44.41	42.42	13.79	12.39
* 农业银行	31.86	41.64	40.42	20.93	10.03
4．渔业贷款	30.69	44.94	21.38	22.14	17.18
* 农业银行	23.95	36.67	15.66	18.83	12.97
5．工商业贷款	53.44	52.17	20.86	12.79	28.59
* 农业银行	33.22	61.88	30.81	1.33	16.69
6．生活贷款	23.54	23.23	3.57	1.67	15.88
7．其他行业贷款	17.98	55.90	27.00	25.05	31.05
* 农业银行	19.48	51.71	31.93	22.56	32.17

农业银行、信用社集体、农户农业贷款构成

单位：%

	1986年	1987年	1988年	1989年	1990年
农业贷款合计	100.00	100.00	100.00	100.00	100.00
一、按发放贷款部门分					
1．农业银行	29.93	27.22	27.26	26.37	24.62
2．信用社	70.07	72.78	72.74	73.63	75.38
二、按贷款项目分					
1．集体农业贷款	25.42	24.57	26.18	28.61	28.63
2．农户农业贷款	74.58	75.43	73.82	71.39	71.37
三、按贷款用途分					
1．农业贷款	65.56	61.43	58.55	57.43	56.40
* 农业银行	33.46	29.66	29.53	28.14	25.68
2．林业贷款	0.62	0.67	0.78	0.77	0.83
* 农业银行	63.16	67.65	61.90	66.42	68.62
3．牧业贷款	1.43	1.60	2.04	2.04	1.88
* 农业银行	43.66	42.77	42.17	44.81	44.81
4．渔业贷款	3.74	4.22	4.57	4.92	4.71
* 农业银行	59.84	56.43	53.77	52.32	52.32
5．工商业贷款	6.41	7.58	8.18	8.12	8.53
* 农业银行	15.35	16.33	17.68	15.89	15.88
6．生活贷款	9.64	9.24	8.55	7.65	7.24
7．其它行业贷款	12.60	15.26	17.33	19.07	20.41
* 农业银行	19.60	19.01	19.75	19.35	19.51

各地区农业银行、信用社各项存款

单位：万元

	1985年	1986年		1987年		1988年	
	年末余额	年末余额	比上年增减	年末余额	比上年增减	年末余额	比上年增减
总　行							
北　京	381 634	414 837	33 203	529 083	114 246	656 409	127 326
天　津	180 245	246 252	66 007	327 604	81 352	394 763	67 159
河　北	854 142	1 174 399	320 257	1 580 938	406 539	1 908 930	327 992
山　西	378 281	481 345	103 064	611 200	129 855	782 340	171 140
内蒙古	156 842	203 262	46 420	262 698	59 436	324 816	62 118
辽　宁	505 272	698 851	193 579	925 619	226 768	1 179 957	254 338
吉　林	228 645	348 023	119 378	438 982	90 959	530 056	91 074
黑龙江	322 870	444 332	121 462	564 221	119 889	706 312	142 091
上　海	373 100	521 091	147 991	651 621	130 530	800 459	148 838
江　苏	903 945	1 300 579	396 634	1 601 259	300 680	1 801 417	200 158
浙　江	683 626	981 178	297 552	1 100 547	119 369	1 228 467	127 920
安　徽	336 367	474 548	138 181	587 191	112 643	659 514	72 323
福　建	371 294	485 050	113 756	614 584	129 534	632 371	17 787
江　西	272 155	361 849	89 674	463 271	101 422	525 668	62 397
山　东	1 267 450	1 608 808	341 358	2 060 235	451 427	2 494 616	434 381
河　南	714 794	907 511	192 717	1 230 680	323 169	1 433 632	202 952
湖　北	456 690	612 654	155 964	815 691	203 037	958 507	142 816
湖　南	404 903	591 528	186 625	746 542	155 014	729 786	−16 756
广　东	1 303 085	1 872 699	569 614	2 407 611	534 912	3 086 505	678 894
广　西	268 368	388 134	119 766	519 559	131 425	576 482	56 923
海　南		134 402	134 402	160 523	160 523	216 618	56 095
四　川	749 823	1 046 802	296 979	1 344 110	297 308	1 441 852	97 742
贵　州	125 128	175 062	49 934	221 002	45 940	244 473	23 471
云　南	283 646	383 776	100 130	483 137	99 361	561 029	77 892
陕　西	276 105	388 362	112 257	522 527	134 165	610 462	87 935
甘　肃	170 338	214 526	44 188	273 353	58 827	322 163	48 810
青　海	61 635	73 200	11 565	83 792	10 592	99 397	15 605
宁　夏	49 071	63 720	14 649	80 308	16 588	91 085	10 777
新　疆	246 486	329 760	83 274	417 060	87 300	488 336	71 276
*重　庆	101 600	142 176	40 576	180 089	37 913	196 289	16 200
武　汉	82 273	108 913	26 640	147 741	38 828	186 879	39 138
沈　阳	73 575	101 172	27 597	137 018	35 846	175 687	38 669
大　连	125 605	179 527	53 922	230 092	50 565	297 047	66 955
哈尔滨	32 956	45 490	12 534	63 929	18 439	87 934	24 005
广　州	220 921	314 856	93 935	437 920	123 064	530 173	92 253
西　安	64 521	93 127	28 606	124 925	31 798	144 290	19 365
青　岛		153 699	153 699	188 437	34 738	219 730	31 293
宁　波				154 279	154 279	174 313	20 034
厦　门						36 701	36 701
深　圳						252 618	252 618
长　春							
南　京							
成　都							
合　计	12 325 940	16 792 138	4 466 198	21 624 948	4 832 810	25 486 422	3 861 474

注：1986年海南的数字为广东省的其中数。

各地区农业银行、信用社各项存款（续）

单位：万元

	1989年		1990年		1986－1990年平均每年增长(%)
	年末余额	比上年增减	年末余额	比上年增减	
总　行	202	202	1 026	824	
北　京	792 787	136 378	574 842	233 526	8.54
天　津	485 554	90 791	395 064	129 551	16.99
河　北	2 405 920	496 990	1 717 408	782 793	14.99
山　西	1 015 699	233 359	661 931	265 285	11.84
内蒙古	352 353	27 537	306 236	103 390	14.32
辽　宁	1 450 644	270 687	1 176 885	487 459	18.42
吉　林	580 188	50 132	492 206	163 828	16.57
黑龙江	871 080	164 768	830 416	260 858	20.80
上　海	1 003 095	202 636	1 018 775	325 252	22.25
江　苏	2 309 438	508 021	1 909 956	822 654	16.14
浙　江	1 598 151	369 684	1 256 664	663 384	12.95
安　徽	749 901	90 387	565 699	199 148	17.88
福　建	755 224	122 853	687 892	255 032	13.13
江　西	613 378	87 710	561 055	200 373	15.57
山　东	3 043 626	549 010	2 139 428	861 198	11.04
河　南	1 656 252	222 620	1 227 193	434 026	11.42
湖　北	1 126 121	167 614	1 009 224	266 952	17.19
湖　南	939 854	210 068	764 857	309 361	13.56
广　东	3 725 966	639 461	2 646 994	1 162 310	15.23
广　西	654 782	78 300	613 434	235 414	17.98
海　南	235 645	19 027	231 219	68 187	
四　川	1 806 867	365 015	1 440 435	511 851	13.95
贵　州	269 708	25 235	262 715	69 176	15.99
云　南	688 703	127 674	653 238	196 986	18.16
陕　西	773 668	163 206	555 797	204 349	15.02
甘　肃	380 749	58 586	337 151	103 109	14.63
青　海	100 674	1 277	91 339	10 361	8.18
宁　夏	110 860	19 775	98 714	31 773	15.00
新　疆	575 698	87 362	683 293	229 365	22.62
* 重　庆	242 868	46 579	192 139	89 972	13.59
武　汉	231 368	44 489	204 716	59 235	20.00
沈　阳	234 696	59 009	230 059	106 016	25.61
大　连	343 695	46 648	256 237	113 925	15.33
哈尔滨	111 270	23 336	120 007	33 978	29.50
广　州	652 659	122 486	503 614	191 096	17.92
西　安	186 298	42 008	122 410	48 302	13.66
青　岛	273 944	54 214	221 363	90 252	
宁　波	219 568	45 255	193 410	101 394	
厦　门	47 815	11 114	47 615	22 325	
深　圳	278 608	25 990	276 035	88 991	
长　春	120 552	120 552	107 337	27 505	
南　京	155 655	155 655	146 256	49 330	
成　都	301 628	301 628	259 806	109 925	
合　计	31 072 787	5 586 365	24 911 086	9 587 775	15.11

各地区农业银行、信用社储蓄存款

单位：万元

	1985年	1986年			
	年末余额	年末余额	比上年增减	比上年增长%	人均储蓄 元/人
北　京	105 611	149 264	43 653	41	385
天　津	89 402	128 353	38 951	43	347
河　北	579 024	842 227	263 203	45	174
山　西	258 925	343 817	84 892	32	163
内蒙古	94 422	126 318	31 896	33	88
辽　宁	308 192	448 732	140 540	45	202
吉　林	133 868	192 667	58 799	43	132
黑龙江	186 442	261 863	75 421	40	133
上　海	155 477	234 812	79 335	51	546
江　苏	517 809	761 327	243 518	47	148
浙　江	386 522	598 176	211 654	54	175
安　徽	175 065	264 745	89 680	51	59
福　建	220 549	296 611	76 062	34	129
江　西	154 198	213 575	59 377	38	74
山　东	824 427	1 098 707	274 280	33	162
河　南	432 179	594 333	162 154	37	86
湖　北	260 565	369 630	109 065	41	95
湖　南	228 043	352 633	124 590	54	72
广　东	907 198	1 273 632	366 434	40	256
广　西	149 175	211 521	62 346	41	61
海　南		89 319	89 319		
四　川	430 607	624 312	193 705	44	71
贵　州	52 709	73 320	20 611	39	28
云　南	119 058	160 955	41 897	35	53
陕　西	170 496	250 397	79 901	46	100
甘　肃	78 131	113 901	35 770	45	65
青　海	22 682	29 157	6 475	28	100
宁　夏	26 010	37 282	11 272	43	112
新　疆	134 516	185 691	51 175	38	199
*重　庆	57 238	85 251	28 013	48	
武　汉	34 301	49 236	14 935	43	
沈　阳	35 964	51 383	17 419	51	
大　连	77 033	114 989	37 956	49	
哈尔滨	13 330	18 945	5 615	42	
广　州	130 626	182 831	52 206	39	
西　安	37 752	56 443	18 691	49	
青　岛		96 187			
宁　波					
厦　门					
深　圳					
长　春					
南　京					
成　都					
合　计	7 201 302	10 237 958	3 036 656	42	121

注：1986年海南的数字为广东省的其中数。

各地区农业银行、信用社储蓄存款(续1)

单位：万元

	1987年				1988年			
	年末余额	比上年增减	比上年增长%	人均储蓄元/人	年末余额	比上年增减	比上年增长%	人均储蓄元/人
北京	212 378	63 114	42	543	267 345	54 967	25	687
天津	180 522	52 169	40	480	213 590	33 068	18	570
河北	1 218 639	376 412	44	250	1 523 655	305 016	25	308
山西	459 816	115 999	33	217	603 614	143 798	31	282
内蒙古	170 974	44 656	35	118	223 519	52 545	30	154
辽宁	672 760	224 028	49	302	871 919	199 159	29	391
吉林	287 043	94 376	48	198	366 141	79 098	27	253
黑龙江	372 135	110 272	42	189	499 402	127 267	34	253
上海	322 706	87 894	37	755	390 565	67 859	21	922
江苏	1 071 993	310 666	40	207	1 237 100	165 107	15	240
浙江	739 515	141 339	23	214	797 395	57 880	7	229
安徽	369 424	104 679	39	82	422 217	52 793	14	92
福建	386 249	89 638	30	165	393 754	7 505	1	166
江西	288 434	74 859	35	99	345 568	57 134	19	117
山东	1 502 193	403 486	36	219	1 914 667	412 474	27	286
河南	884 996	290 663	48	127	1 054 450	169 454	19	149
湖北	524 438	154 808	41	133	629 939	105 501	20	158
湖南	483 708	131 075	37	98	491 716	8 008	1	98
广东	1 702 324	428 692	33	339	2 166 414	464 090	27	475
广西	300 749	89 228	42	86	363 875	63 126	20	102
海南	118 084	118 084			154 665	36 581	30	309
四川	841 128	216 816	34	94	933 569	92 441	10	103
贵州	107 020	33 700	45	40	125 995	18 975	17	46
云南	234 399	73 444	45	76	288 472	54 073	23	92
陕西	363 504	113 107	45	144	456 106	92 602	25	178
甘肃	163 813	49 912	43	93	205 366	41 553	25	115
青海	35 872	6 715	23	121	43 239	7 367	20	145
宁夏	50 351	13 069	35	149	61 434	11 083	22	180
新疆	253 874	68 183	36	269	314 675	60 801	23	331
*重庆	111 875	26 624	31		124 314	12 439	11	
武汉	72 624	23 388	47		87 829	15 205	20	
沈阳	77 560	26 177	50		107 410	29 850	38	
大连	171 891	56 902	49		221 013	49 122	28	
哈尔滨	29 920	10 975	57		49 004	19 084	63	
广州	267 557	84 726	46		317 398	49 841	18	
西安	83 440	26 997	47		105 629	22 189	26	
青岛	128 116	31 929	33		155 081	26 965	21	
宁波	102 455				104 108	1 653	1	
厦门					22 832			
深圳					111 173			
长春								
南京								
成都								
合计	14 319 041	4 081 083	39	168	17 360 366	3 041 325	21	201

各地区农业银行、信用社储蓄存款(续2)

单位：万元

	1989年				1990年				1986—1990年平均每年增长(%)
	年末余额	比上年增减	比上年增长%	人均储蓄元/人	年末余额	比上年增减	比上年增长%	人均储蓄元/人	
北京	378 992	111 647	41	962	525 493	146 501	38.66	1 197	37.84
天津	291 563	77 973	36	770	416 092	124 529	42.71	1 042	36.01
河北	2 015 552	491 897	32	402	2 730 430	714 878	35.47	525	36.37
山西	797 401	193 787	32	368	1 048 107	250 706	31.44	462	32.27
内蒙古	254 693	31 174	13	174	341 578	86 885	34.11	237	29.33
辽宁	1 119 125	247 206	28	497	1 537 339	418 214	37.37	665	37.91
吉林	437 963	71 822	19	299	592 897	154 934	35.38	387	34.67
黑龙江	666 595	167 193	33	336	873 977	207 382	31.11	438	36.20
上海	554 380	163 815	41	1 318	796 002	241 622	43.58	1 704.5	38.63
江苏	1 699 072	461 972	37	329	2 386 000	686 928	40.43	441	35.74
浙江	1 145 952	348 557	43	326	1 656 758	510 806	44.57	482	33.79
安徽	520 631	98 414	23	112	697 613	176 982	33.97	144	31.85
福建	517 408	123 654	31	316	721 875	204 467	39.52	291	26.76
江西	447 724	102 156	29	149	601 383	153 659	34.32	193	31.28
山东	2 443 174	528 507	27	365	3 178 211	735 037	30.09	441	30.98
河南	1 266 335	211 885	20	177	1 658 378	392 043	30.96	222	30.86
湖北	765 052	135 113	21	189	994 685	229 633	30.02	227	30.72
湖南	663 851	172 135	35	130	947 278	283 427	42.69	182	32.95
广东	2 811 292	644 878	29	611	3 755 137	943 845	33.57	767	32.86
广西	448 913	85 038	23	125	651 632	202 719	45.16	178	34.30
海南	176 934	22 269	14	350	236 783	59 849	33.83	450	—
四川	1 251 245	317 676	34	137	1 681 521	430 276	34.39	184	31.32
贵州	145 475	19 480	15	52	188 223	42 748	29.39	66	28.99
云南	367 084	78 612	27	115	489 744	122 660	33.41	152	32.69
陕西	600 906	144 800	31	231	791 089	190 183	31.65	297	35.93
甘肃	256 639	51 273	24	141	340 187	83 548	32.55	177	34.21
青海	49 979	6 740	15	165	62 654	12 675	25.36	199	22.53
宁夏	77 475	16 041	26	223	105 721	28 246	36.46	312	32.37
新疆	381 758	67 083	21	396	530 243	148 485	38.90	491	31.56
#重庆	167 013	42 699	34		242 925	75 912	45.45		33.52
武汉	116 378	28 549	32		164 684	48 306	41.51		36.86
沈阳	163 027	55 617	51		247 880	84 853	52.05		48.81
大连	269 603	48 590	21		357 895	88 292	32.75		35.96
哈尔滨	69 469	20 465	41		92 871	23 402	33.69		47.44
广州	436 583	119 185	37		594 482	157 899	36.17		35.40
西安	140 701	35 072	33		184 463	43 762	31.10		37.34
青岛	208 134	53 053	34		281 242	73 108	35.13		
宁波	151 050	46 942	45		227 513	76 463	50.62		
厦门	30 693	7 861	34		46 778	16 085	52.41		
深圳	142 373	31 200	28		194 956	52 583	36.93		
长春	79 895				107 246	27 351	34.23		
南京	94 528				135 322	40 794	43.16		
成都	205 606				289 017	83 411	40.57		
合计	22553163	5 192 797	29	259	30 537 030	7 983 867	35.40		33.50

1990年人均储蓄根据1990年7月1日第四次人口普查10%抽样汇总中农业人口计算所得。

各地区农业银行、信用社各项贷款

单位：万元

	1985年	1986年		1987年		1988年	
	年末余额	年末余额	比上年增减	年末余额	比上年增减	年末余额	比上年增减
总　行		20 000	20 000	43 400	23 400	5 300	38 100
北　京	256 197	314 261	58 064	442 196	127 935	576 144	133 948
天　津	195 849	277 866	82 017	358 174	80 308	433 646	75 472
河　北	1 371 118	1 684 186	313 068	2 006 651	322 465	2 310 844	304 193
山　西	544 349	600 555	56 206	710 949	110 394	888 751	177 802
内蒙古	333 717	387 436	53 719	455 098	67 662	540 946	85 848
辽　宁	804 673	1 048 972	244 299	1 330 583	281 611	1 607 188	276 605
吉　林	721 330	849 672	128 342	1 046 925	197 253	1 230 648	183 723
黑龙江	891 231	1 064 359	173 128	1 171 436	107 077	1 353 910	182 474
上　海	289 997	465 201	175 204	588 085	122 884	775 859	187 774
江　苏	1 485 116	1 917 650	432 534	2 335 618	417 968	2 473 138	137 520
浙　江	799 509	1 111 494	311 985	1 315 295	203 801	1 451 292	135 997
安　徽	740 446	926 225	185 779	1 056 448	130 223	1 155 749	99 301
福　建	432 975	541 880	108 905	657 119	115 239	726 415	69 296
江　西	522 540	598 917	26 377	742 587	143 670	853 796	111 209
山　东	2 214 361	2 535 709	321 348	2 912 205	376 496	3 266 185	353 980
河　南	1 525 434	1 739 834	214 400	2 012 941	273 107	2 262 488	249 547
湖　北	1 174 297	1 312 490	138 193	1 571 427	258 937	1 762 046	190 619
湖　南	717 315	930 626	213 311	1 179 280	248 654	1 259 958	80 678
广　东	1 978 313	2 531 853	553 540	3 054 715	522 862	3 705 960	651 245
广　西	450 435	543 660	93 225	698 339	154 679	796 122	97 783
海　南		188 480	188 480	226 254	226 254	297 666	71 412
四　川	1 307 978	1 641 044	333 066	1 944 608	303 564	2 130 921	186 313
贵　州	253 829	327 482	73 653	389 920	62 438	454 091	64 171
云　南	420 940	509 636	88 696	632 615	122 979	769 551	136 936
陕　西	454 274	564 948	110 674	715 701	150 753	837 082	121 381
甘　肃	269 106	318 825	49 719	376 123	57 298	430 783	54 660
青　海	43 521	56 123	12 602	67 757	11 634	87 849	20 092
宁　夏	53 644	62 372	8 728	93 170	30 798	121 999	28 829
新　疆	293 507	342 363	48 856	405 845	63 482	504 296	98 451
#重　庆	148 525	190 152	41 627	228 598	38 446	260 614	32 016
武　汉	138 543	165 986	27 443	199 856	33 870	242 664	42 808
沈　阳	111 520	157 177	45 657	205 671	48 494	252 787	47 116
大　连	116 126	161 249	45 123	220 793	59 544	277 626	56 833
哈尔滨	55 136	78 939	23 803	92 112	13 173	124 366	32 254
广　州	117 599	325 203	77 604	446 223	121 020	503 632	57 409
西　安	116 208	138 379	22 171	162 783	24 404	189 821	27 038
青　岛		168 735		212 395	43 660	248 079	35 684
宁　波				186 218	186 218	209 543	23 325
厦　门						49 752	49 752
深　圳						308 296	308 296
长　春							
南　京							
成　都							
合　计	20 546 001	25 225 639	4 679 638	30 541 464	5 315 825	35 070 623	4 529 159

注：1986年海南的数字为广东省的其中数。

各地区农业银行、信用社各项贷款(续)

单位：万元

	1989年		1990年		1986—1990年平均
	年末余额	比上年增减	年末余额	比上年增减	每平增长(%)
总行	5 300		5 300		
北京	708 076	131 932	878 244	170 168	27.94
天津	538 804	105 158	736 847	198 043	30.34
河北	2 675 003	364 159	3 297 175	622 172	19.18
山西	1 088 271	199 520	1 381 174	292 903	20.47
内蒙古	643 085	102 139	875 146	232 061	21.27
辽宁	1 945 379	338 191	2 494 740	549 361	25.40
吉林	1 371 470	140 822	1 863 968	492 498	20.91
黑龙江	1 546 940	193 030	1 949 429	402 489	16.95
上海	1 022 832	246 973	1 252 793	229 961	34.00
江苏	2 900 008	426 870	3 550 295	650 287	19.04
浙江	1 702 888	251 596	2 127 755	424 867	21.62
安徽	1 310 018	154 269	1 690 805	380 787	17.96
福建	848 768	122 353	1 018 133	169 365	18.65
江西	1 052 715	198 919	1 347 474	294 759	20.86
山东	3 776 618	510 433	4 573 429	796 811	15.61
河南	2 584 282	321 794	3 258 400	674 118	16.39
湖北	2 093 241	331 195	2 732 686	639 445	18.40
湖南	1 498 502	238 544	1 860 067	361 565	20.99
广东	4 306 822	600 862	5 312 624	1 005 802	21.84
广西	888 329	92 207	1 058 539	170 210	18.64
海南	330 489	32 823	400 358	69 869	
四川	2 542 739	411 818	3 153 000	610 261	19.24
贵州	517 848	63 757	601 973	84 125	18.85
云南	853 898	84 347	967 247	113 349	18.10
陕西	1 003 691	166 609	1 237 590	233 899	22.19
甘肃	492 811	62 028	608 217	115 406	17.71
青海	110 784	22 935	123 941	13 157	23.28
宁夏	149 120	27 121	180 048	30 928	27.40
新疆	640 374	136 078	961 371	320 997	26.78
*重庆	309 812	49 198	413 747	103 935	22.74
武汉	288 465	45 801	368 999	80 534	21.64
沈阳	311 861	59 074	428 317	116 456	30.88
大连	334 772	57 146	415 236	80 464	29.03
哈尔滨	157 656	33 290	209 932	52 276	30.66
广州	602 509	98 877	736 631	134 122	44.33
西安	224 539	34 718	271 793	47 254	18.52
青岛	299 177	51 098	398 921	99 744	
宁波	248 133	38 590	327 206	79 073	
厦门	58 079	8 327	90 769	32 690	
深圳	369 307	61 011	454 674	85 367	
长春	302 547	302 547	443 327	140 780	
南京	191 140	191 140	223 424	32 284	
成都	370 742	370 742	456 288	85 546	
合计	41 149 105	6 078 482	51 498 768	10 349 663	20.18

各地区农业银行、信用社乡镇企业贷款

单位：万元

	1985年	1986年		1987年		1988年	
	年末余额	年末余额	比上年增减	年末余额	比上年增减	年末余额	比上年增减
北京	86 732	122 084	35 352	155 366	33 282	194 685	39 319
天津	58 343	93 583	35 240	133 436	39 853	165 212	31 776
河北	137 578	268 143	130 565	400 076	131 933	510 052	109 976
山西	104 038	141 955	37 917	189 141	47 186	256 022	66 881
内蒙古	13 626	20 224	6 598	28 110	7 886	36 799	8 689
辽宁	126 993	223 416	96 423	308 556	85 140	381 294	72 738
吉林	48 811	79 528	30 717	103 866	24 338	119 797	15 931
黑龙江	61 763	94 980	33 217	120 367	25 387	138 172	17 805
上海	144 955	241 201	96 246	280 096	38 895	346 905	66 809
江苏	431 804	701 598	269 794	884 701	183 103	984 599	99 898
浙江	273 649	472 940	199 291	560 958	88 018	628 374	67 416
安徽	65 056	107 306	42 250	136 469	29 163	163 933	27 464
福建	90 751	127 086	36 335	155 379	28 293	170 888	15 509
江西	66 520	94 013	27 493	115 213	21 200	140 840	25 627
山南	291 699	548 884	257 185	705 039	156 155	869 995	164 956
河南	165 034	235 466	70 432	310 878	75 412	375 264	64 386
湖北	143 211	194 455	51 244	256 640	62 185	294 488	37 848
湖南	92 403	177 890	85 487	238 900	61 010	264 349	25 449
广东	618 683	834 358	215 675	1 052 051	217 693	1 321 922	269 871
广西	48 290	62 202	13 912	83 638	21 436	105 776	22 138
海南		15 008	15 008	18 299	18 299	18 157	— 142
四川	279 828	427 506	147 678	507 420	79 914	556 889	49 469
贵州	17 953	28 791	10 838	36 111	7 320	45 400	9 289
云南	41 469	66 915	25 446	86 231	19 316	102 327	16 096
陕西	80 667	113 767	33 100	142 644	28 877	167 292	24 648
甘肃	21 099	34 062	12 963	42 701	8 639	54 655	11 954
青海	2 870	5 099	2 229	6 010	911	9 694	3 684
宁夏	3 007	5 989	2 982	9 623	3 634	16 747	7 124
新疆	7 305	14 286	6 981	25 877	11 591	38 037	12 160
*重庆	40 167	60 842	20 675	73 774	12 932	85 625	21 851
武汉	16 704	26 993	10 289	39 263	12 270	46 553	7 290
沈阳	13 572	26 909	13 337	38 726	11 817	45 383	6 657
大连	36 042	59 188	23 146	82 711	23 523	102 116	19 405
哈尔滨	5 462	7 991	2 529	10 312	2 321	15 157	4 845
广州	64 337	96 353	32 016	111 521	15 168	136 086	24 565
西安	22 343	32 689	10 346	38 888	6 199	47 363	8 475
青岛		65 744		85 160	19 416	105 369	20 209
宁波				81 823		96 737	14 914
厦门						5 226	
深圳						59 451	
长春							
南京							
成都							
合计	3 524 137	5 537 727	2 013 590	7 093 796	1 556 069	8 478 564	1 384 768

注：1986年海南的数字为广东省的其中数。

各地区农业银行、信用社乡镇企业贷款(续)

单位：万元

	1989年		1990年		1986—1990年平均
	年末余额	比上年增减	年末余超	比上年增减	每年增长(%)
北　京	228 001	33 316	268 062	40 061	25.32
天　津	190 893	25 681	251 737	60 844	33.97
河　北	607 329	97 277	738 868	131 539	39.96
山　西	306 753	50 731	385 962	79 209	29.98
内蒙古	43 599	6 800	55 205	11 606	32.29
辽　宁	430 060	48 766	555 549	125 489	34.33
吉　林	125 891	6 094	151 405	25 514	25.41
黑龙江	148 250	10 078	187 017	38 767	24.80
上　海	375 785	28 880	452 702	76 917	25.58
江　苏	1 106 032	121 433	1 305 538	199 506	41.30
浙　江	724 827	96 453	894 583	169 756	26.73
安　徽	172 515	8 582	194 893	22 378	24.54
福　建	188 704	17 816	226 708	38 004	20.09
江　西	154 580	13 740	187 934	33 354	23.09
山　东	1 020 886	150 891	1 225 228	204 342	33.25
河　南	432 170	56 906	511 689	79 519	25.40
湖　北	312 860	18 372	357 597	44 737	20.08
湖　南	294 495	30 146	347 516	53 021	30.33
广　东	1 532 123	210 201	1 956 827	424 704	25.90
广　西	113 092	7 316	134 758	21 666	22.78
海　南	19 405	1 248	21 393	1 988	
四　川	614 601	57 712	681 469	66 868	19.48
贵　州	46 119	719	51 671	5 552	23.54
云　南	106 969	4 642	119 636	12 667	23.60
陕　西	182 303	15 011	209 786	27 483	21.06
甘　肃	60 650	5 995	69 545	8 895	26.94
青　海	10 194	500	11 392	1 198	31.75
宁　夏	19 279	2 532	24 879	5 600	52.59
新　疆	39 991	1 954	49 433	9 442	46.58
# 重　庆	94 823	9 198	106 129	11 306	21.45
武　汉	51 812	5 259	62 565	10 753	30.23
沈　阳	50 011	4 628	67 812	17 801	37.95
大　连	115 637	13 521	152 661	37 024	33.47
哈尔滨	7 521	2 364	26 340	8 819	36.98
广　州	169 171	33 085	217 720	48 549	27.61
西　安	52 043	4 680	60 659	8 616	22.11
青　岛	117 614	12 245	148 929	31 315	
宁　波	110 981	14 244	144 070	33 089	
厦　门	6 043	817	8 328	2 285	
深　圳	69 004	9 553	83 300	14 296	
长　春	26 031		32 500	6 469	
南　京	60 682		73 616	12 934	
成　都	134 495		155 595	21 100	
合　计	9 608 356	1 129 792	11 628 982	2 020 626	26.97

各地区农业银行、信用社农业贷款

单位：万元

	1985年	1986年		1987年		1988年	
	年末余额	年末余额	比上年增减	年末余额	比上年增减	年末余额	比上年增减
北　京	43 375	59 029	15 654	87 054	28 025	129 550	42 496
天　津	33 818	41 460	7 642	55 925	14 465	67 584	11 659
河　北	288 428	398 561	110 133	571 873	173 312	702 671	130 798
山　西	179 031	198 176	19 145	228 078	29 902	273 891	45 813
内蒙古	104 937	114 307	9 370	130 866	16 559	148 364	17 498
辽　宁	189 309	249 043	59 734	318 532	69 489	386 001	67 469
吉　林	176 785	234 814	58 029	288 853	54 039	313 810	24 957
黑龙江	306 928	332 067	25 139	373 823	41 756	395 998	22 175
上　海	36 235	55 975	19 740	79 196	23 221	106 918	27 722
江　苏	123 440	163 990	40 550	193 557	29 567	229 061	35 504
浙　江	99 358	157 080	57 722	186 094	29 014	205 431	19 337
安　徽	161 931	209 498	47 567	253 009	43 511	279 178	26 169
福　建	122 459	171 638	49 179	230 074	58 436	240 094	10 020
江　西	111 998	154 340	42 342	202 703	48 363	242 564	39 861
山　东	336 714	386 450	49 736	533 296	146 846	628 190	94 894
河　南	291 542	378 602	87 060	518 856	140 254	597 464	78 608
湖　北	177 778	221 328	43 550	278 498	57 170	320 952	42 454
湖　南	124 113	188 418	64 305	266 763	78 345	290 771	24 008
广　东	379 314	494 747	115 433	618 918	124 171	732 576	113 658
广　西	152 544	199 250	46 706	276 080	76 830	318 635	42 555
海　南		85 439	85 439	105 018	105 018	135 325	30 307
四　川	245 092	312 781	67 689	403 226	90 445	423 174	19 948
贵　州	70 332	86 284	15 952	118 227	31 943	135 687	17 460
云　南	141 817	171 263	29 446	221 499	50 236	245 010	23 511
陕　西	122 362	158 234	35 872	209 930	51 696	242 951	33 021
甘　肃	99 368	110 784	11 416	126 736	15 952	137 150	10 414
青　海	15 463	17 670	2 207	20 029	2 359	22 718	2 689
宁　夏	17 982	20 384	2 402	24 837	4 453	29 184	4 347
新　疆	89 796	118 106	28 310	145 819	27 713	174 972	29 153
# 重　庆	24 491	29 129	4 638	35 424	6 295	38 125	2 701
武　汉	16 761	27 220	10 504	32 293	5 073	37 769	5 476
沈　阳	15 216	21 490	6 229	27 774	6 284	34 098	6 324
大　连	29 102	42 647	13 545	62 387	19 740	82 628	20 241
哈尔滨	11 688	14 103	2 415	17 574	3 471	23 524	5 950
广　州	54 217	75 896	21 679	110 935	35 039	107 809	−3 126
西　安	20 615	22 452	1 837	27 919	5 467	33 348	5 429
青　岛		24 561		33 974	9 413	35 252	1 278
宁　波				15 761	15 761	18 982	3 221
厦　门						17 064	
深　圳						32 467	
长　春							
南　京							
成　都							
合　计	4 242 249	5 404 279	1 162 030	7 067 369	1 663 090	8 155 874	1 088 505

注：1986年海南的数字为广东省的其中数。

各地区农业银行、信用社农业贷款(续)

单位：万元

	1989年		1990年		1986—1990年平均每年增长(%)
	年末余额	比上年增减	年末余额	比上年增减	
北　京	170 274	40 724	233 223	62 949	39.99
天　津	86 311	18 727	110 451	24 140	26.71
河　北	825 696	123 025	1 069 875	244 179	29.97
山　西	336 926	63 035	425 650	88 724	18.91
内蒙古	168 696	20 332	191 168	22 472	12.75
辽　宁	481 512	95 511	583 826	102 314	25.26
吉　林	356 505	42 695	412 813	56 308	18.48
黑龙江	423 003	27 005	444 437	21 434	7.68
上　海	123 915	16 997	147 504	23 589	32.41
江　苏	297 452	68 391	387 615	90 163	25.72
浙　江	243 138	37 707	324 506	81 368	26.71
安　徽	297 814	18 636	373 789	75 975	18.21
福　建	279 619	39 525	344 167	64 548	22.96
江　西	276 834	34 270	355 169	78 335	25.96
山　东	761 091	132 901	937 952	176 861	22.74
河　南	696 823	99 359	883 477	186 654	24.82
湖　北	373 816	52 864	449 931	76 115	20.41
湖　南	324 291	33 520	414 850	90 559	27.30
广　东	886 103	153 527	1 145 603	259 500	24.74
广　西	349 320	30 685	412 780	63 460	22.03
海　南	152 052	16 727	186 559	34 507	—
四　川	493 829	70 655	621 811	127 982	20.47
贵　州	147 016	11 329	172 126	25 110	19.60
云　南	258 615	13 60	295 391	36 776	15.81
陕　西	277 896	34 945	357 223	79 327	23.90
甘　肃	147 477	10 327	172 994	25 517	11.73
青　海	26 115	3 397	30 756	4 641	18.59
宁　夏	35 413	6 229	42 184	6 771	22.73
新　疆	206 642	31 670	250 036	43 394	
# 重　庆	42 441	4 316	55 290	12 849	17.69
武　汉	43 815	6 046	53 690	9 875	26.22
沈　阳	40 157	6 059	54 052	13 895	28.86
大　连	107 962	25 334	123 709	15 747	33.57
哈尔滨	31 498	7 974	41 969	10 471	29.13
广　州	128 818	21 009	162 696	33 878	24.58
西　安	38 277	4 929	52 084	13 807	20.37
青　岛	42 347	7 095	60 602	18 255	
宁　波	23 472	4 490	28 081	4 609	
厦　门	23 375	6 311	31 358	7 983	
深　圳	42 960	10 493	46 217	3 257	
长　春	76 450		84 955	8 505	
南　京	21 064		29 962	8 898	
成　都	39 712		58 028	18 316	
合　计	9 504 194	1 348 320	11 777 866	2 273 672	22.66

各地区农业银行、信用社种植业贷款

单位：万元

	1985年	1986年		1987年		1988年	
	年末余额	年末余额	比上年增减	年末余额	比上年增减	年末余额	比上年增减
北　京	7 692	10 661	2 969	18 289	7 628	27 634	9 345
天　津	6 108	7 057	949	9 320	2 263	12 058	2 738
河　北	159 753	193 397	33 644	254 060	60 663	293 360	39 300
山　西	120 034	130 990	10 956	145 723	14 733	163 070	17 347
内蒙古	67 833	68 114	281	73 473	5 359	80 091	6 618
辽　宁	106 812	122 699	15 887	134 210	11 511	143 419	9 209
吉　林	131 370	155 723	24 353	175 771	20 048	168 117	−7 654
黑龙江	158 429	158 030	−399	164 829	6 799	159 875	−4 954
上　海	14 088	15 192	1 104	21 553	6 361	36 310	14 757
江　苏	62 401	73 943	11 542	77 681	3 738	81 077	3 396
浙　江	35 061	47 149	12 088	55 829	8 680	58 848	3 019
安　徽	124 073	152 345	28 272	173 360	21 015	177 941	4 581
福　建	52 089	65 853	13 764	79 613	13 760	79 370	−243
江　西	52 885	63 531	10 646	72 853	9 322	78 808	5 955
山　东	174 945	224 488	49 543	285 747	61 259	309 955	24 208
河　南	213 506	279 250	65 744	362 604	83 354	396 619	34 015
湖　北	105 574	111 971	6 397	130 911	18 940	142 176	11 265
湖　南	72 919	92 849	19 930	119 376	26 527	118 573	−803
广　东	149 004	189 462	40 458	228 399	38 937	271 655	43 256
广　西	98 644	118 989	20 345	154 725	35 736	152 119	−2 606
海　南		21 520	21 520	30 939	30 939	39 716	8 777
四　川	156 900	189 984	33 084	229 141	39 157	218 879	−10 262
贵　州	54 306	62 599	8 293	72 488	9 889	77 349	4 861
云　南	94 241	109 041	14 800	132 188	23 147	137 359	5 171
陕　西	76 724	98 181	21 457	120 137	21 956	130 931	10 794
甘　肃	72 388	80 208	7 820	88 555	8 347	91 141	2 586
青　海	9 208	9 239	31	9 387	148	9 570	183
宁　夏	11 523	11 304	−219	12 726	1 422	14 677	1 951
新　疆	15 571	16 174	603	17 922	1 748	19 801	1 879
# 重　庆	12 524	14 123	1 599	16 709	2 586	16 391	−318
武　汉	8 065	8 438	373	9 595	1 157	10 442	847
沈　阳	9 673	10 900	1 227	12 067	1 167	13 270	1 203
大　连	8 610	9 899	1 289	13 369	1 470	14 230	2 861
哈尔滨	5 343	6 494	1 151	7 355	861	7 197	−158
广　州	19 365	25 603	6 238	36 388	10 785	28 578	−7 810
西　安	11 778	12 338	560	14 262	1 924	14 872	610
青　岛		10 777		12 440	1 663	10 793	−1 647
宁　波				4 862		5624	762
厦　门						2 927	
深　圳						5 148	
长　春							
南　京							
成　都							
合　计	2 404 081	2 858 423	454 342	3 451 809	593 386	3 690 498	238 689

注：1986年海南的数字为广东省的其中数。

各地区农业银行、信用社种植业贷款(续)

单位：万元

	1989年		1990年		1986—1990年平均
	年末余额	比上年增减	年末余额	比上年增减	每年增长(%)
北京	38 514	10 880	53 467	14 953	47.37
天津	21 415	9 357	31 612	10 197	39.34
河北	337 686	44 326	432 423	94 737	22.03
山西	189 788	26 718	235 417	45 629	14.42
内蒙古	87 945	7 854	96 011	8 066	7.19
辽宁	166 602	23 183	197 568	30 966	13.09
吉林	182 163	14 046	189 286	7 123	7.57
黑龙江	157 344	－2 531	150 999	－6 345	－0.96
上海	45 576	9 266	51 556	5 980	29.62
江苏	90 609	9 532	116 223	25 614	13.25
浙江	69 529	10 681	93 866	24 337	21.77
安徽	177 656	－285	212 016	34 360	11.31
福建	92 966	13 596	119 642	26 676	18.09
江西	82 348	3 540	98 514	16 166	13.25
山东	363 060	53 105	432 292	69 232	19.83
河南	444 586	47 967	551 813	107 227	20.91
湖北	159 862	17 686	183 308	23 446	11.67
湖南	122 099	3 526	162 492	40 393	17.38
广东	329 503	57 848	423 406	93 903	23.23
广西	170 068	17 949	192 226	22 158	14.27
海南	42 022	2 306	45 086	3 064	
四川	244 012	25 133	295 972	51 960	13.53
贵州	77 176	－173	88 799	11 623	10.33
云南	138 457	1 098	156 063	17 606	10.61
陕西	143 126	12 195	184 587	41 461	19.19
甘肃	89 680	－1 461	102 580	12 900	7.22
青海	9 913	343	9 819	－94	1.29
宁夏	15 946	1 269	17 850	1 904	9.15
新疆	24 171	4 370	27 714	3 543	12.22
*重庆	17 288	897	22 923	5 635	12.85
武汉	11 287	845	12 444	1 157	9.06
沈阳	13 173	－97	16 885	3 712	11.79
大连	16 571	2 341	20 451	3 880	18.89
哈尔滨	6 969	－228	7 486	517	6.98
广州	31 521	2 943	36 744	5 223	13.67
西安	14 922	50	18 396	3 474	9.33
青岛	10 798	5	13 446	2 648	
宁波	6 250	626	7 288	1 038	
厦门	3 963	1 036	5 869	1 906	
深圳	7 404	2 256	12 769	5 365	
长春	53 514		53 562	48	
南京	5 287		7 738	2 451	
成都	16 707		24 513	7 806	
合计	4 113 822	423 324	4 952 607	838 785	15.55

各地区农业银行、信用社养殖业贷款

单位：万元

	1985年	1986年		1987年		1988年	
	年末余额	年末余额	比上年增减	年末余额	比上年增减	年末余额	比上年增减
北京	2 482	3 604	1 122	11 527	7 923	23 974	12 447
天津	3 128	4 066	938	8 472	4 406	13 381	4 909
河北	3 138	4 114	976	7 018	2 904	10 137	3 119
山西	2 615	3 263	648	3 484	221	4 239	755
内蒙古	7 529	9 338	1 809	11 711	2 373	13 636	1 925
辽宁	14 583	25 403	10 820	45 410	20 007	64 199	18 789
吉林	3 414	3 822	408	4 824	1 002	4 690	−134
黑龙江	3 735	3 916	181	5 771	1 855	7 248	1 477
上海	2 891	5 329	2 438	7 408	2 079	10 782	3 374
江苏	14 684	18 690	4 006	22 551	3 861	27 927	5 376
浙江	17 723	19 094	1 371	21 029	1 935	23 023	1 994
安徽	2 038	2 573	535	3 046	473	3 604	558
福建	27 856	35 295	7 439	43 635	8 340	45 380	1 745
江西	367	533	166	1 276	743	1 196	−80
山东	10 088	16 062	5 974	30 441	14 379	47 042	16 601
河南	1 160	1 720	560	1 814	94	4 402	2 588
湖北	3 212	6 024	2 812	8 487	2 463	11 314	2 827
湖南	1 228	2 066	838	2 744	678	3 891	1 147
广东	28 282	32 238	3 956	44 418	12 180	44 920	502
广西	10 108	11 578	1 470	8 276	−3 302	9 781	1 505
海南		5 939	5 939	10 989	10 989	12 811	1 822
四川	2 094	2 481	387	3 131	650	3 948	817
贵州	791	973	182	1 279	306	1 323	44
云南	855	1 057	202	704	−353	975	271
陕西	2 366	1 999	−367	2 325	326	2 854	529
甘肃	1 313	1 823	510	2 064	241	2 412	348
青海	1 444	2 241	797	2 976	735	3 773	797
宁夏	801	890	89	866	−24	804	−62
新疆	1 588	3 270	1 682	5 893	2 623	7 800	1 907
*重庆	125	136	11	151	15	211	60
武汉	579	1 031	452	1 360	329	1 956	596
沈阳	683	700	17	1 481	781	2 390	909
大连	8 052	16 378	8 326	29 596	13 218	41 709	12 113
哈尔滨	161	208	47	461	253	523	63
广州	589	550	−39	1 187	556	1 285	179
西安	931	813	−118	995	174	1 253	266
青岛		2 342		3 204	953	5 125	1 830
宁波				3 195	3 104	3 610	506
厦门						6 560	
深圳						3 015	
长春							
南京							
成都							
合计	171 513	223 462	51 949	323 569	100 107	411 466	87 897

注：1986年海南的数字为广东省的其中数。

各地区农业银行、信用社养殖业贷款(续)

单位：万元

	1989年		1990年		1986—1990年平均
	年末余额	比上年增减	年末余额	比上年增减	每年增长(%)
北　京	30 723	6 749	36 832	6 109	71.51
天　津	15 608	2 227	17 945	2 337	41.82
河　北	15 376	5 239	16 617	1 241	39.57
山　西	5 060	821	5 222	162	14.83
内蒙古	14 341	705	15 736	1 395	15.89
辽　宁	83 453	19 254	94 583	11 130	45.34
吉　林	5 579	889	5 307	−272	9.22
黑龙江	7 914	666	7 628	−286	15.35
上　海	11 773	991	14 550	2 777	38.15
江　苏	35 227	7 300	43 976	8 749	24.53
浙　江	25 907	2 884	32 706	6 799	13.04
安　徽	3 806	202	3 931	125	14.04
福　建	55 023	9 643	62 467	7 444	17.53
江　西	1 467	271	1 633	166	34.79
山　东	62 561	15 519	76 913	14 352	50.12
河　南	4 194	−208	3 693	−501	26.06
湖　北	12 484	1 170	13 718	1 234	33.69
湖　南	4 263	372	4 698	435	30.78
广　东	48 541	3 621	59 135	10 594	15.90
广　西	10 365	584	12 441	2 076	4.24
海　南	13 073	262	14 228	1 155	
四　川	3 935	−13	4 052	117	14.11
贵　州	1 079	−244	1 116	37	7.13
云　南	742	−233	1 076	334	4.71
陕　西	2 799	−55	2 932	133	4.38
甘　肃	2 237	−175	2 462	225	13.40
青　海	3 656	−117	3 870	214	21.79
宁　夏	804		797	−7	−0.10
新　疆	9 887	2 087	9 211	−676	42.13
*重　庆	144	−67	33	−111	−23.38
武　汉	2 320	364	2 541	221	34.42
沈　阳	3 893	1 503	5 040	1 147	49.14
大　连	55 103	13 394	63 609	8 506	51.19
哈尔滨	546	23	658	112	32.52
广　州	1 155	−130	1 298	143	17.12
西　安	1 369	116	1 441	72	9.13
青　岛	5 699	574	7 065	1 366	
宁　波	3 998	388	4 331	333	
厦　门	9 698	3 138	11 046	1 348	
深　圳	3 785	770	4 479	694	
长　春	768		645	−123	
南　京	1 459		2 457	998	
成　都	876		968	92	
合　计	491 877	80 411	569 475	77 598	27.13

农业银行、信用社各项贷款累计发放与收回

（1990年）　　单位：亿元

	累　放	比上年同期增减	累　收	比上年同期增减
贷　款　合　计	**7 989.90**	**1 186.67**	**6 954.93**	**759.55**
一、工业贷款	401.46	81.50	341.12	55.93
二、商业贷款	4 425.65	338.36	3 939.95	156.85
1．商业贷款	2 197.96	−30.21	2 119.28	−13.72
2．收购农副产品贷款	2 227.69	368.57	1 820.67	170.57
三、技术改造贷款	21.36	7.01	12.91	3.21
四、基本建设贷款	3.01	0.11	0.61	0.20
五、乡镇企业贷款	1 566.89	327.26	1 364.83	238.17
六、农业贷款	1 420.90	362.45	1 193.53	269.90
1．国营农业贷款	303.14	49.95	264.60	41.76
2．集体农业贷款	273.23	82.13	227.72	75.94
3．农户贷款	786.47	206.71	673.47	139.16
4．扶贫贴息贷款	16.12	1.85	6.13	2.97
5．外资配套贷款	11.98	5.38	5.49	1.24
6．开发性贷款	29.96	16.43	16.12	8.83
七、特种贷款	11.31	−0.50	11.54	2.71
八、其他贷款	139.32	70.48	90.44	32.58

各地区农业银行、信用社各项贷款累计发放与收回

（1990年）

单位：万元

	各项贷款合计		一、工业贷款		二、商业贷款	
	累放	累收	累放	累收	累放	累收
北京	1 195 114	880 806	47 197	37 199	563 653	520 778
天津	1 308 595	1 040 248	103 768	97 111	661 417	576 468
河北	5 034 013	4 149 147	168 333	144 733	2 467 354	2 308 289
山西	2 040 370	1 668 132	30 688	26 691	1 066 975	957 472
内蒙古	975 266	683 979	23 045	16 883	720 382	529 702
辽宁	4 135 475	3 352 971	200 914	173 400	2 434 439	2 169 983
吉林	2 552 828	1 803 063	44 160	36 340	1 907 546	1 511 638
黑龙江	2 488 744	1 699 826	82 283	63 033	1 616 252	1 325 230
上海	3 083 226	2 665 034	725 879	640 240	1 004 361	968 962
江苏	8 223 448	7 348 378	371 174	343 493	3 903 089	3 589 013
浙江	5 284 528	4 689 995	362 246	326 330	2 143 842	2 029 228
安徽	2 199 575	1 747 589	59 557	45 382	1 503 786	1 242 540
福建	1 470 163	1 206 114	90 831	73 783	751 468	713 622
江西	1 678 060	1 263 644	54 176	44 023	1 091 710	926 104
山东	6 734 571	5 664 437	183 900	148 623	3 463 521	3 158 137
河南	4 730 764	3 857 177	124 885	106 953	3 070 284	2 703 413
湖北	3 015 400	2 219 720	100 585	77 512	2 110 711	1 640 557
湖南	2 861 541	2 398 748	120 510	102 729	1 824 420	1 652 011
广东	7 677 218	6 291 952	519 404	428 803	3 060 576	2 908 151
广西	1 462 078	1 171 305	67 249	51 977	948 673	886 312
海南	293 218	164 121	3 318	1 897	166 783	135 277
四川	5 132 183	4 396 489	267 001	212 374	3 404 343	3 098 367
贵州	633 806	533 035	25 269	18 050	482 254	445 946
云南	1 362 089	1 188 890	57 776	46 334	1 003 840	955 924
陕西	1 814 372	1 527 872	109 105	92 399	1 171 741	1 073 314
甘肃	964 512	767 469	34 298	29 909	681 584	606 424
青海	112 892	91 852	11 641	8 593	73 928	71 059
宁夏	190 021	146 201	11 025	8 527	117 396	100 063
新疆	1 244 918	704 956	14 337	7 884	840 215	595 495
#重庆	646 120	515 535	51 615	43 700	368 202	324 348
武汉	630 126	482 335	29 634	22 089	419 446	371 384
沈阳	873 923	716 058	82 500	70 685	574 320	512 303
大连	739 288	598 830	28 222	24 880	313 364	292 085
哈尔滨	344 476	257 276	19 483	13 314	235 227	210 517
广州	1 164 975	905 387	94 452	80 996	545 186	534 153
西安	424 391	358 044	46 764	42 716	255 610	236 706
青岛	772 281	633 477	51 270	44 311	319 791	288 912
宁波	871 835	765 598	57 528	52 656	363 122	331 904
厦门	142 737	96 537	8 936	8 184	77 381	61 904
深圳	426 074	308 723	99 683	68 299	221 266	192 100
长春	542 222	347 046	5 760	3 848	411 631	290 346
南京	435 178	379 076	16 973	13 781	242 089	234 917
成都	880 862	766 582	52 282	42 097	540 448	510 631
合计	79 898 988	65 323 150	4 014 554	3 411 205	44 256 543	39 399 479

各地区农业银行、信用社各项贷款累计发放与收回（续1）

（1990年）　　单位：万元

	1. 商业贷款		2. 收购农副产品贷款		三、技术改造贷款	
	累放	累收	累放	累收	累放	累收
北京	275 091	261 878	288 562	258 900	10 683	5 678
天津	303 583	286 631	357 834	289 837	3 634	2 500
河北	1 077 473	1 045 874	1 389 881	1 262 415	7 498	4 393
山西	593 017	570 147	473 958	387 325	3 196	2 018
内蒙古	306 120	269 728	414 262	259 974	3 697	2 496
辽宁	1 197 964	1 142 644	1 236 475	1 027 339	11 173	5 416
吉林	763 578	717 151	1 143 968	794 487	6 602	3 346
黑龙江	741 485	696 634	874 767	628 596	9 395	5 875
上海	814 027	809 650	190 334	159 312	11 055	8 057
江苏	2 239 534	2 185 175	1 663 555	1 403 838	9 560	6 254
浙江	1 337 383	1 309 755	806 459	719 473	7 598	4 434
安徽	532 342	523 115	971 444	719 425	6 969	4 905
福建	470 435	457 766	281 033	255 856	6 301	4 440
江西	549 462	529 261	542 248	396 843	8 569	6 391
山东	1 166 660	1 116 943	2 296 861	2 041 194	14 338	8 937
河南	1 096 742	1 053 169	1 973 542	1 650 244	5 624	3 645
湖北	813 301	783 177	1 297 410	857 380	11 145	8 277
湖南	876 695	852 092	947 725	799 919	10 377	7 967
广东	2 593 865	2 505 410	466 711	402 741	13 066	7 152
广西	561 079	543 326	387 594	342 986	6 624	3 238
海南	79 983	68 340	86 800	66 937	2 623	2 295
四川	1 715 512	1 674 575	1 688 831	1 423 792	12 488	5 609
贵州	186 283	177 737	295 971	268 209	5 879	3 506
云南	415 180	408 087	588 660	547 837	6 237	3 237
陕西	689 639	655 987	482 102	417 327	5 416	1 805
甘肃	324 365	312 041	357 219	294 383	1 339	593
青海	37 746	35 743	36 182	35 316	1 450	456
宁夏	50 997	52 626	66 399	47 437	1 429	832
新疆	170 092	148 088	670 123	447 407	9 593	5 394
*重庆	193 102	182 041	175 100	142 307	2 167	867
武汉	301 685	287 883	117 761	83 501	3 784	2 927
沈阳	337 978	320 831	236 342	191 472	3 120	1 688
大连	155 703	148 499	157 661	143 586	2 941	1 657
哈尔滨	201 201	189 455	34 026	21 062	2 286	1 084
广州	461 852	457 194	83 334	76 959	3 905	1 714
西安	186 855	174 911	68 755	61 795	2 014	693
青岛	178 511	172 975	141 280	115 937	2 853	1 153
宁波	218 636	209 820	144 486	122 084	2 144	1 113
厦门	66 592	53 724	10 789	8 180	250	170
深圳	217 337	187 340	3 929	4 760		
长春	176 379	161 932	235 252	128 414	974	126
南京	150 323	154 981	91 766	79 936	1 567	867
成都	306 771	300 203	233 677	210 428	2 181	706
合计	21 979 633	21 192 750	22 276 910	18 206 729	213 558	129 146

各地区农业银行、信用社各项贷款累计发放与收回（续2）

（1990年）　　　　单位：万元

	四、基本建设贷款		五、乡镇企业贷款		六、农业贷款	
	累　放	累　收	累　放	累　收	累　放	累　收
北　京			275 560	235 499	285 584	221 167
天　津	800	500	357 232	296 388	156 602	130 963
河　北	290	360	839 491	707 952	1 441 324	1 196 578
山　西	86	136	448 407	369 198	468 061	378 827
内蒙古	110	120	48 295	36 689	177 279	155 202
辽　宁	200		644 681	519 192	776 879	674 460
吉　林	60	60	120 122	94 608	463 436	407 357
黑龙江	3 800	800	143 562	104 795	547 408	526 272
上　海	400		846 746	769 829	285 511	263 386
江　苏	2 350	850	3 071 890	2 872 384	779 805	690 683
浙　江		300	2 024 691	1 854 935	681 345	599 199
安　徽	2 650		175 068	152 690	436 263	360 611
福　建			261 380	223 376	343 324	279 911
江　西	48	48	150 228	116 874	357 229	278 085
山　东	800		1 530 130	1 325 788	1 418 391	1 240 155
河　南	300		515 094	435 575	965 705	779 532
湖　北	392		220 854	176 117	513 087	438 841
湖　南			307 588	254 567	559 297	469 085
广　东		500	2 586 880	2 162 176	1 286 355	1 027 675
广　西			73 528	51 862	359 614	296 408
海　南			6 949	4 961	112 048	77 546
四　川	1 350	350	642 901	576 033	709 106	581 149
贵　州	5 000		21 091	15 539	92 027	66 848
云　南	310	310	86 592	73 925	201 248	164 454
陕　西	100		164 288	136 805	324 738	246 073
甘　肃			58 680	49 785	182 497	156 943
青　海			4 731	3 533	20 373	15 551
宁　夏		3 400	14 916	9 316	42 277	35 757
新　疆	11 100		27 350	17 908	335 236	291 949
*重　庆	450		102 530	91 224	78 410	65 666
武　汉			67 593	56 840	91 686	82 155
沈　阳	200		89 378	71 577	99 232	84 738
大　连			200 940	163 916	184 960	168 966
哈尔滨			28 777	19 958	56 146	45 476
广　州		500	249 203	200 654	213 722	180 039
西　安			50 493	41 877	56 726	42 914
青　岛			260 461	229 146	111 392	92 237
宁　波		300	362 848	329 759	72 235	66 939
厦　门			10 529	8 244	37 524	29 601
深　圳			39 430	25 134	40 231	37 937
长　春			28 683	22 214	89 871	81 402
南　京			119 586	106 652	52 630	45 132
成　都			187 959	166 859	89 588	71 408
合　计	30 146	6 112	15 668 925	13 648 299	14 322 049	12 050 667

各地区农业银行、信用社各项贷款累计发放与收回(续3)

(1990年)

单位：万元

	1. 国营农业贷款		2. 集体农业贷款		3. 农户贷款	
	累　放	累　收	累　放	累　收	累　放	累　收
北　京	160 963	127 540	105 109	78 524	5 547	5 512
天　津	45 445	41 177	67 085	52 941	25 969	21 826
河　北	102 547	91 073	183 496	141 454	1 113 541	938 064
山　西	34 709	28 880	88 700	70 488	339 240	278 819
内蒙古	32 428	27 123	12 296	12 501	122 327	110 857
辽　宁	155 173	134 079	280 086	245 057	313 708	275 940
吉　林	161 226	139 333	73 583	59 994	207 903	198 019
黑龙江	326 587	309 340	32 552	32 114	164 011	171 488
上　海	138 001	124 378	136 869	125 895	9 076	9 521
江　苏	185 586	167 316	314 449	280 101	242 873	216 658
浙　江	145 202	140 387	85 483	73 820	430 259	373 931
安　徽	26 718	21 520	21 665	23 566	346 065	294 868
福　建	49 638	43 102	69 598	53 502	207 726	171 932
江　西	130 490	106 210	11 205	8 688	174 668	146 436
山　东	165 926	139 634	623 208	533 702	584 328	537 116
河　南	41 606	33 263	93 612	74 762	770 152	638 100
湖　北	136 349	117 750	66 861	49 373	263 491	236 928
湖　南	80 268	67 193	36 350	31 077	407 110	348 593
广　东	278 826	252 941	304 439	228 686	678 566	530 682
广　西	107 576	96 886	11 526	10 946	209 066	172 085
海　南	72 857	50 197	3 080	2 624	33 759	24 661
四　川	97 793	81 090	57 344	41 955	511 510	444 188
贵　州	3 671	2 888	4 028	1 985	64 872	53 475
云　南	33 374	29 744	14 403	12 454	132 724	112 375
陕　西	35 411	29 121	14 994	12 037	254 543	195 263
甘　肃	42 092	37 047	9 938	10 694	123 252	105 743
青　海	2 626	1 393	283	492	15 195	13 331
宁　夏	12 163	10 333	373	493	25 834	23 074
新　疆	226 157	195 015	9 652	7 264	87 366	85 215
*重　庆	28 236	24 504	5 921	4 518	43 733	36 352
武　汉	72 357	65 271	6 326	5 060	9 532	8 450
沈　阳	36 431	31 698	29 548	23 397	28 716	26 529
大　连	15 378	13 406	144 111	132 419	20 687	19 956
哈尔滨	38 028	28 804	4 340	3 772	12 686	12 301
广　州	134 200	118 884	35 858	26 609	42 968	34 054
西　安	18 109	15 547	3 543	2 693	33 049	23 855
青　岛	26 996	23 644	68 310	56 249	8 772	8 265
宁　波	22 822	22 446	12 606	11 334	30 642	27 736
厦　门	5 202	5 964	11 254	9 573	18 274	12 599
深　圳	22 608	28 679	8 275	3 436	9 018	4 797
长　春	30 038	22 591	4 654	4 580	53 418	51 758
南　京	19 864	18 551	20 122	15 197	9 185	7 936
成　都	17 115	14 630	24 524	17 561	45 537	37 779
合　计	3 031 408	2 645 953	2 732 267	2 277 189	7 864 681	6 734 700

各地区农业银行、信用社各项贷款累计发放与收回(续4)

(1990年)　　单位：万元

	4．扶贫贴息贷款		5．外资配套贷款		6．开发性贷款	
	累放	累收	累放	累收	累放	累收
北京			3 170	75	1 134	1 323
天津			2 150	250	1 661	1 976
河北	7 926	3 781	790	90	24 880	14 539
山西	2 552	667			1 159	
内蒙古	3 102	1 069	350		6 620	3 101
辽宁	3 374	1 887	5 393	2 252	14 541	10 746
吉林	2 362	1 398	6 499	912	10 691	6 300
黑龙江	684	805	849		20 864	10 366
上海			984	1 014		533
江苏	11	12	6 698		19 410	15 561
浙江	2 461	1 335	2 414	344	6 926	1 560
安徽	10 225	3 790	5 277	6 509	24 202	7 924
福建	4 059	1 105	8 799	6 434	1 602	799
江西	8 882		2 215		24 671	12 800
山东	6 870	2 826	19 379	10 313	11 720	10 979
河南	17 199	8 057	18 605	11 503	22 550	11 385
湖北	9 604	5 369	6 681	5 856	17 243	8 838
湖南	4 852	2 584	2 637	2 933	24 245	12 523
广东	2 477	413	6 079	182	10 811	8 794
广西	15 919	6 422	2 986	3 448	12 373	6 199
海南	123				2 193	33
四川	16 818	6 619	4 151		17 144	6 208
贵州	12 262	3 812	4 966	2 790	1 562	1 301
云南	9 550	3 221	7 188	5 129	2 630	170
陕西	8 912	3 216	1 554		6 554	4 044
甘肃	4 544	1 248			615	192
青海	1 738	391			518	112
宁夏					3 800	1 499
新疆	4 677	1 512			7 234	2 686
*重庆			300		60	27
武汉			366	1	232	166
沈阳			624	24	562	338
大连			3 222	2 229	760	401
哈尔滨	52	52	300		41	47
广州			665	65	31	232
西安	696	132	450		580	393
青岛			2 980	1 360	1 518	803
宁波					158	103
厦门			2 691	1 297	3	8
深圳					330	62
长春			194		1 521	1 391
南京	1	1	1 513	130	106	78
成都	200	200	684	156	1 240	658
合计	161 183	61 259	119 814	54 860	299 553	161 273

各地区农业银行、信用社各项贷款累计发放与收回(续5)

(1990年)

单位：万元

	七、特种贷款		八、其他贷款	
	累放	累收	累放	累收
北京	9 661	8 193	12 437	4 625
天津	14 292	12 793	25 142	6 622
河北	8 144	7 577	109 723	49 536
山西	1 701	1 191	22 957	13 125
内蒙古	156	551	2 458	2 113
辽宁	4 604	4 499	67 189	43 663
吉林	1 172	1 401	10 902	6 981
黑龙江	1 861	2 159	86 044	60 250
上海	581	2 045	209 274	202 791
江苏	10 778	11 819	85 580	70 484
浙江	8 600	7 822	64 806	45 235
安徽	2 111	2 434	15 282	12 661
福建	1 902	3 037	16 859	5 666
江西	5 098	4 289	16 100	11 776
山东	6 960	5 585	123 491	56 120
河南	1 981	2 462	48 872	27 528
湖北	12 858	14 727	58 626	36 272
湖南	3 835	4 182	39 349	13 617
广东	5 157	5 977	210 937	136 959
广西	168	422	6 390	2 071
海南	36	41	1 497	1 373
四川	4 346	4 371	94 994	48 040
贵州	666	597	2 286	
云南	1 379	1 361	6 086	4 556
陕西	2 770	3 432	38 984	30 077
甘肃	2 056	2 019	6 114	5 452
青海	13		769	543
宁夏	107	358	2 978	1 198
新疆	150	257	7 087	5 291
#重庆	160	265	42 746	16 380
武汉	2 873	3 217	17 983	14 197
沈阳	3 351	2 752	25 173	16 476
大连	802	555	8 861	7 320
哈尔滨	699	500	2 557	1 851
广州		195	58 507	32 797
西安	299	294	12 784	12 231
青岛	2 816	1 916	26 514	16 778
宁波	6 007	5 320	13 958	10 091
厦门	100	160	8 117	1 944
深圳		963	25 464	17 237
长春	46	82	5 303	3 506
南京	1 839	3 239	2 333	1 545
成都	288	424	8 404	3 615
合计	113 143	115 433	1 393 213	904 417

农业银行、信用社各项贷款累计发放与收回

单位：亿元

	1986年			1987年			1988年		
	累计发放	累计收回	回收率%	累计发放	累计收回	回收率%	累计发放	累计收回	回收率%
各项贷款合计	**4 041.50**	**3 590.04**	**88.83**	**5 557.05**	**5 032.97**	**90.57**	**6 766.23**	**6 313.32**	**93.31**
一、工业贷款	132.96	104.40	78.52	222.89	189.34	84.95	296.72	275.39	92.81
二、商业贷款	2 512.61	2 426.38	96.57	3 196.69	3 049.93	95.41	3 936.21	3 755.55	95.41
1．商业贷款	1 394.14	1 321.23	94.77	1 804.67	1 714.00	94.98	2 267.83	2 186.76	96.43
2．收购农副产品贷款	1 118.47	1 105.15	98.81	1 392.02	1 335.93	95.97	1 668.38	1 568.79	94.03
三、技术改造贷款	19.34	6.66	34.44	24.77	19.27	77.80	22.51	14.30	63.53
四、基本建设贷款	0.14	0.11	78.57	2.91	0.05	1.72	4.03	0.67	16.63
五、乡镇企业贷款	734.48	533.12	72.58	1 107.75	952.15	85.95	1 349.15	1 210.67	89.74
六、农业贷款	606.81	493.92	81.40	944.77	778.44	82.39	1 057.17	948.32	89.70
1．国营农业贷款	127.44	96.85	76.00	179.28	157.65	87.94	248.17	225.21	90.75
2．集体农业贷款	70.53	68.50	97.12	122.53	95.77	78.16	157.67	131.37	83.32
3．农户贷款	399.97	325.85	81.47	614.35	517.20	84.19	619.58	579.67	93.56
4．扶贫贴息贷款				14.24	0.94	6.60	15.32	2.18	14.23
5．外资配套贷款				4.81	2.29	47.61	6.41	4.26	66.46
6．开发性贷款	8.87	2.72	30.67	9.56	4.59	48.01	10.02	5.63	56.19
七、特种贷款	10.34	3.34	32.30	12.67	8.17	64.48	18.55	11.60	62.53
八、其他贷款	24.82	22.11	89.08	44.60	35.62	79.87	81.89	96.82	118.23

农业银行、信用社各项贷款累计发放与收回(续)

单位：亿元

	1989年			1990年			1986—1990五年累计		
	累计发放	累计收回	回收率%	累计发放	累计收回	回收率%	发放	收回	回收率%
各项贷款合计	6 803.23	6 195.38	91.07	7 989.90	6 954.93	87.04	31 157.91	28 086.64	90.14
一、工业贷款	319.96	285.19	89.13	401.46	341.12	84.97	1 373.99	1 195.44	87.01
二、商业贷款	4 087.29	3 783.10	92.56	4 425.65	3 939.95	89.02	18 158.45	16 954.91	93.37
1. 商业贷款	2 228.17	2 133.00	95.73	2 197.96	2 119.28	96.41	9 892.77	9 474.27	95.77
2. 收购农副产品贷款	1 859.12	1 650.10	88.76	2 227.69	1 820.67	81.72	8 265.68	7 480.64	90.50
三、技术改造贷款	14.35	9.71	67.67	21.36	12.92	60.47	102.33	62.86	61.43
四、基本建设贷款	2.90	0.41	14.14	3.01	0.61	20.27	12.99	1.85	14.24
五、乡镇企业贷款	1 239.64	1 126.66	90.89	1 566.90	1 364.83	87.10	5 997.92	5 187.43	86.49
六、农业贷款	1 058.44	923.62	87.26	1 420.89	1 193.52	83.99	5 088.08	4 337.82	85.25
1. 国营农业贷款	253.19	222.83	88.01	303.14	264.59	87.28	1 111.22	967.13	87.03
2. 集体农业贷款	191.09	151.77	79.42	273.22	227.71	83.34	815.04	675.12	82.83
3. 农户贷款	579.76	534.31	92.16	786.47	673.47	85.63	3 000.13	2 630.5	87.68
4. 扶贫贴息贷款	14.27	3.16	22.14	16.12	6.13	38.00	59.95	12.41	20.70
5. 外资配套贷款	6.60	4.25	64.39	11.98	5.49	45.78	29.80	16.29	54.66
6. 开发性贷款	13.53	7.30	53.95	29.96	16.13	53.83	71.94	36.37	50.56
七、特种贷款	11.81	8.83	74.77	11.31	11.54	102.02	64.68	43.48	67.22
八、其他贷款	68.84	57.86	84.05	139.32	90.44	64.91	359.47	302.85	84.25

2

现　金

农业银行现金收支分月统计表

（1990年） 单位：亿元

项　　目	1　月	2　月	3　月	4　月	5　月	6　月
收 入 合 计	**517.10**	**505.28**	**529.39**	**473.88**	**473.96**	**459.56**
一、商业销售收入	172.69	150.46	185.95	167.38	171.44	161.71
二、农村信用收入	134.84	143.30	121.68	107.97	109.15	111.13
1. 农村信用社收入	114.25	123.19	96.34	85.41	86.35	89.86
2. 乡镇企事业收入	14.84	14.90	18.93	16.75	16.74	15.55
*商品销售收入	6.60	7.09	8.87	8.01	7.89	7.31
3. 城乡个体收入	5.75	5.21	6.41	5.81	6.06	5.72
三、储蓄存款收入	157.37	161.42	164.51	144.13	139.17	133.19
四、其他收入	50.86	48.58	55.56	51.18	51.53	51.07
五、债券收入	0.43	0.33	0.54	2.29	1.70	1.40
*农村金融债券收入	0.07	0.07	0.18	1.54	0.75	0.27
六、其他金融机构收入	0.91	1.19	1.15	0.93	0.97	1.06
投放（+）回笼（-）	179.62	-139.54	-11.75	20.91	20.52	19.50
支 出 合 计	**696.72**	**365.74**	**517.64**	**494.79**	**494.48**	**479.06**
一、工资性支出	92.44	46.01	56.86	58.93	58.38	58.36
1. 国家工资性支出	73.11	37.57	45.97	47.52	46.67	46.80
2. 城镇工资性支出	19.33	8.44	10.89	11.41	11.71	11.56
二、农副产品采购支出	68.90	29.26	50.52	46.11	58.32	83.51
三、农村信用支出	314.74	124.11	200.43	193.07	186.13	159.01
1. 信用社支出	250.35	99.00	164.19	154.04	146.10	121.81
2. 乡镇企事业支出	54.75	18.80	26.60	29.19	30.44	28.57
*工资性收入	25.76	5.67	7.14	8.29	8.64	8.28
3. 城乡个体支出	9.64	6.31	9.64	9.84	9.59	8.63
四、储蓄存款支出	138.64	114.15	140.44	127.68	121.43	111.38
五、其他支出	80.70	51.41	68.32	67.30	67.91	64.47
六、债券支出	0.24	0.29	0.38	0.91	1.60	1.53
*农村金融债券支出	0.02	0.11	0.03	0.53	0.90	1.35
七、其他金融机构支出	1.06	0.51	0.69	0.79	0.71	0.80

农业银行现金收支分月统计表(续)

(1990年)　　单位：亿元

项　目	7　月	8　月	9　月	10　月	11　月	12　月
收　入　合　计	480.86	483.20	493.32	555.59	571.67	677.10
一、商业销售收入	165.56	162.64	169.68	173.84	167.07	188.23
二、农村信用收入	114.75	118.29	120.26	162.59	176.38	217.18
1. 农村信用社收入	93.05	94.24	95.09	134.63	146.04	178.86
2. 乡镇企事业收入	15.98	17.81	18.30	19.99	20.66	24.81
#商品销售收入	7.37	8.51	8.46	9.51	9.73	11.37
3. 城乡个体收入	5.72	6.24	6.87	7.97	9.68	13.51
三、储蓄存款收入	144.17	143.70	141.57	156.18	158.20	186.57
四、其他收入	53.48	55.77	59.43	60.66	66.71	81.66
五、债券收入	1.76	1.64	1.15	0.68	1.30	1.26
#农村金融债券收入	0.21	0.23	0.10	0.11	0.11	0.10
六、其他金融机构收入	1.14	1.16	-1.23	1.64	2.01	2.20
投放（+）回笼（-）	40.54	70.49	109.48	133.82	102.04	95.51
支　出　合　计	521.40	553.69	602.80	689.41	673.71	772.61
一、工资性支出	63.29	61.29	67.58	62.04	67.80	87.49
1. 国家工资性支出	50.97	48.89	54.41	49.60	54.74	71.22
2. 城镇工资性支出	12.32	12.40	13.17	12.44	13.06	16.27
二、农副产品采购支出	81.09	92.24	128.42	220.06	162.80	151.98
三、农村信用支出	176.04	196.63	199.52	194.56	218.37	262.06
1. 信用社支出	136.49	155.92	157.26	153.54	174.28	208.82
2. 乡镇企事业支出	30.78	31.15	32.52	31.00	33.32	39.90
#工资性收入	9.11	8.94	9.91	8.44	9.30	11.37
3. 城乡个体支出	8.77	9.56	9.74	10.02	10.77	13.34
四、储蓄存款支出	120.01	128.99	130.69	136.37	142.23	169.41
五、其他支出	71.04	70.93	74.06	74.72	79.89	98.62
六、债券支出	9.11	2.54	1.48	0.70	1.15	1.42
#农村金融债券支出	0.74	0.38	0.22	0.18	0.22	0.20
七、其他金融机构支出	0.82	1.07	1.05	0.96	1.47	1.63

农业银行现金收支分上半年、下半年、季度统计表

（1990年）　　　　单位：亿元

项　　目	全　年	上半年	下半年	一季度	二季度	三季度	四季度
收　入　合　计	6 220.88	2 959.15	3 261.73	1 551.75	1 407.40	1 457.37	1 804.36
一、商业销售收入	2 036.66	1 009.63	1 027.03	509.10	500.53	497.88	529.15
二、农村信用收入	1 637.52	728.08	909.44	399.83	328.25	353.29	556.15
1. 农村信用社收入	1 337.28	595.40	741.88	333.78	261.62	282.37	459.51
2. 乡镇企事业收入	215.27	97.71	117.56	48.68	49.03	52.09	65.47
#商品销售收入	100.72	45.76	54.96	22.55	23.21	24.34	30.62
3. 城乡个体收入	84.97	34.97	50.00	17.37	17.60	18.83	31.17
三、储蓄存款收入	1 830.16	899.78	930.38	483.30	416.48	429.44	500.94
四、其他收入	686.51	308.78	377.73	154.98	153.80	168.69	209.04
五、债券收入	14.47	6.69	7.78	1.30	5.39	4.54	3.24
#农村金融债券收入	3.73	2.88	0.85	0.33	2.55	0.53	0.32
六、其他金融机构收入	15.56	6.19	9.37	3.24	2.95	3.53	5.84
投放（+）回笼（-）	641.15	89.30	551.85	28.35	60.95	220.51	331.34
支　出　合　计	6 862.03	3 048.45	3 813.58	1 580.10	1 468.35	1 677.88	2 135.70
一、工资性支出	780.49	370.99	409.50	195.31	175.68	192.17	217.33
1. 国家工资性支出	627.50	297.65	329.85	156.65	141.00	154.29	175.56
2. 城镇工资性支出	152.99	73.34	79.65	38.66	34.68	37.88	41.77
二、农副产品采购支出	1 173.22	336.62	836.60	148.68	187.94	301.75	534.85
三、农村信用支出	2 424.68	1 177.49	1 247.19	639.28	538.21	572.19	675.00
1. 信用社支出	1 921.80	935.48	986.32	513.53	421.95	449.66	536.66
2. 乡镇企事业支出	387.02	188.35	198.67	100.15	88.20	94.45	104.22
#工资性收入	120.85	63.79	57.06	38.58	25.21	27.96	29.10
3. 城乡个体支出	115.86	53.66	62.20	25.60	28.06	28.08	34.12
四、储蓄存款支出	1 581.42	753.72	827.70	393.23	360.49	379.69	448.01
五、其他支出	869.31	400.11	469.20	200.42	199.69	216.01	253.19
六、债券支出	21.35	4.96	16.39	0.92	4.04	13.13	3.26
#农村金融债券支出	4.85	2.92	1.93	0.15	2.77	1.34	0.59
七、其他金融机构支出	11.56	4.56	7.00	2.26	2.30	2.94	4.06

各地区农行现金投放(＋)回笼(－)分上半年、下半年、季度统计表

(1990年)　　　　单位：万元

地区	全年	上半年	下半年	一季度	二季度	三季度	四季度
全国总计	**6 411 446**	**893 030**	**5 518 416**	**283 662**	**609 368**	**2 204 975**	**3 313 441**
北京	229 142	94 074	135 068	47 985	46 089	58 561	76 507
天津	112 880	41 539	71 341	24 090	17 449	31 338	40 003
河北	265 079	－43 964	309 043	－36 600	－7 364	55 895	253 148
山西	308 286	110 960	197 326	55 772	55 188	98 237	99 089
内蒙古	180 250	52 653	127 597	20 634	32 019	54 118	73 479
辽宁	360 720	103 558	257 162	52 959	50 599	102 245	154 917
吉林	397 573	57 720	339 853	29 587	28 133	46 246	293 607
黑龙江	251 101	33 445	217 656	31 404	2 041	63 448	154 208
上海	105 565	48 491	57 074	21 059	27 432	19 342	37 732
江苏	553 606	102 075	451 531	18 092	83 983	175 313	276 218
浙江	210 061	55 145	154 916	－9 803	64 948	107 866	47 050
安徽	394 368	102 292	292 076	47 328	54 964	116 311	175 765
福建	120 860	17 536	103 324	11 733	5 803	42 284	61 040
江西	173 909	1 646	172 263	－4 097	5 743	70 027	102 236
山东	676 720	45 461	631 259	18 504	26 957	149 353	481 906
河南	568 192	59 958	508 234	34 801	25 157	188 992	319 242
湖北	437 242	59 436	377 806	23 437	35 999	182 876	194 930
湖南	12 501	－86 191	98 692	－48 041	－38 150	64 105	34 587
广东	262 996	16 290	246 706	24 376	－8 086	134 905	111 801
广西	－84 856	－89 813	4 957	－34 921	－54 892	3 036	1 921
海南	108 891	39 530	69 361	19 720	19 810	33 706	35 655
四川	135 988	－47 907	183 895	－90 694	42 787	102 814	81 081
贵州	89 663	29 304	60 359	9 152	20 152	44 734	15 625
云南	153 435	20 490	132 945	13 915	6 575	85 801	47 144
陕西	89 833	16 156	3 677	1 367	14 789	30 505	43 172
甘肃	46 408	－1 108	47 516	－12 764	11 656	26 885	20 631
青海	6 162	－2 250	8 412	－3 806	1 556	7 419	993
宁夏	26 950	7 448	19 502	3 795	3 653	9 859	9 643
新疆	217 921	49 056	168 865	14 678	34 378	98 754	70 111
*重庆	－10 410	－19 360	8 950	－20 918	1 558	5 336	3 814
武汉	40 771	6 655	34 116	5 251	1 404	17 580	16 536
沈阳	20 140	－1 832	21 972	－1 529	－303	6 660	15 312
大连	55 075	14 165	40 910	4 255	9 910	26 316	14 594
哈尔滨	7 950	1 839	6 111	1 891	－52	4 309	1 802
广州	－21 037	－18 853	－2 184	－2 676	－16 177	5 925	－8 109
西安	14 164	7 182	6 982	4 561	2 621	3 453	3 529
青岛	54 817	12 688	42 129	5 458	7 230	8 629	33 500
宁波	565 189	98 870	466 319	15 096	83 774	174 516	291 803
厦门	－4 845	－4 328	－517	－3 234	－1 094	29	－546
深圳	－105 572	－46 353	－59 219	－14 852	－31 501	－29 089	－30 130
长春	114 380	22 955	91 425	11 343	11 612	8 645	82 780
南京	－1 729	－11 397	9 668	－9 757	－1 640	－1 981	11 649
成都	－47 365	－24 316	－23 049	－18 590	－5 726	－9 738	－13 311

农业银行现金投放

单位：亿元

	全　年	上半年	下半年	一季度	二季度	三季度	四季度
1985年	530.59	205.60	324.99	135.36	70.24	130.28	194.71
1986年	559.88	148.57	411.31	64.92	83.65	152.02	259.29
1987年	621.91	226.60	395.31	100.89	125.71	198.69	196.62
1988年	822.82	321.07	501.75	146.82	174.25	264.26	237.49
1989年	592.46	227.09	365.37	126.04	101.05	107.66	257.71
1990年	641.14	89.30	551.84	28.37	60.93	220.50	331.34

农业银行现金收入与支出

单位：亿元

	1986年	1987年	1988年	1989年	1990年
一、商品销售收入	1 241.43	1 496.02	1 921.41	1 950.61	2 036.66
二、农村信用收入	814.87	1 092.56	1 332.28	1 378.29	1 637.52
1. 农村信用社收入	689.65	893.65	1 045.22	1 104.93	1 337.28
2. 乡镇企事业收入	95.92	144.47	207.14	197.27	215.27
3. 城乡个体收入	29.30	54.44	79.92	76.09	84.97
三、储蓄存款收入	341.66	669.55	1 222.43	1 539.73	1 830.16
四、其他收入	209.34	305.72	477.88	588.62	686.51
五、债券收入	7.92	11.45	15.30	17.29	14.47
六、其他金融机构收入		2.00	4.58	8.35	15.56
收入合计	**2 615.22**	**3 577.30**	**4 973.88**	**5 482.89**	**6 220.88**
内部现金收入	1 188.31	1 529.74	1 993.71	2 076.79	2 531.13
由人发行库领取现金	792.84	942.38	1 205.55	1 075.07	1 285.76
同业拆入现金	2.47	2.80	3.37	6.40	6.58
前期业务库存	476.90	473.00	509.17	634.28	747.87
收入总计	**5 075.74**	**6 525.22**	**8 685.68**	**9 275.43**	**10 792.22**
一、工资性支出	408.09	484.94	600.37	677.80	780.49
1. 国家工资性支出	342.77	389.32	478.27	541.77	627.50
2. 城镇工资性支出	65.32	95.62	122.10	136.03	152.99
二、农副产品采购支出	747.59	851.67	959.39	981.69	1 173.22
三、农村信用支出	1 449.23	1 875.73	2 407.14	2 244.93	2 424.68
1. 信用社支出	1 212.05	1 517.42	1 914.36	1 782.06	1 921.80
2. 乡镇企事业支出	199.60	285.65	384.67	361.32	387.02
3. 城乡个体支出	37.58	72.66	108.11	101.55	115.86
四、储蓄存款支出	270.35	556.63	1 158.80	1 406.60	1 581.42
五、其他支出	295.63	419.53	655.21	742.79	869.31
六、债券支出	4.21	9.13	11.24	13.74	21.35
七、其他金融机构支出		1.58	4.55	7.80	11.56
支出合计	**3 175.10**	**4 199.21**	**5 796.70**	**6 075.35**	**6 862.03**
内部现金支出	1 189.01	1 529.84	1 995.62	2 078.32	2 532.83
交回人行发行库现金	233.55	324.52	375.89	466.48	632.09
同业拆出现金	1.92	2.16	3.10	9.83	11.12
本期业务库存	476.16	469.49	514.37	645.45	754.15
支出总计	**5 075.74**	**6 525.22**	**8 685.68**	**9 275.43**	**10 792.22**

信用社现金收支分月统计表

(1990年) 单位：亿元

项目	1月	2月	3月	4月	5月	6月
收入合计	**337.05**	**357.36**	**356.18**	**331.20**	**314.99**	**315.38**
一、集体现金收入	12.76	10.46	12.36	11.65	10.77	11.12
二、乡镇企事业收入	36.44	36.28	43.81	41.17	40.16	39.58
三、个人存款收入	234.12	258.53	240.45	220.75	207.39	202.43
四、农户贷款收入	21.12	21.13	24.99	26.06	26.24	28.59
五、商品销售收入	3.43	3.12	3.57	3.30	3.58	4.01
六、其他收入	29.18	27.84	31.00	28.27	26.85	29.65
投放（+）回笼（－）	133.85	－15.06	59.81	65.57	54.41	29.54
支出合计	**470.90**	**342.30**	**415.99**	**396.77**	**369.40**	**344.92**
一、集体现金支出	50.75	16.89	19.33	20.71	19.82	19.38
农户分配	15.66	2.46	2.14	2.39	2.12	2.37
二、乡镇企事业支出	111.73	49.55	62.22	66.47	67.38	64.86
工资性支出	38.00	9.54	10.73	12.03	12.20	11.90
三、个人存款支出	222.80	202.96	236.00	219.43	202.17	183.69
四、农户贷款支出	35.65	35.43	56.28	48.73	40.11	33.95
五、农副产品收购	2.45	1.52	1.60	1.73	2.32	3.80
六、其他支出	47.52	35.95	40.56	39.70	37.60	39.24

项目	7月	8月	9月	10月	11月	12月
收入合计	**320.81**	**338.48**	**345.46**	**391.33**	**423.68**	**536.49**
一、集体现金收入	11.39	12.43	12.81	14.26	16.91	22.27
二、乡镇企事业收入	39.90	43.98	47.12	48.10	51.08	63.39
三、个人存款收入	210.69	220.17	217.62	247.62	258.33	291.71
四、农户贷款收入	28.28	30.34	33.66	44.14	56.84	96.95
五、商品销售收入	3.10	2.95	3.13	3.13	2.94	3.40
六、其他收入	27.45	28.61	31.12	34.08	37.58	58.77
投放（+）回笼（－）	41.08	56.07	55.06	17.59	23.98	20.07
支出合计	**361.89**	**394.55**	**400.52**	**408.92**	**447.66**	**556.56**
一、集体现金支出	19.87	21.96	21.49	21.59	27.68	40.00
农户分配	2.51	2.47	2.37	2.33	3.41	5.36
二、乡镇企事业支出	68.19	70.46	73.70	73.83	78.55	95.43
工资性支出	12.34	12.63	13.19	12.38	12.90	15.81
三、个人存款支出	196.57	219.64	222.96	229.42	250.85	296.22
四、农户贷款支出	35.65	37.30	35.85	33.95	36.19	50.17
五、农副产品收购	2.06	3.12	3.23	3.90	3.90	4.11
六、其他支出	39.55	42.07	43.29	46.23	50.49	70.63

信用社现金收支分上半年、下半年、季度统计表

(1990年)　　单位：亿元

项　　目	全　年	上半年	下半年	一季度	二季度	三季度	四季度
收入合计	**4 368.42**	**2 012.17**	**2 356.25**	**1 050.59**	**961.58**	**1 004.75**	**1 351.50**
一、集体现金收入	159.17	69.11	90.06	35.58	33.53	36.63	53.43
二、乡镇企事业收入	531.03	237.45	293.58	116.53	120.92	131.01	162.57
三、个人存款收入	2 809.82	1 363.68	1 446.14	733.11	630.57	648.47	797.67
四、农户贷款收入	438.35	148.14	290.21	67.25	80.89	92.28	197.93
五、商品销售收入	39.66	21.01	18.65	10.12	10.89	9.18	9.47
六、其他收入	390.39	172.78	217.61	88.00	84.78	87.18	130.43
投放（+）回笼（−）	541.95	328.12	213.83	178.60	149.51	152.20	61.63
支出合计	**4 910.37**	**2 340.29**	**2 570.08**	**1 229.19**	**1 111.0**	**1 156.95**	**1 413.13**
一、集体现金支出	299.46	146.88	152.58	86.97	59.91	63.32	89.26
农户分配	45.60	27.15	18.45	20.27	6.88	7.35	11.10
二、乡镇企事业支出	882.37	422.21	460.16	223.50	198.71	212.35	247.81
工资性支出	173.64	94.39	79.25	58.27	36.13	38.17	41.08
三、个人存款支出	2 682.72	1 267.06	1 415.66	661.77	605.29	639.17	776.49
四、农户贷款支出	479.27	250.15	229.12	127.36	122.79	108.80	120.32
五、农副产品收购	33.75	13.43	20.32	5.57	7.85	8.41	11.91
六、其他支出	532.80	240.56	292.24	124.02	116.54	124.90	167.34

各地区信用社现金投放(+)回笼(-)分上半年下半年、季度统计表

(1990年)　　　　单位：万元

地区	全年	上半年	下半年	一季度	二冬度	三季度	四季度
全国总计	5 419 488	3 281 081	2 138 407	1 785 917	1 495 164	1 521 936	616 471
北京	269 518	132 093	137 425	72 463	59 630	61 220	76 205
天津	124 812	61 239	63 573	32 111	29 128	32 654	30 919
河北	195 463	153 797	41 666	66 913	86 884	93 530	−51 864
山西	236 687	138 787	97 900	70 761	68 026	69 075	28 825
内蒙	68 270	58 986	9 284	31 477	27 509	17 543	−8 259
辽宁	315 731	175 222	140 509	90 403	84 819	97 906	42 603
吉林	82 832	62 086	20 746	29 372	32 714	27 866	−7 120
黑龙江	186 128	77 315	108 813	41 404	35 911	42 710	66 103
上海	200 768	118 628	82 140	78 267	40 361	41 602	40 538
江苏	917 202	486 900	430 302	253 875	233 025	245 007	185 295
浙江	558 193	287 063	271 130	171 696	115 367	151 601	119 529
安徽	141 214	117 368	23 846	71 566	45 802	43 244	−19 398
福建	148 705	72 056	76 649	41 158	30 898	43 581	33 068
江西	98 588	61 852	36 736	33 854	27 998	28 443	8 293
山东	574 418	355 582	218 836	177 648	177 934	201 812	17 024
河南	125 251	117 180	8 071	54 554	62 626	52 367	−44 296
湖北	53 050	55 688	−2 638	36 791	18 897	4 169	−6 807
湖南	143 971	93 624	50 347	52 245	41 379	34 884	15 463
广东	570 343	272 207	298 136	130 960	141 247	163 456	134 680
广西	15 186	33 584	−18 398	20 153	13 431	3 153	−21 551
海南	16 799	10 876	5 923	8 987	1 889	3 094	2 829
四川	139 895	82 543	57 352	70 175	12 368	33 052	24 300
贵州	20 693	28 673	−7 980	18 980	9 693	−2 069	−5 911
云南	84 618	74 676	9 942	45 980	28 696	12 806	−2 864
陕西	84 129	61 089	23 040	32 426	28 663	24 783	−1 743
甘肃	35 261	36 285	−1 024	20 661	15 624	7 018	−8 042
青海	10 841	8 593	2 248	4 590	4 003	2 167	81
宁夏	12 195	17 672	−5 477	11 348	6 324	−982	−4 495
新疆	−11 273	29 417	−40 690	15 099	14 318	−13 756	−26 934
#重庆	22 763	13 685	9 078	6 761	6 924	5 991	3 087
武汉	25 605	13 792	11 813	8 522	5 270	5 268	6 545
沈阳	69 286	32 383	36 903	16 159	16 224	17 578	19 325
大连	52 667	30 954	21 713	16 236	14 718	19 126	2 587
哈尔滨	20 780	11 402	9 378	6 495	4 907	5 478	3 900
广州	108 166	59 541	48 625	30 602	28 939	24 169	24 456
西安	26 505	15 283	11 222	9 755	5 528	6 659	4 563
青岛	64 305	41 055	23 250	22 204	18 851	17 570	5 680
宁波	916 656	200 635	716 021	40 043	160 592	297 203	418 818
厦门	8 651	3 513	5 138	1 899	1 614	2 917	2 221
深圳	−1 179	−3 161	1 982	525	−3 686	−1 253	3 235
长春	11 597	8 814	2 783	4 055	4 759	3 555	−772
南京	49 340	26 144	23 196	16 640	9 504	11 812	11 384
成都	45 054	20 506	24 548	13 897	6 609	9 752	14 796

信用社现金收入与支出

单位：亿元

	1986年	1987年	1988年	1989年	1990年
一、集体现金收入	95.70	117.04	140.95	139.34	159.17
二、乡镇企事业收入	259.83	360.75	473.19	465.88	531.03
三、个人存款收入	1 147.45	1 616.43	2 194.95	2 393.52	2 809.82
四、农户贷款收入	202.76	330.94	360.88	333.07	438.35
五、商品销售收入	37.39	39.16	43.76	40.78	39.66
六、其他收入	160.90	214.73	293.86	337.55	390.39
收入合计	1 904.03	2 679.05	3 507.59	3 710.14	4 368.42
从银行领取现金	1 164.45	1 474.69	1 878.79	1 753.94	1 884.77
信用分社交存现金	297.60	428.95	596.31	672.00	792.95
期初库存	85.80	118.68	163.05	226.97	272.54
收入总计	3 451.88	4 701.37	6 145.74	6 363.05	7 318.68
一、集体现金支出	224.26	258.36	292.61	276.76	299.46
二、乡镇企事业支出	527.83	689.09	850.74	816.05	882.37
三、个人存款支出	1 121.16	1 604.41	2 354.32	2 440.00	2 682.72
四、农户贷款支出	238.59	374.11	363.43	319.47	479.27
五、农副产品收购支出	27.38	30.51	40.99	32.14	33.75
六、其他支出	224.32	288.92	387.14	447.80	532.80
支出合计	2 363.54	3 245.40	4 289.23	4 332.22	4 910.37
送存银行现金	672.07	880.70	1 037.40	1 086.78	1 318.05
信用分社提取现金	326.30	457.45	649.25	709.39	814.45
期末库存	89.97	117.82	169.86	234.66	275.81
支出总计	3 451.88	4 701.37	6 145.74	6 363.05	7 318.68

信用社现金投放

单位：亿元

	全年	上半年	下半年	一季度	二季度	三季度	四季度
1986年	459.51	264.06	195.45	151.43	112.63	114.37	81.08
1987年	566.35	355.91	210.44	198.52	157.39	140.68	69.76
1988年	781.64	462.98	318.66	243.38	219.60	224.28	94.38
1989年	622.08	416.98	205.10	234.84	182.14	134.45	70.65
1990年	541.95	328.11	213.84	178.59	149.52	152.19	61.65

3

机构、人员、财务

农业银行系统机构、人员统计表

（1990年）　　　　　　　　　　　　　　　　单位：个、人

	总　计	总　行	省、自治区直辖市分行	单列市分行	中心支行	省辖市分支行
一、机构数	55 410	1	29	14	155	150
二、期末职工总数	468 023	677	6 303	2 031	11 776	11 449
# 女性	135 804	256	1 648	573	2 691	2 518
（一）管理人员	127 595	593	4 978	1 619	9 433	9 387
1. 行政管理人员	38 755	166	1 450	549	2 861	2 831
2. 业务管理人员	88 840	427	3 528	1 070	6 572	6 556
计划	6 456	27	230	80	431	450
统计	2 986	8	81	22	189	164
会计	12 550	40	456	125	809	823
出纳	2 927	9	71	17	99	118
储蓄存款	8 163	19	216	81	474	528
农业信贷	9 172	22	327	64	700	600
工业信贷	4 524	24	207	64	339	410
商业信贷	6 423	18	178	66	399	394
稽核审计	7 718	14	184	60	520	508
信用合作	8 420	25	362	102	828	763
信息	1 392	25	128	60	159	227
计算机	4 139	49	357	148	389	540
外汇业务	669	74	114	6	73	38
信托	598		17		33	32
金融研究	1 043	36	202	48	175	146
劳动工资	3 336	7	112	39	231	220
业务综合	8 324	30	286	88	724	595
（二）业务人员	286 174					
会计	87 704					
出纳	56 245					
储蓄存款	34 069					
农业信贷	32 715					
工业信贷	8 936					
商业信贷	13 026					
外汇业务	498					
信托	518					
所正副主任	50 121					
其他业务	2 342					
（三）教育人员	5 239	31	160	42	324	251
（四）服务人员	35 224	53	943	351	1 526	1 481
1. 业务服务	20 297	14	262	71	454	450
2. 生活服务	14 927	39	681	280	1 072	1 031
（五）其他人员	13 791		222	19	493	330

农业银行系统机构、人员统计表(续1)

(1990年)　　单位：个、人

	县支行	地辖市支行	营业所	储蓄所	营业部	城郊办事处
一、机构数	1 915	246	30 798	20 943	265	474
二、期末职工总数	98 788	15 136	250 851	29 379	11 804	20 306
# 女性	21 220	3 901	72 298	14 577	5 814	6 849
(一) 管理人员	72 680	11 211			3 574	11 738
1. 行政管理人员	21 568	3 253			998	3 469
2. 业务管理人员	51 112	7 958			2 576	8 269
计划	3 685	567			255	722
统计	1 916	260			89	255
会计	7 353	1 134			363	1 408
出纳	1 829	269			142	362
储蓄存款	4 691	836			347	965
农业信贷	5 887	798			114	638
工业信贷	2 354	526			89	494
商业信贷	4 037	560			224	540
稽核审计	4 845	758			178	648
信用合作	4 986	763			74	517
信息	527	114			36	101
计算机	1 814	272			175	352
外汇业务	99	13			2	22
信托	140	37				28
金融研究	320	68			15	33
劳动工资	1 977	293			110	339
业务综合	4 652	690			363	845
(二) 业务人员	8 131	1 124	235 132	28 724	6 485	5 300
会计	3 330	406	73 887	4 134	3 371	2 329
出纳	1 514	180	48 987	2 987	1 384	1 092
储蓄存款	667	92	12 748	18 978	777	764
农业信贷	1 118	190	30 804	25	169	395
工业信贷	427	80	7 957	6	175	277
商业信贷	885	144	11 154	12	433	378
外汇业务	6	3	119	19	17	21
信托	4		85	8	4	
所正副主任			47 583	2 529	9	
其他业务	180	29	1 808	26	146	44
(三) 教育人员	878	159			25	111
(四) 服务人员	13 547	2 087	8 688	384	1 250	2 502
1. 业务服务	10 149	1 570	3 957	347	1 047	1 911
2. 生活服务	3 398	517	4 731	37	203	591
(五) 其他人员	3 552	555	7 031	271	470	655

农业银行系统机构、人员统计表(续 2)

（1990年）　　单位：个、人

	国际业务部	信托投资公司	管理干部学院	职工中专	干部学校	疗养院招待所	其他
一、机构数	59	147	3	42	126	33	10
二、期末职工总数	865	1 477	744	3 500	2 232	583	122
# 女性	369	496	276	1 342	724	208	44
（一）管理人员	331	549	130	648	569	109	46
1. 行政管理人员	27	81	130	648	569	109	46
2. 业务管理人员	304	468					
计划	4	5					
统计	1	1					
会计	17	22					
出纳	2	9					
储蓄存款	4	2					
农业信贷	14	8					
工业信贷	10	7					
商业信贷	3	4					
稽核审计	2	1					
信用合作							
信息		15					
计算机	2	41					
外汇业务	228						
信托		311					
金融研究							
劳动工资	2	6					
业务综合	15	36					
（二）业务人员	491	787					
会计	106	141					
出纳	37	64					
储蓄存款	17	26					
农业信贷	5	9					
工业信贷	5	9					
商业信贷	4	16					
外汇业务	313						
信托		417					
所正副主任							
其他业务	4	105					
（三）教育人员			399	1 777	1 082		
（四）服务人员	34	119	195	988	529	472	75
1. 业务服务	18	47					
2. 生活服务	16	72	195	988	529	472	75
（五）其他人员	9	22	20	87	52	2	1

各地区农业银行系统机构情况表

（1990年）　　单位：个

地　区	总　计	总　行	省、自治区直辖市分行	单列市分行	中心支行	省辖市分支行
总　行	1	1				
北　京	220		1			
天　津	233		1			
河　北	2 992		1		9	2
山　西	1 753		1		6	6
内蒙古	1 635		1		8	4
辽　宁	1 819		1			12
吉　林	1 414		1		2	5
黑龙江	2 151		1		3	10
上　海	377		1			
江　苏	2 862		1			10
浙　江	1 455		1		2	8
安　徽	1 885		1		7	9
福　建	1 547		1		3	5
江　西	2 518		1		5	6
山　东	3 773		1		5	10
河　南	3 807		1		5	12
湖　北	2 645		1		7	7
湖　南	2 130		1		13	1
广　东	3 121		1			16
广　西	1 932		1		9	3
海　南	477		1			2
四　川	3 370		1		10	9
贵　州	982		1		8	1
云　南	1 719		1		15	2
陕　西	1 364		1		9	
甘　肃	1 377		1		9	5
青　海	354		1		6	1
宁　夏	237		1		2	2
新　疆	1 365		1		12	2
重　庆	470			1		
武　汉	259			1		
沈　阳	306			1		
大　连	458			1		
哈尔滨	189			1		
广　州	307			1		
西　安	185			1		
青　岛	317			1		
宁　波	230			1		
厦　门	75			1		
深　圳	94			1		
长　春	356			1		
南　京	240			1		
成　都	405			1		
长　院	1					
武　院	1					
天　院	1					
信　托	1					
总　计	55 410	1	29	14	155	150

各地区农业银行系统机构情况表(续 1)

(1990年)　　　　单位：个

地　区	县支行	地辖市支行	营业所	储蓄所	营业部	城郊办事处
总　行						
北　京	8		120	75		10
天　津	5		93	118	5	8
河　北	129	12	1 092	1 690	16	21
山　西	97	3	923	673	16	24
内蒙古	79	12	1 013	502	11	1
辽　宁	34	4	816	901	12	17
吉　林	22	14	470	877	3	10
黑龙江	58	10	1 179	792	13	70
上　海	9		272	67	12	11
江　苏	45	15	2 089	644	12	15
浙　江	50	14	621	732	11	2
安　徽	67	8	842	906	9	15
福　建	53	11	871	578	9	8
江　西	78	9	1 613	760	10	17
山　东	76	18	2 285	1 326	1	28
河　南	109	12	2 312	1 291	10	27
湖　北	44	22	1 546	958	10	20
湖　南	87	17	1 079	903	6	7
广　东	73		1 541	1 414	26	35
广　西	79	4	1 170	628	10	12
海　南	16	1	330	116	5	3
四　川	148	10	1 543	1 597	12	15
贵　州	78	5	644	241	2	
云　南	115	8	1 415	154	3	1
陕　西	85	8	841	402	3	1
甘　肃	67	8	978	286	8	10
青　海	35		231	72	2	3
宁　夏	15	2	158	48	2	5
新　疆	83	12	1 021	227	2	3
重　庆	12		194	252	1	6
武　汉	4		181	60	1	9
沈　阳	2		82	208	3	5
大　连	3	1	134	309	2	4
哈尔滨	1	1	74	99	1	8
广　州	4		130	157	2	9
西　安	7		82	90	1	3
青　岛	2	3	174	125	1	8
宁　波	9		90	124		3
厦　门	6		23	38	4	1
深　圳	1		60	20	1	8
长　春	4	1	160	182	1	4
南　京	5		162	64	1	4
成　都	11	1	144	237	5	3
长　院						
武　院						
天　院						
信　托						
总　计	1 915	246	30 798	20 943	265	474

各地区农业银行系统机构情况表(续2)

（1990年）　　　　单位：个

地区	国际业务部	信托投资公司	管理干部学院	职工中专	干部学校	疗养院招待所	其他
总行							
北京	1	2		1		1	1
天津	1	1		1			
河北	1	3		1	10	3	2
山西		2		1	1		
内蒙古		1		1	1	1	
辽宁	1	7		1	11	2	
吉林	1	2		2	3	2	
黑龙江	2	5		2	3	3	
上海	1	2		2			
江苏	6	13		2	9		
浙江		4		2	5	3	1
安徽	1	7		1	10	1	
福建	4	2			1	1	1
江西		11		1	6	1	
山东	5	2		3	12	1	
河南	3	12		2	10	1	
湖北	5	11		4	5	5	
湖南		9		3	3	1	
广东	6	5		2	1	1	
广西	6	2		1	4	3	
海南	1	1		1			
四川	1	11			11		2
贵州				1	1		
云南		1		1	2	1	1
陕西		5		2	6		1
甘肃	1	1		1		1	1
青海				1	1		
宁夏		1		1			
新疆		1		1			
重庆	1	2			1		
武汉	1	1			1		
沈阳	1	3			1		
大连	1	2			1		
哈尔滨	1	2			1		
广州	1	2			1		
西安		1					
青岛	1	1			1		
宁波	1	1				1	
厦门	1	1					
深圳	1	2					
长春	1	1			1		
南京	1	1			1		
成都		2			1		
长院			1				
武院			1				
天院			1				
信托		1					
总计	59	147	3	42	126	33	10

各地区农业银行系统年末职工总数情况表

（1990年）　　　　单位：人

地　　区	总　计	总　行	省、自治区直辖市分行	单列市分行	中心支行	省辖市分支行
总　　行	677	677				
北　　京	4 775		202			
天　　津	3 821		160			
河　　北	24 787		222		1 075	235
山　　西	11 299		212		516	431
内 蒙 古	13 981		206		771	311
辽　　宁	15 022		228			981
吉　　林	12 022		229		248	466
黑 龙 江	19 054		215		218	727
上　　海	7 570		225			
江　　苏	21 983		221			795
浙　　江	14 678		294		122	575
安　　徽	14 846		201		419	535
福　　建	11 902		182		208	372
江　　西	16 823		205		364	377
山　　东	27 532		238		420	819
河　　南	30 062		266		472	1 023
湖　　北	22 329		246		635	557
湖　　南	20 132		250		1 072	85
广　　东	25 070		284			1 437
广　　西	15 308		210		614	180
海　　南	4 253		180			181
四　　川	27 142		282		1 073	461
贵　　州	11 372		168		506	73
云　　南	15 242		225		747	143
陕　　西	12 319		195		581	
甘　　肃	9 642		161		456	283
青　　海	3 434		146		313	62
宁　　夏	2 698		180		61	133
新　　疆	11 260		270		885	207
重　　庆	4 135			162		
武　　汉	3 112			171		
沈　　阳	2 517			145		
大　　连	2 811			139		
哈 尔 滨	2 069			148		
广　　州	3 631			182		
西　　安	2 009			142		
青　　岛	2 482			143		
宁　　波	2 513			109		
厦　　门	678			94		
深　　圳	1 486			197		
长　　春	3 278			139		
南　　京	2 171			105		
成　　都	3 329			155		
长　　院	270					
武　　院	252					
天　　院	222					
信　　托	23					
总　　计	468 023	677	6 303	2 031	11 776	11 449

各地区农业银行系统年末职工总数情况表(续1)

(1990年)　　单位：人

地区	县支行	地辖市支行	营业所	储蓄所	营业部	城郊办事处
总行						
北京	670		2 603	414		727
天津	400		1 980	473	212	508
河北	9 021	948	10 323	454	1 150	1 054
山西	4 488	262	3 576	526	528	615
内蒙古	3 906	673	5 900	1 274	632	136
辽宁	2 332	227	8 692	656	748	699
吉林	1 827	1 242	6 625	310	135	637
黑龙江	4 437	727	9 297	541	606	1 837
上海	814		4 886	290	714	455
江苏	2 899	1 023	14 696	924	544	458
浙江	2 413	852	8 239	1 346	606	38
安徽	3 231	389	8 645	445	347	398
福建	2 477	536	6 901	527	259	237
江西	3 270	393	9 679	1 449	239	589
山东	4 933	1 356	14 848	2 706	31	1 634
河南	6 063	640	17 991	1 044	615	1 363
湖北	3 529	1 375	12 723	1 525	390	753
湖南	4 335	849	11 393	1 081	281	350
广东	4 692		13 072	3 252	912	1 045
广西	3 590	213	8 640	790	250	497
海南	961	44	2 237	398	146	28
四川	6 528	630	14 585	2 344	199	634
贵州	3 723	316	5 638	711	134	
云南	4 157	414	8 596	481	199	90
陕西	3 406	414	6 601	790	43	28
甘肃	1 776	325	5 452	523	131	441
青海	940		1 464	250	105	80
宁夏	620	102	1 109	173	75	169
新疆	2 880	556	5 676	383	64	133
重庆	782		2 329	442	83	289
武汉	303		1 874	189	36	479
沈阳	168		1 249	344	162	344
大连	255	96	1 646	124	221	274
哈尔滨	86	90	913	24	93	658
广州	281		1 740	596	35	682
西安	408		952	214	65	217
青岛	180	279	1 135	239	72	389
宁波	447		1 359	329		243
厦门	139		240	41	110	35
深圳	80		484	157	117	372
长春	457	99	1 954	27	139	377
南京	248		1 333	187	106	143
成都	636	66	1 576	386	270	171
长院						
武院						
天院						
信托						
总计	98 788	15 136	250 851	29 379	11 804	20 306

各地区农业银行系统年末职工总数情况表(续2)

(1990年)　　　　单位：人

地区	国际业务部	信托投资公司	管理干部学院	职工中专	干部学校	疗养院招待所	其他
总行							
北京	99	22		15		9	14
天津	20	16		52			
河北	17	14		113	102	45	14
山西		15		120	10		
内蒙古		12		53	97	10	
辽宁	16	89		117	133	104	
吉林	3	8		178	13	101	
黑龙江	15	78		305	21	30	
							12
上海	31	65		90			
江苏	57	85		115	154		12
浙江		23		108	50	12	
安徽	13	41		58	103	9	
福建	35	13			107	48	
江西		63		108	82	5	
山东	28	6		254	241	18	
河南	30	152		227	168	8	
湖北	53	101		333	45	64	
湖南		65		331	22	18	
广东	105	76		138	2	55	
广西	50	30		79	133	32	
海南	18	9		51			
四川	14	64			295		33
贵州				69	34		
云南		10		64	111	5	
陕西		26		164	65		6
甘肃	2	2		68		5	17
青海				56	4		14
宁夏		32		44			
新疆		16		190			
重庆		15			33		
武汉	15	22			23		
沈阳	36	37			32		
大连	15	21			20		
哈尔滨	13	24			20		
广州	52	48			15		
西安		11					
青岛	14	5			26		
宁波	10	11				5	
厦门	10	9					
深圳	50	29					
长春	30	42			14		
南京	14	20			15		
成都		27			42		
长院			270				
武院			252				
天院			222				
信托		23					
总计	865	1 477	744	3 500	2 232	583	122

农业银行系统全部职工人数和工资统计表

（1990年）　　　　单位：人

项目	年末人数	计划内用工				计划外用工
	合计	小计	固定职工	合同制职工	临时职工	
总计	468 023	457 762	412 962	41 518	3	10 261
总行	677	677	677			
省级分行	6 303	6 249	6 078	109	62	54
计划单列市分行	2 031	2 019	1 890	126	3	12
中心支行	11 776	11 652	11 278	233	141	124
省辖市分支行	11 449	11 275	10 872	308	95	174
县支行	98 788	97 535	92 136	4 544	855	1 253
地辖市支行	15 136	14 894	14 309	439	146	242
营业所	250 851	243 757	214 467	28 001	1 289	7 094
储蓄所	29 379	28 969	23 902	4 987	80	410
营业部	11 804	11 702	10 670	982	50	102
城郊办事处	20 306	20 004	18 487	1 418	99	302
国际业务部	865	864	822	42		1
公司	1 477	1 445	1 374	53	18	32
管理干部学院	744	714	651	1	62	30
职工中专	3 500	3 272	3 002	110	160	228
干部学校	2 232	2 115	1 964	78	73	117
疗养院招待所	583	505	283	79	143	78
其他	122	114	100	8	6	8

农业银行系统全部职工人数和工资统计表(续1)

(1990年)　　　　单位：人

项目	合计	平均人数				
		计划内用工				计划外用工
		小计	固定职工	合同制职工	临时职工	
总计	**456 783**	**446 406**	**404 901**	**38 272**	**3 233**	**10 377**
总行	690	690	690			
省级分行	6 133	6 086	5 948	94	44	47
计划单列市分行	1 992	1 979	1 836	138	5	13
中心支行	11 628	11 499	11 185	178	136	129
省辖市分支行	11 186	11 015	10 631	281	103	171
县支行	97 365	96 104	91 202	4 087	815	1 261
地辖市支行	14 870	14 627	14 088	385	154	243
营业所	244 186	237 008	209 735	26 011	1 262	7 178
储蓄所	28 554	28 141	23 515	4 545	81	413
营业部	11 114	11 009	10 078	875	56	105
城郊办事处	19 679	19 363	17 920	1 341	102	316
国际业务部	801	800	761	39		1
公司	1 374	1 345	1 301	41	3	29
管理干部学院	758	728	652	1	75	30
职工中专	3 535	3 304	2 989	101	214	231
干部学校	2 263	2 137	1 991	72	74	126
疗养院招待所	530	454	276	75	103	76
其他	125	117	103	8	6	8

农业银行系统全部职工人数和工资统计表(续2)

（1990年）　　　　单位：百元

项目	工资总额					
	合计	计划内用工				计划外用工
		小计	固定职工	合同制职工	临时职工	
总计	10 415 026	10 217 883	9 369 147	801 529	47 207	197 143
总行	16 704	16 704	16 704			
省级分行	161 303	160 357	157 603	2 124	630	946
计划单列市分行	57 918	57 661	53 586	3 981	94	257
中心支行	286 743	284 768	279 978	3 000	1 790	1 975
省辖市分支行	286 448	283 555	273 592	8 000	1 963	2 893
县支行	2 250 560	2 226 646	2 123 927	89 820	12 899	23 914
地辖市支行	338 756	333 848	323 372	8 151	2 325	4 908
营业所	5 466 498	5 327 889	4 777 897	533 574	16 418	138 609
储蓄所	622 906	615 375	521 270	93 170	935	7 531
营业部	251 941	249 972	229 609	19 581	782	1 969
城郊办事处	449 924	444 043	409 856	32 501	1 686	5 881
国际业务部	21 085	21 066	20 119	947		19
公司	32 365	31 826	30 946	824	56	539
管理干部学院	16 911	16 386	15 472	18	896	525
职工中专	87 357	83 729	78 219	2 627	2 883	3 628
干部学校	52 289	50 440	47 431	1 583	1 426	1 849
疗养院招待所	12 556	10 982	7 057	1 507	2 418	1 574
其他	2 762	2 636	2 509	121	6	126

各地区农业银行系统全部职工人数和工资统计表

（1990年）　　　　单位：人

地　区	合　计	年末人数 计划内用工 小　计	固定职工	合同制职工	临时职工	计划外用工
总　行	677	677	677			
北　京	4 775	4 775	4 670	11	94	
天　津	3 821	3 781	3 760	14	7	40
河　北	24 787	24 787	21 401	3 124	262	
山　西	11 299	11 149	10 526	473	150	150
内蒙古	13 981	13 677	12 212	1 313	152	304
辽　宁	15 022	15 022	13 125	1 669	228	
吉　林	12 022	11 792	10 147	1 071	574	230
黑龙江	19 054	18 028	17 527	501		1 026
上　海	7 570	7 570	7 546	23	1	
江　苏	21 983	19 208	17 765	1 427	16	2 775
浙　江	14 678	14 678	13 253	1 400	25	
安　徽	14 846	14 783	13 983	737	63	63
福　建	11 902	11 773	9 824	1 923	26	129
江　西	16 823	16 412	14 776	1 635	1	411
山　东	27 532	27 478	27 049	280	149	54
河　南	30 062	28 999	24 114	4 878	7	1 063
湖　北	22 329	21 252	19 678	1 396	178	1 077
湖　南	20 132	19 674	16 697	2 515	462	458
广　东	25 070	24 462	18 542	5 920		608
广　西	15 308	15 271	13 731	1 505	35	37
海　南	4 253	4 253	3 556	697		
四　川	27 142	26 700	24 569	1 808	323	442
贵　州	11 372	11 194	10 412	782		178
云　南	15 242	15 137	14 905	153	79	105
陕　西	12 319	12 071	11 125	946		248
甘　肃	9 642	9 568	9 338	190	40	74
青　海	3 434	3 386	3 307	39	40	48
宁　夏	2 698	2 698	2 522	137	39	
新　疆	11 260	11 253	11 113	88	52	7
重　庆	4 135	4 081	3 749	307	25	54
武　汉	3 112	3 016	2 970	31	15	96
沈　阳	2 517	2 517	1 804	689	24	
大　连	2 811	2 811	2 513	258	40	
哈尔滨	2 069	2 047	2 011	36		22
广　州	3 631	3 615	2 318	1 297		16
西　安	2 009	1 973	1 768	205		36
青　岛	2 482	2 471	2 406	40	25	11
宁　波	2 513	2 513	2 099	413	1	
厦　门	678	675	577	98		3
深　圳	1 486	1 474	1 034	440		12
长　春	3 278	3 164	2 640	442	82	114
南　京	2 171	1 913	1 829	83	1	258
成　都	3 329	3 247	2 720	523	4	82
长　院	270	270	237	1	32	
武　院	252	222	222			30
天　院	222	222	192		30	
信　托	23	23	23			
总　计	**468 023**	**457 762**	**412 962**	**41 518**	**3 282**	**10 261**

各地区农业银行系统全部职工人数和工资统计表(续1)

(1990年)　　　　单位：人

地　　区	平均人数 合　计	计划内用工 小　计	固定职工	合同制职工	临时职工	计划外用工
总　行	690	690	690			
北　京	4 575	4 575	4 470	11	94	
天　津	3 646	3 605	3 587	11	7	41
河　北	24 187	24 187	21 060	2 860	267	
山　西	11 188	11 038	10 430	461	147	150
内蒙古	13 839	13 535	12 085	1 299	151	304
辽　宁	14 673	14 673	12 858	1 624	191	
吉　林	11 723	11 493	9 985	1 006	502	230
黑龙江	18 911	17 891	17 398	493		1 020
上　海	7 080	7 080	7 056	22	2	
江　苏	21 200	18 353	16 686	1 651	16	2 847
浙　江	14 168	14 168	12 963	1 180	25	
安　徽	14 649	14 583	13 799	725	59	66
福　建	11 355	11 227	9 532	1 687	8	128
江　西	16 612	16 201	14 657	1 543	1	411
山　东	27 053	26 999	26 470	275	254	54
河　南	29 394	28 302	23 765	4 530	7	1 092
湖　北	22 056	20 979	19 613	1 188	178	1 077
湖　南	19 599	19 135	16 526	2 195	414	464
广　东	24 479	23 882	18 282	5 600		597
广　西	15 024	14 986	13 479	1 472	35	38
海　南	4 188	4 188	3 511	677		
四　川	26 708	26 258	24 384	1 550	324	450
贵　州	11 086	10 904	10 135	769		182
云　南	14 852	14 746	14 494	164	88	106
陕　西	11 919	11 669	11 081	588		250
甘　肃	9 568	9 492	9 270	182	40	76
青　海	3 361	3 312	3 243	30	39	49
宁　夏	2 581	2 581	2 474	68	39	
新　疆	11 086	11 079	10 942	85	52	7
重　庆	4 015	3 961	3 681	255	25	54
武　汉	3 093	2 990	2 949	26	15	103
沈　阳	2 359	2 359	1 755	581	23	
大　连	2 747	2 747	2 475	231	41	
哈尔滨	1 879	1 866	1 829	37		13
广　州	3 393	3 377	2 162	1 215		16
西　安	1 979	1 943	1 742	201		36
青　岛	2 400	2 389	2 331	33	25	11
宁　波	2 398	2 398	2 052	345	1	
厦　门	600	597	512	85		3
深　圳	1 366	1 354	960	394		12
长　春	3 166	3 052	2 596	373	83	114
南　京	2 045	1 783	1 627	155	1	262
成　都	3 112	3 028	2 630	394	4	84
长　院	283	283	237	1	45	
武　院	253	223	223			30
天　院	222	222	192		30	
信　托	23	23	23			
总　计	456 783	446 406	404 901	38 272	3 233	10 377

各地区农业银行系统全部职工人数和工资统计表(续2)

（1990年）　　　　单位：百元

地区	工资总额					
	合计	计划内用工				计划外用工
		小计	固定职工	合同制职工	临时职工	
总行	16 704	16 704	16 704			
北京	103 832	103 832	102 064	204	1 564	
天津	82 719	81 933	81 631	202	100	786
河北	520 543	520 543	462 596	52 308	5 639	
山西	224 198	221 197	211 473	7 603	2 121	3 001
内蒙古	274 402	266 695	242 303	22 583	1 809	7 707
辽宁	327 888	327 888	294 581	29 217	4 090	
吉林	234 913	231 299	206 905	16 665	7 729	3 614
黑龙江	390 018	371 301	362 194	9 107		18 717
上海	201 248	201 248	200 659	545	44	
江苏	519 118	453 873	418 665	34 825	383	65 245
浙江	319 979	319 979	298 593	21 125	261	
安徽	283 145	281 979	270 080	11 359	540	1 166
福建	278 968	276 109	238 300	37 741	68	2 859
江西	311 911	308 858	284 707	24 131	20	3 053
山东	600 042	599 079	589 372	5 403	4 304	963
河南	586 697	571 268	486 510	84 630	128	15 429
湖北	521 583	490 151	463 304	24 820	2 027	31 432
湖南	436 220	429 847	385 328	39 918	4 601	6 373
广东	771 363	762 624	588 142	174 482		8 739
广西	333 147	332 823	304 078	28 268	477	324
海南	124 021	124 021	105 202	18 819		
	567 423					
四川	218 520	561 694	535 092	23 247	3 355	5 729
贵州	349 948	216 964	204 855	12 109		1 556
云南		348 426	344 249	3 238	939	1 522
	268 562					
陕西	238 421	264 511	253 892	10 619		4 051
甘肃	92 651	237 051	232 738	3 775	538	1 370
青海	63 438	92 141	91 116	418	607	510
宁夏	311 236	63 438	61 729	1 107	602	
新疆		311 110	308 496	1 869	745	126
	88 827					
重庆	62 046	88 094	83 905	3 956	233	733
武汉	58 834	60 186	59 401	482	303	1 860
沈阳	60 893	58 834	45 464	12 974	396	
大连	39 044	60 893	54 677	5 231	985	
哈尔滨	104 350	38 870	38 330	540		174
广州	42 147	103 966	69 264	34 702		384
西安	61 388	41 668	40 512	1 156		479
青岛	54 046	61 127	59 891	711	525	261
宁波	20 949	54 046	47 825	6 201	20	
厦门	63 556	20 846	18 108	2 738		103
深圳	61 098	63 232	45 772	17 460		324
长春	43 910	59 302	52 278	5 936	1 088	1 796
南京	63 428	38 702	35 751	2 932	19	5 208
成都		62 404	56 198	6 155	51	1 024
长院	6 464	6 464	5 863	18	583	
武院	6 030	5 505	5 505			525
天院	4 417	4 417	4 104		313	
信托	741	741	741			
总计	10 415 026	10 217 883	9 369 147	801 529	47 207	197 143

农业银行系统全部职工工资总额构成情况表

（1990年）

单位：人、百元

项目	年平均人数	全年工资总额	计时工资	基础和职务工资	奖金		
					合计	*发放上年奖金	*劳动竞赛奖
总计	**456 783**	**10 415 026**	**128 811**	**4 921 440**	**2 259 651**	**149 149**	**343 878**
总行	690	16 704	·	9 263	4 814	607	
省级分行	6 133	161 303	1 710	82 338	38 472	5 213	3 502
计划单列市分行	1 992	57 918	904	27 850	13 207	713	157
中心支行	11 628	286 743	3 807	148 704	66 109	3 049	11 178
省辖市分支行	11 186	286 440	4 018	137 619	63 665	3 780	9 574
县支行	97 365	2 250 555	22 523	1 096 709	465 911	30 792	76 389
地辖市支行	14 870	338 756	3 903	167 063	72 267	3 773	13 395
营业所	244 186	5 466 380	69 113	2 535 920	1 186 816	76 316	188 616
储蓄所	28 554	622 876	2 770	279 834	138 074	9 388	16 001
营业部	11 114	251 956	2 076	116 021	58 927	3 589	7 328
城郊办事处	19 679	450 038	6 399	211 601	100 799	8 170	11 373
国际业务部	801	20 323	233	8 789	4 912	483	280
公司	1 374	33 187	516	16 449	7 816	757	1 142
管理干部学院	758	16 911	1 253	8 513	3 626	65	35
职工中专	3 535	87 357	5 115	43 313	19 531	1 535	2 691
干部学校	2 263	52 261	1 809	25 809	12 083	754	1 853
疗养院招待所	530	12 556	2 536	4 326	2 036	114	320
其他	125	2 762	126	1 319	586	51	44

农业银行系统全部职工工资总额构成情况表(续)

（1990年）　　　　单位：百元

项　目	合　计	各种津贴		加班加点工资	其　他
		* 物价补贴	* 工龄津贴		
总　计	2 758 798	411 069	787 759	138 809	207 517
总行	2 167	617	904	152	308
省级分行	34 744	8 056	14 378	1 123	2 916
计划单列市分行	14 479	2 285	5 535	592	886
中心支行	59 219	13 592	18 058	2 568	6 336
省辖市分支行	73 407	12 257	24 644	2 746	4 985
县支行	585 809	95 079	158 291	30 950	48 653
地辖市支行	83 987	15 360	24 030	4 279	7 257
营业所	1 492 432	204 613	409 340	74 923	107 176
储蓄所	180 097	22 724	52 804	10 183	11 918
营业部	66 231	9 082	23 933	3 805	4 896
城郊办事处	118 633	18 596	38 227	5 033	7 573
国际业务部	5 905	586	2 444	186	298
公司	7 431	1 382	2 942	273	702
管理干部学院	3 076	749	1 447	137	306
职工中专	16 412	3 319	5 328	1 040	1 946
干部学校	10 852	2 285	4 098	538	1 170
疗养院招待所	3 275	365	1 118	254	129
其他	642	122	238	27	62

各地区农业银行系统全部职工工资总额构成情况表

（1990年）　　　　单位：人、百元

地区	年平均人数	全年工资总额	计时工资	基础和职务工资	奖金 合计	奖金 #发放上年奖金	奖金 #劳动竞赛奖
总行	690	16 704		9 263	4 814	607	
北京	4 575	103 832	1 564	46 396	24 630	4 541	59
天津	3 646	82 719	885	37 355	28 484	6 094	362
河北	24 187	520 543	4 524	276 341	113 473	5 419	19 979
山西	11 188	224 198	2 780	119 915	49 148	510	2 539
内蒙古	13 839	274 402	736	143 359	54 302	6 257	6 927
辽宁	14 673	327 888	4 090	152 438	67 177	4 784	5 144
吉林	11 723	234 913	10 148	117 074	47 173	415	14 217
黑龙江	18 911	390 018	18 717	180 209	68 338	6 450	30 000
上海	7 080	201 248	827	73 246	87 842	14 240	946
江苏	21 200	519 118		232 943	137 529	10 148	9 131
浙江	14 168	319 979		146 608	80 028	24 305	3 357
安徽	14 649	283 145		152 077	58 926	3 909	9 659
福建	11 355	278 968	1 796	116 945	49 491		910
江西	16 612	311 911	3 053	163 787	65 817		16 649
山东	27 053	600 042	1 446	281 245	165 775	7 115	13 478
河南	29 394	586 697	7 518	310 314	121 082	1 936	119 146
湖北	22 056	521 583	9 197	267 960	99 052	955	8 864
湖南	19 599	436 220	9 224	203 190	98 068	2 487	3 181
广东	24 479	771 363	10 815	256 954	129 247	3 735	6 109
广西	15 024	333 147	500	162 172	61 269	1 998	2 034
海南	4 188	124 021		47 864	22 966	3 079	1 920
四川	26 708	567 423	12 402	273 232	121 186	2 486	2 656
贵州	11 086	218 520		113 404	43 246	2 078	2 752
云南	14 852	349 948	2 490	154 583	77 720	8 763	656
陕西	11 919	268 562	2 346	138 278	52 303	1 532	50 771
甘肃	9 568	238 421	985	123 489	43 481	2 800	3 230
青海	3 361	92 651	807	46 637	18 575	477	1 847
宁夏	2 581	63 438	602	31 503	16 730	2 130	913
新疆	11 086	311 236	8 930	161 227	66 124	4 230	501
重庆	4 015	88 827	862	41 060	17 721		158
武汉	3 093	62 046	498	31 739	13 608	484	72
沈阳	2 359	58 834	305	23 545	17 949	6 538	1 221
大连	2 747	60 893	985	27 536	14 611	230	492
哈尔滨	1 879	39 044	175	19 639	7 406	579	
广州	3 393	104 350		37 083	20 772	346	17
西安	1 979	42 147	501	21 991	8 688	748	2 536
青岛	2 400	61 388		25 612	12 372	1 849	311
宁波	2 398	54 046		24 311	16 258	4 591	790
厦门	600	20 949		6 446	3 630		70
深圳	1 366	63 556	4 391	28 524	14 012		
长春	3 166	61 098	2 472	31 153	11 639		58
南京	2 045	43 910		21 756	9 579	219	137
成都	3 112	63 428	987	32 258	13 548		44
长院	283	6 464	449	3 178	1 335	65	35
武院	253	6 030	525	2 973	1 276		
天院	222	4 417	279	2 362	1 015		
信托	23	741		266	236	20	
总计	456 783	10 415 026	128 811	4 921 440	2 259 651	149 149	343 878

各地区农业银行系统全部职工工资总额构成情况表(续)

（1990年）　　　　单位：人、百元

地　区	合　计	各种津贴		加班加点工资	其　他
		* 物价补贴	* 工龄津贴		
总　行	2 167	617	904	152	308
北　京	28 293	3 289	5 775	862	2 087
天　津	14 516	2 916	4 298	777	702
河　北	111 371	20 903	27 912	5 248	9 586
山　西	44 477	10 828	13 147	3 228	4 650
内 蒙 古	66 938	11 841	17 133	3 505	5 562
辽　宁	96 204	13 607	38 232	3 179	4 800
吉　林	54 091	9 774	17 811	1 642	4 785
黑 龙 江	105 028	23 894	13 682	2 971	14 755
上　海	31 665	5 690	8 626	1 471	6 197
江　苏	130 646	23 329	40 646	9 759	8 241
浙　江	78 979	11 453	39 305	10 042	4 322
安　徽	62 975	13 355	18 625	2 721	6 446
福　建	103 806	9 836	38 991	2 576	4 354
江　西	67 318	13 954	13 999	5 020	6 916
山　东	135 648	24 814	29 026	5 420	10 508
河　南	130 308	28 218	24 849	7 160	10 315
湖　北	109 740	19 573	22 996	10 485	25 149
湖　南	114 377	16 516	36 100	4 280	7 081
广　东	355 520	21 608	94 680	10 601	8 226
广　西	97 243	14 270	29 350	5 630	6 333
海　南	48 848	4 181	19 564	1 891	2 452
四　川	140 460	19 520	44 750	8 312	11 831
贵　州	53 976	9 927	8 986	2 418	5 476
云　南	101 142	14 918	36 949	8 159	5 854
陕　西	68 232	11 659	13 914	2 816	4 587
甘　肃	63 703	9 155	11 762	3 253	3 510
青　海	22 977	2 858	6 152	649	3 006
宁　夏	12 646	1 670	4 154	889	1 068
新　疆	67 543	7 024	14 166	1 723	5 689
重　庆	26 206	3 416	5 402	1 537	1 441
武　汉	13 660	2 519	4 939	1 227	1 314
沈　阳	15 312	1 825	3 994	746	977
大　连	16 337	2 192	6 977	715	709
哈 尔 滨	9 184	1 558	4 542	1 900	740
广　州	44 306	2 853	18 397	870	1 319
西　安	9 870	1 812	2 242	557	540
青　岛	22 243	2 160	2 832	429	732
宁　波	12 296	1 993	5 685	516	665
厦　门	10 538	436	4 430	98	237
深　圳	14 786	1 372	13 414	1 017	826
长　春	14 293	2 554	5 112	557	984
南　京	10 725	1 790	4 016	1 066	784
成　都	14 901	2 642	7 818	598	1 136
长　院	1 260	283	485	67	175
武　院	1 165	257	735	4	87
天　院	651	209	227	66	44
信　托	228	1	28		11
总　计	2 758 798	411 069	787 759	138 809	207 517

农业银行系统在职职工保险福利费用构成情况表

（1990年）

单位：百元

项目	合计	医疗卫生费		丧葬抚恤救济费	生活困难补助	文体宣传费
		小计	# 家属			
总计	**2 617 689**	**1 047 379**	**138 133**	**37 199**	**101 448**	**102 774**
总行	8 636	5 422	147	141	43	55
省级分行	57 098	28 442	2 518	661	1 168	1 131
计划单列市分行	36 386	8 661	425	165	391	1 271
中心支行	89 856	37 974	5 034	1 199	2 148	3 682
省辖市分支行	95 890	37 037	4 324	905	3 351	3 978
县支行	671 779	269 620	38 008	14 462	27 608	36 068
地辖市支行	127 937	53 854	6 246	1 533	4 458	7 501
营业所	1 103 636	452 180	63 949	15 857	49 823	34 416
储蓄所	139 132	51 087	6 897	600	4 401	4 296
营业部	78 609	29 953	2 488	242	2 550	2 145
城郊办事处	149 844	47 097	5 701	1 006	3 879	5 241
国际业务部	7 166	2 821	144	22	78	110
公司	12 107	4 731	388	58	261	357
管理干部学院	7 785	3 821	227	59	32	952
职工中专	17 724	8 216	880	241	1 010	994
干部学校	10 727	4 802	611	47	208	552
疗养院招待所	2 387	1 100	93		33	16
其他	990	561	53	1	6	9

项目	集体福利事业补贴费	集体福利设施费	计划生育补贴	上下班交通费补贴	洗理卫生费	其他
总计	**159 773**	**350 302**	**86 727**	**107 368**	**349 594**	**275 125**
总行		1 198	83	828	640	226
省级分行	6 460	6 381	2 746	2 617	4 898	2 594
计划单列市分行	5 089	10 725	849	590	2 050	6 595
中心支行	7 802	12 061	2 287	2 765	9 119	10 819
省辖市分支行	8 000	16 072	3 032	3 500	8 878	11 137
县支行	35 615	91 750	19 645	22 735	87 777	66 499
地辖市支行	8 286	12 771	5 316	4 791	17 182	12 245
营业所	59 515	130 992	35 333	48 002	166 779	110 739
储蓄所	9 935	27 171	6 757	5 302	17 269	12 314
营业部	6 339	10 951	3 987	4 404	9 822	8 216
城郊办事处	9 065	25 039	4 756	8 517	18 542	26 702
国际业务部	448	704	335	224	636	1 788
公司	1 205	1 935	280	518	1 033	1 729
管理干部学院	45	451	226	669	536	994
职工中专	1 163	1 056	670	941	2 530	903
干部学校	546	785	298	641	1 476	1 372
疗养院招待所	242	220	67	221	309	179
其他	18	40	60	103	118	74

各地区农业银行系统在职职工保险福利费用构成情况表

福利费用构成情况表

（1990年）

单位：百元

地　区	合　计	医疗卫生费 合　计	医疗卫生费 #家属医疗困难补助费	丧葬抚恤救济费	生活困难补助	文体宣传费
总　行	8 636	5 422	147	141	43	55
北　京	25 144	11 079	2 289	52	202	903
天　津	23 760	10 456	1 763	199	227	796
河　北	127 053	53 342	7 664	1 404	2 406	5 104
山　西	48 100	19 314	2 270	710	2 496	3 029
内蒙古	53 117	23 482	1 273	886	1 932	2 535
辽　宁	72 355	33 339	5 821	909	2 784	2 536
吉　林	46 529	22 143	2 716	653	3 266	1 901
黑龙江	96 873	39 695	2 997	1 011	1 988	2 781
上　海	47 922	17 565	1 521	15	949	314
江　苏	111 137	48 655	6 575	1 221	10 038	5 108
浙　江	99 671	42 974	7 123	532	883	1 419
安　徽	72 781	25 540	2 946	966	5 159	2 087
福　建	49 497	16 069	2 423	872	6 193	1 875
江　西	86 762	39 363	6 739	1 019	5 900	3 178
山　东	134 963	55 335	5 432	1 168	3 311	7 315
河　南	152 517	56 973	7 194	3 623	6 126	10 991
湖　北	140 134	52 484	7 143	2 999	4 472	9 034
湖　南	98 912	39 487	5 088	2 549	2 353	6 240
广　东	229 990	94 230	11 907	2 623	12 278	7 373
广　西	87 166	30 887	3 720	964	7 028	2 453
海　南	40 348	14 235	2 284	599	1 206	972
四　川	164 926	68 892	14 174	2 458	5 539	8 529
贵　州	47 340	19 876	2 861	1 266	2 439	1 462
云　南	84 295	44 990	4 561	1 485	898	1 044
陕　西	43 453	19 067	2 534	958	1 405	2 046
甘　肃	35 041	15 022	1 610	1 356	2 540	1 063
青　海	16 732	7 386	1 246	485	741	283
宁　夏	16 621	5 029	644	386	1 055	656
新　疆	43 711	20 760	2 266	2 224	467	656
重　庆	25 524	12 774	1 894	122	583	794
武　汉	16 345	8 517	1 183	125	494	242
沈　阳	11 645	6 212	487	77	141	422
大　连	17 630	8 611	989	39	406	343
哈尔滨	8 800	3 888	386	91	106	371
广　州	68 996	11 310	1 032	62	109	1 044
西　安	7 993	3 744	486	100	33	331
青　岛	13 834	4 717	373	250	325	1 929
宁　波	13 766	6 114	1 109	122	142	67
厦　门	3 148	943	89	50	136	16
深　圳	77 778	5 884	290		72	740
长　春	14 843	7 020	1 158	209	1 707	512
南　京	9 148	3 373	411	79	761	428
成　都	15 014	7 309	1 076	121	57	887
长　院	3 007	1 343	104		13	240
武　院	2 481	988	104		2	576
天　院	2 054	1 369	19	19	17	94
信　托	197	172	12			20
总　计	**2 617 689**	**1 047 379**	**138 133**	**37 199**	**101 448**	**102 774**

各地区农业银行系统在职职工保险福利费用构成情况表(续)

(1990年)

单位：百元

地　　区	集体福利事业补贴费	集体福利设施费	计划生育补贴	上下班交通费补贴	洗理卫生费	其他
总　行		1 198	83	828	640	226
北　京	70	1 372	829	1 945	4 736	3 956
天　津	623	2 755	1 366	605	3 602	3 131
河　北	2 372	7 413	4 529	12 587	29 432	8 464
山　西	2 334	8 169	1 374	1 371	5 639	3 664
内蒙古	3 566	7 913	1 746	904	6 723	3 430
辽　宁	3 752	2 619	3 522	4 481	12 905	5 508
吉　林	3 065	1 135	2 401	3 359	7 119	1 487
黑龙江	8 871	13 409	2 837	1 662	11 713	12 906
上　海	2 801	1 597	1 188	3 234	6 777	13 482
江　苏	4 140	12 360	4 196	2 993	19 004	3 422
浙　江	13 959	4 766	3 398	2 374	13 721	15 645
安　徽	6 119	7 599	2 654	1 315	14 027	7 315
福　建	2 282	7 467	1 391	429	6 719	6 200
江　西	5 463	13 547	2 130	5 865	7 644	2 653
山　东	3 710	6 478	4 326	10 674	24 676	17 970
河　南	4 249	15 821	3 581	16 906	27 844	6 403
湖　北	11 703	26 118	7 014	2 057	13 414	10 839
湖　南	4 735	15 367	3 954	7 746	13 901	2 580
广　东	21 750	45 032	9 342	5 123	14 200	18 039
广　西	6 094	10 189	1 950	1 632	10 677	15 292
海　南	4 423	7 186	637	839	3 612	6 639
四　川	7 697	24 938	4 550	1 708	19 929	20 686
贵　州	2 320	5 432	2 879	1 275	5 669	4 722
云　南	3 059	9 121	2 266	1 672	10 265	9 495
陕　西	1 039	4 851	1 237	175	10 376	2 299
甘　肃	2 030	1 969	787	458	4 962	4 854
青　海	472	907	1 158	364	1 941	2 995
宁　夏	1 336	4 435	382	630	1 374	1 338
新　疆	4 568	3 245	993	2 075	6 624	2 099
重　庆	1 525	2 662	728	658	3 155	2 523
武　汉	851	1 347	659	429	1 847	1 834
沈　阳	95	321	667	730	2 256	724
大　连		409	653	428	2 398	4 343
哈尔滨	273	144	380	1 623	1 164	760
广　州	3 119	13 368	1 150	967	3 187	34 680
西　安	788	473	283	320	1 643	278
青　岛	717	1 755	581	957	2 158	445
宁　波	1 272	847	676	147	2 310	2 069
厦　门		966	102	124	273	538
深　圳	10 000	50 000	502	1 120	2 503	6 957
长　春	887	189	523	779	1 776	1 241
南　京	862	744	399	774	1 728	
成　都	737	2 218	498	357	2 830	
长　院		55	27	229	232	868
武　院	45	64	149	396	246	15
天　院		332	47	44	21	111
信　托			3		2	
合　计	159 773	350 302	86 727	107 368	349 594	275 125

全部职工专业技术职务资格情况表

（1990年）　　　　单位：人

项　　目	合　　计	总计		
		高级职称	中级职称	初级职称
总　　计	**468 023**	**2 022**	**41 125**	**235 094**
总　行	677	72	250	123
省、自治区、直辖市分行	6 303	594	2 109	1 651
单列市分行	2 031	120	534	496
地区中心支行	11 776	334	3 406	4 592
省辖市分支行	11 449	363	3 196	4 318
县支行	98 782	116	15 061	52 810
地辖市支行	15 136	29	2 540	7 800
营业所	250 889	1	8 138	130 977
储蓄所	29 348		389	14 225
营业部	11 803	16	980	5 696
城郊办事处	20 306	39	2 492	9 555
国际业务部	865	22	155	314
公　司	1 477	48	348	569
管理干部学院	744	62	187	146
职工中专	3 500	160	819	1 027
干部学校	2 232	44	486	717
疗养院招待所	583		23	70
其　他	122	2	12	8

项　　目	合　　计	经济人员			
		高级经济师	经　济　师	助理经济师	经　济　员
总　　计	**148 391**	**1 491**	**30 177**	**71 143**	**45 580**
总　行	270	45	163	55	7
省、自治区、直辖市分行	3 037	475	1 495	920	147
单列市分行	768	94	384	258	32
地区中心支行	6 115	295	2 582	2 796	442
省辖市分支行	5 683	317	2 416	2 548	402
县支行	44 744	101	11 558	23 388	9 689
地辖市支行	6 729	26	1 907	3 526	1 270
营业所	64 550	1	6 295	29 975	28 287
储蓄所	5 402		240	2 261	2 901
营业部	2 675	14	627	1 371	663
城郊办事处	6 770	36	1 832	3 320	1 582
国际业务部	328	20	124	164	20
公　司	651	43	269	282	57
管理干部学院	22	7	9	6	
职工中专	298	12	131	117	38
干部学校	294	4	122	135	33
疗养院招待所	44		14	21	9
其　他	11	1	9		1

全部职工专业技术职务资格情况表(续1)

(1990年)　　　　单位：人

项　　目	合　计	会计人员			
		高级会计师	会计师	助理会计师	会计员
总　计	**123 396**	**179**	**8 631**	**47 280**	**67 306**
总　行	49	9	21	15	4
省、自治区、直辖市分行	739	67	330	277	65
单列市分行	242	15	83	118	26
地区中心支行	1 739	33	651	867	188
省辖市分支行	1 675	33	583	853	206
县支行	22 358	11	3 350	11 431	7 566
地辖市支行	3 444	3	585	1 876	980
营业所	74 320		1 818	24 590	47 912
储蓄所	9 164		144	2 775	6 245
营业部	3 891	2	317	1 779	1 793
城郊办事处	5 027	3	588	2 318	2 118
国际业务部	140	1	21	69	49
公　司	258	2	56	130	70
管理干部学院	18		9	4	5
职工中专	146		38	77	31
干部学校	147		32	82	33
疗养院招待所	31		3	17	11
其　他	8		2	2	4

项　　目	合　计	统计人员			
		高级统计师	统计师	助理统计师	统计员
总　计	**342**	**2**	**54**	**202**	**84**
总　行	5		4	1	
省、自治区、直辖市分行	11	1	8	1	1
单列市分行	2			2	
地区中心支行	36		15	19	2
省辖市分支行	14		6	5	3
县支行	150	1	9	101	39
地辖市支行	22		4	14	4
营业所	45		4	31	10
储蓄所	9		1	3	5
营业部	7			4	3
城郊办事处	34		1	18	15
国际业务部					
公　司	1			1	
管理干部学院	3		2		1
职工中专	2			1	1
干部学校	1			1	
疗养院招待所					
其　他					

全部职工专业技术职务资格情况表(续2)

(1990年)　　　　单位：人

项　　目	工程技术人员				
	合　计	高级工程师	工　程　师	助理工程师	技　术　员
总　　计	2040	70	594	1060	316
总　行	56	12	19	24	1
省、自治区、直辖市分行	374	32	165	140	37
单列市分行	108	9	50	42	7
地区中心支行	229	1	74	127	27
省辖市分支行	316	8	100	166	42
县支行	389	3	54	225	107
地辖市支行	78		9	56	13
营业所	101		12	62	27
储蓄所	26		2	18	6
营业部	71		21	41	9
城郊办事处	153		39	84	30
国际业务部	12	1	5	5	1
公　司	44	2	17	23	2
管理干部学院	29	1	13	12	3
职工中专	34	1	14	17	2
干部学校	20			18	2
疗养院招待所					
其　他					

项　　目	教学人员					
	合　计	正副教授	高级讲师	讲　师	助　教	教　员
总　　计	3134	61	207	1376	1377	113
总　行	23	1	4	16	2	
省、自治区、直辖市分行	76		14	46	16	
单列市分行	11		1	9	1	
地区中心支行	115		4	58	51	2
省辖市分支行	103		5	59	39	
县支行	174			70	101	3
地辖市支行	71			34	35	2
营业所	62			7	50	5
储蓄所	7			1	5	1
营业部	32			12	20	
城郊办事处	64			24	33	7
国部业务部	3			2	1	
公　司	2			1	1	
管理干部学院	247	52		125	70	
职工中专	1408	8	139	593	608	60
干部学校	736		40	319	344	33
疗养院招待所						
其　他						

全部职工专业技术职务资格情况表(续3)

(1990年) 单位：人

项目	其他专业技术人员				未取得专业技术职称的人员	其他人员
	合计	高级职称	中级职称	初级职称		
总计	938	12	293	633	99 624	90 158
总行	42	1	27	14	132	100
省、自治区、直辖市分行	117	5	65	47	410	1 539
单列市分行	19	1	8	10	213	668
地区中心支行	98	1	26	71	908	2 536
直辖市分支行 省	86		32	54	942	2 630
县支行	180		20	160	10 676	20 111
地辖市支行	25		1	24	1 591	3 176
营业所	30		2	28	68 714	43 067
储蓄所	6		1	5	9 134	5 600
营业部	16		3	13	2 468	2 643
城郊办事处	38		8	30	3 276	4 944
国际业务部	8		3	5	306	68
公司	9	1	5	3	274	238
管理干部学院	76	2	29	45	45	304
职工中专	118		43	75	312	1 182
干部学校	49		13	36	203	782
疗养院招待所	18		6	12	11	479
其他	3	1	1	1	9	91

全部职工基本情况表

（1990年）　　　　单位：人

	总计				文化程度	
					高等院校	
		女	少数民族	从非国家干部选聘	毕业者	相当者
总　　计	468 023	135 804	32 910	13 458	52 610	8 308
# 干部	396 245	115 863	29 656	13 322	51 831	8 171
# 党、工、团	8 238	1 721	1 194	41	1 293	406
从非国家干部中选聘	13 489	3 899	425		448	131
女干部	115 863		7 793	3 486	14 039	1 720
民主党派干部	203	31	4	1	80	9
一、总行	677	256	16		476	
1．干部小计	638	250	15		476	
行长	1				1	
副行长	3				2	
相当正副行长级	1	1			1	
主任	16	1			13	
副主任	24	3			20	
相当正副主任级						
处长	53	13	1		44	
副处长	91	24	2		78	
相当正副处长级						
主任科员	20	5			6	
副主任科员	14	4	1		5	
科员办事员	128	58	2		65	
专业技术干部	287	141	9		241	
2．其他人员	39	6	1			
二、省级分行及相当局级单位	7 346	2 050	326	32	3 282	350
1．干部小计	6 303	1 805	289	32	3 264	347
行（院）长	33		2		18	2
副行（院）长	106	2	5		56	8
相当正副行（院）长级	56	2	1		21	1
处长	399	20	23		130	37
副处长	631	58	35		321	47
相当正副处长级	107	14	5		32	3
主任科员	808	187	32		291	67
副主任科员	885	242	31	1	467	80
科员、办事员	483	215	22	9	161	28
专业技术干部	2 795	1 065	133	22	1 767	74
2．其他人员	1 043	245	37		19	3
三、单列市分行及相当副局单位	2 089	599	36	19	757	106
干部小计	1 735	485	36	19	756	106
行长	12	2			8	
相当行长级	2					
副行长	44	2	1		25	8
相当副行长级	27	2			5	1
处长	119	7	3		34	11
相当处长级	5		1		2	
副处长	214	20	3		75	21
相当副处长级	28	6			14	1
主任科员	128	24	2		41	4

全部职工基本情况表(续1)

(1990年) 单位：人

项目	文化程度				政治情况	
	中等专业学校		高中	初中以下	共产党员	共青团员
	毕业者	相当者				
总计	90 897	11 387	172 746	132 075	157 832	109 486
干部	87 295	10 279	136 753	101 916	141 062	93 371
党、工、团	1 594	183	1 702	3 060	5 639	671
从非国家干部中选聘	1 262	461	7 177	4 010	2 974	3 699
女干部	29 516	3 451	47 404	19 733	18 789	37 841
民主党派干部	30	3	49	32		
一、总行	59		83	59	348	146
1. 干部小计	57		67	38	335	144
行长					1	
副行长	1				3	
相当正副行长级					1	
主任				3	16	
副主任	1		1	2	24	
相当正副主任级						
处长	4		2	3	44	
副处长			6	7	75	
相当正副处长级						
主任科员	3		4	7	11	
副主任科员	2		2	5	10	1
科员办事员	29		32	2	44	71
专业技术干部	17		20	9	106	72
2. 其他人员	2		16	21	13	2
二、省级分行及相当局级单位	1 140	15	1 310	1 248	3 705	1 365
1. 干部小计	1 100	12	907	673	3 502	1 272
行（院）长	4		5	4	33	
副行（院）长	16		13	13	105	
相当正副行（院）长级	7	1	15	11	56	
处长	70		85	77	391	
副处长	110		80	73	589	
相当正副处长级	18		24	30	97	
主任科员	186		104	160	634	3
副主任科员	136	6	102	94	534	76
科员、办事员	96		121	77	173	117
专业技术干部	457	5	358	134	890	1 076
2. 其他人员	40	3	403	575	203	93
三、单列市分行及相当副局单位	284	12	541	389	968	412
干部小计	275	10	361	227	898	346
行长			3	1	12	
相当行长级				2	2	
副行长	1		6	4	44	
相当副行长级	2		9	10	26	
处长	21		20	33	115	
相当处长级			1	2	5	
副处长	33		42	43	173	1
相当副处长级	2	1	6	4	22	
主任科员	24	1	27	31	99	1

全部职工基本情况表（续2）

（1990年）　　　　单位：人

项目	政治情况		年龄			
	民主党派	无党派	25岁以下	26岁至30岁	31岁至35岁	36岁至40岁
总计	205	200 500	106 742	129 568	78 533	42 024
# 干部	203	161 609	78 013	113 108	67 167	34 876
# 党、工、团	10	1 918	376	1 122	1 170	940
从非国家干部中选聘	1	6 815	4 165	4 443	2 444	1 139
女干部	36	59 197	29 796	40 065	22 574	9 543
民主党派干部	203			16	17	19
一、总行	3	180	94	140	135	119
1. 干部小计	3	156	92	130	125	106
行长						
副行长						
相当正副行长级						
主任						
副主任					2	5
相当正副主任级						
处长		9			8	6
副处长	1	15		5	22	20
相当正副处长级						
主任科员	1	8		1	3	7
副主任科员		3		2	5	5
科员办事员		13	75	23	10	13
专业技术干部	1	108	17	99	75	50
2. 其他人员		24	2	10	10	13
二、省级分行及相当局级单位	24	2 252	786	1 598	1 339	886
1. 干部小计	24	1 505	589	1 390	1 117	681
行（院）长						
副行（院）长		1				1
相当正副行（院）长级						
处长	2	6			7	7
副处长		42		9	49	66
相当正副处长级	2	8				4
主任科员	3	168	1	17	101	128
副主任科员	3	272	1	145	295	193
科员、办事员	2	191	97	126	116	75
专业技术干部	12	817	490	1 093	549	207
2. 其他人员		747	197	208	222	205
三、单列市分行及相当副局单位	5	704	332	396	360	306
干部小计	5	486	231	338	305	231
行长						
相当行长级						
副行长					2	6
相当副行长级		1			1	
处长		4		1	9	8
相当处长级						
副处长	1	39		5	27	27
相当副处长级		6		2	1	5
主任科员	2	26		8	27	20

全部职工基本情况表（续3）

（1990年）　　　　单位：人

项　　目	年龄 41岁至45岁	46岁至50岁	51岁至55岁	56岁至60岁	#女	61岁以上
总　计	30954	29305	27135	23270	115	492
# 干部	27157	27012	25860	22638	101	414
# 党、工、团	1074	1057	1264	1219	7	16
从非国家干部中选聘	595	402	257	44		
女干部	5905	4739	3076	165	5	
民主党派干部	16	54	43	35	1	3
一、总行	73	51	40	24	6	1
1. 干部小计	72	48	40	24	6	1
行长		1				
副行长			1	2		
相当正副行长级						1
主任	1	4	5	6		
副主任	3	4	4	6	2	
相当正副主任级						
处长	11	11	10	7	2	
副处长	21	13	8	2	1	
相当正副处长级						
主任科员	5	1	3			
副主任科员	2					
科员办事员	4	3				
专业技术干部	25	11	9	1	1	
2. 其他人员	1	3				
二、省级分行及相当局级单位	787	692	591	588	13	79
1. 干部小计	680	644	561	571	13	70
行（院）长	2	6	4	20		1
副行（院）长	13	27	26	34		5
相当正副行（院）长级	3	2	9	33	1	9
处长	34	69	112	158		12
副处长	122	154	127	95	2	9
相当正副处长级	15	18	19	43	4	8
主任科员	163	149	140	106	2	3
副主任科员	116	72	38	23	3	2
科员、办事员	44	19	4	1		1
专业技术干部	168	128	82	58	1	20
2. 其他人员	107	48	30	17		9
三、单列市分行及相当副局单位	204	186	100	189	4	16
干部小计	164	173	94	183	4	16
行长		3	1	8	2	
相当行长级				1		1
副行长	6	12	4	13		1
相当副行长级	1	3	2	18	2	2
处长	13	19	15	51		3
相当处长级	1		2	1		1
副处长	43	43	32	34		3
相当副处长级	2	7	2	6		3
主任科员	21	22	12	16		2

专业技术职务聘任情况表

（1990年）　　单位：人

项目	总计	高级职称	中级职称	初级职称
总计	271 426	1 566	39 500	230 360
总行	287	6	162	119
省、自治区、直辖市分行	3 940	416	1 919	1 605
单列市分行	1 028	85	460	483
地区中心分行支	8 241	292	3 345	4 604
省辖市分支行	7 144	300	2 854	3 990
县支行	66 412	106	14 739	51 567
地辖市支行	10 044	26	2 455	7 563
营业所	136 804	1	7 964	128 839
储蓄所	14 306		364	13 942
营业部	6 549	14	940	5 595
城郊办事处	11 686	36	2 364	9 286
国际业务部	473	15	151	307
公司	917	36	327	554
管理干部学院	346	49	168	129
职工中专	1 949	144	791	1 014
干部学校	1 196	39	463	694
疗养院招待所	85		23	62
其他	19	1	11	7

项目	合计	经济人员			
		高级经济师	经济师	助理经济师	经济员
总计	144 141	1 129	28 984	69 229	44 799
总行	158	1	99	51	7
省、自治区、直辖市分行	2 712	325	1 341	902	144
单列市分行	667	64	322	250	31
地区中心支行	6 001	258	2 508	2 792	443
省辖市分支行	5 181	259	2 180	2 365	377
县支行	43 633	93	11 325	22 713	9 502
地辖市支行	6 483	23	1 836	3 415	1 209
营业所	63 368	1	6 181	29 312	27 874
储蓄所	5 267		224	2 184	2 859
营业部	2 603	13	605	1 339	646
城郊办事处	6 515	33	1 729	3 200	1 553
国际业务部	317	15	121	161	20
公司	619	33	252	278	56
管理干部学院	6		4	2	
职工中专	280	8	121	116	35
干部学校	284	3	114	134	33
疗养院招待所	38		14	15	9
其他	9		8		1

专业技术职务聘任情况表（续1）

（1990年）　　　　单位：人

项目	合计	会计人员			
		高级会计师	会计师	助理会计师	会计员
总计	121 387	131	8 353	46 369	66 534
总行	35	1	15	15	4
省、自治区、直辖市分行	685	43	310	271	61
单列市分行	232	12	77	117	26
地区中心支行	1 787	28	668	911	180
省辖市分支行	1 489	29	493	767	200
县支行	21 976	9	3 277	11 222	7 468
地辖市支行	3 392	3	573	1 852	964
营业所	73 261		1 765	24 127	47 369
储蓄所	9 013		138	2 701	6 174
营业部	3 849	1	307	1 752	1 789
城郊办事处	4 950	3	578	2 270	2 099
国际业务部	137		21	68	48
公司	248	2	53	121	72
管理干部学院	17		9	3	5
职工中专	138		34	77	27
干部学校	140		29	78	33
疗养院招待所	31		4	15	12
其他	7		2	2	3

项目	合计	统计人员			
		高级统计师	统计师	助理统计师	统计员
总计	308	2	50	181	75
总行	3		2	1	
省、自治区、直辖市分行	11	1	8	1	1
单列市分行	2			2	
地区中心支行	34		15	18	1
省辖市分支行	11		6	4	1
县支行	142	1	8	96	37
地辖市支行	19		4	12	3
营业所	39		4	26	9
储蓄所	7		1	1	5
营业部	6			3	3
城郊办事处	30		1	15	14
国际业务部					
公司	1			1	
管理干部学院	1		1		
职工中专	2			1	1
干部学校					
疗养院招待所					
其他					

专业技术职务聘任情况表(续2)

(1990年)　　　　单位：人

项　　目	合　计	工程技术人员			
		高级工程师	工　程　师	助理工程师	技　术　员
总　　计	1798	53	528	924	293
总行	41	2	14	24	1
省、自治区、直辖市分行	351	30	156	130	35
单列市分行	103	7	49	40	7
地区中心支行	221	1	65	127	28
省辖市分支行	288	7	89	150	42
县支行	344	3	49	194	98
地辖市支行	62		8	43	11
营业所	66		6	36	24
储蓄所	15		1	8	6
营业部	57		16	34	7
城郊办事处	128		32	70	26
国际业务部	11		5	5	1
公　　司	41	1	16	22	2
管理干部学院	21	1	8	11	1
职工中专	33	1	14	16	2
干部学校	16			14	2
疗养院招待所					
其他					

项　　目	合　计	教学人员				
		正副教授	高级讲师	讲　师	助　教	教　师
总　　计	2982	55	187	1323	1317	98
总行	15		1	12	2	
省、自治区、直辖市分行	70		12	43	15	
单列市分行	9		1	7	1	
地区中心支行	119		5	63	49	2
直辖市分支行	100		5	59	36	
县支行	154			62	90	2
地辖市支行	65			33	31	1
营业所	58			7	48	3
储蓄所	3				3	
营业部	25			10	15	
城郊办事处	38			19	16	3
国际业务部	2			1	1	
公　　司	1			1		
管理干部学院	233	47		119	67	
职工中专	1380	8	127	580	607	58
干部学校	710		36	307	336	29
疗养院招待所						
其他						

专业技术职务聘任情况表(续3)

(1990年)

单位:人

项目	合计	其他专业技术人员		
		高级职称	中级职称	初级职称
总计	810	9	262	539
总行	35	1	20	14
省、自治区、直辖市分行	111	5	61	45
单列市分支行	15	1	5	9
地区中心支行	79		26	53
省辖市分支行	75		27	48
县支行	163		18	145
地辖市支行	23		1	22
营业所	12		1	11
储蓄所	1			1
营业部	9		2	7
城郊办事处	25		5	20
国际业务部	6		3	3
公司	7		5	2
管理干部学院	68	1	27	40
职工中专	116		42	74
干部学校	46		13	33
疗养院招待所	16		5	11
其他	3	1	1	1

各类专业技术人员基本情况表

（1990年） 单位：人

项目	总计	少数民族	女	从非国家干部中选聘
总计	**377 741**	**28 286**	**111 614**	**12 223**
＊从非国家干部中选聘	12 089	409	3 485	11 569
高级职称	2 022	76	110	
中级职称	41 125	2 220	5 227	215
初级职称	235 094	17 840	77 585	9 019
1．工程技术人员	2 822	116	697	57
高级工程师	70		10	
工程师	594	16	112	2
助理工程师	1 060	44	261	26
技术员	316	21	124	19
未评定职称人员	782	35	190	10
2．农业技术人员	67	7	14	1
高级农艺师	2	1		
农艺师	13		3	
助理农艺师	38	4	7	1
技术员	14	2	4	
未评定职称人员				
3．卫生技术人员	327	14	250	5
正副主任医师	4		2	
主治医师	134	5	97	
医（护）师	137	5	107	1
医（护）士	42	4	37	4
未评定职称人员	10		7	
4．教学人员	3 593	211	1 265	15
（1）自然科学	768	46	268	6
学院：正副教授	17		2	
讲师	35		10	
助教	20	3	9	
未评定职称人员	7		1	
中专干校：高级讲师	53	2	12	
讲师	294	20	92	3
助理讲师	273	17	117	2
教员	26		9	1
未评定职称人员	43	4	16	
（2）社会科学	2 825	165	997	9
学院：正副教授	44	1	5	
讲师	119	4	28	
助教	86	2	47	
未评定职称人员	47	3	19	
中专干校：高级讲师	154	6	16	
讲师	928	61	291	1
助理讲师	998	54	399	4
教员	87	4	49	2
未评定职称人员	362	30	143	2

各类专业技术人员基本情况表(续1)

(1990年)　　　　单位：人

项　　目	已聘任专业技术职务的	担任行政领导职务的			
		相当部级	相当厅（局）级	相当处级	相当科级
总　计	271 285	1	229	3 293	20 716
* 从非国家干部中选聘	7 951			8	63
高级职称	1 560	1	206	1 094	484
中级职称	39 478		22	2 023	13 817
初级职称	230 247			87	5 798
1. 工程技术人员	1 800			53	216
高级工程师	53			27	22
工程师	528			25	141
助理工程师	924			1	44
技术员	295				6
未评定职称人员					3
2. 农业技术人员	37			2	6
高级农艺师	1				
农艺师	8			1	4
助理农艺师	23				2
技术员	5			1	
未评定职称人员					
3. 卫生技术人员	271			1	37
正副主任医师	3				1
主治医师	124			1	22
医（护）师	110				8
医（护）士	34				4
未评定职称人员					2
4. 教学人员	2 983		8	151	522
(1) 自然科学	691			30	121
学院：正副教授	16			3	4
讲师	35			3	2
助教	18				
未评定职称人员					
中专干校：高级讲师	50			9	24
讲师	287			15	81
助理讲师	263				10
教员	22				
未评定职称人员					
(2) 社会科学	2 292		8	121	401
学院：正副教授	39		6	10	6
讲师	110			13	21
助教	82				1
未评定职称人员				1	2
中专干校：高级讲师	137		2	46	50
讲师	891			51	261
助理讲师	955				49
教员	78				
未评定职称人员					11

各类专业技术人员基本情况表(续2)

(1990年)　　　　单位：人

项目	文化程度						
	高等院校			中等专业学校		高中	初中以下
	毕业者		相当者	毕业者	相当者		
	大学本科以上	大专					
总计	**8 757**	**41 083**	**6 987**	**83 940**	**9 786**	**131 010**	**96 178**
* 从非国家干部中选聘	37	375	128	1 240	393	6 448	3 468
高级职称	497	314	104	250	7	432	418
中级职称	2 148	6 770	2 200	6 058	382	6 408	17 159
初级职称	2 383	23 969	4 216	53 460	7 617	84 439	59 010
1．工程技术人员	955	948	52	443	21	333	70
高级工程师	62	7					1
工程师	241	248	12	62		20	11
助理工程师	323	370	23	190	8	116	30
技术员	3	76	7	102	7	104	17
未评定职称人员	326	247	10	89	6	93	11
2．农业技术人员	19	12		34		1	1
高级农艺师	2						
农艺师	8	5					
助理农艺师	9	6		21		1	1
技术员		1		13			
未评定职称人员							
3．卫生技术人员	33	60	1	168	1	26	38
正副主任医师	4						
主治医师	27	37		59		4	7
医（护）师	1	19	1	88		10	18
医（护）士		2		16	1	11	12
未评定职称人员	1	2		5		1	1
4．教学人员	1 473	1 557	79	312	6	115	51
(1) 自然科学	323	354	8	53	2	16	12
学院：正副教授	16	1					
讲师	32	3					
助教	12	7		1			
未评定职称人员	7						
中专干校：高级讲师	41	7	1	3			1
讲师	105	154	4	18		5	8
助理讲师	86	150	3	23	1	9	1
教员	4	17		3		2	
未评定职称人员	20	15		5	1		2
(2) 社会科学	1 150	1 203	71	259	4	99	39
学院：正副教授	35	2	3	2			2
讲师	87	27		3		2	
助教	69	13		4			
未评定职称人员	42	4	1				
中专干校：高级讲师	96	23	3	15		13	4
讲师	402	392	25	62	4	30	13
助理讲师	289	558	32	92		21	6
教员	6	49	4	26		2	
未评定职称人员	124	135	3	55		31	14

各类专业技术人员基本情况表(续3)

(1990年)　　　　单位：人

项　　目	总　　计	政治情况			
		共产党员	共青团员	民主党派	无党派
总　　计	377741	129494	89994	197	158056
* 从非国家干部中选聘	12136	2601	3168		6367
高级职称	2022	1783		28	211
中级职称	41123	30164	407	118	10434
初级职称	235089	76104	52969	1126	104890
1. 工程技术人员	2822	722	1120	5	975
高级工程师	70	41		4	25
工程师	594	283	44	1	266
助理工程师	1060	266	382		412
技术员	316	58	161		97
未评定职称人员	782	77	530		175
2. 农业技术人员	67	28	6		33
高级农艺师	2	2			
农艺师	13	10			3
助理农艺师	38	11	5		22
技术员	14	4	1		9
未平定职称人员					
3. 卫生技术人员	327	147	16	1	163
正副主任医师	4	2			2
主治医师	134	78		1	55
医（护）师	137	57	5		75
医（护）士	42	8	9		25
未评定职称人员	10	2	2		6
4. 教学人员	3575	1347	900	42	1286
(1) 自然科学	727	272	165	8	282
学院：正副教授	17	9		1	7
讲师	35	14	4	1	16
助教	20	2	10		8
未评定职称人员	7		4		3
中专干校：高级讲师	53	39			14
讲师	288	145	19	4	120
助理讲师	271	62	101	1	107
教员	26	4	14		8
未评定职称人员	43	7	24		12
(2) 社会科学	2655	990	692	32	941
学院：正副教授	44	38		4	2
讲师	120	53	4	1	62
助教	86	7	43		36
未评定职称人员	47	8	30		9
中专干部：高级讲师	138	108		6	24
讲师	866	451	42	16	357
助理讲师	922	256	330	5	331
教员	86	11	55		20
未评定职称人员	346	58	188		100

各类专业技术人员基本情况(续 4)

（1990年）　　　　单位：人

项　　目	年龄				
	25岁以下	26岁至30岁	31岁至35岁	36岁至40岁	41岁至45岁
总　　计	74 921	110 125	64 074	32 409	25 054
* 从非国家干部中选聘	3 539	3 915	2 349	1 056	600
高级职称			5	6	111
中级职称	17	1 492	3 393	3 398	5 697
初级职称	27 628	87 126	49 981	22 761	15 406
1. 工程技术人员	847	867	439	273	179
高级工程师				1	11
工程师	4	97	131	142	105
助理工程师	153	490	231	105	45
技术员	139	104	42	17	9
未评定职称人员	545	180	36	9	9
2. 农业技术人员	3	11	15	9	6
高级农艺师					
农艺师			1	2	1
助理农艺师		10	11	5	4
技术员	3	1	3	2	1
未平定职称人员					
3. 卫生技术人员	10	22	59	78	63
正副主任医师					
主治医师			10	21	42
医（护）师	3	9	36	49	18
医（护）士	5	12	11	5	3
未评定职称人员	2	1	2	3	
4. 教学人员	441	1 230	533	311	311
(1) 自然科学	68	259	121	58	63
学院：正副教授					1
讲师		7	7	3	6
助教	5	13	2		
未评定职称人员	4	3			
中专干校：高级讲师			1		3
讲师	1	62	72	40	34
助理讲师	27	165	35	23	9
教员	15	10			
未评定职称人员	19	16	3	3	1
(2) 社会科学	361	904	377	236	232
学院：正副教授					1
讲师		17	34	18	13
助教	13	60	6	6	1
未评定职称人员	22	21		1	2
中专干校：高级讲师			1		5
讲师	2	117	166	139	157
助理讲师	102	568	142	53	39
教员	32	40	6	1	2
未评定职称人员	190	81	22	18	12

各类专业技术人员基本情况（续 5）

（1990年）　　　　单位：人

项目	年龄				
	46岁至50岁	51岁至55岁	56—60岁	# 女	61岁以上
总计	**25 568**	**24 502**	**20 740**	**79**	**348**
# 从非国家干部中选聘	393	239	45		
高级职称	353	554	873	19	120
中级职称	9 247	9 271	8 496	37	112
初级职称	12 916	11 455	7 755	18	61
1．工程技术人员	134	69	14		
高级工程师	33	22	3		
工程师	69	40	6		
助理工程师	27	6	3		
技术员	2	1	2		
未评定职称人员	3				
2．农业技术人员	11	12			
高级农艺师	2				
农艺师	6	3			
助理农艺师	2	6			
技术员	1	3			
未评定职称人员					
3．卫生技术人员	54	35	6	2	
正副主任医师	1	3			
主治医师	33	25	3	1	
医（护）师	15	4	3	1	
医（护）士	4	2			
未评定职称人员	1	1			
4．教学人员	336	276	126	2	11
(1) 自然科学	69	61	27		1
学院：正副教授	4	10	2		
讲师	9	3			
助教					
未评定职称人员					
中专干校：高级讲师	20	17	11		1
讲师	37	27	15		
助理讲师	10	1	1		
教员		1			
未评定职称人员	1				
(2) 社会科学	242	206	88	2	9
学院：正副教授	13	9	15		6
讲师	21	14	3		
助教					
未评定职称人员	1				
中专干校：高级讲师	32	65	33		2
讲师	149	104	31	1	1
助理讲师	13	5			
教员	1	3	1		
未评定职称人员	12	6	4	1	1

农 业 银 行 损 益 表

单位：亿元

项　　　目	1986年	1987年	1988年	1989年	1990年
一、收入					
贷款利息收入	115.14	150.76	202.15	289.11	273.42
转存、同业往来等利息收入	107.43	180.58	294.71	468.60	459.86
代理业务收入					
其他收入	2.55	2.88	4.49	5.74	16.06
收入合计	225.12	334.22	501.35	763.45	749.34
二、支出					
存款利息支出	40.35	53.42	69.02	90.09	97.26
同业往来等利息支出	128.11	205.18	332.54	566.78	575.42
代理费用	1.57	2.68	4.05	5.01	6.26
经营费用	10.99	14.16	19.72	28.89	34.85
拆旧费用	1.69	1.86	2.35	2.85	3.51
其他支出	14.12	19.85	32.93	35.59	20.49
支出合计	196.83	297.15	460.61	729.21	737.79
三、纳税前收入	28.29	37.07	40.74	34.24	
四、所得税等	17.37	23.15	25.54	21.98	
五、净利益	10.92	13.92	15.20	12.26	11.55

信 用 社 机 构 状 况 表

（1990年）　　　　单位：个

地区	独立核算机构				
	合计	乡信用社	联村信用社	村信用社	联社营业部
全国总计	58 200	55 098	1 903	157	1 042
北京	284	280	4	0	0
天津	217	217	0	0	0
河北	3 743	3 575	39	1	128
山西	2 028	1 959	9	0	60
内蒙古	1 451	1 425	0	0	26
辽宁	1 345	1 214	45	35	51
吉林	942	917	0	0	25
黑龙江	1 138	1 122	5	1	10
上海	205	205	0	0	0
江苏	2 049	2 037	4	7	1
浙江	3 070	3 039	0	0	31
安徽	3 512	3 469	3	0	40
福建	958	940	0	0	18
江西	1 922	1 805	61	1	55
山东	2 279	2 279	0	0	0
河南	3 023	1 981	921	23	98
湖北	3 404	2 760	586	0	58
湖南	3 613	3 516	0	4	93
广东	1 724	1 683	0	0	41
广西	1 479	1 323	76	7	73
海南	327	315	0	0	12
四川	8 456	8 369	12	1	74
贵州	3 450	3 389	33	12	16
云南	1 547	1 457	19	32	39
西藏	426	423	0	3	0
陕西	2 624	2 596	6	2	20
甘肃	1 545	1 494	22	23	6
青海	317	317	0	0	0
宁夏	264	258	0	0	6
新疆	858	734	58	5	61

信用社机构状况表(续)

(1990年)　　单位：个

地区	不独立核算机构				县(市)联社机构		
	合计	信用分社	信用站	储蓄所	建立联社数	其中兼办业务数	通辖通汇数
全国总计	327 230	30 290	282 766	14 174	2 296	858	725
北京	3 038	154	2 836	48	14	0	0
天津	2 578	113	2 375	90	12	0	12
河北	43 427	959	42 213	255	156	83	136
山西	24 384	667	23 038	679	111	69	65
内蒙古	1 889	505	1 142	242	84	32	22
辽宁	3 696	424	2 266	1 006	59	51	26
吉林	2 664	89	1 594	981	49	25	21
黑龙江	11 468	60	10 667	741	64	2	5
上海	57	46	11	0	16	0	0
江苏	13 012	966	11 576	470	81	26	3
浙江	17 091	910	15 293	888	73	31	18
安徽	8 334	1 198	6 094	1 042	86	22	37
福建	4 385	1 268	2 988	129	70	21	24
江西	7 135	961	5 722	452	94	24	60
山东	50 823	1 660	47 658	1 505	130	5	0
河南	18 948	2 297	15 273	1 378	133	21	53
湖北	22 973	1 915	20 083	975	76	52	48
湖南	34 482	1 470	32 196	816	107	54	69
广东	9 212	4 324	3 973	915	104	104	31
广西	1 489	1 288	17	184	88	73	21
海南	751	434	250	67	19	10	2
四川	12 521	1 460	10 159	902	200	19	31
贵州	610	570	11	29	59	16	2
云南	6 207	4 237	1 949	21	117	22	20
西藏	21	7	5	9	0	0	0
陕西	18 954	707	17 939	308	104	21	6
甘肃	5 440	492	4 923	25	83	6	6
青海	286	66	218	2	28	2	1
宁夏	93	74	19	0	17	6	5
新疆	1 262	969	278	15	62	61	1

信用社人员状况表

（1990年）　　　　　　　　　　　　　　　　　　　单位：人

地　区	信用社在职职工总数			信用社在职职工岗位情况			
	合　计	固定制	合同制	合　计	在信用社	在联社营业部	联社管理人员
全国总计	517 083	269 739	247 344	517 083	482 523	9 547	25 013
北　京	4 875	2 340	2 535	4 875	4 579	0	296
天　津	3 350	1 862	1 488	3 350	3 214	0	136
河　北	28 171	12 445	15 726	28 171	25 001	716	2 454
山　西	19 732	12 080	7 652	19 732	17 530	571	1 631
内蒙古	12 277	5 605	6 672	12 277	11 799	151	327
辽　宁	26 082	11 094	14 988	26 082	24 060	854	1 168
吉　林	15 780	7 095	8 685	15 780	14 815	515	450
黑龙江	12 198	5 447	6 751	12 198	11 467	514	217
上　海	3 975	3 903	72	3 975	3 483	0	492
江　苏	29 926	15 108	14 818	29 926	28 364	17	1 545
浙　江	25 546	14 451	11 095	25 546	23 451	195	1 900
安　徽	20 650	12 240	8 410	20 650	19 577	167	906
福　建	11 586	5 359	6 227	11 586	10 724	100	762
江　西	12 956	7 478	5 478	12 956	12 080	363	513
山　东	43 044	19 781	23 263	43 044	43 005	0	39
河　南	37 889	18 566	19 323	37 889	34 958	1 081	1 850
湖　北	22 325	11 566	10 759	22 325	21 377	360	588
湖　南	23 596	17 120	6 476	23 596	21 245	871	1 480
广　东	42 572	20 351	22 221	42 572	40 411	1 071	1 090
广　西	19 502	7 506	11 996	19 502	17 875	637	990
海　南	3 195	1 962	1 233	3 195	3 048	65	82
四　川	40 550	25 285	15 265	40 550	36 813	536	3 201
贵　州	10 458	5 741	4 717	10 458	10 202	64	192
云　南	14 019	8 902	5 117	14 019	13 110	189	720
西　藏	1 210	1 184	26	1 210	1 210	0	0
陕　西	14 456	6 519	7 937	14 456	13 298	129	1 029
甘　肃	7 902	3 724	4 178	7 902	7 335	34	533
青　海	1 382	603	779	1 382	1 289	6	87
宁　夏	1 922	902	1 020	1 922	1 786	49	87
新　疆	5 957	3 520	2 437	5 957	5 417	292	248

信用社人员状况表(续)

(1990年)　　　　单位:人

地区	银行职工从事信用合作人员数				信用站业务人员数
	联社营业部	联社管理人员	省地行管理人员	总行管理人员	
全国总计	198	6 463	2 165	24	287 944
北京	0	67	17		3 309
天津	0	65	0		2 516
河北	13	488	123		43 262
山西	5	124	125		23 233
内蒙古	23	301	89		1 367
辽宁	12	329	143		1 532
吉林	7	292	71		1 699
黑龙江	59	252	34		11 191
上海	0	0	0		0
江苏	0	193	0		11 600
浙江	1	403	90		15 426
安徽	0	355	88		10 409
福建	0	156	63		3 441
江西	7	232	75		6 536
山东	0	287	25		48 281
河南	5	346	145		16 654
湖北	15	335	117		20 215
湖南	0	260	90		33 118
广东	41	342	201		233
广西	0	141	72		161
海南	0	62	19		52
四川	0	519	156		9 121
贵州	0	45	43		211
云南	0	155	75		158
西藏	0	147	50		18
陕西	1	244	68		18 603
甘肃	0	85	58		5 006
青海	0	22	19		218
宁夏	0	61	25		18
新疆	9	155	84		356

农村信用社职称评聘状况表

（1990年）　　　　单位：人

地区	职工总数	职称人员		高级师			中级师		
		人数	占总数%	合计	会计师	经济师	合计	会计师	经济师
全国总计	517 083	256 317	49.6	2	1	1	15 036	2 890	12 146
北京	4 875	2 783	57.1				284	89	195
天津	3 350	2 039	60.9				179	39	140
河北	28 171	14 848	52.7				1 200	153	1 047
山西	19 732	11 484	58.2	2	1	1	1 540	235	1 305
内蒙古	12 277	6 073	49.5				384	51	333
辽宁	26 082	11 131	42.7				744	184	560
吉林	15 780	6 519	41.3				512	121	391
黑龙江	12 198	5 234	42.9				214	44	170
上海	3 975	2 359	59.3				328	111	217
江苏	29 926	16 577	55.4				804	123	681
浙江	25 546	12 346	48.3				631	116	515
安徽	20 650	9 766	47.3				808	127	681
福建	11 586	5 625	48.5				281	47	234
江西	12 956	8 077	62.3				443	84	359
山东	43 044	20 130	46.8				1 214	138	1 076
河南	37 889	19 867	52.4				1 229	229	1 000
湖北	22 325	8 248	36.9				546	129	417
湖南	23 596	10 137	43.0				1 013	244	769
广东	42 572	14 664	34.4				635	157	478
广西	19 502	10 188	52.2				121	24	97
海南	3 195	303	9.5				1	0	1
四川	40 550	26 806	66.1				523	133	390
贵州	10 458	4 808	46.0				201	72	129
云南	14 019	9 170	65.4				370	114	256
西藏	1 210	572	47.3				26	9	17
陕西	14 456	9 180	63.5				430	68	362
甘肃	7 902	3 578	45.3				267	23	244
青海	1 382	530	38.4				30	6	24
宁夏	1 922	724	37.7				50	10	40
新疆	5 957	2 551	42.8				28	10	18

农村信用社职称评聘状况表(续)

(1990年)

单位：人

地区	助师			员级		
	合计	会计师	经济师	合计	会计员	经济员
全国总计	79 754	29 054	50 700	161 433	91 526	69 907
北京	1 118	682	436	1 381	1 071	310
天津	413	198	215	1 447	978	469
河北	5 267	2 233	3 034	8 381	4 832	3 549
山西	4 282	1 709	2 573	5 660	3 484	2 176
内蒙古	2 688	919	1 769	3 001	1 558	1 443
辽宁	3 493	1 330	2 163	6 894	3 978	2 916
吉林	2 145	702	1 443	3 862	1 375	2 487
黑龙江	1 540	591	949	3 480	1 358	2 122
上海	690	328	362	1 341	893	448
江苏	3 946	1 446	2 500	11 827	8 065	3 762
浙江	3 138	1 282	1 856	8 577	5 533	3 044
安徽	3 027	1 088	1 939	5 931	3 969	1 962
福建	1 216	493	723	4 127	2 274	1 853
江西	1 828	586	1 242	5 806	3 402	2 404
山东	8 464	2 964	5 500	10 452	6 360	4 092
河南	5 915	1 674	4 241	12 723	5 940	6 783
湖北	2 822	886	1 936	4 880	2 903	1 977
湖南	2 858	1 307	1 551	6 266	3 555	2 711
广东	4 474	1 456	3 018	9 555	4 935	4 620
广西	2 176	494	1 682	7 800	2 992	4 808
海南	108	32	76	194	96	98
四川	7 922	3 293	4 629	18 361	12 247	6 114
贵州	1 210	425	785	3 397	1 614	1 783
云南	2 818	890	1 928	5 982	2 506	3 476
西藏	376	181	195	170	94	76
陕西	2 930	788	2 142	5 820	2 956	2 864
甘肃	1 452	460	992	1 859	1 153	706
青海	117	42	75	383	239	144
宁夏	334	105	229	340	218	122
新疆	987	470	517	1 536	948	588

4

农业银行教育

农业银行系统中专学校教育情况统计表

单位：人

在	合计			普通中专班			成人中专全科班		
							脱产		
	招生	毕业	在校	招生	毕业	在校	招生	毕业	在校
合计	**180 242**	**69 778**	**357 930**	**6 125**	**2 290**	**10 252**	**24 417**	**19 675**	**48 850**
1985年	11 179	1 433	16 839				3 689	945	6 451
1986年	15 662	4 469	25 833	460		460	4 850	2 216	8 990
1987年	15 373	8 184	33 081	1 095		1 555	5 356	3 657	10 698
1988年	99 228	9 706	117 701	1 459	460	2 554	4 725	4 455	10 072
1989年	11 727	13 044	99 423	1 220	698	2 530	2 956	4 437	7 522
1990年	27 073	32 942	65 053	1 891	1 132	3 153	2 841	3 965	5 117

	成人中专全科班			成人中专专修班					
	函授			脱产			自学		
	招生	毕业	在校	招生	毕业	在校	招生	毕业	在校
合计	**48 562**	**15 014**	**96 848**	**9 616**	**8 981**	**9 739**	**87 780**	**23 478**	**184 082**
1985年	7 271	255	10 051	81	288	81			
1986年	7 178	2 172	13 003	1 735	81	1 375			
1987年	7 265	2 674	17 594	813	1 735	813			
1988年	19 031	3 704	28 917	2 791	810	2 780	69 901		69 901
1989年	3 031	4 453	14 456	2 229	3 456	2 723	2 291		72 192
1990年	4 786	1 756	12 827	1 967	2 611	1 967	15 588	23 478	41 989

农业银行高等教育统计表

单位：人

项目	1989年	1990年
合计		
招生		
毕业生	601	709
在校生	720	634
在校生	1131	1334
农行自办		
专修科		
招生	361	401
毕业生	473	391
在校生	748	762
委托举办		
本科		
招生		123
毕业生		
在校生		123
专修科		
招生	240	185
毕业生	247	243
在校生	383	449

5

利　率

中国农业银行现行利率表

执行时间：1990年8月

项目	调前年息%	调后年息%
一、存款(包括单位存款)		
(一)活期	2.88	2.16
(二)定期		
1. 整存整取		
三个月	6.3	4.32
半 年	7.74	6.48
一 年	10.08	8.64
二 年	10.98	9.36
三 年	11.88	10.08
五 年	13.68	11.52
八 年	16.20	13.68
2. 零存整取、整存零取存本取息		
一 年	8.28	7.20
三 年	10.08	8.64
五 年	11.88	10.08
3. 华侨人民币储蓄存款		
一 年	11.88	10.08
三 年	13.68	11.52
五 年	15.48	13.68
4. 定活两便储蓄存款按同期整取利率打九折		
二、贷款		
(一)流动资金（包括乡镇企业、乡村工业、农工商企业、国营农场）		
三个月	7.92	7.92
半 年	9.0	8.64
一 年	10.08	9.36
(二)固定资产贷款		
(1)技术改造贷款	10.08	9.36
(2)基本建设贷款		
一年以下（含一年）	10.08	9.36
一年以上至三年（含三年）	10.80	10.08
三年以上至五年（含五年）	11.52	10.80
五年以上	11.88	11.16
(三)特种贷款	12.096	10.80
(四)开发性贷款(包括农业开发，经济特区等)	按基本建设贷款利率执行	
三年以下（含三年）		9.36
三年以上		10.08

项目	调前年息%	调后年息%
(五)乡镇企业设备贷款、乡村工业设备贷款及其他设备贷款	各分行结合当地情况自定	同前
(六)国务院扶贫贷款	3.6	2.88
(七)粮棉油收购贷款	9.0	8.28
(八)民族贸易和民族用品	7.2	6.48
(九)个体手工业、修理业	10.08	9.36
(十)林业专项贴息		
(十一)民政部门福利工厂	10.08	9.36
(十二)商业、供销一、二	8.28	7.56
级站储备	9.0	8.28
三、系统内资金往来		
(一)上存总行资金		
三个月以下（含三个月）	8.28	7.02
三至六个月（含六个月）	8.64	7.22
六个月以上	9.0	7.38
(二)上存总行统筹基金	8.28	7.20
(三)各分行向总行借款		
三个月以内	以一个月月	
(含三个月)	利率 7.2%	7.56
三个月以上	为基准	7.92
(四)联行往来	7.92	6.84
(五)铺底资金	7.92	6.84
(六)逾期借款		每天按
四、行、社往来利率		5‰计息
(一)同比例准备金	7.92	6.84
(二)超13%比例部分	10.08	9.0
(三)年底仍高于16%部分执行特种存款利率(特种存款利率为11.7%)		11.
(四)信用社转存款（包括备付金，发展基金，一般存款）		8.64
(五)支持信用社贷款	10.08	8.64
五、同人民银行往来利率		
(一)存款准备金	7.92	6.84
(二)备付金存款	7.92	6.84
(三)年度性、季节性日拆性贷款	9.0	7.92

6

信贷资金使用情况专项调查

农业银行工业贷款企业情况统计表

单位：个、亿元

指标	国营工业企业			城镇集体工业企业		
	1988年	1989年	1990年	1988年	1989年	1990年
贷款企业数	5 893	5 836	6 521	34 961	34 669	32 096
固定资产原值	249.07	310.19	373.07	132.17	183.03	227.16
固定资产净值	177.46	223.19	272.49	102.84	138.54	170.26
自有流动资金	23.93	31.80	39.45	35.36	39.16	44.51
全部流动资金占用	163.88	227.73	365.16	186.18	254.28	288.28
# 储备资金	47.15	58.82	83.69	45.87	60.18	61.83
生产资金	20.10	27.80	37.30	27.01	32.69	32.87
成品资金	28.79	50.18	86.55	37.44	55.88	68.11
发出商品	9.65	14.75	28.57	13.76	21.50	25.99
应收款	33.80	57.32	84.69	40.18	64.98	70.63
总产值本年累计	217.41	217.87	366.03	317.51	368.87	414.93
销售收入本年累计	96.25	283.85	420.66	329.08	365.21	383.30
税利总额本年累计	40.45	42.54	53.62	41.13	39.15	32.37
流动资金贷款逾期数	7.10	9.85	11.38	13.79	17.48	16.68
固定资产贷款逾期数	1.23	1.83	3.41	3.03	4.13	4.48
关停企业个数	164	763	304	4 938	5 780	5 496
关停企业贷款余额	0.49	1.07	1.13	2.34	4.10	4.66
亏损企业个数	569	1 366	1 616	3 064	4 363	5 776
亏损企业亏损额	2.39	4.88	8.58	1.83	3.70	6.53
亏损企业贷款余额	7.42	12.63	35.23	7.82	14.74	24.90
技改贷款项目个数	1 437	1 636	1 898	2 734	1 008	2 432
# 在建项目个数	518	405	823	757	392	560
在建项目贷款余额	8.39	10.25	11.96	4.25	3.42	3.83
基建贷款项目个数	84	59	69	284	50	93
# 在建项目个数	58	51	39	149	34	26
在建项目贷款余额	2.71	2.39	2.10	1.43	0.71	0.61

农业银行乡镇企业贷款统计分析表

	单　位	1988	1989	1990
贷款企业数	10万个	46.28	45.55	37.98
固定资产原值	亿　元	679.80	829.64	891.03
固定资产净值	亿　元	518.00	625.41	676.70
自有流动资金	亿　元	150.00	175.98	199.04
自有流动资金比重	%	33.30	28.57	28.50
全部流动资金占用	亿　元	801.59	956.92	1 084.08
定额流动资金	亿　元	450.45	615.99	698.35
* 储备资金	亿　元	184.64	203.77	227.54
生产资金	亿　元	105.66	147.20	151.91
成品资金	亿　元	109.24	202.97	221.93
发出商品	亿　元	50.91	62.05	96.97
应收款	亿　元	218.94	257.33	301.92
三项资金占用	%	47.29	54.59	57.27
累计总产值	亿　元	1 707.20	1 949.86	1 913.51
累计销售收入	亿　元	1 575.45	1 754.09	1 723.50
累计利税总额	亿　元	193.56	207.77	186.70
产销率	%	92.28	89.96	90.07
销售资金率	%	28.59	35.12	40.51
百元固定资产原值实现产值	元	251.13	235.02	214.37
百元固定资产原值实现利税	元	28.47	25.04	20.87
百元产值占用流动资金	元	26.95	49.08	56.66
百元产值占用定额流动资金	元	26.38	31.59	36.28
百元产值占用流动资金贷款	元	17.27	16.91	17.19

农业银行乡镇企业贷款分行业统计分析表

（1990年）

指　　标	单　位	轻　纺	食　品	矿　业	建　材	电　力
贷款企业数	10万个	6.47	2.98	1.89	5.28	1.08
固定资产原值	亿　元	257.41	58.60	46.05	146.56	60.22
固定资产净值	亿　元	195.07	46.44	36.11	108.97	47.16
自有流动资金	亿　元	58.87	11.61	11.00	24.49	2.41
自有流动资金比重	%	23.56	23.07	36.24	29.91	61.95
全部流动资金占用	亿　元	379.84	73.27	44.37	128.27	9.81
定额流动资金	亿　元	249.92	50.33	30.35	81.89	3.89
* 储备资金	亿　元	88.45	15.94	6.96	24.58	1.95
生产资金	亿　元	47.75	10.46	6.33	19.18	1.38
成品资金	亿　元	76.41	16.73	11.94	28.55	0.32
发出商品	亿　元	37.31	7.20	5.12	9.58	0.24
应收款	亿　元	101.33	16.68	12.44	34.42	4.34
三项资金占全部流动资金	%	56.62	55.43	66.49	56.56	49.95
累计总产值	亿　元	671.86	121.87	95.54	233.02	18.37
累计销售收入	亿　元	590.00	111.58	85.12	209.78	18.47
累计利税总额	亿　元	68.73	10.34	12.35	17.87	3.32
产销率	%	87.80	91.56	89.09	90.03	100.54
销售资金率	%	42.36	45.11	35.66	39.04	21.06
百元固定资产原值实现产值	元	268.48	207.97	207.47	158.99	30.50
百元固定资产原值实现利税	元	26.70	17.65	26.82	12.19	5.51
百元产值占用流动资金	元	56.54	60.12	46.44	55.05	53.40
百元产值占用定额流动资金	元	37.21	41.30	31.77	35.14	21.18
百元产值占用流动资金贷款	元	16.11	20.98	12.06	21.16	157.27

农业银行乡镇企业贷款分行业统计分析表(续)

(1990年)

指标 \ 行业	单位	冶、机、化	交、运、建	商业	其他
贷款企业数	10万个	4.43	2.35	3.23	10.24
固定资产原值	亿元	185.56	30.34	20.24	86.03
固定资产净值	亿元	141.35	20.85	15.14	65.70
自有流动资金	亿元	49.36	9.05	8.90	21.37
自有流动资金比重	%	30.04	34.81	34.74	32.39
全部流动资金占用	亿元	263.35	43.30	43.39	98.47
定额流动资金	亿元	164.34	26.00	25.62	65.97
* 储备资金	亿元	51.63	8.89	9.68	19.43
生产资金	亿元	35.41	11.01	3.64	16.74
成品资金	亿元	54.56	4.48	8.26	20.69
发出商品	亿元	22.74	1.63	4.04	9.11
应收款	亿元	81.91	13.34	13.86	23.61
三项资金占全部流动资金	%	60.46	44.92	60.29	54.24
累计总产值	亿元	451.49	76.97	53.46	190.92
累计销售收入	亿元	399.00	65.65	79.69	164.21
累计利税总额	亿元	40.63	7.24	6.78	19.45
产销率	%	88.37	85.29	/	86.01
销售资金率	%	41.19	44.92	32.15	40.17
百元固定资产原值实现产值	元	243.32	253.69	264.13	222.00
百元固定资产原值实现利税	元	21.90	23.86	33.50	22.61
百元产值占用流动资金	元	58.33	56.26	81.16	51.58
百元产值占用定额流动资金	元	36.40	33.78	47.92	34.55
百元产值占用流动资金贷款	元	15.86	103.90	37.41	18.95

各地区农业银行乡镇企业分行业贷款企业数

（1990年）　　单位：个

地区	合计	轻纺	食品	矿业	建材
北京	2 296	699	97	33	324
天津	2 670	975	94		224
河北	20 626	4 145	1 523	601	3 345
山西	13 440	1 072	622	2 819	1 873
内蒙古	5 665	381	309	554	1 257
辽宁	10 330	1 283	684	754	2 025
吉林	4 912	791	337	336	1 671
黑龙江	6 963	836	801	413	1 746
上海	10 423	3 637	231		499
江苏	21 652	7 965	772	100	2 752
浙江	18 729	6 740	1 121	108	960
安徽	35 404	5 348	4 427	535	7 636
福建	16 543	3 478	1 228	298	1 318
江西	22 505	2 691	2 225	2 143	2 116
山东	13 433	3 010	969	424	2 233
河南	32 749	3 652	3 026	1 708	5 933
湖北	18 424	2 681	1 231	937	2 418
湖南	19 341	3 665	1 620	1 658	2 376
广东	28 835	5 219	1 112	432	2 043
广西	8 542	797	670	353	883
海南	850	66	27	27	24
四川	34 164	3 080	4 636	1 501	3 146
贵州	6 315	514	350	1 289	527
云南					
陕西	13 914	1 046	804	1 020	3 610
甘肃	7 647	590	568	542	1 166
青海	597	63	54	40	173
宁夏	1 022	122	87	39	218
新疆	1 762	166	182	261	282
重庆	2 768	562	265	127	266
武汉	1 423	269	33		198
沈阳	1 275	187	57	2	176
大连	1 222	87	18	162	1
哈尔滨	658	122	61		123
广州	766	174	25	6	98
西安	2 423	341	108	13	395
青岛	1 709	390	79	53	144
宁波	1 866	879	121	3	114
厦门	469	52	67	1	81
深圳	579	8			4
长春	2 263	263	142	10	783
南京	1 198	322	37	6	245
成都					
总计	**379 753**	**64 712**	**29 807**	**18 925**	**52 778**

各地区农业银行乡镇企业分行业贷款企业数(续)

(1990年) 单位：个

地区	电力	冶机化工	运输建筑	商业	其它
北京	19	597	60	47	420
天津	1	862	44	138	332
河北	53	2 629	737	1 727	5 866
山西	83	1 417	984	656	3 914
内蒙古	21	627	510	462	1 544
辽宁	32	2 581	246	456	2 269
吉林	51	565	161	112	888
黑龙江	19	442	235	239	2 232
上海		5 525	8	24	499
江苏	6	3 788	790	759	4 725
浙江	640	5 847	343	759	2 211
安徽	379	1 843	2 898	3 619	8 719
福建	1 553	1 054	671	2 403	4 540
江西	1 126	1 094	1 730	2 468	6 912
山东	34	1 457	1 209	1 023	3 074
河南	151	4 559	3 183	3 175	7 362
湖北	566	1 487	1 488	1 201	6 415
湖南	1 307	1 935	1 048	1 423	4 309
广东	2 003	1 291	1 454	3 957	11 324
广西	389	552	668	1 163	3 067
海南	56	9	35	95	511
四川	1 414	2 344	2 160	3 414	12 469
贵州	649	239	440	515	1 792
云南					
陕西	235	1 019	910	1 396	3 874
甘肃	17	374	1 334	609	2 447
青海	3	70	56	34	104
宁夏		114	82	87	273
新疆	41	60	92	343	335
#重庆	84	409	172	329	554
武汉		249	89	7	578
沈阳		552	37	31	233
大连	491	110	167	186	
哈尔滨		219	19	20	94
广州	39	56	31	69	268
西安	9	257	197	334	769
青岛	2	250	101	126	564
宁波	46	494	11	78	120
厦门	6	39	13	130	80
深圳	3	1	2	225	336
长春		434	51	54	526
南京		390	57	17	124
成都					
总计	**10 848**	**44 381**	**23 576**	**32 299**	**102 427**

各地区农业银行乡镇企业分行业贷款企业固定资产原值

（1990年）　　　　单位：万元

地　区	合　计	轻　纺	食　品	矿　业	建　材
北　京	201 068	62 199	9 949	3 923	30 291
天　津	222 401	79 641	11 793		14 994
河　北	433 041	110 592	41 001	21 982	84 450
山　西	231 111	13 530	10 642	76 090	24 404
内蒙古	64 200	3 942	6 765	12 769	14 724
辽　宁	246 084	27 079	17 298	30 238	69 388
吉　林	107 639	15 830	16 134	5 242	36 482
黑龙江	136 398	22 378	18 686	11 807	41 538
上　海	885 687	336 517	33 392		51 133
江　苏	1 186 400	581 428	33 902	5 255	142 531
浙　江	468 923	196 315	49 569	3 058	60 876
安　徽	300 954	53 431	25 795	11 310	94 892
福　建	249 505	53 390	22 050	6 034	37 549
江　西	187 449	35 663	18 035	18 607	27 609
山　东	603 268	173 586	50 696	41 225	91 351
河　南	490 179	77 755	33 390	70 673	85 455
湖　北	366 614	76 401	19 444	19 884	72 702
湖　南	374 493	65 261	22 077	24 501	76 719
广　东	864 049	363 069	33 797	8 208	136 247
广　西	116 595	12 492	9 577	5 831	33 336
海　南	16 217	1 980	263	1 501	340
四　川	668 815	132 972	59 233	33 678	126 498
贵　州	72 348	5 582	3 702	11 134	16 679
云　南					
陕　西	187 289	21 888	15 456	19 758	51 448
甘　肃	123 916	25 979	9 116	11 169	31 289
青　海	13 981	1 432	635	968	4 278
宁　夏	23 674	4 636	3 148	630	2 298
新　疆	67 960	19 180	10 493	5 045	6 069
					58
# 重　庆	92 242	27 187	6 111	4 971	16 581
武　汉	37 787	9 130	1 172		5 791
沈　阳	36 595	4 473	1 961	240	7 638
大　连	81 886	9 343	2 064	22 858	
哈尔滨	14 080	1 809	2 709		4 037
广　州	70 815	20 193	4 649	895	14 062
西　安	28 077	5 098	1 972	418	4 484
青　岛	150 560	53 733	6 926	4 068	11 926
宁　波	97 920	55 660	6 975	173	3 790
厦　门	5 268	827	2 093	40	458
深　圳	91 881	7 806			139
长　春	26 129	2 752	3 603	324	9 631
南　京	76 363	20 143	1 105	254	18 838
成　都					
总　计	8 910 258	2 574 148	586 038	460 520	1 465 570

各地区农业银行乡镇企业分行业贷款企业固定资产原值(续)

(1990年)　　　　单位：万元

地　　区	电　　力	冶机化工	运输建筑	商　　业	其　　他
北　　京	2 483	54 556	3 378	4 799	29 490
天　　津	6 663	92 699	2 652	1 544	12 415
河　　北	5 106	83 938	9 215	8 692	68 065
山　　西	3 893	45 333	6 853	3 633	46 733
内 蒙 古	278	10 408	7 131	2 091	6 092
辽　　宁	3 142	83 457	4 306	3 050	8 126
吉　　林	7 145	14 787	1 590	982	9 447
黑 龙 江	7 652	8 401	3 025	2 880	20 031
上　　海		440 447	221	651	23 326
江　　苏	6 279	309 110	21 883	9 019	76 993
浙　　江	17 860	104 755	4 862	13 503	18 125
安　　徽	7 881	34 449	21 056	14 619	37 521
福　　建	62 349	16 676	7 196	13 394	30 867
江　　西	26 341	18 128	12 935	7 303	22 828
山　　东	23 180	96 187	35 973	16 171	74 899
河　　南	39 226	93 474	20 561	14 121	55 524
湖　　北	35 746	40 831	22 001	6 437	73 168
湖　　南	84 275	53 275	12 041	7 724	28 620
广　　东	78 481	60 310	46 387	37 032	100 518
广　　西	25 624	11 013	5 278	3 306	10 138
海　　南	3 465	892	537	434	6 805
四　　川	128 257	102 855	28 655	14 272	42 395
贵　　州	7 124	17 803	2 879	2 996	4 449
云　　南					
陕　　西	3 153	32 594	7 766	5 030	30 196
甘　　肃	2 089	12 789	11 892	4 102	15 491
青　　海	145	4 484	477	575	987
宁　　夏		9 316	1 036	771	1 839
新　　疆	14 384	2 661	1 594	3 301	5 233
*重　庆	9 979	14 383	6 115	3 658	3 257
武　汉	1 505	7 525	2 745	1 691	8 228
沈　阳		20 644	569	490	580
大　连	41 068	4 238	2 229	86	
哈尔滨	4 644	273	172	436	
广　州	955	9 869	2 050	3 235	14 907
西　安	52	4 690	1 820	2 901	6 642
青　岛	3 448	33 776	6 964	5 601	24 118
宁　波	1 294	23 848	396	1 522	4 262
厦　门	37	673	146	190	804
深　圳	2 910	697	887	11 450	67 992
长　春		6 278	538	683	2 320
南　京		30 970	1 274	378	3 401
成　都					
总　　计	602 221	1 855 628	303 380	202 432	860 321

各地区农业银行乡镇企业分行业贷款企业固定资产净值

（1990年）　　　　单位：万元

地区	合计	轻纺	食品	矿业	建材
北京	172 905	63 546	7 416	3 361	24 865
天津	156 480	62 681	9 375		10 441
河北	337 823	86 697	31 864	17 773	67 055
山西	175 279	10 347	8 705	59 627	20 387
内蒙古	48 010	3 287	4 567	10 143	10 970
辽宁	179 592	19 514	12 640	23 488	50 176
吉林	85 694	13 600	13 111	4 124	27 953
黑龙江	102 406	17 405	14 629	9 560	28 730
上海	681 544	240 505	24 978		33 641
江苏	894 239	431 024	26 558	3 887	103 469
浙江	345 376	144 011	36 673	2 187	43 664
安徽	237 783	42 232	20 054	9 795	77 388
福建	183 902	39 722	17 433	3 939	24 234
江西	143 191	26 905	14 211	13 655	21 980
山东	459 414	133 429	39 948	32 727	69 926
河南	375 441	59 436	27 293	55 503	60 147
湖北	259 997	52 916	13 368	14 628	48 491
湖南	267 617	42 787	15 174	17 832	62 255
广东	691 252	296 391	39 988	6 769	106 164
广西	90 289	9 209	7 552	4 548	26 356
海南	12 798	762	128	1 003	235
四川	483 783	97 326	42 961	25 556	85 345
贵州	53 335	3 852	2 722	8 829	11 907
云南					
陕西	148 163	17 683	13 058	17 114	39 367
甘肃	90 871	12 455	7 127	9 908	23 503
宁海	12 137	1 220	598	791	3 542
新夏	19 254	3 899	2 495	490	1 716
新疆	58 396	16 824	9 730	3 883	5 805
#重庆	64 177	19 431	4 618	3 654	10 743
武汉	24 495	6 108	883		3 704
沈阳	25 597	3 342	1 513	211	4 997
大连	61 487	6 457	1 661	16 304	
哈尔滨	10 415	1 362	2 102		2 676
广州	50 711	13 396	3 328	757	9 376
西安	19 206	3 688	1 497	427	2 937
青岛	111 153	39 748	5 188	3 335	8 923
宁波	74 764	42 845	5 807	123	2 565
厦门	4 771	736	1 922	40	367
深圳	28 179	6 966			116
长春	19 388	1 883	2 856	245	7 037
南京	52 721	14 908	715	160	11 937
成都					
总计	6 766 971	1 949 665	464 356	361 120	1 089 712

各地区农业银行乡镇企业分行业贷款企业固定资产净值(续)

（1990年）　　　　单位：万元

地　区	电　力	冶机化工	运输建筑	商　业	其　他
北　京	2 189	45 044	2 491	4 089	19 904
天　津	6 490	54 272	1 989	1 170	10 062
河　北	4 755	65 061	6 150	6 677	51 791
山　西	2 658	33 105	4 592	2 334	33 524
内蒙古	464	8 529	3 765	1 652	4 633
辽　宁	2 524	61 534	2 961	2 361	4 394
吉　林	6 254	10 439	1 185	700	8 328
黑龙江	2 464	9 689	2 163	2 046	15 720
上　海		352 919	169	526	28 806
江　苏	4 611	242 922	14 834	7 067	59 867
浙　江	15 272	76 826	3 736	10 001	13 006
安　徽	7 544	25 017	16 245	11 913	27 595
福　建	47 307	12 443	5 812	9 306	23 706
江　西	21 373	14 210	8 502	4 904	17 451
山　东	17 183	71 587	25 023	11 145	58 446
河　南	31 070	72 795	17 342	11 062	40 793
湖　北	28 741	28 213	15 188	4 459	53 993
湖　南	65 707	36 423	7 412	5 342	14 685
广　东	59 406	45 565	26 023	28 403	82 543
广　西	22 562	7 218	3 535	2 523	6 786
海　南	3 153	722	486	317	5 992
四　川	97 839	76 150	18 757	9 493	30 356
贵　州	5 285	13 096	2 123	2 597	2 924
云　南					
陕　西	2 538	25 087	6 308	3 924	23 084
甘　肃	1 991	10 463	9 407	3 617	12 400
青　海	118	4 257	362	482	767
宁　夏		7 916	829	535	1 374
新　疆	12 093	2 034	1 113	2 803	4 111
#重　庆	8 496	9 693	2 705	2 385	2 452
武　汉		4 896	2 101	18	6 785
沈　阳		14 475	379	465	215
大　连	31 813	3 326	1 847	79	
哈尔滨		3 583	191	144	357
广　州	772	7 477	996	2 161	12 448
西　安	21	3 527	1 480	1 170	4 459
青　岛	3 187	23 908	4 564	4 508	17 792
宁　波	1 201	17 745	252	1 235	2 991
厦　门	37	530	415	138	586
深　圳	2 605	652	870	9 261	7 709
长　春		4 687	417	542	1 721
南　京		20 781	873	281	3 066
成　都					
总　计	471 591	1 413 536	208 502	151 448	657 041

各地区农业银行乡镇企业分行业贷款企业自有流动资金数额

（1990年）

单位：万元

地　　区	合　　计	轻　　纺	食　　品	矿　　业	建　　材
北　　京	46 864	14 485	1 344	381	7 395
天　　津	37 540	14 587	1 411		2 622
河　　北	236 212	62 781	16 417	8 195	36 660
山　　西	62 756	4 084	2 148	17 684	10 312
内 蒙 古	15 125	1 172	1 527	2 728	3 393
辽　　宁	47 923	5 918	3 003	5 536	10 899
吉　　林	15 363	2 517	1 430	1 484	5 035
黑 龙 江	21 470	3 076	2 205	2 017	7 224
上　　海	187 494	64 115	5 092		3 998
江　　苏	189 049	110 172	1 351		1 708
浙　　江	97 019	39 222	5 910	280	5 859
安　　徽	84 276	18 308	8 472	3 903	18 538
福　　建	78 957	28 542	9 105	1 141	6 195
江　　西	39 734	9 057	3 725	5 427	5 787
山　　东	108 284	36 751	5 348	3 541	12 309
河　　南	206 455	33 658	13 930	22 718	34 190
湖　　北	39 888	5 688	1 749	3 901	5 678
湖　　南	61 109	13 561	2 798	5 434	9 230
广　　东	183 273	80 403	8 154	2 501	16 295
广　　西	37 645	4 477	2 725	1 261	7 333
海　　南	5 013	826	23	1 602	119
四　　川	77 347	20 129	9 099	4 238	11 630
贵　　州	22 490	1 210	1 139	6 185	3 638
云　　南					
陕　　西	40 633	5 210	2 972	5 009	9 308
甘　　肃	30 194	5 154	2 538	3 283	6 485
青　　海	2 360	247	84	94	923
宁　　夏	5 176	1 265	665	224	560
新　　疆	10 748	2 036	1 696	1 402	1 624
*重　　庆	12 181	3 994	759	504	1 506
武　　汉	6 527	1 495	245		844
沈　　阳	7 220	996	300	10	1 604
大　　连	12 599	1 589	149	2 034	
哈尔滨	3 383	452	288		805
广　　州	11 551	3 177	788	93	1 040
西　　安	7 721	1 426	474	182	1 349
青　　岛	33 832	8 764	1 357	796	1 202
宁　　波	25 189	13 787	927	24	1 084
厦　　门	2 243	307	514	20	284
深　　圳	13 689	403			57
长　　春	5 262	529	837	91	1 508
南　　京	4 759	835	162	120	
成　　都					
总　　计	1 990 397	588 651	116 060	109 784	244 947

各地区农业银行乡镇企业分行业贷款企业自有流动资金数额(续)

(1990年)　　　　单位：万元

地　区	电　力	冶机化工	运输建筑	商　业	其　他
北　京	86	16 548	728	647	5 250
天　津		14 696	712	619	2 893
河　北	292	55 379	7 735	10 390	38 363
山　西	650	13 506	2 522	1 761	10 089
内蒙古	180	3 090	1 135	509	1 391
辽　宁	95	19 960	1 429	810	273
吉　林	55	1 876	334	236	2 396
黑龙江	60	2 673	620	597	2 998
上　海		111 303	70	113	2 803
江　苏		60 160	3 382	2 163	10 732
浙　江	1 123	35 628	1 533	2 532	4 932
安　徽	740	8 585	7 529	8 069	10 132
福　建	2 817	7 291	2 926	11 457	9 483
江　西	1 448	3 837	3 415	1 881	5 157
山　东	772	24 392	8 065	3 299	13 807
河　南	5 282	47 686	12 750	7 155	29 086
湖　北	3 481	7 419	5 427	1 372	5 173
湖　南	4 555	11 353	5 290	3 491	5 397
广　东	4 292	12 791	9 082	20 247	29 508
广　西	12 289	3 440	1 045	1 267	3 808
海　南	140	114	22	126	2 041
四　川	4 453	13 955	4 719	3 605	5 519
贵　州	766	4 585	1 410	1 623	1 934
云　南					
陕　西	202	7 321	2 515	2 416	5 680
甘　肃	102	3 436	5 088	1 313	2 795
青　海	20	289	228	245	230
宁　夏		1 506	240	262	454
新　疆	432	807	567	854	1 330
*重　庆	148	2 556	1 314	766	634
武　汉		1 614	575	3	1 751
沈　阳		4 020	128	155	7
大　连	7 234	797	791	5	
哈尔滨		1 627	111	26	74
广　州	74	2 093	1 263	1 300	1 723
西　安	6	1 273	535	483	1 993
青　岛		11 303	1 914	1 324	7 172
宁　波	294	6 752	196	413	1 712
厦　门	2	430	171	138	377
深　圳	1 858	68	310	2 460	8 533
长　春		1 733	88	274	202
南　京		2 903	313	70	356
成　都					
总　计	44 098	493 626	90 518	89 059	213 654

各地区农业银行乡镇企业分行业贷款企业全部流动资金占用额

（1990年）

单位：万元

地区	合计	轻纺	食品	矿业	建材
北京	302 009	115 118	12 266	4 265	37 363
天津	280 801	111 341	15 550		19 743
河北	689 449	178 765	58 508	30 139	120 583
山西	228 093	16 092	11 081	64 321	26 134
内蒙古	57 931	5 401	6 247	11 945	13 301
辽宁	330 514	41 880	20 745	43 480	79 446
吉林	102 989	18 033	18 087	6 131	29 613
黑龙江	150 131	31 424	21 358	12 667	40 241
上海	1 266 863	500 082	32 045		50 434
江苏	1 708 008	833 275	50 578	5 573	135 944
浙江	760 069	363 625	71 673	1 985	58 273
安徽	298 617	70 806	30 998	10 668	61 252
福建	247 816	86 714	33 839	8 080	23 284
江西	187 405	42 462	19 413	19 924	23 999
山东	802 994	256 378	65 857	30 041	94 925
河南	518 434	97 193	41 360	56 508	79 758
湖北	327 865	88 548	21 835	20 965	56 135
湖南	280 029	66 273	19 515	24 637	48 782
广东	1 176 952	613 041	40 117	11 538	93 545
广西	97 369	14 253	11 340	11 672	19 648
海南	7 273	1 061	287	3 581	179
四川	635 211	178 829	88 188	26 548	97 476
贵州	57 664	5 841	5 048	10 007	9 198
云南					
陕西	148 344	22 583	14 413	14 080	34 229
甘肃	88 648	14 977	9 092	10 085	19 826
青海	13 785	1 842	306	783	2 964
宁夏	26 075	6 592	2 854	543	2 005
新疆	49 416	15 991	10 068	3 507	4 437
*重庆	100 612	39 791	7 563	2 796	11 360
武汉	60 182	10 687	1 116		9 423
沈阳	49 506	8 620	1 655	151	7 201
大连	102 523	11 479	1 930	21 828	
哈尔滨	17 401	2 967	2 514		3 743
广州	87 412	24 257	5 302	399	7 623
西安	36 212	6 648	4 407	163	6 553
青岛	234 367	73 154	12 030	5 886	11 967
宁波	184 368	103 932	9 144	141	4 200
厦门	6 014	939	1 221	30	653
深圳	22 590	620			62
长春	36 812	4 902	3 277	357	14 480
南京	106 427	31 789	2 120	409	15 478
成都					
总计	10 840 754	3 798 420	732 668	443 673	1 282 717

各地区农业银行乡镇企业分行业贷款企业全部流动资金占用额(续)

(1990年)　　　　单位：万元

地　区	电　力	冶机化工	运输建筑	商　业	其　他
北　京	263	91 078	3 620	5 829	32 207
天　津	122	108 153	3 679	3 050	19 163
河　北	751	150 067	18 006	29 422	103 208
山　西	978	49 846	7 505	6 766	45 370
内蒙古	311	8 926	3 495	3 524	4 781
辽　宁	508	126 569	9 217	5 690	2 979
吉　林	1 057	17 880	1 747	837	9 604
黑龙江	421	16 638	2 898	3 989	20 495
上　海		664 402	476	2 130	17 294
江　苏	2 345	475 910	45 697	27 976	130 710
浙　江	7 878	187 762	12 824	21 882	34 167
安　徽	2 802	35 860	16 117	22 964	47 150
福　建	1 809	22 065	11 953	29 920	30 152
江　西	3 546	21 095	17 135	10 199	29 632
山　东	5 704	145 182	67 678	25 661	111 568
河　南	14 249	116 224	26 358	20 510	66 274
湖　北	5 403	49 779	24 830	11 489	48 881
湖　南	7 670	57 715	17 808	14 465	23 164
广　东	9 568	87 271	80 668	131 752	109 452
广　西	8 089	7 262	5 037	5 182	14 886
海　南	154	471	48	177	1 315
四　川	20 770	126 311	32 756	26 910	37 423
贵　州	1 637	12 267	2 760	4 827	6 079
云　南					
	334	26 085	7 517	10 135	18 968
陕　西	193	10 356	9 799	3 823	10 497
甘　肃					
青　海	101	5 225	944	889	731
宁　夏		9 906	923	1 124	2 128
新　疆	1 480	3 219	1 496	2 770	6 448
	870	19 743	8 186	5 086	5 217
# 重　庆		16 257	6 825	91	15 783
武　汉		29 495	1 001	1 145	238
沈　阳	57 516	6 937	2 778	55	
大　连		7 083	545	218	331
哈尔滨	303	13 000	11 026	5 252	20 250
广　州	21	6 178	1 786	2 447	8 009
西　安	334	54 102	23 985	9 778	43 131
青　岛	313	55 146	1 548	2 002	7 942
宁　波		840	499	767	1 065
厦　门	840	445	100	5 460	15 063
深　圳		9 666	894	215	3 021
长　春		41 282	5 483	796	9 070
南　京					
成　都					
总　计	98 143	2 633 524	432 991	433 892	984 726

各地区农业银行乡镇企业分行业贷款企业储备资金占用额

（1990年）　　　　单位：万元

地区	合计	轻纺	食品	矿业	建材
北京	54 219	18 470	3 305	1 045	8 196
天津	67 296	29 034	3 165		3 381
河北	178 491	49 023	15 065	6 148	30 243
山西	40 481	3 717	2 145	11 015	4 459
内蒙古	14 637	1 323	2 076	1 877	3 102
辽宁	52 468	7 363	5 285	5 097	11 529
吉林	22 994	3 104	5 876	757	5 806
黑龙江	30 220	7 829	5 595	1 831	6 519
上海	262 537	101 730	7 997		7 364
江苏	334 695	177 694	11 069	1 188	23 861
浙江	131 153	63 703	11 551	323	8 126
安徽	72 643	17 909	7 009	1 957	14 440
福建	56 102	18 865	7 116	1 174	6 286
江西	30 868	6 659	2 796	2 212	4 087
山东	149 576	51 275	13 537	3 855	18 961
河南	109 604	19 814	8 998	12 559	16 088
湖北	52 369	15 024	4 315	2 602	7 986
湖南	56 667	11 636	5 588	4 754	9 931
广东	331 852	217 705	8 887	1 453	18 027
广西	22 248	3 582	2 303	1 026	7 607
海南	838	186	2	66	17
四川	125 407	45 225	16 424	2 435	16 770
贵州	9 612	1 213	858	1 785	1 479
云南					
陕西	28 978	4 617	2 930	2 021	5 888
甘肃	18 905	2 908	2 080	1 798	3 795
青海	2 992	520	127	89	416
宁夏	6 125	1 537	844	112	510
新疆	11 468	3 121	2 470	448	876
#重庆	22 788	11 699	1 707	343	1 585
武汉	8 132	1 699	259		1 013
沈阳	10 238	1 812	458	8	1 784
大连	16 897	2 464	743	2 763	
哈尔滨	3 742	708	666		732
广州	14 395	2 978	3 036	30	2 147
西安	9 077	1 080	1 894	48	1 464
青岛	32 802	10 821	1 461	648	1 602
宁波	32 142	19 670	1 327	27	731
厦门	1 872	305	506	10	218
深圳	5 823	67			23
长春	9 429	738	1 117	34	5 035
南京	14 235	4 827	385	387	1 753
成都					
总计	2 275 445	884 786	159 413	69 627	245 750

各地区农业银行乡镇企业分行业贷款企业储备资金占用额(续)

(1990年) 单位：万元

地区	电力	冶机化工	运输建筑	商业	其他
北京	23	16 255	683	541	5 701
天津	56	24 890	523	1 128	5 119
河北	243	40 572	5 238	8 779	23 180
山西	167	9 143	1 241	1 178	7 416
内蒙古	48	2 687	1 097	863	1 564
辽宁	32	19 883	1 297	1 489	493
吉林	267	4 525	427	360	1 872
黑龙江	56	2 848	419	1 109	4 014
上海		133 979	45	340	11 082
江苏	357	88 876	5 437	5 080	21 133
浙江	2 245	33 148	1 112	4 420	6 525
安徽	614	9 319	3 815	7 822	9 758
福建	542	5 291	1 997	8 910	5 921
江西	537	3 076	2 365	2 531	6 605
山东	1 551	23 610	9 596	5 567	21 624
河南	2 815	24 008	6 470	5 665	13 187
湖北	985	8 306	4 290	2 196	6 665
湖南	1 329	11 171	3 214	3 952	5 092
广东	2 352	15 420	27 622	20 481	19 905
广西	1 408	2 252	762	1 147	2 161
海南	9	250	20	89	199
四川	2 920	22 897	5 219	6 622	6 895
贵州	125	2 411	480	556	705
云南					
陕西	172	5 960	1 659	2 973	2 758
甘肃	37	2 194	2 688	1 169	2 236
青海	51	897	186	428	278
宁夏		1 627	352	557	586
新疆	547	771	695	892	1 648
# 重庆	294	3 868	1 322	956	1 014
武汉		1 809	499	20	2 833
沈阳		5 480	241	441	14
大连	7 462	2 498	964	3	
哈尔滨		1 514	54	34	34
广州	87	1 688	1 146	802	2 481
西安	6	1 439	435	535	2 176
青岛	187	7 902	1 318	2 121	6 742
宁波	45	7 827	244	1 074	1 197
厦门		220	117	261	235
深圳	300		20	960	4 453
长春		2 047	116	10	332
南京		5 745	327	61	750
成都					
总计	19 488	516 266	88 949	96 844	194 322

各地区农业银行乡镇企业分行业贷款企业生产资金占用额

（1990年） 单位：万元

地区	合计	轻纺	食品	矿业	建材
北京	42 534	19 892	1 875	380	2 687
天津	31 042	14 604	1 747		2 957
河北	119 931	33 007	10 067	2 504	21 711
山西	40 421	3 285	2 116	9 959	5 483
内蒙古	10 517	1 120	1 312	2 091	2 171
辽宁	30 484	4 824	1 523	3 329	7 297
吉林	12 647	1 245	2 807	478	3 985
黑龙江	23 937	4 493	2 951	1 457	7 092
上海	137 230	50 538	2 428		3 783
江苏	197 053	84 788	5 356	363	16 913
浙江	83 101	34 895	6 808	138	6 090
安徽	53 042	11 450	6 059	2 120	11 502
福建	40 957	14 215	6 713	675	3 083
江西	37 894	8 666	3 382	3 512	4 423
山东	118 510	35 025	7 330	3 809	14 491
河南	122 093	21 527	10 312	10 732	20 006
湖北	37 223	8 509	2 410	2 660	6 877
湖南	46 783	9 405	3 028	3 755	8 370
广东	176 774	85 690	4 597	2 704	15 269
广西	17 825	2 551	2 925	1 147	2 964
海南	1 440	81	116	736	47
四川	64 258	15 968	9 847	2 155	10 203
贵州	14 160	1 219	1 306	2 994	2 386
云南					
陕西	26 284	3 582	2 720	2 509	7 102
甘肃	17 544	3 047	2 168	1 921	3 268
青海	2 880	319	51	261	669
宁夏	3 836	900	579	105	359
新疆	8 663	2 642	2 038	832	655
*重庆	12 172	4 259	1 018	250	1 433
武汉	8 850	815	99		886
沈阳	5 725	987	276	7	915
大连	13 229	2 169	333	1 918	
哈尔滨	2 414	444	370		535
广州	11 109	2 164	319	28	1 358
西安	5 313	1 002	579	73	1 602
青岛	34 010	8 355	797	484	1 713
宁波	18 145	10 443	644	14	449
厦门	1 678	295	322	5	172
深圳	7 639	305			18
长春	4 325	677	314	27	1 351
南京	9 615	2 503	67	13	1 327
成都					
总计	1 519 063	477 487	104 571	63 326	191 843

各地区农业银行乡镇企业分行业贷款
企业生产资金占用额(续)

(1990年)　　　　单位：万元

地　　区	电　　力	冶机化工	运输建筑	商　　业	其　　他
北　京	8	13 184	1 375	29	3 104
天　津		9 408	302	55	1 969
河　北	64	24 678	3 653	4 334	19 913
山　西	240	8 665	1 591	1 266	7 816
内蒙古	37	2 136	595	214	841
辽　宁	25	12 072	993	263	158
吉　林	137	2 200	274	110	1 411
黑龙江	9	3 063	702	391	3 779
上　海		74 732	130	94	5 525
江　苏	204	58 302	13 005	1 301	16 821
浙　江	636	25 175	4 629	1 269	3 461
安　徽	303	5 497	3 419	2 586	10 106
福　建	154	3 977	3 123	3 508	5 509
江　西	674	5 824	5 210	1 120	5 083
山　东	196	21 676	17 661	2 323	15 999
河　南	3 717	27 571	7 532	3 951	16 745
湖　北	526	5 900	4 758	450	5 133
湖　南	1 076	9 105	5 828	1 310	4 906
广　东	2 278	17 397	19 816	6 925	22 098
广　西	956	2 255	1 772	509	2 746
海　南	4	56		51	349
四　川	906	11 392	8 272	1 342	4 173
贵　州	1 294	1 601	1 113	745	1 502
云　南					
陕　西	57	4 248	1 473	1 002	3 591
甘　肃	71	1 489	2 076	771	2 733
青　海	13	755	378	246	188
宁　夏		1 145	243	91	414
新　疆	246	611	167	161	1 311
*重　庆	54	2 193	2 240	213	512
武　汉		1 422	2 530	1	3 097
沈　阳		3 338	152	48	2
大　连	6 390	2 242	164	13	
哈尔滨		919	126	6	14
广　州	46	2 015	2 464	141	2 574
西　安	3	837	165	29	1 023
青　岛	57	7 430	9 455	126	5 593
宁　波	70	5 210	357	109	849
厦　门		195	177	149	363
深　圳	3 300	246	70	1 250	2 450
长　春		1 497	135	113	211
南　京		3 483	1 762	65	395
成　都					
总　计	13 831	354 114	110 090	36 417	167 384

各地区农业银行乡镇企业分行业贷款企业成品资金占用额

（1990年）　　　　　　　　　　　　单位：万元

地区	合计	轻纺	食品	矿业	建材
北京	71 166	25 117	2 678	1 240	9 823
天津	61 107	22 217	3 273		6 221
河北	168 693	41 099	11 685	11 308	28 633
山西	59 685	3 739	2 576	21 222	5 736
内蒙古	14 380	1 378	1 447	4 530	3 249
辽宁	93 254	12 068	5 970	11 580	25 445
吉林	24 742	4 691	4 493	1 034	7 497
黑龙江	35 404	8 494	4 797	3 505	9 680
上海	181 125	71 831	5 142		6 625
江苏	353 381	179 237	10 389	855	27 188
浙江	166 115	80 108	18 412	557	10 712
安徽	59 663	13 991	7 618	2 507	13 391
福建	45 571	17 013	6 607	1 059	4 755
江西	38 595	9 483	5 489	5 302	5 079
山东	185 601	63 913	17 748	7 021	25 019
河南	115 701	24 370	9 659	15 970	18 344
湖北	60 754	19 488	4 213	4 091	9 218
湖南	66 437	17 299	4 002	6 749	12 382
广东	190 611	92 240	9 265	2 665	18 740
广西	20 060	2 668	2 185	4 406	3 340
海南	1 846	433	35	979	19
四川	117 695	35 759	20 105	3 926	16 900
贵州	12 017	1 720	1 220	1 454	2 132
云南					
陕西	34 404	5 532	3 018	3 284	8 072
甘肃	20 531	3 729	1 972	2 822	5 112
青海	2 760	489	68	88	731
宁夏	6 334	1 957	410	152	494
新疆	11 701	4 016	2 836	1 063	999
#重庆	17 817	7 810	1 406	386	1 490
武汉	11 061	2 778	134		1 610
沈阳	11 502	2 612	199	66	2 035
大连	27 497	3 082	512	6 791	
哈尔滨	3 495	595	387		818
广州	15 294	5 843	417	59	1 770
西安	6 929	1 371	482	24	1 442
青岛	51 525	17 536	3 449	1 416	3 113
宁波	40 928	20 223	2 437	6	829
厦门	1 172	207	146	12	150
深圳	3 357	95			7
长春	6 959	1 131	854	47	1 717
南京	24 090	6 901	438	152	4 125
成都					
总计	2 219 333	764 079	167 312	119 369	285 536

各地区农业银行乡镇企业分行业贷款企业成品资金占用额（续）

（1990年）　　　　单位：万元

地区	电力	冶机化工	运输建筑	商业	其他
北京		22 374	313	465	9 156
天津		23 099	286	1 082	4 929
河北	72	38 018	3 259	7 916	26 703
山西	37	13 427	1 002	579	11 367
内蒙古	94	1 444	603	596	1 039
辽宁		33 337	2 169	1 899	786
吉林	273	3 905	249	134	2 466
黑龙江	50	3 587	354	563	4 374
上海		95 700	4	12	1 811
江苏	57	102 840	2 397	3 170	27 248
浙江	75	39 755	2 452	3 702	10 342
安徽	67	7 324	2 332	3 800	8 633
福建	34	4 809	1 230	4 459	5 605
江西	137	3 773	1 626	2 529	5 177
山东	147	36 034	5 500	6 607	23 612
河南	252	27 161	3 896	3 080	12 969
湖北	134	12 114	2 500	2 347	6 649
湖南	382	14 607	2 477	2 860	5 679
广东	440	17 876	6 513	24 576	18 296
广西	229	2 656	186	1 142	3 248
海南	51	94	14		221
四川	610	25 517	3 046	6 056	5 776
贵州	19	3 151	270	608	1 443
云南					
陕西	4	5 952	874	2 759	4 909
甘肃	15	2 618	1 094	981	2 188
青海	10	1 184	43	38	109
宁夏		2 564	22	120	615
新疆	9	636	63	499	1 580
#重庆	18	3 749	909	1 400	649
武汉		3 522	206	13	2 798
沈阳		6 332	137	49	72
大连	16 562	84	459	7	
哈尔滨		1 573	3	62	57
广州	105	2 259	109	447	4 285
西安	5	1 122	294	663	1 526
青岛		15 503	847	1 347	8 314
宁波	2	15 067	280	45	2 039
厦门		217	97	126	217
深圳		16		945	2 294
长春		2 249	197	15	749
南京		9 486	313	45	2 630
成都					
总计	3 198	545 556	44 774	82 579	206 930

各地区农业银行乡镇企业分行业贷款企业发出商品占用额

（1990年）　　　　单位：万元

地区	合计	轻纺	食品	矿业	建材
北京	19 305	6 735	712	524	1 449
天津	9 972	3 424	253		788
河北	86 538	27 086	7 258	4 665	13 410
山西	33 458	2 106	2 128	11 280	3 567
内蒙古	4 554	698	599	700	1 072
辽宁	18 662	2 998	823	2 387	3 601
吉林	7 795	1 773	1 208	494	1 807
黑龙江	12 413	2 734	1 691	1 280	2 777
上海	60 929	20 387	2 066		1 257
江苏	139 883	80 889	4 012	99	6 676
浙江	98 191	48 400	7 034	298	3 129
安徽	38 087	12 672	3 202	988	9 179
福建	24 407	10 542	2 984	572	1 536
江西	19 721	6 013	2 037	1 836	2 529
山东	66 620	26 968	4 435	1 347	5 523
河南	71 998	15 049	6 820	8 280	10 297
湖北	25 232	10 146	1 932	1 026	3 136
湖南	31 801	8 295	2 150	2 578	5 190
广东	98 007	62 097	4 337	1 329	3 602
广西	13 528	2 391	1 865	3 340	1 453
海南	1 121	65	75	646	12
四川	41 913	13 313	8 906	1 974	4 875
贵州	4 860	517	540	1 149	709
云南					
陕西	21 558	3 255	2 345	2 795	5 458
甘肃	8 292	1 175	950	1 244	1 720
青海	2 443	248	20	116	601
宁夏	2 732	851	322	24	184
新疆	5 713	2 310	1 337	202	233
#重庆	7 123	3 264	293	102	657
武汉	4 094	1 089	89		668
沈阳	2 515	411	14		255
大连	4 466	420		1 835	
哈尔滨	1 030	195	136		208
广州	3 837	632	208		304
西安	3 501	666	317	3	402
青岛	11 239	4 688	495	310	278
宁波	34 504	20 758	715	35	397
厦门	450	61	85	3	40
深圳	4 682	127			10
长春	2 670	331	349	23	1 157
南京	4 852	1 541	122	7	464
成都					
总计	969 733	373 137	72 041	51 173	95 770

各地区农业银行乡镇企业分行业贷款企业发出商品占用额(续)

(1990年)　　单位：万元

地区	电力	冶机化工	运输建筑	商业	其他
北京		7 195	183	115	2 392
天津		4 830		33	644
河北	131	15 667	2 047	3 728	12 546
山西	110	6 311	632	635	6 689
内蒙古		669	44	423	349
辽宁		8 505	223	42	83
吉林	36	1 700	291	25	461
黑龙江	4	1 367	41	406	2 113
上海		34 783		10	2 426
江苏		38 130	1 005	876	8 196
浙江	51	31 153	806	1 963	5 357
安徽	48	4 298	1 022	2 533	4 145
福建	24	1 999	411	4 102	2 237
江西	249	1 913	595	1 243	3 306
山东		18 395	1 348	1 474	7 130
河南	879	16 304	2 162	3 288	8 919
湖北	230	4 524	631	783	2 824
湖南	87	8 721	984	1 762	2 034
广东	269	3 883	1 671	12 254	8 565
广西	31	1 102	342	997	2 007
海南	16	42			265
四川	34	8 008	551	1 311	2 941
贵州	19	960	146	245	575
云南					
陕西	4	3 118	539	1 165	2 879
甘肃	5	1 113	580	324	1 181
青海	3	1 339	12	59	45
宁夏		963	5	162	221
新疆	138	382	56	476	579
#重庆	2	1 496	197	220	892
武汉		1 894	267		87
沈阳		1 785	45	5	
大连	2 176		35		
哈尔滨		461		19	11
广州				231	2 462
西安		648	104	210	1 151
青岛		2 937	102	169	2 260
宁波	114	10 728	85	121	1 551
厦门		24	6	157	74
深圳		93		1 450	3 002
长春		521	110	8	171
南京		2 479	17	62	160
成都					
总计	2 368	227 374	16 327	40 434	91 109

各地区农业银行乡镇企业分行业贷款企业应收款占用额

（1990年）　　单位：万元

地　区	合　计	轻　纺	食　品	矿　业	建　材
北　京	80 853	28 976	2 465	1 030	11 924
天　津	98 517	33 807	6 517		5 793
河　北	99 613	23 601	10 572	7 180	18 025
山　西	49 076	2 747	1 949	15 612	4 857
内蒙古	12 852	856	991	2 272	3 482
辽　宁	120 273	12 868	6 022	19 301	28 944
吉　林	27 263	5 977	2 427	2 332	8 286
黑龙江	39 903	6 209	5 613	3 617	10 984
上　海	541 220	205 653	11 487		25 513
江　苏	489 211	230 830	11 318	1 433	38 087
浙　江	183 041	87 895	18 171	491	11 821
安　徽	60 064	11 225	5 895	2 703	12 735
福　建	59 637	20 854	6 601	4 050	5 659
江　西	51 197	10 539	4 551	5 820	7 399
山　东	200 493	63 296	14 725	8 404	23 693
河　南	89 241	15 394	7 011	8 084	14 050
湖　北	93 858	23 453	5 180	8 401	18 317
湖　南	71 259	18 381	3 577	6 077	11 787
广　东	357 512	148 109	12 825	5 168	33 941
广　西	22 318	2 556	1 568	1 719	4 053
海　南	1 934	265	59	1 148	82
四　川	181 972	44 863	19 645	10 632	27 900
贵　州	15 381	1 124	1 100	2 454	2 107
云　南					
陕　西	30 460	5 048	2 760	3 022	6 341
甘　肃	21 520	3 757	1 580	2 227	5 911
青　海	2 710	266	40	229	547
宁　夏	7 342	1 417	822	127	455
新　疆	10 505	3 360	1 315	840	1 556
*重　庆	27 827	9 167	2 155	1 016	3 856
武　汉	19 445	2 702	254		3 422
沈　阳	17 575	2 382	606	67	1 899
大　连	36 581	3 088	478	7 428	
哈尔滨	6 088	946	890		1 339
广　州	35 397	11 435	1 446	187	4 358
西　安	5 996	1 084	679	12	708
青　岛	71 645	21 394	3 362	1 891	3 396
宁　波	43 207	24 569	2 622	29	1 209
厦　门	647	67	90		65
深　圳	7 055	26			2
长　春	12 739	1 686	580	196	5 038
南　京	37 684	11 211	812	111	5 600
成　都					
总　计	**3 019 225**	**1 013 326**	**166 786**	**124 373**	**344 249**

各地区农业银行乡镇企业分行业贷款企业应收款占用额(续)

(1990年)　　单位：万元

地　区	电　力	冶机化工	运输建筑	商　业	其　他
北　京	24	26 399	965	1 099	7 971
天　津	1	42 783	2 379	806	6 431
河　北	69	20 243	2 123	2 748	15 052
山　西	327	9 745	1 711	680	11 448
内蒙古	140	2 398	1 158	732	823
辽　宁	435	45 929	4 035	1 363	1 376
吉　林	327	4 559	491	176	2 688
黑龙江	251	5 867	1 282	1 207	4 873
上　海		289 553	187	1 169	7 658
江　苏	1 254	139 881	16 715	14 162	35 531
浙　江	2 515	43 554	2 732	7 167	8 695
安　徽	1 596	9 389	4 203	4 497	7 821
福　建	834	4 681	4 122	6 070	6 766
江　西	1 525	4 944	6 073	2 285	8 061
山　东	1 943	31 306	26 879	5 261	24 986
河　南	6 344	20 006	4 931	3 392	10 029
湖　西	1 995	13 087	8 156	2 853	12 416
湖　南	4 356	12 886	5 002	4 279	4 914
广　东	3 965	31 288	21 708	63 720	36 788
广　西	5 016	1 962	1 725	1 340	2 379
海　南	57	25	14	23	261
四　川	9 701	41 045	9 676	8 356	10 154
贵　州	48	3 916	715	2 499	1 418
云　南					
陕　西	57	5 403	2 069	1 599	4 161
甘　肃	26	2 699	3 235	366	1 719
青　海	24	1 050	325	118	111
宁　夏		3 567	280	182	492
新　疆	540	896	513	456	1 029
#重　庆	1 414	4 834	2 203	1 632	1 550
武　汉		5 027	2 523	26	5 491
沈　阳		11 489	609	450	73
大　连	22 591	2 044	921	31	
哈尔滨		2 383	347	94	89
广　州	65	4 623	6 589	3 028	3 666
西　安	8	1 358	303	556	1 288
青　岛	90	14 544	6 713	4 315	15 940
宁　波	19	12 207	372	304	1 876
厦　门		121	87	54	163
深　圳	210	90	10	855	5 862
长　春		3 240	282	69	1 648
南　京		14 074	2 125	314	3 437
成　都					
总　计	43 370	819 061	133 404	138 605	236 051

各地区农业银行乡镇企业分行业贷款企业累计总产值

（1990年）　　单位：万元

地　区	合　计	轻　纺	食　品	矿　业	建　材
北　京	414 237	140 159	16 296	3 224	61 439
天　津	535 091	222 312	27 578		28 645
河　北	1 089 327	328 895	94 877	36 554	187 480
山　西	380 281	17 625	12 123	138 310	33 865
内蒙古	119 506	7 538	7 421	21 292	22 620
辽　宁	486 120	75 113	32 130	67 286	100 702
吉　林	128 738	21 649	17 658	8 484	36 943
黑龙江	184 327	30 693	28 926	18 622	49 136
上　海	2 279 050	979 459	77 937		77 609
江　苏	3 467 002	1 872 146	87 132	13 754	223 700
浙　江	1 297 041	689 994	87 465	4 440	114 318
安　徽	975 777	164 322	80 004	33 759	238 280
福　建	599 228	182 130	79 689	20 749	59 375
江　西	513 826	96 625	47 253	65 076	69 544
山　东	1 256 338	427 462	101 780	52 446	154 251
河　南	1 023 167	162 857	86 600	143 479	185 467
湖　北	554 206	160 328	32 919	32 924	84 406
湖　南	555 281	129 350	32 765	60 414	87 643
广　东	1 256 565	614 473	72 766	15 473	137 796
广　西	295 556	34 206	31 531	52 929	50 115
海　南	14 864	838	378	3 343	109
四　川	981 032	262 910	101 503	50 115	163 267
贵　州	85 265	6 109	5 257	20 254	10 123
云　南					
陕　西	351 726	44 897	35 594	54 206	99 973
甘　肃	194 548	27 306	11 497	29 255	36 705
青　海	14 016	2 196	424	1 642	4 249
宁　夏	33 195	7 404	4 393	1 474	2 931
新　疆	49 793	9.612	4 767	5 919	9 522
#重　庆	135 266	46 994	7 865	3 955	17 138
武　汉	122 710	23 432	1 991		11 745
沈　阳	104 978	15 304	2 994	302	19 029
大　连	152 528	19 960	7 057	30 780	
哈尔滨	30 811	4 190	10 469		6 501
广　州	96 385	42 395	10 007	737	3 802
西　安	70 174	9 591	2 596	420	4 309
青　岛	353 778	126 422	16 027	11 171	13 736
宁　波	339 596	188 075	11 723	312	6 813
厦　门	13 001	2 046	4 273	107	1 852
深　圳	37 571	6 140			301
长　春	73 407	9 544	10 900	825	21 757
南　京	164 655	55 076	2 876	391	21 331
成　都					
总　计	19 135 103	6 718 608	1 218 663	955 423	2 330 213

各地区农业银行乡镇企业分行业贷款企业累计总产值(续)

(1990年)　　　　单位：万元

地　区	电　力	冶机化工	运输建筑	商　业	其　他
北　京	103	125 460	3 491	2 144	61 921
天　津	1 649	211 040	3 679	3 884	36 304
河　北	842	214 943	23 268	23 810	178 658
山　西	1 238	83 812	19 115	4 152	70 041
内蒙古	794	28 122	14 134	10 442	7 143
辽　宁	1 077	196 034	10 399	3 379	
吉　林	745	16 045	1 893	506	24 815
黑龙江	343	18 938	5 229	1 174	31 266
上　海		1 116 074	809	4 054	23 108
江　苏	5 285	933 293	67 071	38 992	225 629
浙　江	4 281	306 552	14 117	18 506	57 368
安　徽	6 419	117 196	77 393	75 126	183 278
福　建	14 808	44 475	29 129	82 701	86 172
江　西	10 027	44 645	48 158	26 249	106 249
山　东	8 103	231 121	83 791	31 527	165 857
河　南	18 452	201 416	58 789	36 251	129 856
湖　北	8 753	79 536	59 200	14 948	81 192
湖　南	19 996	113 451	38 641	17 555	55 466
广　东	23 492	112 267	66 783	68 453	145 062
广　西	19 593	19 075	17 363	14 402	56 342
海　南	938	270	116		8 872
四　川	31 352	183 605	68 772	33 778	85 730
贵　州	1 591	25 777	5 869	3 364	6 921
云　南					
陕　西	472	53 190	15 368	6 292	41 734
甘　肃	252	18 487	31 238	10 589	29 219
青　海	92	3 998	686	52	677
宁　夏		11 834	1 384	1 093	2 682
新　疆	3 047	4 287	3 805	1 180	7 654
#重　庆	2 067	28 312	13 608	7 778	7 549
武　汉		28 810	22 568		34 164
沈　阳		61 207	1 912	4 230	
大　连	70 708	20 776	3 247		
哈尔滨		8 946	166	259	280
广　州	174	8 596	3 903	1 087	25 684
西　安	41	7 428	4 495	1 816	39 478
青　岛	876	85 489	17 919	9 037	73 101
宁　波	545	109 158	2 676	5 277	15 017
厦　门		1 518	1 028	732	1 445
深　圳	775	236	70	5 210	24 839
长　春		22 401	356	48	7 576
南　京		69 000	4 374	95	11 512
成　都					
总　计	183 744	4 514 943	769 690	534 603	1 909 216

各地区农业银行乡镇企业分行业贷款企业累计销售收入

（1990年）

单位：万元

地　区	合　计	轻　纺	食　品	矿　业	建　材
北　京	329 524	116 323	15 627	3 089	49 455
天　津	448 529	186 479	18 519		26 206
河　北	991 992	289 681	86 816	36 557	165 175
山　西	346 678	15 281	10 341	120 891	25 701
内蒙古	114 568	7 246	7 551	18 905	20 274
辽　宁	426 169	60 769	25 382	61 576	90 132
吉　林	120 429	17 826	21 266	8 727	41 041
黑龙江	148 172	22 128	25 426	14 136	38 747
上　海	2 325 334	1 022 233	83 208		80 561
江　苏	2 844 848	1 504 446	77 266	11 092	202 113
浙　江	1 164 636	561 406	84 347	3 087	111 212
安　徽	850 117	135 970	72 551	26 517	206 542
福　建	556 472	163 731	74 318	20 681	49 552
江　西	456 478	82 772	47 708	61 586	63 455
山　东	1 026 609	342 560	83 684	56 002	125 816
河　南	848 492	128 885	73 494	112 677	160 020
湖　北	415 300	106 794	31 164	26 243	65 338
湖　南	485 298	105 698	28 341	51 504	75 159
广　东	1 385 979	638 617	68 335	15 001	142 991
广　西	276 693	32 558	28 935	50 225	44 205
海　南	16 655	973	191	1 988	56
四　川	990 459	270 144	95 123	55 194	166 779
贵　州	63 025	5 086	3 388	15 495	8 154
云　南					
陕　西	352 072	43 269	33 922	49 729	92 043
甘　肃	161 787	22 743	11 550	22 320	32 747
青　海	10 243	1 516	202	1 164	2 586
宁　夏	29 799	6 583	3 975	1 247	2 554
新　疆	48 625	8 222	3 216	5 541	9 161
*重　庆	133 246	50 966	6 074	4 774	15 917
武　汉	86 385	16 206	1 493		8 275
沈　阳	72 834	11 766	2 256	201	10 839
大　连	117 373	17 423	3 186	22 831	
哈尔滨	26 709	3 085	9 884		5 611
广　州	123 237	47 681	9 791	521	13 869
西　安	63 560	7 335	2 027	351	5 908
青　岛	258 530	89 549	10 630	9 187	10 300
宁　波	279 002	105 531	8 740	238	5 800
厦　门	12 573	2 051	4 184	98	1 793
深　圳	28 530	1 234			304
长　春	61 021	7 464	9 487	802	17 663
南　京	136 216	42 509	2 598	289	19 845
成　都					
总　计	17 234 982	5 899 939	1 115 846	851 174	2 097 775

各地区农业银行乡镇企业分行业贷款企业累计销售收入（续）

（1990年）　　　　单位：万元

地　区	电　力	冶机化工	运输建筑	商　业	其　他
北　京	121	95 003	2 682	4 725	42 499
天　津	1 649	177 926	1 740	7 672	28 338
河　北	772	190 503	23 060	34 964	164 464
山　西	709	75 527	17 071	5 757	75 400
内蒙古	771	26 505	13 967	12 296	7 053
辽　宁	1 046	168 362	11 267	7 635	
吉　林	626	18 468	2 131	1 015	9 329
黑龙江	269	14 968	2 902	2 339	27 257
上　海		1 112 517	819	4 970	21 026
江　苏	6 149	730 467	49 983	76 453	186 879
浙　江	4 760	263 055	9 588	38 047	89 134
安　徽	6 130	99 725	70 484	75 556	156 642
福　建	13 704	42 439	26 802	81 784	83 461
江　西	9 666	48 222	39 662	29 902	73 505
山　东	7 845	182 649	75 013	41 021	112 019
河　南	19 194	162 088	53 168	42 947	96 019
湖　北	7 536	61 700	42 882	16 319	57 324
湖　南	19 904	103 281	30 696	23 160	47 555
广　东	23 746	114 529	61 728	183 870	137 162
广　西	19 633	19 432	14 434	22 681	44 590
海　南	910	136	139	81	12 181
四　川	32 799	182 589	57 250	47 993	82 588
贵　州	1 375	15 922	5 446	3 550	4 609
云　南					
陕　西	414	51 043	17 934	16 000	47 718
甘　肃	191	16 728	19 698	10 534	25 276
青　海	49	2 532	596	1 116	482
宁　夏		9 632	1 169	2 150	2 489
新　疆	4 722	4 090	4 252	2 350	7 071
*重　庆	2 076	26 500	11 194	8 381	7 364
武　汉		21 829	17 520	182	20 880
沈　阳		41 087	2 322	4 363	
大　连	56 147	11 575	6 211		
哈尔滨		7 530	105	231	263
广　州	695	12 644	13 943	6 711	17 382
西　安	38	6 609	3 410	1 700	36 182
青　岛	1 857	56 675	16 260	13 329	50 743
宁　波	383	86 010	2 621	4 169	65 510
厦　门		1 414	947	744	1 342
深　圳	615	159		4 370	21 848
长　春		19 397	215	101	5 892
南　京		54 383	5 458	534	10 600
成　都					
总　计	184 690	3 990 038	656 563	796 887	1 642 070

各地区农业银行乡镇企业分行业贷款企业利税总额

（1990年）　　单位：万元

地　　区	合　计	轻　纺	食　品	矿　业	建　材
北　京	43 541	15 526	744	628	6 811
天　津	52 879	19 048	1 778		2 521
河　北	160 609	45 426	12 490	5 516	25 608
山　西	67 926	2 762	1 868	26 333	4 640
内蒙古	15 420	1 198	808	2 994	2 853
辽　宁	51 222	6 722	2 326	9 964	7 710
吉　林	15 219	1 708	2 547	918	4 581
黑龙江	17 351	2 187	2 952	2 210	4 679
上　海	217 609	97 811	5 428		6 887
江　苏	184 148	97 766	5 424	455	12 007
浙　江	104 478	57 314	4 429	190	3 212
安　徽	92 265	15 200	10 882	5 135	17 466
福　建	58 963	18 878	6 761	3 026	4 769
江　西	53 360	8 129	4 397	5 705	7 174
山　东	101 335	27 800	8 744	9 632	10 999
河　南	129 116	24 361	9 724	19 243	19 673
湖　北	27 224	5 813	1 266	2 757	3 806
湖　南	44 557	9 761	1 996	5 639	4 847
广　东	243 391	197 682	3 608	1 597	3 039
广　西	26 596	3 250	2 322	4 438	2 601
海　南	3 345	90	8	436	28
四　川	74 430	19 210	6 268	4 003	6 555
贵　州	12 273	947	555	4 292	1 486
云　南					
陕　西	42 700	4 740	2 938	5 322	10 397
甘　肃	16 668	2 226	2 015	2 253	2 890
青　海	1 442	279	99	233	331
宁　夏	3 882	551	386	114	434
新　疆	5 038	925	617	471	695
#重　庆	10 242	3 463	103	310	760
武　汉	6 419	1 047	98		858
沈　阳	5 961	1 109	424	16	974
大　连	16 259	398	1 273	3 998	
哈尔滨	3 341	697	997		689
广　州	10 565	2 369	1 554	72	594
西　安	8 338	1 020	517	29	1 145
青　岛	25 947	6 603	607	1 401	1 135
宁　波	30 753	18 339	186	25	290
厦　门	1 321	152	381	15	123
深　圳	3 686	1 086			42
长　春	7 205	1 587	1 789	17	1 224
南　京	10 373	3 518	93	15	1 192
成　都					
总　计	1 866 987	687 310	103 380	123 504	178 699

各地区农业银行乡镇企业分行业贷款企业利税总额(续)

(1990年)　　　　单位：万元

地区	电力	冶机化工	运输建筑	商业	其他
北京		12 559	741		6 751
天津		24 575	533	692	3 844
河北	184	33 074	5 068	6 822	26 421
山西	99	10 473	4 319	721	16 711
内蒙古	198	2 672	2 000	1 486	1 211
辽宁	173	22 536	1 267	524	
吉林	148	1 463	332	110	3 412
黑龙江	44	1 778	489	353	2 659
上海		102 797	127	147	4 412
江苏	484	52 404	3 180	1 339	11 089
浙江	729	29 589	836	2 000	6 179
安徽	609	10 063	9 543	8 162	15 205
福建	2 348	4 809	2 904	6 043	9 425
江西	1 074	4 280	3 529	8 275	10 797
山东	1 119	17 153	7 310	3 452	15 126
河南	4 308	24 133	8 217	5 948	13 509
湖北	1 203	3 597	2 394	878	5 510
湖南	3 293	9 597	3 367	2 048	4 009
广东	3 363	6 649	5 457	8 169	13 827
广西	2 768	1 695	2 082	1 935	5 505
海南	64	8	8	5	2 698
四川	10 091	151 158	3 121	4 321	5 703
贵州	111	25 579	743	528	1 032
云南					
陕西	55	8 450	2 740	2 305	5 753
甘肃	132	2 523	1 496	865	2 268
青海	5	172	105	113	105
宁夏		1 269	214	385	529
新疆	685	232	304	348	761
*重庆	640	2 660	717	949	640
武汉		1 500	1 120	3	1 793
沈阳		3 153	149	136	
大连	8 485	1 757	348		
哈尔滨		887	20	21	30
广州	61	683	1 600	1 355	2 277
西安	4	1 146	453	431	3 593
青岛	235	6 199	1 312	1 536	6 919
宁波	41	4 196	365	364	6 947
厦门		217	155	55	223
深圳	130			880	1 548
长春		2 142	50	23	373
南京		4 091	276	19	1 169
成都					
总计	33 171	406 287	72 426	67 759	194 451

农业银行扶贫专项贴息贷款统计表

（1990年）　　单位：万元

项目	合计	1.贫困户	2.户办和村办企业	3.乡镇办企业	4.县办企业	5.其他经济组织
支持对象数（个）	4 146 976	4 114 833	16 200	11 953	1 935	2 055
累放合计	161 547	62 363	12 069	42 689	32 097	12 329
按资金、形态分	123 933	51 723	9 712	31 819	19 828	10 851
1. 流动资金贷款	121 345	55 500	9 298	29 255	16 759	10 533
2. 固定资金贷款	40 200	6 862	2 771	13 434	15 338	1 795
按行业划分	154 677	60 305	11 783	40 958	30 257	11 374
1. 农业	83 499	58 868	6 226	3 202	7 509	7 694
种植业	54 723	39 317	4 039	1 744	4 666	4 957
林业	7 066	3 343	1 286	477	1 078	882
牧业	19 120	14 951	637	672	1 122	1 738
渔业	2 590	1 257	264	309	643	117
2. 工业	58 501	305	3 657	32 797	20 006	1 736
3. 商业	2 381	154	345	509	890	483
4. 劳务输出	995	152	13	277	75	478
5. 其他行业	16 171	2 884	1 828	5 904	3 617	1 938
累计收回	61 539	27 744	4 881	18 299	7 018	3 597
本期余额	521 747	181 941	39 438	165 696	109 731	24 941
#逾期贷款	58 459	25 192	6 011	18 388	7 458	1 410
呆滞贷款	9 917	2 969	1 482	4 023	1 056	387
呆帐贷款	2 032	531	344	1 031	88	38
农户新增收入	156 743	109 760	14 279	20 546	8 788	3 370
企业新增产值	325 074	14 541	35 006	159 668	100 704	15 155
企业新增利润	39 344	3 530	4 680	18 727	10 070	2 337

农业银行土地治理与开发贷款统计表

(1990年)　　　　单位：万元

项　　目	合　计	1.农　户	2.联　户	3.国营农场	4.合作经济组织	5.农业开发公司	6.其他服务组织
贷款对象（个）	644 512	614 596	21 432	1 107	4 612	213	2 552
贷款项目（个）	22 445	16 315	1 323	841	2 391	165	1 410
累放合计	152 265	30 192	10 416	37 010	30 139	6 759	37 749
1. 农田水利	50 487	15 580	4 701	10 617	10 150	1 259	8 180
2. 农业机械	14 782	2 918	905	4 953	1 804	1 122	3 080
3. 科技推广	14 486	2 702	765	3 010	2 253	1 919	3 837
4. 林　业	9 366	1 406	704	3 119	2 160	239	1 738
5. 牧　业	8 962	1 611	399	4 037	1 129	33	1 753
6. 渔　业	10 242	908	1 192	2 289	3 655	536	1 662
7. 农产品加工、贮藏	11 753	390	442	3 499	2 111	762	4 549
8. 其他	32 187	4 677	1 308	5 486	6 877	889	12 950
累计收回	42 766	13 079	3 190	7 701	9 129	1 723	7 944
本期余额	147 092	30 740	10 632	37 315	26 869	6 721	34 817
#逾期贷款	9 821	3 028	605	2 521	883	1 049	1 735
呆滞贷款	355	242	27	15	17	10	44
呆帐贷款	25	25					

大中城市副食品基地贷款统计表

（1990年） 单位：万元、万公斤、个

项目	一、农行合计	国营	集体、个体	二、信用社	农行、信用社总计
贷款发放情况					
贷款项目数	45 942	3 337	42 605	216 784	262 726
累放	350 051	221 011	129 050	96 090	446 141
累收	277 140	175 160	101 980	77 441	354 581
期末余额	286 525	163 743	122 782	70 408	356 933
1．猪					
贷款项目数	13 955	590	13 365	94 145	108 100
贷款累放	46 139	21 684	24 455	20 157	66 296
产量	305 161	244 065	61 096	42 165	347 326
产值	184 001	57 396	126 605	78 119	262 120
利润	20 153	3 436	16 717	10 937	31 090
2．鸡					
贷款项目数	6 727	516	6 211	36 321	43 048
贷款累放	94 709	60 345	34 364	18 505	113 214
鸡肉产量	32 040	16 367	15 673	3 654	35 694
鸡蛋产量	62 326	48 533	13 793	5 587	67 913
产值	253 559	123 001	130 558	74 070	327 629
利润	27 463	11 361	16 102	9 453	36 916
3．牛					
贷款项目数	4 053	317	3 736	16 754	20 807
贷款累放	30 440	24 994	5 446	7 269	37 709
牛肉产量	76 899	1 690	75 209	2 449	79 348
牛奶产量	72 441	63 099	9 342	22 399	94 840
产值	87 893	62 408	25 485	10 769	98 662
利润	9 707	3 759	5 948	3 507	13 214
4．鱼					
贷款项目数	3 752	563	3 189	10 155	13 907
贷款累放	40 347	12 062	28 285	16 660	57 007
产量	41 143	14 505	26 638	4 563	45 706
产值	137 978	26 457	111 521	36 675	174 653
5．菜					
贷款项目数	12 976	547	12 429	43 956	56 932
贷款累放	11 436	1 831	9 605	10 794	22 230
产量	638 702	137 590	501 112	2 908 069	3 546 771
产值	97 727	8 444	89 283	86 010	183 737
利润	27 565	2 266	25 299	30 989	58 554
6．其他					
贷款项目数	4 479	804	3 675	15 453	19 932
贷款累放	126 980	100 095	26 885	22 705	149 685
产值	147 499	94 643	52 856	48 182	195 681
利润	11 575	6 323	5 252	13 924	25 499

农业银行林业项目贷款统计表

（1990年）

项目	单位	合计	国营	集体	农户
一、贷款累计发放数	万元	60 334	41 735	14 450	4 149
1. 速生丰产林贷款发放数	万元	22 710	14 897	6 279	1 534
速生丰产林贷款支持面积	公倾	1 438 459	1 016 444	324 160	97 855
2. 经济林贷款发放数	万元	10 442	4 956	3 908	1 578
经济林贷款支持面积	公倾	447 979	222 428	162 350	63 201
3. 抚育管理贷款发放数	万元	7 091	4 809	1 781	501
抚育管理贷款支持面积	公倾	957 302	706 843	205 139	45 320
4. 多种经营贷款发放数	万元	20 091	17 073	2 482	536
二、项目数	个	1 868	726	588	554
三、贷款累计收回数	万元	17 805	11 906	4 039	1 860
1. 速生丰产林贷款收回数	万元	5 336	3 128	1 860	348
2. 经济林贷款收回数	万元	3 245	1 442	1 022	781
3. 抚育管理贷款收回数	万元	1 456	892	368	196
4. 经营贷款收回数	万元	7 768	6 444	789	535
四、贷款余额		130 809	87 292	28 791	14 726
1. 速生丰产林贷款	万元	56 045	33 944	14 819	7 282
2. 经济林贷款	万元	22 458	10 773	6 732	4 953
3. 抚育管理贷款	万元	14 706	9 533	3 712	1 461
4. 多种经营贷款	万元	37 600	33 042	3 528	1 030

注：上表数字中缺云南、甘肃省以及宁波、深圳、长春市资料。

农业银行国营农业种养业投资性贷款统计表

（1990年）　　　　单位：万元、个

项　　目	合　计	1. 农垦系统	2. 农业系统	# 农业二场	3. 畜牧系统	种畜场
一、贷款项目数	4 336	1 389	721	243	354	88
二、本期累放额						
1. 小　计	111 820	33 656	20 383	3 514	19 968	7 273
2. 农田水利	3 572	2 260	567	71	65	40
3. 农业机械	3 927	3 154	281	21	6	6
4. 科技推广	4 642	2 523	990	105	155	91
5. 多年生经济林木	14 895	3 914	1 389	801	51	
6. 综合利用	10 696	3 100	3 165	1 638	1 042	84
7. 其　他	74 088	18 705	13 991	878	18 649	7 052
三、本期累收额	66 968	26 903	9 319	2 395	11 358	901
四、期末余额	263 014	93 069	37 351	5 109	40 470	9 769
五、经济效益						
1. 投产项目	4 584	1 806	427	104	235	39
2. 新增粮食	1 066 251	103 343	491 419	25 217	30	
3. 新增产值	328 209	155 265	39 538	4 697	40 723	8 936
4. 新增利润	32 815	14 017	3 833	558	3 980	374
5. 新增税金	11 815	6 759	891	174	613	43

项　　目	4. 水产系统	# 渔种场	5. 林业系统	6. 水利系统	7. 其他系统
一、贷款项目数	286	159	1 205	75	304
二、本期累放额					
1. 小　计	6 682	642	16 066	1 435	13 610
2. 农田水利	15		75	396	194
3. 农业机械			152	8	326
4. 科技推广	184	44	72	165	553
5. 多年生经济林木			9 197	18	326
6. 综合利用	566	297	2 097	85	641
7. 其　他	5 917	301	4 473	763	11 570
三、本期累收额	3 695	443	7 475	755	7 346
四、期末余额	15 677	1 316	38 525	3 192	33 986
五、经济效益					
1. 投产项目	177	50	1 400	48	491
2. 新增粮食	6		470 696	132	625
3. 新增产值	11 457	1 430	25 405	2 345	53 476
4. 新增利润	1 180	180	3 044	206	6 555
5. 新增税金	505	61	1 638	86	1 323

农业银行国营农业流动资金贷款统计表

（1990年） 单位：万元、个

	合计	1. 农垦系统	2. 农业系统		3. 林业系统
			小计	农业二场	
一、农业流动资金贷款					
1. 企业单位数	43 859	22 720	5 383	1 988	3 613
2. 贷款单位数	36 558	19 492	4 349	1 759	2 047
3. 期末贷款余额	730 105	307 153	117 056	32 831	52 453
4. 贷款累放	1 037 984	431 570	186 204	43 975	60 195
5. 贷款累收	904 625	393 864	151 085	56 444	48 062
6. 产　值	2 334 300	1 165 316	315 148	88 943	131 007
7. 销售收入	2 388 789	1 065 211	438 945	84 383	120 408
8. 利　润	140 097	61 872	24 381	6 764	13 164
9. 税　金	74 353	32 750	11 236	2 883	10 044
10. 创汇外（美元）	647 567	458 735	51 776	50 247	194
二、工业流动资金贷款					
1. 企业单位数	11 562	5 388	1 940	727	916
2. 贷款单位数	8 852	4 271	1 504	587	662
3. 期末贷款余额	551 560	330 681	62 489	19 487	23 508
4. 贷款累放	879 201	507 627	110 799	27 670	29 819
5. 贷款累收	760 224	452 683	97 735	25 465	23 907
6. 产　值	2 051 613	1 305 893	210 713	59 242	64 822
7. 销售收入	2 102 713	1 354 698	195 600	54 461	60 326
8. 利　润	111 681	61 103	12 044	2 454	3 922
9. 税　金	100 492	62 859	12 970	3 134	2 852
10. 创外汇（美元）	2 261 444	151 306	926	83	2 100 621
三、商业流动资金贷款					
1. 企业单位数	8 758	3 705	1 184	240	936
2. 贷款单位数	6 999	2 596	1 495	165	698
3. 期末贷款余额	322 933	144 508	36 953	3 656	20 744
4. 贷款累放	622 310	274 718	85 785	6 461	35 954
5. 贷款累收	574 244	251 171	79 777	6 624	34 537
6. 商品销售额	1 505 443	886 100	157 837	14 152	114 889
7. 利　润	76 092	33 905	3 860	369	4 620
8. 税　金	26 134	13 405	2 048	265	2 859

农业银行国营农业流动资金贷款统计表(续)

(1990年)　　　　单位：万元、个

	4. 畜牧系统		5. 水产系统		6.水利系统	7.劳改系统	8. 其他系统
	小　计	#种畜场	小　计	#渔种场			
一、农业流动资金贷款							
1. 企业单位数	3 433	609	1 562	426	1 096	445	5 608
2. 贷款单位数	2 531	494	1 890	304	714	295	5 240
3. 期末贷款余额	61 562	26 600	55 717	8 269	15 293	22 570	98 300
4. 贷款累放	78 791	30 558	78 260	8 814	19 205	35 853	147 907
5. 贷款累收	67 247	30 815	70 378	7 548	16 520	29 938	127 532
6. 产　值	236 190	73 647	122 143	15 012	46 727	99 255	218 515
7. 销售收入	255 704	78 256	134 328	14 268	41 315	100 414	232 465
8. 利　润	14 731	2 651	6 231	713	4 226	1 839	13 654
9. 税　金	3 661	1 354	3 813	440	2 476	4 525	5 848
10. 创外汇（美元）	71 225	960	62 911	3	4	804	1 918
二、工业流动资金贷款							
1. 企业单位数	548	113	211	30	560	362	1 637
2. 贷款单位数	398	109	149	23	398	287	1 184
3. 期末贷款余额	18 128	3 858	11 224	758	13 491	34 255	57 784
4. 贷款累放	28 483	5 916	23 659	1 666	20 415	56 672	101 728
5. 贷款累收	25 173	4 157	19 842	369	15 610	49 622	75 652
6. 产　值	59 069	11 846	42 459	4 761	37 957	140 719	189 981
7. 销售收入	57 229	10 612	46 170	4 299	34 651	160 682	193 357
8. 利　润	3 209	648	2 168	411	2 323	11 448	15 465
9. 税　金	1 956	519	2 319	631	1 549	7 866	8 121
10. 创外汇（美元）	9		565		94	2 215	5 708
三、商业流动资金贷款							
1. 企业单位数	531	61	859	34	174	153	1 215
2. 贷款单位数	451	53	681	25	127	132	819
3. 期末贷款余额	12 591	1 097	35 569	392	2 640	3 584	66 345
4. 贷款累放	26 079	1 875	62 037	894	4 555	7 218	125 964
5. 贷款累收	23 289	1 419	52 899	670	3 653	6 326	122 593
6. 商品销售额	66 226	4 798	125 533	2 414	11 266	14 088	129 505
7. 利　润	1 799	97	2 533	138	398	624	28 355
8. 税　金	876	87	2 151	41	235	331	4 229

7

金融主要指标

国家银行信贷资金来源、运用

（年末余额）　　　　单位：亿元

项　　目	1985年		1986年	1987年	1988年	1989年	1990年
	不含建行	含 建 行					
资金来源合计	5 891.20	6 430.87	8 205.97	9 976.17	11 541.25	13 617.90	16 837.88
各项存款	3 936.48	4 273.03	5 381.87	6 572.05	7 501.17	9 083.76	11 644.83
企业存款	1 495.42	2 071.53	2 643.36	3 125.55	2 936.58	3 084.85	3 997.68
财政存款	326.43	368.37	311.45	306.98	270.88	437.99	380.4
基本建设存款	281.50						
机关团体存款	325.76	325.76	395.97	449.20	392.67	483.97	614.78
城镇储蓄存款	1 057.81	1 057.81	1 471.45	2 064.02	2 659.16	3 734.80	5 192.58
农村存款	449.56	449.56	559.64	626.30	669.55	716.32	850.26
其他存款					496.78	555.92	609.13
债　券					75.55	69.91	91.99
对国家金融机构负债	78.18	78.18	124.23	185.63	148.63	138.70	185.71
流通中货币	987.83	987.83	1 218.36	1 454.48	2 134.03	2 344.02	2 644.37
银行自有资金	612.00	777.82	861.65	940.02	1 073.81	1 196.93	1 315.83
当年结益	60.92	70.30	78.37	121.56	123.12	118.90	165.87
其　他	215.79	243.71	541.49	702.43	560.49	735.59	789.28
资金运用合计	5 891.20	6 430.87	8 205.97	9 976.17	11 541.25	13 617.90	16 837.88
各项贷款	5 365.84	5 905.51	7 590.40	9 032.35	10 551.33	12 409.27	15 166.36
工业生产企业贷款	1 165.08	1 165.08	1 649.85	2 043.61	2 085.09	2 724.63	3 559.43
工业供销企业及物资部门贷款	380.83	380.83	477.05	493.47	520.96	582.15	652.95
商业企业贷款	2 649.30	2 649.30	3 092.42	3 506.14	4 100.61	4 775.07	5 768.48
建筑企业贷款		267.07	369.41	466.52	494.71	601.26	671.45
城镇集体企业及个体工、商户贷款	321.28	321.28	425.54	550.03	656.21	708.55	831.26
农业贷款	416.63	416.63	570.37	685.83	814.21	895.05	1 038.08
固定资产贷款	432.72	705.32	1 005.76	1 286.75	1 559.23	1 775.96	2 245.75
其他贷款					320.31	346.60	398.96
黄金占款	12.04	12.04	12.04	12.04	12.04	12.04	12.04
外汇占款	93.10	93.10	77.12	182.08	158.44	264.54	599.46
在国际金融机构资产	88.69	88.69	100.43	178.81	187.05	191.56	258.96
财政借款	275.05	275.05	370.05	514.96	576.46	684.56	801.06
其他支出	576.48	56.48	55.93	55.93	55.93	55.93	55.92

国家银行信贷资金来源、运用增减额

单位：亿元

项　目	1985年		1986年		1987年	1988年	1989年	1990年
	不含建行	含 建 行	不含建行	含 建 行				
资金来源合计	**811.69**	**1 351.36**	**2 314.77**	**1 775.10**	**1 770.20**	**1 565.08**	**2 076.65**	**3 219.98**
各项存款	550.35	886.90	1 445.39	1 108.84	1 190.18	929.12	1 582.59	2 561.07
企业存款	81.11	657.22	1 147.94	571.83	482.19	−188.97	148.27	912.83
财政存款	160.55	202.49	−14.98	−56.92	−4.47	−36.10	167.11	−57.59
基本建设存款	−51.93	−333.43	−281.50					
机关团体存款	2.30	2.30	70.21	70.21	53.23	−56.53	91.30	130.81
城镇储蓄存款	281.19	281.19	413.64	413.64	592.57	595.14	1 075.64	1 457.78
农村存款	77.13	77.13	110.08	110.08	66.66	43.25	46.77	133.94
其他存款						496.78	59.14	53.21
债　券						75.55	−5.64	22.08
对国际金融机构负债	15.95	15.95	46.05	46.05	61.40	−37.00	−9.93	47.01
流通中货币	195.72	195.72	230.53	230.53	236.12	679.55	209.99	300.35
银行自有资金	12.55	178.37	249.65	83.83	78.37	133.79	123.12	118.9
当年结益	21.49	30.87	17.45	8.07	43.19	1.56	−4.22	46.97
其　他	15.63	43.55	325.70	297.78	160.94	−141.94	175.10	53.69
资金运用合计	**821.69**	**1 351.36**	**2 314.77**	**1 775.10**	**1 770.20**	**1 565.08**	**2 076.65**	**3 219.98**
各项贷款	946.27	1 485.94	2 224.56	1 684.89	1 441.95	1 518.98	1 857.94	2 757.09
工业生产企业贷款	281.25	281.25	484.77	484.77	393.76	41.48	639.54	834.8
工业供销企业及物资部门贷款	70.80	70.80	96.22	96.22	16.42	27.49	61.19	70.8
商业企业贷款	376.50	376.50	443.12	443.12	413.72	594.47	674.46	993.41
建筑企业贷款		267.07	369.41	102.34	97.11	28.19	106.55	70.19
城镇集体企业及个体工、商户贷款	26.11	26.11	104.26	104.26	124.49	106.18	52.34	122.71
农户贷款	48.55	48.55	153.74	153.74	115.46	128.38	80.84	143.03
固定资产贷款	143.06	415.66	573.04	300.44	280.99	272.48	216.73	469.79
其他贷款						320.31	26.29	52.36
黄金占款								
外汇占款	−170.46	−170.46	−15.98	−15.98	104.96	−23.64	106.10	334.92
在国际金融机构资产	20.85	20.85	11.74	11.74	78.38	8.24	4.51	67.4
财政借款	14.27	14.27	95.00	95.00	144.91	61.50	108.10	116.5
其他支出	10.76	0.76	−0.55	−0.55				−0.01

各地区分专业银行各项存款

（1990年）　　单位：亿元

	国家银行		工商银行		农业银行		建设银行	
	余额	比重(%)	余额	比重(%)	余额	比重(%)	余额	比重(%)
北京市	845.9	100	495.66	58.60	69.74	8.24	99.29	11.74
天津市	235.4	100	121.86	51.77	45.98	19.53	29.15	12.38
河北	555.4	100	258.9	46.62	169.43	30.51	54.49	9.81
山西	314.3	100	156.27	49.72	73.3	23.32	35.97	11.44
内蒙	169.8	100	87.4	51.47	38.06	22.41	16	9.42
辽宁	630.1	100	344.33	54.65	128.05	20.32	39.08	6.20
吉林	252.5	100	138.62	54.90	53.57	21.22	19.99	7.92
黑龙江	436.3	100	239.85	54.97	91.25	20.91	41.38	9.48
上海	571.8	100	275.86	48.24	99.94	17.48	100.98	17.66
江苏	647.2	100	289.56	44.74	191.53	29.59	71.44	11.04
浙江	457.8	100	190.86	41.69	137.37	30.01	54.08	11.81
安徽	250.2	100	117.04	46.78	69.31	27.70	34	13.59
福建	298	100	124.52	41.79	71.32	23.93	34.43	11.55
江西	217.5	100	97.68	44.91	61.06	28.07	28.91	13.29
山东	687.2	100	281.85	41.01	212.38	30.91	86.52	12.59
河南	467.3	100	216.01	46.23	122.84	26.29	61.32	13.12
湖北	401.5	100	190.53	47.45	103.43	25.76	39.85	9.93
湖南	319.8	100	145.75	45.58	84.16	26.32	36.13	11.30
广东	1 141.6	100	452.29	39.62	274.9	24.08	96.13	8.42
广西	235	100	104.94	44.66	67.87	28.88	30.98	13.18
海南	87.5	100	30.54	34.90	24.24	27.70	11.79	13.47
四川	566.1	100	256.52	45.31	158.11	27.93	44.14	7.80
贵州	134.8	100	63.15	46.85	29.44	21.84	19.31	14.32
云南	265.5	100	111.04	41.82	73.18	27.56	32.87	12.38
西藏	20.1	100					3.01	14.98
陕西	279.3	100	149.28	53.45	57.32	20.52	26.33	9.43
甘肃	159.2	100	85.23	53.54	36.35	22.83	19.31	12.13
青海	56.1	100	22.91	40.84	10.55	18.81	13.08	23.32
宁夏	48.5	100	22.47	46.33	10.82	22.31	8.36	17.24
新疆	223.3	100	96.71	43.31	75.14	33.65	29.15	13.05

各地区分专业银行各项贷款

（1990年）

单位：亿元

	国家银行		工商银行		农业银行		建设银行	
	余额	比重(%)	余额	比重(%)	余额	比重(%)	余额	比重(%)
北京市	552.2	100	320.34	58.01	60.43	10.94	71.97	13.03
天津市	389.1	100	196.97	50.62	54.26	13.95	33.42	8.59
河北	631.7	100	300.83	47.62	194.48	30.79	52.18	8.26
山西	357.3	100	191.05	53.47	80.71	22.59	56.98	15.95
内蒙	272.9	100	143.48	52.58	78.53	28.78	20.42	7.48
辽宁	929.1	100	526	56.61	182.33	19.62	51.44	5.54
吉林	507	100	264.82	52.23	168.03	33.14	25.14	4.96
黑龙江	651.7	100	366.33	56.21	172.45	26.46	42.1	6.46
上海	804.8	100	406.13	50.46	98.05	12.18	102.14	12.69
江苏	823.2	100	384.58	46.72	249.3	30.28	45.59	5.54
浙江	481.7	100	216.2	44.88	135.84	28.20	39.23	8.14
安徽	400.8	100	172.02	42.92	142.93	35.66	44.59	11.13
福建	320.1	100	133.02	41.56	77.05	24.07	3 085	963.76
江西	339.1	100	154.09	45.44	115.83	34.16	31.44	9.27
山东	936.3	100	381.99	40.80	296.11	31.63	89.34	9.54
河南	635.1	100	288.71	45.46	233.52	36.77	59.63	9.39
湖北	723.8	100	337.47	46.62	236.9	32.73	59.6	8.23
湖南	457.7	100	226.94	49.58	145.42	31.77	35.84	7.83
广东	1 275.1	100	507.4	39.79	295.58	23.18	59.44	4.66
广西	278.2	100	129.77	46.65	82.06	29.50	29.85	10.73
海南	119.9	100	40.57	33.84	33.89	28.27	12.99	10.83
四川	771.8	100	369.71	47.90	243.53	31.55	53.28	6.90
贵州	173.1	100	84.33	48.72	54.9	31.72	20.4	11.79
云南	251.1	100	118.9	47.35	80.47	32.05	25.27	10.06
西藏	16.7	100					0.44	2.63
陕西	385.7	100	208.94	54.17	90.23	23.39	37.91	9.83
甘肃	202.1	100	95.35	47.18	52.51	25.98	33.76	16.70
青海	72.2	100	31.45	43.56	11.89	16.47	17.75	24.58
宁夏	69.5	100	33.6	48.35	15.65	22.52	11.19	16.10
新疆	234.4	100	89.31	38.10	90.93	38.79	28.31	12.08

农业银行存款占国家银行比重

单位：亿元

年份	各项存款			企业存款			集镇储蓄存款		
	国家银行	农业银行	比重(%)	国家银行	农业银行	比重(%)	国家银行	农业银业	比重(%)
1986年	5 354.70	1 211.80	22.63	2 422.70	262.77	10.85	1 471.50	257.68	17.51
1987年	6 517.00	1 487.30	22.82	2 671.20	305.00	11.42	2 067.60	426.19	20.61
1988年	7 425.80	1 713.73	23.08	2 936.60	351.36	11.96	2 659.20	593.71	22.33
1989年	9 013.85	2 055.46	22.80	3 084.85	369.43	11.98	3 734.80	848.51	22.72
1990年	11 644.9	2 640.55	22.68	3 997.7	438.39	10.97	5 192.6	1 212.1	23.34

农业银行贷款占国家银行比重

单位：亿元

年份	各项贷款			流动资金贷款			固定资产贷款		
	国家银行	农业银行	比重(%)	国家银行	农业银行	比重(%)	国家银行	农业银行	比重(%)
1988年	10 551.33	2 632.15	24.95	8 026.1	2 131.51	26.56	1 559.23	58.45	3.75
1989年	12 409.27	3 058.17	24.64	9 498.05	2 483.39	26.15	1 775.96	65.58	3.69
1990年	15 166.4	3 774.34	24.89	11 595.94	3 071.	26.5	2 245.75	76.43	3.4

全国城乡储蓄存款

（年末余额）　　单位：人民币亿元

年份	总计	*定期	城镇储蓄	*定期	农户储蓄	*定期
1986年	2 237.6	1 729.2	1 471.5	1 189.3	766.1	539.9
1987年	3 073.3	2 356.3	2 067.6	1 647.9	1 005.7	708.4
1988年	3 801.5	2 836.7	2 659.2	2 045.2	1 142.3	791.5
1989年	5 146.9	4 182.1	3 734.8	3 097.6	1 412.1	1 079.6
1990年	7 034.2	5 851.3	5 192.6	4 396.2	1 841.6	1 455.1

全国城乡储蓄存款增减额

（比上年末）　　单位：人民币亿元

年份	总计	*定期	城镇储蓄	*定期	农户储蓄	*定期
1986年	615.0	504.0	413.7	348.1	201.3	155.9
1987年	835.7	627.1	596.1	458.6	239.6	168.5
1988年	728.2	480.4	591.6	397.3	136.6	83.1
1989年	1 345.4	1 345.4	1 075.6	1 057.3	269.8	288.1
1990年	1 887.3	1 669.3	1 457.8	1 293.7	429.5	375.5

全国人均储蓄存款

年份	总人口（亿人）	#城镇人口	#乡村人口	城乡储蓄存款余额（亿元）	#城镇储蓄	#农户储蓄	全国人均储蓄存款（元）	城镇人均储蓄存款（元）	农户人均储蓄存款（元）
1986	10.75	2.64	8.11	2 237.6	1 471.5	766.1	208.1	557.4	94.5
1987	10.93	2.77	8.16	3 073.3	2 067.6	1 005.7	281.2	746.4	123.2
1988	11.1	2.87	8.24	3 801.5	2 659.2	1 142.3	342.5	926.6	138.6
1989	11.27	2.95	8.32	5 146.9	3 734.8	1 412.1	456.7	1 266.	169.7
1990	11.43	3.02	8.41	7 034.2	5 192.6	1 841.6	615.4	1 719.4	219

黄金和外汇储备

年份	黄金储备（万盎司）	外汇储备（亿美元）	国家外汇库存	中国银行外汇结存
1986	1 267	105.14	20.72	84.42
1987	1 267	152.36	29.23	123.13
1988	1 267	175.48	33.72	141.76
1989	1 267	170.22	55.50	114.72
1990	1 267	285.94	110.93	175.01

农业银行现金收支占国家银行的比重

单位：亿元

年份	现金收入			现金支出		
	国家银行	农业银业	比重(%)	国家银行	农业银行	比重(%)
1986年	6 613.30	2 615.22	39.54	6 843.90	3 175.10	46.39
1987年	8 779.60	3 577.30	40.75	9 015.70	4 199.21	46.58
1988年	12 810.50	4 973.88	38.83	13 790.00	5 796.70	42.04
1989年	15 057.60	5 482.89	36.41	15 267.60	6 075.35	39.79
1990年	17 171.1	6 220.88	36.23	17 471.4	6 862.03	39.28

各专业银行存、贷款变化情况

单位：亿元

年份	国家银行	工商银行		农业银行		建设银行	
	余额	余额	比重(%)	余额	比重(%)	余额	比重(%)
存款合计							
1985年	4 264.90	1 935.28	45.38	912.35	21.39	586.40	13.75
1986年	5 354.70	2 537.15	47.38	1 211.80	22.63	719.36	13.43
1987年	6 517.00	3 144.15	48.25	1 487.30	22.82	823.51	12.64
1988年	7 425.80	3 561.69	47.96	1 713.73	23.08	968.60	13.04
1989年	9 013.85	4 130.93	45.83	2 055.46	22.80	1 111.60	12.33
1990年	11 644.9	5 173.49	44.43	2 640.55	22.68	1 537.22	13.2
贷款合计							
1985年	5 905.60	2 962.67	50.17	1 687.70	28.58	562.58	9.53
1986年	7 590.80	3 786.41	49.88	1 996.12	26.30	808.64	10.65
1987年	9 032.50	4 377.75	48.47	2 319.26	25.68	992.67	10.99
1988年	10 551.33	4 969.76	47.10	2 632.15	24.95	1 212.97	11.50
1989年	12 409.27	5 751.87	46.35	3 058.17	24.64	1 456.69	11.74
1990年	15 166.4	6 871.89	45.31	3 774.34	24.80	1 858.15	12.25

各地区分专业银行储蓄存款

（1990年）　　　　单位：万元

地　　区	城镇储蓄		工　　行	
	合　计	#定　期	小　计	#定　期
全国总计	51 925 754	43 961 535	29 431 042	25 293 257
北　京	1 896 563	1 701 197	1 474 873	1 330 065
天　津	1 018 805	915 685	668 424	603 079
河　北	3 058 285	2 642 564	1 615 857	1 427 350
山　西	1 551 346	1 376 072	983 999	885 044
内蒙古	934 355	757 130	605 569	501 979
辽　宁	3 731 624	3 210 561	2 331 159	2 015 651
吉　林	1 569 148	1 262 246	975 228	815 910
黑龙江	2 659 324	2 278 591	1 685 138	1 473 887
上　海	2 271 969	2 095 804	1 395 021	1 235 309
江　苏	3 265 548	2 988 172	1 564 808	1 403 057
浙　江	1 773 700	1 575 652	949 666	867 062
安　徽	1 156 142	948 508	699 728	603 976
福　建	1 426 315	1 234 931	745 433	656 595
江　西	1 122 929	937 176	632 527	535 815
山　东	3 572 575	3 099 429	1 704 790	1 486 796
河　南	2 612 717	2 149 633	1 448 908	1 232 452
湖　北	1 962 932	1 638 187	1 025 004	863 023
湖　南	1 637 842	1 387 042	854 432	739 611
广　东	4 913 674	3 652 551	2 506 414	1 930 626
广　西	1 172 436	912 804	655 120	528 123
海　南	428 228	295 915	187 781	134 294
四　川	2 652 560	2 265 024	1 452 807	1 257 702
贵　州	516 434	416 724	334 226	278 928
云　南	938 097	784 826	545 070	458 994
西　藏	41 134	34 240	0	0
陕　西	1 549 639	1 284 719	983 564	817 082
甘　肃	834 952	700 858	534 731	453 083
青　海	246 166	207 245	141 908	124 426
宁　夏	272 647	231 099	156 510	134 085
新　疆	1 137 668	976 950	572 347	498 983

各地区分专业银行储蓄存款(续)

(1990年)　　　　单位：万元

地区	农行		建行	
	小计	其中：定期	小计	其中：定期
全国总计	12 120 990	10 297 445	5 095 076	3 914 455
总行				
北京	139 599	124 332	85 976	72 792
天津	169 892	148 174	70 614	61 658
河北	900 448	754 535	254 513	201 683
山西	307 064	268 504	113 339	93 710
内蒙古	158 723	119 287	73 073	55 274
辽宁	637 545	545 633	208 477	166 808
吉林	286 772	220 107	126 489	77 450
黑龙江	482 989	409 252	251 616	201 286
上海	504 943	495 602	123 402	121 045
江苏	984 406	955 346	338 320	283 163
浙江	534 232	459 233	143 824	115 270
安徽	242 431	183 084	119 739	85 175
福建	339 932	292 263	107 427	85 842
江西	291 902	236 902	101 378	78 875
山东	1 076 210	984 464	38 961	296 739
河南	598 113	475 671	304 311	215 627
湖北	481 782	408 016	210 054	165 741
湖南	383 680	322 671	155 826	118 360
广东	1 113 728	836 867	315 069	186 404
广西	327 945	246 442	112 318	79 815
海南	142 723	102 179	25 575	15 141
四川	697 014	598 315	163 243	124 025
贵州	105 498	80 878	43 832	30 639
云南	259 175	218 593	78 888	62 417
西藏	0	0	2 247	1 825
陕西	289 440	247 317	125 888	93 569
甘肃	176 043	145 888	75 992	59 776
青海	45 537	37 264	45 138	34 195
宁夏	52 786	45 972	47 913	37 532
新疆	390 438	334 654	115 107	92 255

各时期全国城乡储蓄存款增长情况

时 期	存款合计	城乡储蓄		时 期	存款合计	城乡储蓄	
		*城镇	*农户			*城镇	*农户
年平均增加额(亿元)				**年平均增加速度(%)**			
"一五"时期	5.3	3.8	1.5	"一五"时期	32.6	26.5	48.8
"二五"时期	1.2	0.7	0.5	"二五"时期	3.1	2.4	5.8
1963—1965	8.0	7.0	1.0	1963—1965	16.6	18.5	10.0
"三五"时期	2.9	2.5	0.4	"三五"时期	4.0	4.3	3.1
"四五"时期	14.0	10.0	4.0	"四五"时期	13.5	12.2	18.5
"五五"时期	50.0	33.6	16.4	"五五"时期	21.7	19.8	27.3
"六五"时期	244.6	155.1	89.5	"六五"时期	32.4	30.2	37.0
"七五"时期				"七五"时期	34.1	37.5	26.7
1986	615.0	413.7	201.3	1986	37.9	39.1	35.6
1987	835.7	596.1	239.6	1987	37.6	39.8	33.4
1988	728.2	591.6	136.6	1988	32.8	36.0	26.5
1989	1 345.4	1 075.6	269.8	1989	33.5	37.1	25.7
1990	1 887.3	1 457.8	429.5	1990	34.1	37.5	26.7
1954—1990	189.8	140.0	49.8	1954—1990	18.7	17.8	30.4
1954—1978	7.9	5.7	2.2	1954—1978	12.0	10.7	28.8
1979—1990	568.6	419.8	148.8	1979—1990	34.0	34.0	33.8

国家银行现金收入、支出

单位：人民币亿元

项　　目	1985年	1986年	1987年	1988年	1989年	1990年
商品销售收入	2 863.7	3 279.4	3 895.7	5 216.3	5 482.5	5 690.6
服务事业收入	321.6	385.7	491.2	651.0	786.9	958.9
税金收入	36.1	44.4	59.0	80.2	110.2	126.8
农村信用收入	580.4	697.3	896.4	1 049.9	1 113.2	1 353.6
乡镇企事业收入	84.2	100.3	151.5	229.4	237.1	270.6
个体经营收入	36.1	42.4	70.8	110.7	115.3	138.6
储蓄存款收入	1 242.0	1 658.2	2 567.0	4 336.1	5 726.7	6 910.5
其他金融机构收入	0.0	0.0	72.6	138.4	206.7	281.4
汇兑收入	82.5	95.8	128.7	187.5	225.0	293.3
其他收入	252.5	309.8	446.7	811.0	1 054.0	1 146.7
收　入　合　计	5 499.1	6 613.3	8 779.6	12 810.5	15 057.6	17 171.1
工资和对个人其他支出	1 786.5	2 158.2	2 512.4	3 178.7	3 680.1	4 177.5
农副产品采购支出	834.8	1 012.9	1 189.0	1 496.1	1 535.0	1 744.3
行政企业管理费支出	364.8	412.9	530.0	796.8	925.1	1 100.2
农村信用支出	1 094.8	1 222.1	1 524.8	1 934.3	1 805.2	1 946.7
乡镇企事业支出	169.3	220.6	323.6	458.5	460.4	508.1
个体经营支出	57.0	67.9	112.7	181.8	191.5	216.8
储蓄存款支出	1 008.9	1 311.7	2 106.1	4 057.3	5 025.5	5 817.9
其他金融机构支出	0.0	0.0	67.8	188.0	226.6	264.9
汇兑支出	93.2	106.3	135.8	198.6	231.9	272.9
其他支出	285.5	331.3	513.5	999.9	1 186.3	1 422.1
支　出　合　计	5 694.8	6 843.9	9 015.7	13 490.0	15 267.6	17 471.4

国家银行现金收入、支出增减额

（比上年末） 单位：人民币亿元

项 目	1985年	1986年	1987年	1988年	1989年	1990年
商品销售收入	518.2	415.7	616.3	1 320.6	266.2	208.1
服务事业收入	82.9	64.1	105.5	159.8	135.9	172
税金收入	12.2	8.3	14.6	21.2	30.0	16.6
农村信用收入	123.6	116.9	199.1	153.5	63.3	240.4
乡镇企事业收入	3.8	16.1	51.2	77.9	7.7	33.5
个体经营收入	36.1	6.3	28.4	39.9	4.6	23.3
储蓄存款收入	396.1	416.2	908.8	1 769.1	1 390.6	1 183.8
城市信用社收入	0.0	0.0	72.6	65.8	68.3	74.7
汇兑收入	20.7	13.3	32.9	58.8	37.5	68.3
其他收入	97.9	57.3	136.9	364.3	243.0	92.7
收 入 合 计	1 291.5	1 114.2	2 166.3	4 030.9	2 247.1	2 113.5
工资和对个人其他支出	370.8	371.7	354.2	666.3	501.4	497.4
农副产品采购支出	45.4	178.1	176.1	307.1	38.9	209.3
行政企业管理费支出	93.7	48.1	117.1	266.8	128.3	175.1
农村信用支出	206.7	127.3	302.7	409.5	－129.1	141.5
乡镇企事业支出	－10.7	51.3	103.0	134.9	1.9	47.7
个体经营支出	57.0	10.9	44.8	69.1	9.7	25.3
储蓄存款支出	344.6	302.8	794.4	1 951.2	968.2	792.4
城市信用社支出			67.8	120.2		38.3
汇兑支出	23.7	13.1	29.5	62.8		41
其他支出	93.7	45.8	182.2	486.4		235.8
支 出 合 计	1 224.9	1 149.1	2 171.8	474.3		2 203.8

国家银行人员、机构情况

（1990年）

	合计	中国人民银行	中国工商银行	中国农业银行	中国银行	中国人民建设银行	交通银行	中信实业银行
年末职工人数（人）	1 421 724	157 961	491 507	468 023	73 371	216 601	13 839	422
总　行	6 846	2 332	695	677	1 905	884	188	165
年末机构总数（个）	116 947	2 490	30 566	55 342	1 483	26 868	189	9
总　行	7	1	1	1	1	1	1	1
省级分行	169	30	29	29	30	30	17	4
计划单列市分行	67	14	14	14	11	14		
地（市）分支行	1 533	316	304	305	110	452	46	
县支行	9 565	2 048	2 066	2 161	788	2 498		4
城市（郊区）办事处	4 331	16	1 159	474	543	2 050	89	
分理处	7 496	2	6 244			1 214	36	
储蓄所	61 453		20 392	20 943		20 118		
营业所	30 798			30 798				
其　他	1 528	63	357	617		491		

金融系统人员、机构情况

	合计	国家银行	保险公司	农村信用社	城市信用社	金融信托投资机构
年末职工人数（人）						
1986	1 468 893	1 006 808	60 286	401 799		
1987	1 651 415	1 122 404	68 648	433 866	26 497	
1988	1 797 287	1 204 009	71 600	471 910	49 768	
1989	1 910 597	1 343 310	79 171	488 116		
1990	1 507 436	1 421 724	85 712			
年末机构总数（个）						
1986	129 479	67 626	2 659	59 194		
1987	145 416	79 619	2 749	60 872	1 615	561
1988	165 848	98 076	2 865	60 897	3 265	745
1989	155 842	94 563	2 861	58 418		
1990	128 157	125 097	3 060			

8

国民经济与农村经济主要指标

自 然 状 况 及 资 源

项　　目	1990年
一、自然状况	
1．国土	
国土面积	960万平方公里
海域面积	472.7万平方公里
海洋平均深度	961米
海洋最大深度	5 550米
岸线总长度	32 000多公里
大陆岸线长度	18 000多公里
岛屿岸线长度	14 000多公里
岛屿个数	5 000多个
岛屿面积	8万平方公里以上
2．气候	
热量分布（积温＞=0℃）	
黑龙江北部及青藏高原	2 000-2 500℃
东北平原	3 000-4 000℃
华北平原	4 000-5 000℃
长江流域及以南地区	5 800-6 000℃
南岭以南地区	7 000-8 000℃
降水量	
全国年降水总量	60 000亿立方米
全国年平均降水量	629毫米
台湾中部山区	≥4 000毫米
华南沿海	1 600-2 000毫米
长江流域	1 000-1 500毫米
华北、东北	400-800毫米
西北内陆	100-200毫米
塔里木盆地、吐鲁番盆地和柴达木盆地	≤25毫米
气候带面积比例（国土面积＝100）	
湿润地区(干燥度＜1.0)	32%
半湿润地区(干燥度＝1.0－1.5)	15%
半干旱地区(干燥度＝1.5－2.0)	22%
干旱地区（干燥度＞0.0）	31%
二、自然资源	
1．土地资源	
耕地面积	9 567万公顷
荒地面积	10 800万公顷
#宜农荒地	3 535万公顷
林业用地面积	26 743万公顷
#宜林荒山荒地	7 661.46万公顷
草地面积	40 000万公顷
#可利用草地	22 434万公顷
2．林木资源	
活立木总蓄积量	105.72亿立方米
森林面积	12 465万公顷
森林蓄积量	91.41亿立方米
森林覆盖率	12.98%
3．水利资源	
大陆	
地表水资源总量	26 500亿立方米
地表径流	19 800亿立方米
地下（浅层）水量	6 200亿立方米
冰川融水量	500亿立方米
水力资源蕴藏量	6.76亿千瓦
#可开发量	3.79亿千瓦
淡水总面积	1 664万公顷
#可养殖面积	503万公顷
#已养殖面积	305万公顷
海洋	
海洋能源理论蕴藏量	6.3亿千瓦
海岸带面积	35万平方公里
海涂面积	202.93万公顷
海洋渔场面积	280.8万平方公里
海水可养殖面积	49.2万公顷
#已养殖面积	16.3万公顷
浅海滩涂可养殖面积	133.3万公顷
#已养殖面积	32.52万公顷
4．矿产资源（保有储量）	
煤	9 543.9亿吨
铁矿石	501.17亿吨
磷矿石	157.15亿吨
钾盐	3.96亿吨
盐	3 636.00亿元

注：1．自然资源部分未包括台湾省；2．气候资料为多年平均值；3．土地、水利资源，均为以前清查数，有待进一步勘测；4．森林资源为第三次森林清查（1984—1988）数。

国民经济主要指标

指　　标	单　位	1952年	1978年	1980年	1985年	1989年	1990年
一、人口							
年底总人口	万　人	57 482	96 259	98 705	105 851	112 704	114 333
二、劳动力（年底数）							
劳动力资源人数	万　人	26 710	48 530	52 885	62 114	68 364	69 732
社会劳动者人数	万　人	20 729	40 152	42 361	49 873	55 329	56 740
#职工人数	万　人	1 603	9 499	10 444	12 358	13 742	14 059
三、国民生产总值	亿　元		3 588	4 470	8 558	15 916	17 686
四、国民收入	亿　元	589	3 010	3 688	7 020	13 176	14 429
五、社会总产值	亿　元	1 015	6 846	8 534	16 582	34 519	37 996
#工农业总产值	亿　元	810	5 634	7 077	13 335	28 552	31 586
六、固定资产投资							
1. 全社会固定资产投资总额	亿　元			910.85	2 543.19	4 137.73	4 449.29
生产性	亿　元				1 544.10	2 571.97	2 768.28
非生产性	亿　元				999.09	1 565.76	1 681.01
#住　宅	亿　元				641.63	1 063.84	1 164.48
2. 全民所有制单位固定资产投资	亿　元	43.56	668.72	745.90	1 680.51	2 535.48	2 918.64
基本建设投资	亿　元	43.56	500.99	558.89	1 074.37	1 551.74	1 703.81
更新改造及其他固定资产投资	亿　元		167.73	187.01	606.14	983.75	1 029.26
3. 集体所有制单位固定资产投资	亿　元			45.95	327.46	569.99	529.48
城　镇	亿　元			22.95	128.23	185.63	163.38
农　村	亿　元			23.00	199.23	384.36	366.10
七、国家财政							
1. 国家财政收入	亿　元	183.7	1 121.1	1 085.2	1 866.4	2 947.9	3 312.6
中　央	亿　元		164.6	209.8	707.9	1 105.5	1 367.9
地　方	亿　元		956.5	875.5	1 158.5	1 842.4	1 944.7
2. 国家财政支出	亿　元	176.0	1 111.0	1 212.7	1 844.8	3 040.2	3 452.2
中　央	亿　元	127.4	521.0	650.7	836.5	1 105.2	1 372.8
地　方	亿　元	48.6	590.0	562.0	1 008.2	1 935.0	2 079.4
3. 预算外资金收入	亿　元	13.6	347.1	557.4	1 530.0	2 658.8	
八、物价总指数（上年＝100）							
1. 农副产品收购价格总指数	%	101.7	103.9	107.1	108.6	115.0	97.4
2. 零售物价总指数	%	99.6	100.7	106.0	108.8	117.8	102.1
3. 职工生活费用价格总指数	%	102.7	100.7	107.5	111.9	116.3	101.3
九、工资							
1. 职工工资总额	亿　元	68.3	568.9	772.4	1 383.0	2 618.5	2 951.1
2. 职工平均货币工资	元	445	615	762	1 148	1 935	2 140
十、居民消费水平	元	76	175	227	403	691	714
农　民	元	62	132	173	324	511	522
非农业居民	元	149	383	468	727	1 387	1 442
十一、农业							
1. 农业总产值	亿　元	461	1 397	1 923	3 619	6 535	7 662
2. 主要农产品产量							
粮　食	万　吨	16 392	30 477	32 056	37 911	40 755	44 624
棉　花	万　吨	130.4	216.7	270.7	414.7	378.8	450.8
油　料	万　吨	419.3	521.8	769.1	1 578.4	1 295.2	1 613.2
甘　蔗	万　吨	711.6	2 111.6	2 280.7	5 154.9	4 879.5	5 762.0
甜　菜	万　吨	47.9	270.2	630.5	891.9	924.3	1 452.5
茶　叶	万　吨	8.2	26.8	30.4	43.2	53.5	54.0
水　果	万　吨	244.3	657.0	679.3	1 163.9	1 831.9	1 874.4

国民经济主要指标（续1）

指　　标	单　位	1952年	1978年	1980年	1985年	1989年	1990年
猪牛羊肉	万　吨	338.5	856.3	1 205.4	1 760.7	2 326.2	2 513.5
水产品	万　吨	167	466	450	705	1 152	1 237
十二、工业							
1. 工业总产值	亿　元	349	4 237	5 154	9 716	22 017	23 924
2. 主要工业产品产量							
布	亿　米	38.3	110.3	134.7	146.7	189.2	188.8
机制纸及纸板	万　吨	37	439	535	911	1 333	1 372
糖	万　吨	45	227	257	451	501	582
自行车	万　辆	8	854	1 302	3 228	3 677	3 142
缝纫机	万　台	6.6	486.5	767.8	991.2	956.3	761.0
手　表	万　只		1 351.1	2 215.5	5 431.1	7 275.6	8 352.6
家用电冰箱	万　台		2.8	4.9	144.8	670.8	463.1
电视机	万　台		51.73	249.20	1 667.66	2 766.54	2 684.70
#彩色电视机	万　台		0.38	3.20	435.28	940.02	1 033.04
家用洗衣机	万　台		0.04	24.50	887.20	825.43	662.68
录放音机	万　台		4.7	74.3	1 393.1	2 349.0	3 023.5
照相机	万　架		17.89	37.28	178.97	245.18	213.22
原　煤	亿　吨	0.66	6.18	6.20	8.72	10.54	10.80
原　油	万　吨	44	10 405	10 595	12 490	13 764	13 831
发电量	亿千瓦小时	73	2 566	3 006	4 107	5 848	6 212
钢	万　吨	135	3 178	3 712	4 679	6 159	6 635
成品钢材	万　吨	106	2 208	2 716	3 693	4 859	5 153
水　泥	万　吨	286	6 524	7 986	14 595	21 029	20 971
3. 全民所所有制独立核算工业企业全员劳动生产率	元/人·年	4 200	11 131	12 081	15 080	18 320	18 639
4. 全民所有制独立核算工业企业主要财务指标							
年底固定资产原值	亿　元	148.8	3 193.4	3 730.1	5 956.2	10 160.8	11 610.3
资金总额	亿　元	146.8	3 273.0	3 663.7	5 604.1	10 318.0	12 088.6
年底固定资产净值	亿　元	100.8	2 225.7	2 528.0	3 980.8	7 033.2	8 088.3
定额流动资金年平均余额	亿　元	46.0	1 047.3	1 135.7	1 623.3	3 284.8	4 000.3
利润和税金总额	亿　元	37.3	790.7	907.1	1 334.1	1 773.1	1 503.1
十三、运输邮电							
1. 货物周转量	亿吨公里	762	9 829	12 026	18 126	25 591	26 207
铁　路	亿吨公里	602	5 345	5 717	8 126	10 394	10 622
公　路	亿吨公里	14	274	764	1 693	3 375	3 358
水　运	亿吨公里	146	3 779	5 053	7 700	11 187	11 592
管　道	亿吨公里		430	491	603	629	627
空　运	亿吨公里	…	1	1	4	7	8
2. 旅客周转量	亿人公里	248	1 743	2 281	4 437	6 073	5 628
铁　路	亿人公里	201	1 093	1 383	2 416	3 037	2 613
公　路	亿人公里	23	521	730	1 725	2 662	2 620
水　运	亿人公里	25	101	129	179	188	165
空　运	亿人公里	…	28	40	117	187	230
3. 沿海主要港口货物吞吐量	万　吨	1 440	19 834	21 731	31 154	44 214	43 229
4. 邮电业务总量	亿　元	1.64	11.65	13.34	29.60	64.81	81.65
5. 函　件	亿　件	8.09	28.35	33.13	46.78	57.28	54.87
6. 报刊期发数	万　份	1 363	11 250	16 431	30 172	17 704	20 078
十四、能源生产与消费（标准煤）							
能源生产总量	万　吨	4 871	62 770	63 735	85 546	110 639	103 922
能源消费总量	万　吨		57 144	60 275	76 682	96 934	98 000

国民经济主要指标（续2）

指标	单位	1952年	1978年	1980年	1985年	1989年	1990年
十五、国内商业							
1. 社会商业商品购进总额	亿元	175.0	1 739.7	2 263.0	3 532.5	7 606.0	8 221.2
#工业品	亿元	84.5	1 263.4	1 567.6	2 462.3	5 468.7	5 871.2
农副产品	亿元	90.1	459.9	677.0	1 033.2	2 053.7	2 258.6
2. 社会农副产品收购量							
粮食	万吨	3 903.0	5 072.5	6 129.0	10 762.8	12 138.1	13 995.2
棉花	万吨	108.7	209.6	261.0	431.9	330.6	409.1
食用植物油	万吨	98.0	110.5	191.0	409.8	380.7	470.3
甘蔗	万吨	369.7	1 557.9	1 584.0	3 687.5	3 395.9	4 619.0
甜菜	万吨	39.0	255.3	554.1	806.4	776.3	1 402.8
茶叶	万吨	7.7	24.3	26.2	39.5	53.4	49.2
肥猪	万头	3 742.7	10 936.5	14 250.0	16 020.8	17 583.0	18 504.5
菜牛	万头	125.8	140.8	221.6	463.8	758.3	909.5
菜羊	万只	522.7	998.3	1 680.2	2 839.3	3 696.4	4 033.3
鲜蛋	万吨	19.4	56.0	99.1	192.2	267.5	282.4
水产品	万吨	91.8	269.2	239.3	334.2	467.1	575.3
3. 社会商品零售总额	亿元	276.8	1 558.6	2 140.0	4 305.0	8 101.4	8 300.1
4. 主要消费品零售量							
粮食	万吨	2 961.0	4 750.0	5 497.0	9 011.6	9 347.4	9 289.1
食用植物油	万吨	76.5	87.5	126.0	349.1	411.6	441.6
猪肉	万吨	170.4	467.5	704.5	916.4	1 131.3	1 246.9
食糖	万吨	47.1	315.6	363.5	572.5	530.8	541.6
布	亿米	30.8	76.9	98.4	121.2	127.8	120.3
缝纫机	万架	10.0	439.8	665.0	1 103.0	710.0	530.4
自行车	万辆	33.5	809.6	1 186.0	3 111.2	3 348.7	2 760.3
电视机	万台		55.1	364.0	2 156.9	2 173.8	1 923.0
洗衣机	万台		0.2	23.5	1 098.1	1 233.4	924.9
电冰箱	万台		2.0	5.5	220.0	604.4	436.0
5. 农业生产资料销售量							
化学肥料（标准量）	万吨	29.5	4 087.5	5 531.1	6 231.8	9 378.7	10 023.6
化学农药	万吨	1.5	146.4	152.7	65.3	63.7	61.5
农用动力机械	万千瓦		1 037.1	639.8	723.4	1 014.6	898.1
十六、对外贸易							
进出口总额	亿美元	19.4	206.4	381.4	696.0	1 116.8	1 154.4
进口额	亿美元	11.2	108.9	200.2	422.5	591.4	533.5
出口额	亿美元	8.2	97.5	181.2	273.5	525.4	620.9
十七、教育文化							
1. 在校学生数							
高等学校	万人	19.1	85.6	114.4	170.3	208.2	206.3
中等专业学校	万人	63.6	88.9	124.3	157.1	217.7	224.4
普遍中学通	万人	249.0	6 548.3	5 508.1	4 706.0	4 554.0	4 586.0
小学	万人	5 110.0	14 624.0	14 627.0	13 370.2	12 373.1	12 241.4
2. 出版数量							
图书	亿册(张)	7.9	37.7	45.9	66.7	58.6	56.4
杂志	亿册	2.0	7.6	11.2	25.6	18.4	17.9
报纸	亿份	16.1	127.8	140.4	199.8	156.2	160.5
十八、卫生							
医院床位数	万张	16.0	185.6	198.2	222.9	256.8	262.4
卫生技术人员	万人	69.0	246.4	279.8	341.1	380.9	389.8
#医生	万人	42.5	103.3	115.3	141.3	171.8	176.3

注：1. 本表价值指标均按当年价格计算。

2. 全民所有制独立核算工业企业全员劳动生产率按1980年不变价格计算。

3. 1979年起，货物周转量中公路运输包括社会车辆完成数，1984年起还包括私营运输完成数量。

4. 1989、1990年沿海主要港口货物吞吐量如包括龙口、威海等中型港口应为49025、48321万吨。

5. 邮电业务总量，1981年起按1980年不变价格计算，以前按1970年不变价格计算。

全 国 行 政 区 划

（1990年底） 单位：个

省级单位名称	地级单位数	市数合计	市数 地级	市数 县级	县级单位数	市辖区数
全国	151	464	185	279	1903	651
北京市					8	10
天津市					5	13
河北省	8	23	10	13	126	33
山西省	6	13	6	7	93	18
内蒙古自治区	8	17	4	13	71	16
辽宁省		20	14	6	38	56
吉林省	2	22	6	16	25	18
黑龙江省	4	25	10	15	54	63
上海市					9	12
江苏省		26	11	15	49	42
浙江省	2	25	9	16	51	19
安徽省	7	18	9	9	63	33
福建省	3	16	6	10	54	17
江西省	5	16	6	10	74	15
山东省	5	34	11	23	76	34
河南省	5	26	12	14	104	39
河北省	7	30	8	22	49	27
湖南省	6	26	8	18	78	29
广东省		19	18	1	76	41
广西壮族自治区	8	12	5	7	76	21
海南省		3	2	1	16	3
四川省	10	23	11	12	169	36
贵州省	7	9	2	7	73	6
云南省	15	11	2	9	114	4
西藏自治区	6	2	1	1	76	1
陕西省	6	12	4	8	85	14
甘肃省	9	13	5	8	67	10
青海省	7	3	1	2	37	4
宁夏回族自治区	2	4	2	2	16	6
新疆维吾尔自治区	13	16	2	14	71	11
台湾省						

注：1．市数如包括北京、天津、上海三个直辖市共467个。

2．地级单位数不包括地级市，县级单位数不包括县级市。

3．台湾省资料暂缺。

社 会 总 产 值

单位：亿元

年 份	社会总产值	农 业	工 业	建筑业	运输业	商 业
1986	19 045	4 013	11 194	2 038	598	1 202
1987	23 034	4 676	13 813	2 431	702	1 412
1988	29 807	5 865	18 224	2 967	837	1 914
1989	34 519	6 535	22 017	2 834	990	2 143
1990	37 996	7 662	23 924	3 009	1 275	2 126

注：本表按当年价格计算。

工 农 业 总 产 值

单位：亿元

年 份	工农业总产值	农 业	工 业		
				轻工业	重工业
1986	15 207	4 013	11 194	5 330	5 864
1987	18 489	4 676	13 813	6 656	7 157
1988	24 089	5 865	18 224	8 979	9 245
1989	28 552	6 535	22 017	10 761	11 256
1990	31 586	7 662	23 924	11 813	12 111

注：本表按当年价格计算。

国家财政收支总额及指数

年份	总收入(亿元)	总支出(亿元)	收支差额(亿元)	指数(以上年为100)、	
				总收入	总支出
1986	2 260.3	2 330.8	－70.5	108.9	113.9
1987	2 368.9	2 448.5	－79.6	104.8	105.0
1988	2 628.0	2 706.6	－78.6	110.9	110.5
1989	2 947.9	3 040.2	－92.3	112.2	112.3
1990	3 312.6	3 452.2	－139.6	112.4	113.6
恢复时间	382.0	366.6	15.4		
"一五"时期	1 354.9	1 345.6	9.3	11.0	11.6
"二五"时期	2 116.7	2 288.7	－172.0	0.2	0.1
1963－1965年	1 215.1	1 204.9	10.2	14.7	15.2
"三五"时期	2 529.1	2 518.6	10.5	7.0	6.8
"四五"时期	3 919.7	3 919.6	0.1	4.2	4.8
"五五"时期	4 960.7	5 247.3	－286.6	5.9	8.1
"六五"时期	6 830.8	6 952.0	－121.2	11.5	8.8
"七五"时期	13 517.7	13 978.3	－460.6	9.6	10.7

注：1．各计划时期指数为该时期每年平均增长速度。

2．1986年，因某些冲减收入项目改列支出，收入与支出均有虚增，与以前年度不尽可比，本年数中已扣除这个因素。

财政价格补贴

单位：亿元

年份	合计	粮棉油价格补贴	调整肉价增加补贴	其他价格补贴
1979	79.20	54.85		24.35
1980	117.71	102.80		14.91
1981	159.41	142.22		17.19
1982	172.22	156.19		16.03
1983	197.37	182.13		15.24
1984	218.34	201.67		16.67
1985	261.79	198.66	33.52	29.61
1986	257.48	169.37	42.24	45.87
1987	294.60	195.43	42.74	56.43
1988	316.82	204.03	40.40	72.39
1989	370.34	259.47	40.53	70.34
1990	380.80	267.61	41.78	71.41

注：财政价格补贴，1985年以前冲减财政收入，1986年以后作为支出项目列在财政支出。

全社会固定资产投资

指　　标	1986年	1987年	1988年	1989年	1990年
一、投资总额（亿元）	3 019.62	3 640.86	4 496.54	4 137.73	4 449.29
1．按所有制分					
全民所有制单位	1 978.50	2 297.99	2 762.76	2 535.48	2 918.64
基本建设	1 176.11	1 343.10	1 574.31	1 551.74	1 703.81
更新改造	619.21	758.59	980.55	788.78	830.19
其他固定资产投资	183.18	196.30	207.90	194.97	199.07
集体所有制单位	391.74	547.01	711.71	569.99	529.48
城　镇	146.39	181.30	254.97	185.63	163.38
农　村	245.35	365.71	456.74	384.36	366.10
城乡个人	649.38	795.86	1 022.08	1 032.26	1 001.17
城　镇	74.56	100.51	156.85	140.23	124.70
农　村	574.82	695.35	865.23	892.03	876.47
2．按资金来源分					
国家预算内投资	440.63	475.54	410.01	341.62	387.65
国内贷款	638.31	835.94	926.68	716.36	870.88
利用外资	132.16	175.37	258.99	274.15	278.26
自筹投资	1 488.51	1 745.18	2 900.87（自筹投资与其他投资合计）	2 355.50	2 329.49
其他投资	320.00	408.83		450.09	583.01
3．按构成分					
建筑安装工程	1 992.72	2 377.56	2 938.28	2 812.57	2 962.84
设备、工具、器具购置	823.28	997.00	1 236.33	1 048.71	1 148.39
其他费用	203.62	266.30	321.92	276.45	338.08
4．按用途分					
生产性建设	1 839.33	2 291.81	2 865.43	2 571.97	2 768.28
非生产性建设	1 180.28	1 349.06	1 631.11	1 565.76	1 681.01
#住宅	729.35	872.06	1 067.02	1 063.84	1 164.48
二、房屋建筑面积（万平方米）					
施工面积	188 184	174 597	168 951	131 788	137 171
竣工面积	151 184	141 963	135 943	105 749	107 793
#住宅	117 667	107 697	104 801	83 197	86 289

注：1．其他固定资产投资包括油田维护、开发和采掘采伐工业开拓延伸工程投资，用公路养路费进行的公路、桥梁改建工程和用简易建筑费建造的仓库工程投资。

2．1989和1990年投资中不含未列入计划的2～5万元零星固定资产投资。

3．1990年投资总额和全民所有制单位投资中含商品房建设投资185.57亿元。

各地区社会商品零售总额

（1990年，按用途和对象分）　　　　单位：亿元

地　区	社会商品零售总额	消费品			农业生产资料
			对居民	对社会集团	
全　国	8 300.10	7 250.30	6 509.10	741.20	1 049.80
北　京	307.66	293.03	247.66	45.37	14.63
天　津	149.36	139.88	121.11	18.77	9.47
河　北	380.83	308.04	279.83	28.21	72.79
山　西	184.22	158.04	138.14	19.91	26.18
内蒙古	146.21	130.58	116.65	13.92	15.64
辽　宁	459.97	421.09	366.28	54.81	38.88
吉　林	225.46	198.95	179.25	19.70	26.51
黑龙江	841.02	310.06	274.88	35.18	30.96
上　海	353.11	333.86	274.93	58.93	19.25
江　苏	599.06	515.43	464.79	50.64	83.62
浙　江	408.94	353.75	321.89	31.86	55.19
安　徽	277.08	226.53	208.52	18.00	50.56
福　建	231.97	207.74	197.83	9.90	24.23
江　西	181.75	151.94	139.38	12.55	29.81
山　东	570.36	460.13	416.78	43.34	110.24
河　南	397.43	314.31	285.22	29.09	83.12
湖　北	375.11	326.36	296.63	29.73	48.75
湖　南	344.27	294.92	271.28	23.64	49.35
广　东	732.25	667.36	619.42	47.94	64.89
广　西	206.45	175.44	165.39	10.05	31.02
海　南	40.00	37.19	34.65	2.54	2.81
四　川	545.34	472.03	430.50	41.54	73.31
贵　州	96.39	85.90	78.73	7.17	10.49
云　南	165.31	145.59	133.89	11.71	19.72
西　藏	14.80	12.87	8.87	4.00	1.93
陕　西	184.43	159.67	139.36	20.31	24.76
甘　肃	109.58	96.16	83.62	12.54	13.42
青　海	30.69	28.72	25.74	2.98	1.97
宁　夏	29.98	25.30	22.54	2.76	4.67
新　疆	115.94	104.30	92.16	12.14	11.64

注：各地区数字之和小于全国总计，原因是部分地区对其他集体所有制、个体和农民对非农业居民零售额统计不全（下同）。

各地区社会商品零售总额

（1990年，按经济类型分）　　　　单位：亿元

地　区	社会商品零售总额	全民所有制	集体所有制	#供销合作社	合　营	个　体	农民对非农业居民零售
全　国	8 300.10	3 285.90	2 631.00	1 280.60	40.30	1 569.60	773.30
北　京	307.66	162.90	108.85	23.68	2.21	17.56	16.14
天　津	149.36	65.50	43.21	14.21	0.92	31.01	8.72
河　北	380.83	162.41	118.96	71.20	0.61	72.57	26.28
山　西	184.22	87.29	57.57	30.41		25.21	14.16
内蒙古	146.21	71.09	46.36	23.84	0.03	19.42	9.33
辽　宁	459.97	198.44	126.02	50.17	1.02	95.82	38.67
吉　林	225.46	91.44	70.22	36.16	0.86	41.39	21.84
黑龙江	341.02	164.88	88.95	36.06	0.08	67.95	19.17
上　海	353.11	185.15	129.06	43.13	2.06	16.17	20.68
江　苏	599.06	200.66	267.88	120.07	1.16	81.51	47.84
浙　江	408.94	126.46	136.63	67.18	1.97	97.50	46.38
安　徽	277.08	94.90	102.59	46.37	0.72	48.48	30.39
福　建	231.97	72.12	58.69	28.11	4.59	74.09	22.47
江　西	181.75	65.23	56.06	34.74	0.13	33.13	27.20
山　东	570.36	211.79	227.81	116.33	0.21	100.13	30.41
河　南	397.43	164.24	139.92	74.28	0.11	67.82	25.36
湖　北	375.11	149.15	116.68	65.69	0.01	60.96	48.31
湖　南	344.27	119.78	109.45	62.34	0.38	69.61	45.05
广　东	732.25	291.49	153.21	75.15	19.94	187.61	79.98
广　西	206.45	69.31	58.49	39.50	0.38	57.32	20.93
海　南	40.00	13.83	5.42	3.60	1.19	13.39	6.17
四　川	545.34	173.94	189.62	94.83	1.12	125.44	55.24
贵　州	96.39	35.72	24.47	16.09	0.10	24.09	12.02
云　南	165.31	73.05	52.24	34.83	0.01	24.98	15.03
西　藏	14.80	11.75	1.00	0.58	0.06	1.70	0.30
陕　西	184.43	79.52	63.85	29.04	0.20	24.74	16.12
甘　肃	109.58	49.48	30.58	19.72		19.96	9.54
青　海	30.69	17.66	5.85	2.68	0.04	5.29	1.84
宁　夏	29.98	14.37	8.14	5.16		4.37	3.10
新　疆	115.94	62.72	25.79	15.51	0.14	17.52	9.77

社会消费品零售额

年份	社会消费品零售额	食品类	衣着类	日用品类	文化娱乐用品	书报杂志类	药和医疗用品类	燃料类
一、绝对额(亿元)								
1986	4 374.0	2 340.1	772.6	614.9	339.6	56.8	124.3	125.7
1987	5 115.0	2 760.8	882.3	736.8	370.1	65.6	156.9	142.5
1988	6 534.6	3 539.9	1 108.8	965.6	464.6	77.5	207.9	170.3
1989	7 074.2	3 858.5	1 152.2	1 051.7	472.0	97.2	240.1	202.5
1990	7 250.3	4 014.2	1 182.2	993.9	443.0	100.0	202.0	219.0
二、构成(%)								
1986	100.0	53.5	17.7	14.1	7.8	1.3	2.8	2.9
1987	100.0	54.0	17.2	14.4	7.2	1.3	3.1	2.8
1988	100.0	54.2	17.0	14.8	7.1	1.2	3.2	2.6
1989	100.0	54.5	16.3	14.9	6.7	1.4	3.4	2.9
1990	100.0	55.4	16.3	13.7	6.1	1.5	4.0	3.0

注：日用品中包括了房屋和建筑材料类。

粮食、食用植物油和棉花收购量占产量的比重

单位：万吨

年份	粮食		食用植物油		棉花	
	收购量	占产量%	收购量	占产量%	收购量	占产量%
1986	11 516.2	33.8	427.0	74.9	379.4	107.2
1987	12 092.0	34.4	441.1	74.6	407.1	95.9
1988	11 995.3	34.9	395.3	74.1	377.8	91.1
1989	12 138.1	34.4	380.7	73.0	330.6	87.3
1990	13 995.2	36.6	470.3	72.4	409.1	90.7

注：1.收购量是社会收购量。按日历年度计算。2.粮食为贸易粮。

社会农副产品收购总额

单位：亿元

年份	社会农副产品收购总额	按商品来源分		按部门分			
		购自农民	购自其他生产部门	商业部门收购	#外贸	工业和其他部门收购	非农业居民向农民购买
1986	1 990.0	1 894.0	96.0	1 258.0	85.2	374.0	358.0
1987	2 369.2	2 261.7	107.5	1 444.1	96.4	487.1	438.0
1988	2 998.0	2 860.1	137.9	1 794.2	125.7	633.8	570.0
1989	3 386.0	3 230.2	155.8	2 053.7	143.2	657.3	675.0
1990	3 711.0	3 524.0	187.0	2 258.6	149.9	704.6	747.8

社会农副产品收购量

年份	粮食（万吨）	食用植物油（万吨）	肥猪（万头）	菜牛（万头）	菜羊（万头）	鲜蛋（万吨）
1986	11 516.2	427.0	17 350.5	532.0	2 938.7	206.6
1987	12 092.0	441.1	18 044.5	665.0	3 264.9	232.4
1988	11 995.3	395.3	17 232.5	755.3	3 395.5	255.6
1989	12 138.1	380.7	17 583.0	758.3	3 696.4	267.5
1990	13 995.2	470.3	18 504.5	909.5	4 033.3	282.4
年份	**水产品（万吨）**	**茶叶（万吨）**	**甘蔗（万吨）**	**甜菜（万吨）**	**棉花（万吨）**	**黄红麻（万吨）**
1986	369.6	41.8	3 466.3	751.6	379.4	110.5
1987	426.9	48.9	3 497.5	765.1	407.1	82.9
1988	437.6	55.6	3 601.0	1 168.8	377.8	70.6
1989	467.1	53.4	3 395.9	776.3	330.6	73.4
1990	575.3	49.2	4 619.0	1 402.8	409.1	81.3
年份	**苎麻（万吨）**	**烤烟（万吨）**	**桑蚕茧（万吨）**	**柞蚕茧（万吨）**	**羊毛（万吨）**	**牛皮（万张）**
1986	15.7	123.2	35.6	2.2	22.5	588.0
1987	30.1	139.8	35.0	3.6	21.2	665.0
1988	28.9	211.3	32.6	1.9	20.0	837.0
1989	17.8	204.8	36.7	4.6	15.6	569.0
1990	10.9	194.3	42.0	2.8	20.0	804.0
年份	**山羊皮（万张）**	**绵羊皮（万张）**	**猪鬃（万箱）**	**猪肠衣（万根）**	**毛竹（万根）**	**桐油（万吨）**
1986	2 830.0	1 789.0	32.2	15 185.0	8 583.5	10.1
1987	2 648.9	1 703.1	38.8	12 345.4	7 725.2	7.3
1988	3 476.0	1 977.3	48.4	12 868.0	7 124.2	9.0
1989	3 266.0	1 229.0	33.8	13 107.0	6 251.7	10.6
1990	2 436.0	1 442.0	31.7	13 570.0	6 224.7	11.5

注：1.本表均按日历年度计算。

2.粮食是贸易粮；食用植物油包括油料折油、加工豆油、米糖油和玉米胚油；水产品是干、鲜混合品；黄红麻是熟麻；桑蚕茧和柞蚕茧是鲜茧；羊毛包括绵羊毛和山羊毛。

农副产品收购价格分类指数

（上年＝100）

年 份	总指数	一、食物类	小 麦	稻 谷	玉 米	高 粱	黄 豆	二、经济作物类	食物植物油及油料	棉 花
1986	106.4	109.9	104.3	106.3	115.5	128.6	120.2	103.6	104.6	99.5
1987	112.0	108.0	103.4	113.2	104.1	123.4	103.4	103.3	106.0	104.7
1988	123.0	114.6	115.2	119.8	104.7	100.4	109.1	111.3	119.7	108.6
1989	115.0	126.9	121.9	130.7	131.8	120.7	122.8	116.7	119.8	122.7
1990	97.4	93.2	92.0	92.6	97.6	97.6	98.4	111.9	101.1	129.1

年 份	麻	烟 叶	糖 料	茶 叶	三、竹木材类	四、工业用油漆类	五、禽畜产品类	肉 畜	#肥猪	禽 蛋
1986	117.8	100.2	104.8	114.3	114.9	99.8	103.0	104.5	104.4	112.1
1987	74.1	105.9	110.3	112.6	120.3	103.9	117.9	119.0	118.6	123.7
1988	77.3	107.1	116.1	130.7	136.7	126.9	140.2	149.1	150.6	118.7
1989	115.1	95.5	135.1	92.6	105.2	107.0	110.2	109.6	110.5	115.6
1990	100.2	114.9	107.2	96.1	84.5	91.1	92.3	93.1	92.9	99.9

年 份	#鸡蛋	皮 张	鬃 毛	六、蚕茧蚕丝类	七、干鲜果类	八、干鲜菜及调味品类	#鲜菜	九、药材类	十、土副产品类	十一、水产品类
1986	110.7	117.0	82.1	107.4	108.0	104.8	101.2	77.9	112.9	110.4
1987	126.6	112.6	113.4	124.0	109.2	119.5	126.2	111.8	115.5	122.8
1988	116.5	122.5	134.6	187.8	139.6	122.2	130.9	162.1	119.1	134.3
1989	112.4	101.9	109.9	106.7	90.2	101.3	117.3	70.7	142.5	99.8
1990	102.9	80.9	74.9	96.7	97.5	94.1	96.3	95.5	92.4	98.8

农村基层组织情况

指　　　　挥	单 位	1985年	1989年	1990年
一、农村基层组织				
1. 乡政府	个	83 182	44 704	44 446
*民族乡	个	5 854	2 609	2 557
2. 镇政府	个	7 956	11 060	11 392
*民族镇	个	91	235	230
3. 村民委员会	个	940 617	746 432	743 278
二、乡村户数、人口、劳动力				
乡村户数	万户	19 076.5	21 504.0	22 237.2
乡村人口数	万人	84 419.7	87 831.0	89 590.3
乡村劳动力	万人	37 065.1	40 938.8	42 009.5
1. 按性别分				
男劳动力	万人	20 153.2	22 218.3	22 551.8
女劳动力	万人	16 911.9	18 720.5	19 457.7
2. 按行业分				
农林牧副渔业劳动力	万人	30 351.5	32 440.5	33 336.4
工业劳动力	万人	2 741.0	3 255.6	3 228.7
建筑业劳动力	万人	1 130.1	1 501.8	1 522.8
交通运输、邮电通讯业劳动力	万人	434.1	614.2	635.3
商业、公共饮食业、物资供销和仓储业劳动力	万人	462.6	652.4	693.2
房地产管理、公用事业、居民服务和咨询服务业劳动力	万人	88.7	150.5	155.6
卫生、体育和社会福利事业劳动力	万人	122.4	131.5	137.2
教育、文化艺术和广播电视事业劳动力	万人	310.1	306.3	310.0
科学研究和综合技术服务事业劳动力	万人	13.0	18.4	19.5
金融、保险业劳动力	万人	11.3	21.3	23.3
乡经济组织（乡务）管理劳动力	万人	80.9	137.3	149.6
其他劳动力	万人	1 319.1	1 709.0	1 797.9

注：乡村总人口是指户口在乡村的常住人口，本指标是按1964年建镇标准划分的，包括后来的新建制镇人口，故本表数字大于人口篇的乡村人口。

各地区农村社会总产值

（1990年） 单位：亿元

地区	农村社会总产值	农业	工业	建筑业	运输业	商业饮食业
全国	16 619.21	7662.09	6 719.73	978.47	579.62	679.30
北京	278.60	70.18	162.67	18.85	13.32	13.58
天津	276.98	54.86	192.74	10.19	11.46	7.73
河北	873.00	357.63	405.39	57.85	22.98	29.15
山西	322.38	124.78	143.69	16.53	24.96	12.42
内蒙古	203.71	156.92	21.26	10.36	9.11	6.06
辽宁	703.94	273.75	345.24	26.40	26.23	32.32
吉林	322.17	189.09	79.86	19.98	16.46	16.78
黑龙江	385.58	245.38	79.59	21.60	23.74	15.27
上海	392.74	68.16	279.22	27.85	5.19	12.32
江苏	2 072.69	580.53	251.95	133.99	48.27	57.95
浙江	1 139.35	336.77	661.53	84.78	21.07	35.20
安徽	638.07	370.94	170.76	39.58	28.47	28.32
福建	452.58	228.69	157.25	23.86	21.93	20.85
江西	409.98	255.24	99.69	22.40	14.63	18.02
山东	1 769.97	647.49	926.46	111.28	30.74	54.00
河南	1 028.47	502.01	327.81	74.44	65.70	58.51
湖北	700.80	402.21	207.68	35.22	23.22	32.47
湖南	647.84	397.42	159.90	37.81	25.68	27.03
广东	1 304.21	600.71	498.89	74.83	44.11	85.67
广西	329.73	252.22	43.19	15.57	5.27	13.48
海南	79.95	68.72	3.47	3.38	1.91	2.47
四川	1 068.92	637.07	287.93	52.77	41.27	49.88
贵州	194.00	145.49	28.29	6.67	6.48	7.07
云南	282.47	211.72	37.33	15.14	8.57	9.71
西藏	18.42	17.23	0.21	0.27	0.34	0.37
陕西	319.76	169.96	92.67	20.67	20.30	16.16
甘肃	169.71	103.05	36.75	7.81	11.22	10.88
青海	30.58	24.53	3.00	1.16	0.92	0.97
宁夏	35.81	24.69	6.37	1.18	2.63	0.94
新疆	166.80	144.65	8.94	6.05	3.44	3.72

注：本表按当年价格计算。

农村社会总产值及构成

年　　份	农村社会总产值	农　业	工　业	建筑业	运输业	商　业饮食业
绝对数（亿元）						
1986	7 554.23	4 013.01	2 380.79	591.93	245.40	323.10
1887	9 431.61	4 675.70	3 284.86	723.31	334.47	413.27
1988	12 534.69	5 865.27	4 781.16	895.33	434.44	558.49
1989	14 480.17	6 534.73	5 886.02	919.17	515.50	624.75
1990	16 619.21	7 662.09	6 719.73	978.47	579.62	679.30
构成（以农村社会总产值为100）						
1986	100.00	53.12	31.52	7.84	3.25	4.28
1987	100.00	49.57	34.83	7.67	3.55	4.38
1988	100.00	46.79	38.14	7.14	3.47	4.46
1989	100.00	45.13	40.65	6.35	3.56	4.31
1990	100.00	46.10	40.43	5.89	3.49	4.09

注：本表按当年价格计算。

各地区农业总产值

（1990年）　　　　单位：亿元

地区	农业总产值	农作物种植业	林业	牧业	副业	渔业
全国	7662.1	4481.7	330.3	1964.1	475.5	410.6
北京	70.2	37.8	0.9	28.0	1.2	2.3
天津	54.9	31.0	0.5	14.7	3.7	5.0
河北	357.6	238.6	9.6	83.3	16.3	9.9
山西	124.8	86.4	7.8	27.6	2.5	0.4
内蒙古	156.9	88.8	6.2	46.4	14.3	1.2
辽宁	273.8	146.2	6.6	75.5	17.3	28.2
吉林	189.1	135.3	4.2	41.4	5.4	2.8
黑龙江	245.4	178.0	7.6	49.2	5.9	4.7
上海	68.2	29.1	0.4	30.3	0.4	8.0
江苏	580.5	321.2	7.9	160.5	41.6	49.4
浙江	336.8	163.9	14.8	79.6	37.6	40.9
安徽	370.9	243.7	17.0	82.0	17.1	11.1
福建	228.7	102.5	21.5	53.4	15.9	35.3
江西	255.2	136.5	16.0	67.3	25.1	10.4
山东	647.5	397.9	20.5	151.9	21.7	55.6
河南	502.0	333.7	20.8	104.9	38.7	3.9
湖北	402.2	252.9	14.2	98.0	13.2	23.9
湖南	397.4	219.2	21.9	117.2	22.0	17.1
广东	600.7	298.0	28.5	143.0	62.1	69.2
广西	252.2	136.2	18.1	75.4	13.7	9.0
海南	68.7	26.8	16.8	13.7	4.0	7.4
四川	637.1	363.2	24.1	209.6	30.1	10.1
贵州	145.5	78.2	7.9	41.3	17.1	1.0
云南	211.7	119.6	18.3	54.0	18.4	1.4
西藏	17.2	7.4	0.3	8.3	1.3	0.0
陕西	170.0	109.2	9.0	35.7	15.2	0.9
甘肃	103.1	67.6	3.3	26.3	5.6	0.2
青海	24.5	11.5	0.7	11.0	1.3	0.1
宁夏	24.7	17.1	1.3	5.4	0.4	0.5
新疆	144.7	104.4	3.8	29.4	6.2	0.9

注：本表按当年价格计算。

农业分项产值

指标	绝对数（亿元）		构成(%)		指数
	1989年	1990年	1989年	1990年	1990年为1989年%
农业总产值	6 534.73	7 662.09	100.0	100.0	107.6
一、农作物种植业	3 674.46	4 481.74	56.2	58.5	108.6
（一）粮食作物产值	2 195.51	2 704.92	33.6	35.3	109.3
主产品	1 924.71	2 409.44	29.5	31.4	109.6
副产品	270.80	295.48	4.1	3.9	107.2
（二）经济作物产值	646.61	838.42	9.9	10.9	113.7
主产品	611.30	796.82	9.4	10.4	113.7
副产品	35.31	41.60	0.5	0.5	113.8
（三）其他作物产值	832.34	938.40	12.7	12.2	99.7
蔬菜、瓜类	535.51	611.19	8.2	8.0	100.7
茶、桑、果	223.77	254.50	3.4	3.3	102.7
饲料、绿肥作物	18.72	23.94	0.3	0.3	102.5
其他农作物	54.34	48.77	0.8	0.6	85.7
二、林业产值	284.92	330.27	4.4	4.3	103.1
（一）竹木采伐	107.18	141.15	1.6	1.8	132.0
（二）林产品	81.53	85.12	1.2	1.1	97.6
（三）林木生长	96.21	104.00	1.5	1.4	92.4
三、牧业产值	1 797.41	1 964.07	27.5	25.6	107.0
（一）牲畜繁殖、增长、增重	1 177.05	1 244.29	18.0	16.2	106.3
猪	1 012.45	1 066.96	15.5	13.9	106.8
大牲畜	111.86	121.53	1.7	1.6	104.2
羊	52.74	55.80	0.8	0.7	103.3
（二）家禽饲养	185.03	229.75	2.8	3.0	111.6
（三）活的畜禽产品	365.48	412.48	5.6	5.4	108.5
（四）其他动物饲养	69.85	77.55	1.1	1.0	100.8
四、副业产值	429.09	475.45	6.6	6.2	103.8
（一）采集	142.14	171.64	2.2	2.2	103.1
（二）捕猎	2.97	2.93	0.0	0.0	98.2
（三）农民家庭兼营工业	283.98	300.88	4.3	3.9	104.1
五、渔业产值	348.85	410.56	5.3	5.4	110.0
（一）海水产品	170.93	206.75	2.6	2.7	112.5
（二）淡水产品	177.92	203.81	2.7	2.7	108.1

注：绝对数和构成按当年价格计算，指数按可比价格计算。

各地区耕地面积

（1990年）　　　　单位：万亩

地区	年末实有耕地面积	水田	旱地	年内减少	*国家基建占地	*退耕造林占地	*退耕改牧占地
全国	143 509.4	38 278.3	105 231.1	701.1	99.4	178.4	122.5
北京	619.1	49.0	570.1	2.6	1.1		
天津	647.2	66.6	580.6	1.7	0.7	0.1	0.1
河北	9 834.1	210.6	9 623.5	13.1	4.9	0.7	
山西	5 538.8	16.1	5 522.7	25.3	2.9	9.4	5.5
内蒙古	7 448.6	114.3	7 334.3	75.7	3.7	21.5	31.6
辽宁	5 200.8	805.5	4 395.3	12.3	2.6	1.3	0.5
吉林	5 908.9	627.8	5 281.1	24.8	2.2	8.1	1.7
黑龙江	13 246.6	1 022.1	12 224.5	77.4	11.1	13.9	30.5
上海	484.8	428.0	56.8	2.2	0.9		
江苏	6 836.8	4 206.2	2 630.6	22.8	6.9	4.8	
浙江	2 585.1	2 144.1	441.0	17.2	2.7	0.3	
安徽	6 548.3	2 772.3	3 776.0	12.5	4.5	0.6	
福建	1 854.7	1 498.7	356.0	5.5	1.4	0.2	0.1
江西	3 524.3	2 989.2	535.1	10.4	3.5	5.3	0.1
山东	10 278.9	240.5	10 038.4	43.6	16.1	13.6	
河南	10 399.8	596.5	9 803.3	21.5	6.2	4.6	0.3
湖北	5 215.2	2 807.7	2 407.5	23.4	4.1	6.6	0.3
湖南	4 968.3	3 948.0	1 020.3	17.4	1.6	7.9	0.3
广东	3 786.9	2 849.8	937.1	25.9	4.0	2.0	
广西	3 893.9	2 377.3	1 516.6	34.4	1.7	17.7	0.6
海南	652.6	383.0	269.6	5.2	1.4	0.4	
四川	9 448.4	4 833.8	4 614.6	25.9	4.7	6.3	1.2
贵州	2 781.3	1 167.9	1 613.4	9.9	1.2	5.2	1.1
云南	4 268.1	1 469.2	2 798.9	55.2	2.5	17.4	15.8
西藏	333.4	0.9	332.5	1.9	0.2		0.6
陕西	5 299.5	257.2	5 042.3	46.3	2.6	10.1	4.9
甘肃	5 214.6	11.4	5 203.2	9.1	0.3	0.7	0.8
青海	866.4	.	866.3	4.2	0.1	0.1	1.8
宁夏	1 193.8	262.6	931.2	7.3	0.3	1.4	1.3
新疆	4 630.2	122.0	4 508.2	66.4	3.3	18.2	23.4

注：本表实有耕地面积数字偏小，有待进一步核查。

主要农作物播种面积和产量

指标	1989年		1990年		1990年为1989年%	
	播种面积（万亩）	产量（万吨）	播种面积（万亩）	产量（万吨）	播种面积	产量
一、粮食作物	168 307.0	40 754.9	170 198.8	44 624.3	101.1	109.5
1. 小麦	44 762.1	9 080.7	46 129.8	9 822.9	103.1	108.2
2. 稻谷	49 050.6	18 013.0	49 596.7	18 933.1	101.1	105.1
3. 薯类	13 645.3	2 730.4	13 681.1	2 743.2	100.3	100.5
4. 玉米	30 529.9	7 892.8	32 102.2	9 681.9	105.2	122.7
5. 高粱	2 444.3	443.5	2 317.3	567.5	94.8	128.0
6. 豆子	3 594.2	375.3	3 417.7	457.5	95.1	121.9
7. 其他杂粮	12 194.6	1 196.5	11 614.6	1 318.1	95.2	110.2
8. 谷豆	12 085.9	1 022.7	11 339.4	1 100.0	93.8	107.6
二、经济作物	31 483.4		32 125.2		102.0	
1. 棉花	7 805.0	378.8	8 382.2	450.8	107.4	119.0
2. 油料	15 755.7	1 295.2	16 350.2	1 613.2	103.8	124.6
花生	4 419.2	536.3	4 360.6	636.8	98.7	118.7
油菜籽	7 489.1	543.6	8 255.2	695.8	110.2	128.0
芝麻	1 083.6	33.8	1 003.4	46.9	92.6	138.8
向日葵	1 074.0	106.4	1 069.0	133.9	99.5	125.8
3. 麻类	845.0	112.4	742.7	109.7	87.9	97.6
黄红麻	428.8	66.0	449.8	72.6	104.9	110.0
苎麻	223.3	18.4	120.8	8.9	54.1	48.4
亚麻	145.3	24.3	130.6	24.2	89.9	99.6
4. 糖料	2 292.8	5 803.8	2 518.7	7 214.5	109.9	124.3
甘蔗	1 439.2	4 879.5	1 513.2	5 762.0	105.1	118.1
甜菜	853.6	924.3	1 005.5	1 452.5	117.8	157.1
5. 烟叶	2 697.1	283.0	2 388.9	262.7	88.6	92.8
烤烟	2 254.7	240.5	2 013.2	225.9	89.3	93.9
6. 蚕茧	1 800.7	48.8	1 936.7	53.4	107.6	109.4
桑蚕茧	574.7	43.5	726.1	48.0	126.3	110.3
柞蚕茧	1 226.0	5.3	1 210.6	5.4	98.7	101.9
7. 茶叶	1 597.5	53.5	1 592.0	54.0	99.7	100.9
红毛茶		13.1		11.0		84.0
绿毛茶		31.4		33.3		106.1
8. 水果	8 057.8	1 831.9	7 768.1	1 874.4	96.4	102.3
香蕉	166.2	140.4	163.2	145.6	98.2	103.7
苹果	2 534.9	449.9	2 449.7	431.9	96.6	96.0
柑桔	1 538.9	456.1	1 591.8	485.5	103.4	106.4
梨	722.8	256.5	721.0	235.3	99.8	91.7
葡萄	208.0	87.4	183.9	85.9	88.4	98.3
红枣		45.4		42.3		93.2
柿子		65.0		62.5		96.2
三、其他农作物	20 040.5		20 219.4		100.9	
蔬菜	9 435.5		9 507.5		100.8	
青饲料	2 827.5		2 793.3		98.8	
绿肥	6 040.9		6 447.6		106.7	

注：茶园面积为当年采摘面积。

各地区农作物总播种面积

(1990年)　　　　　　单位：万亩

地区	农作物总播种面积	粮食作物播种面积	经济作物播种面积	其他农作物播种面积	占总播种面积比重(%) 粮食作物	经济作物	其他农作物
全　国	222 543.4	170 198.8	32 125.2	20 219.4	76.5	14.4	9.1
北　京	885.4	726.6	23.6	135.2	82.1	2.7	15.3
天　津	859.8	686.8	75.8	97.2	79.9	8.8	11.3
河　北	13 180.1	10 241.7	2 253.2	685.2	77.7	17.1	5.2
山　西	6 024.5	4 935.4	777.0	312.1	81.9	12.9	5.2
内蒙古	7 083.6	5 811.7	939.1	332.8	82.0	13.3	4.7
辽　宁	5 428.4	4 682.4	307.4	438.6	86.3	5.7	8.1
吉　林	6 059.7	5 288.8	480.8	290.1	87.3	7.9	4.8
黑龙江	12 837.7	11 130.0	1 135.1	572.6	86.7	8.8	4.5
上　海	946.7	625.7	167.4	153.6	66.1	17.7	16.2
江　苏	12 388.8	9 544.5	1 782.7	1 061.6	77.0	14.4	8.6
浙　江	6 577.1	4 899.0	632.2	1 045.9	74.5	9.6	15.9
安　徽	12 470.4	9 369.1	2 198.0	903.3	75.1	17.6	7.2
福　建	4 118.9	3 120.9	351.8	646.2	75.8	8.5	15.7
江　西	8 637.2	5 548.9	1 300.1	1 788.2	64.2	15.1	20.7
山　东	16 323.9	12 227.9	3 450.6	645.4	74.9	21.1	4.0
河　南	17 834.6	13 974.1	3 036.8	823.7	78.4	17.0	4.6
湖　北	11 041.7	7 800.0	2 014.9	1 226.8	70.6	18.2	11.1
湖　南	11 927.7	8 048.5	1 484.8	2 394.4	67.5	12.4	20.1
广　东	8 507.3	5 994.5	1 338.4	1 174.4	70.5	15.7	13.8
广　西	7 711.9	5 459.9	1 208.3	1 043.7	70.8	15.7	13.5
海　南	1 231.9	851.2	264.9	115.8	69.1	21.5	9.4
四　川	18 713.0	14 741.6	2 270.0	1 701.4	78.8	12.1	9.1
贵　州	5 368.2	3 814.8	1 008.0	545.4	71.1	18.8	10.2
云　南	6 738.1	5 433.4	777.0	527.7	80.6	11.5	7.8
西　藏	320.3	287.6	16.1	16.6	89.8	5.0	5.2
陕　西	7 289.7	6 202.0	717.7	370.0	85.1	9.8	5.1
甘　肃	5 417.0	4 312.7	578.2	526.1	79.6	10.7	9.7
宁　海	817.1	600.5	171.6	45.0	73.5	21.0	5.5
宁　夏	1 333.4	1 085.3	171.5	76.6	81.4	12.9	5.7
新　疆	4 469.3	2 753.3	1 192.2	523.8	61.6	26.7	11.7

各地区主要农作物播种面积

（1990年）　　单位：万亩

地　区	粮食作物	#稻　谷	#小　麦	#玉　米	#大　豆	#薯　类	经济作物	#棉　花
全　国	170 198.8	49 596.7	46 129.8	32 102.2	11 339.4	13 681.1	32 125.2	8 382.2
北　京	726.6	51.4	282.6	335.6	17.5	10.9	23.6	5.1
天　津	686.8	68.3	210.4	242.2	67.7	7.3	75.8	26.7
河　北	10 241.7	221.6	3 762.5	3 061.2	605.2	650.5	2 253.2	1 366.4
山　西	4 935.4	13.8	1 524.1	955.2	377.9	424.9	777.0	195.5
内蒙古	5 811.7	118.7	1 730.4	1 160.3	451.2	368.8	939.1	0.1
辽　宁	4 682.4	815.0	171.7	2 048.5	523.5	110.5	307.4	28.6
吉　林	5 288.8	627.6	90.4	3 328.6	695.7	113.0	480.8	
黑龙江	11 130.0	1 010.2	2 671.6	3 252.9	3 118.0	326.5	1 135.1	
上　海	625.7	380.1	115.7	15.7	8.0		167.4	19.4
江　苏	9 544.5	3 681.7	3 598.8	691.5	367.0	332.5	1 782.7	858.2
浙　江	4 899.0	3 575.3	476.5	72.0	99.7	231.9	632.2	103.0
安　徽	9 369.1	3 468.5	3 111.5	622.3	784.4	964.5	2 198.0	439.7
福　建	3 120.9	2 267.9	185.7	29.2	134.6	430.3	351.8	
江　西	5 548.9	4 938.9	112.2	17.8	206.5	191.5	1 300.1	105.4
山　东	12 227.9	186.3	6 220.8	3 607.8	672.5	1 114.7	3 450.6	2 113.8
河　南	13 974.1	659.3	7 174.1	3 265.3	959.4	1 119.2	3 036.8	1 234.5
湖　北	7 800.0	3 954.7	2 028.2	579.2	247.0	587.8	2 014.9	683.9
湖　南	8 048.5	6 555.6	301.9	182.7	272.6	513.3	1 484.8	177.8
广　东	5 994.5	4 763.8	136.9	85.7	172.4	751.7	1 338.4	
广　西	5 459.9	3 815.6	36.8	805.3	320.1	372.6	1 208.3	1.5
海　南	851.2	621.5		21.0	10.3	184.3	264.9	
四　川	14 741.6	4 685.7	3 331.8	2 567.3	287.8	2 763.4	2 270.0	186.3
贵　州	3 814.8	1 111.8	661.5	900.1	189.6	615.5	1 008.0	3.0
云　南	5 433.4	1 539.2	854.4	1 484.8	111.4	419.4	777.0	3.0
西　藏	287.6	1.2	62.4	4.3	37.3	1.9	16.1	
陕　西	6 202.0	239.2	2 536.4	1 537.0	432.7	502.7	717.7	168.6
甘　肃	4 312.7	7.7	2 187.4	450.6	91.5	440.6	578.2	8.9
青　海	600.5		320.2			51.5	171.6	
宁　夏	1 085.3	90.0	462.7	114.5	57.7	66.0	171.5	
新　疆	2 753.3	126.1	1 770.2	663.6	20.2	13.4	1 192.2	652.8

各地区主要农作物播种面积(续1)

(1990年)　　单位：万亩

地　区	*油　料	*花　生	*油菜籽	*麻　类	*黄红麻	*糖　料	*甘　蔗	*甜　菜
全　国	16 350.2	4 360.6	8 255.2	742.7	449.8	2 518.7	1 513.2	1 005.5
北　京	18.0	16.6						
天　津	44.5	13.8		1.1				
河　北	815.3	444.4	41.5	13.6	0.9	11.6		11.6
山　西	534.5	37.9	11.3	1.4	10.8	25.3		25.3
内蒙古	777.0	0.2	90.4	4.3		142.8		142.8
辽　宁	187.7	117.0		2.7		33.7		33.7
吉　林	301.4	8.6		3.6	0.3	87.9		87.9
黑龙江	212.8	0.7	98.5	123.2		537.4		537.4
上　海	140.3	0.9	139.4	0.1		0.3	0.3	
江　苏	833.7	163.1	661.2	12.1		8.4	5.0	3.4
浙　江	453.1	12.3	435.3	36.6	7.7	17.5	17.5	
安　徽	1 499.0	174.7	1 160.9	126.1	35.2	4.1	3.9	0.2
福　建	167.5	132.4	32.3	2.3	109.7	74.9	74.9	
江　西	1 029.8	137.5	811.3	22.3	1.1	53.4	53.4	
山　东	1 091.0	1 067.3	8.1	14.6	12.4	4.0		4.0
					12.9			
河　南	1 314.6	661.6	339.2	120.6		4.1	4.0	0.1
湖　北	1 116.5	95.6	825.1	63.3	115.3	12.1	12.1	
湖　南	1 057.9	110.0	937.9	37.8	41.0	37.0	37.0	
广　东	514.7	486.0	23.2	7.9	9.6	435.9	435.9	
广　西	295.1	250.9	21.4	18.1	7.3	479.8	479.8	
海　南	67.5	57.6		0.3	15.0	130.3	130.3	
					0.3			
四　川	1 501.1	226.7	1 258.8	104.8		76.4	73.2	3.2
贵　州	606.6	38.5	553.7	7.2	69.4	9.9	9.9	
云　南	176.7	46.2	121.8	6.5	0.3	176.0	175.8	0.2
西　藏	16.1		16.1		0.2			
陕　西	403.7	59.3	198.2	4.3		5.3	0.2	5.1
甘　肃	453.5		128.9	2.7	0.4	29.0		29.0
青　海	170.8		164.6			0.6		0.6
宁　夏	145.9	0.5	0.1	0.1		20.7		20.7
新　疆	403.9		176.0	5.1		100.3		100.3

各地区主要农作物播种面积(续2)

(1990年)　　　　单位：万亩

地　区	*烟　叶		其他农作物			年末实有茶　园	年末实有果　园
		*烤　烟		*蔬　菜	*绿　肥		
全　国	2 388.9	2 013.2	20 219.4	9 507.5	6 447.6	1 592.0	7 768.1
北　京	0.1		135.2	105.7	1.5		71.3
天　津	0.3		97.2	82.3	1.2		43.9
河　北	18.2	10.8	685.2	432.7	11.4		940.1
山　西	7.0	6.6	312.1	165.9	12.3		277.0
内蒙古	7.0	2.8	332.8	96.4	37.8		53.4
辽　宁	39.0	30.4	438.6	379.9	17.9		584.7
吉　林	45.6	26.8	290.1	260.7			83.0
黑龙江	187.8	173.2	572.6	344.3	53.6		28.5
上　海			153.6	116.4	10.6		13.4
江　苏	8.9	8.4	1 061.6	534.5	351.7	19.8	157.3
浙　江	3.1		1 045.9	372.6	591.5	244.3	332.4
安　徽	67.3	64.5	903.3	347.8	420.9	178.1	117.6
福　建	56.1	51.8	646.2	372.6	186.9	175.1	447.6
江　西	31.0	22.1	1 788.2	403.8	1 275.1	86.8	131.4
山　东	131.5	127.0	645.4	542.3	8.7	1.8	961.3
河　南	317.6	311.7	823.7	613.3	76.0	22.1	350.4
湖　北	114.4	69.5	1 226.8	559.6	571.8	114.6	177.1
湖　南	149.6	116.7	2 394.4	557.6	1 525.3	143.8	286.7
广　东	68.5	46.7	1 174.4	776.0	162.0	64.4	967.1
广　西	45.9	31.9	1 043.7	390.8	449.2	35.4	231.0
海　南	0.4	0.4	115.8	85.6		11.4	55.0
四　川	225.3	115.5	1 701.4	954.6	124.0	159.4	357.0
贵　州	353.9	321.3	545.4	319.5	176.2	49.7	35.2
云　南	370.0	353.2	527.7	272.7	170.8	240.6	116.0
西　藏			16.6	12.2	0.1	0.2	0.9
陕　西	122.0	108.2	370.0	218.3	24.2	43.8	457.2
甘　肃	16.9	13.6	526.1	95.4	51.2	0.7	246.9
青　海	0.1		45.0	10.3	3.9		9.4
宁　夏	0.1	0.1	76.6	24.0	2.5		40.0
新　疆	1.3		523.8	89.7	129.3		195.3

各地区主要农产品产量

（1990年）

地　区	粮　食（万　吨）	#稻　谷	#小　麦	#玉　米	#大　豆	#薯　类	棉　花（万　吨）
全　国	**44 624.3**	**18 933.1**	**9 822.9**	**9 681.9**	**1 100.0**	**2 743.2**	**450.8**
北　京	264.6	21.6	101.5	130.9	2.8	2.7	0.3
天　津	188.9	28.2	62.0	74.0	6.6	2.0	1.5
河　北	2 276.9	91.6	927.7	829.2	53.5	138.6	57.1
山　西	969.0	5.4	319.3	305.4	30.2	74.4	11.2
内蒙古	973.0	31.4	261.7	393.1	47.6	61.3	
辽　宁	1 494.7	369.2	45.0	798.2	42.7	19.1	1.4
吉　林	2 046.5	289.4	12.8	1 529.6	93.3	29.7	
黑龙江	2 312.5	314.4	474.8	1 008.3	325.8	74.1	
上　海	239.5	177.3	29.1	6.7	1.2		1.2
江　苏	3 230.8	1 708.5	923.7	230.2	45.1	104.0	46.4
浙　江	1 586.1	1 321.4	87.2	9.9	11.4	63.4	6.4
安　徽	2 457.2	1 340.1	598.0	146.9	55.4	259.5	23.6
福　建	879.6	731.2	27.7	3.3	11.2	97.4	
江　西	1 658.2	1 587.7	8.1	2.3	16.9	38.0	5.7
山　东	3 354.9	90.6	1 612.1	1 110.9	84.3	364.0	97.5
河　南	3 303.7	270.0	1 639.9	960.5	86.7	253.7	67.6
湖　北	2 475.0	1 789.6	391.1	122.2	26.4	99.6	51.7
湖　南	2 651.4	2 468.2	28.9	24.5	25.4	84.4	12.0
广　东	1 896.9	1 677.7	21.9	13.5	13.9	163.1	
广　西	1 363.1	1 200.8	2.2	120.0	12.8	23.5	
海　南	169.6	144.2		2.5	.6	21.1	
四　川	4 266.8	2 197.4	685.3	715.0	34.6	474.6	11.5
贵　州	721.0	360.3	71.8	177.3	12.8	77.1	0.1
云　南	1 057.2	516.5	102.6	277.8	10.0	68.0	
西　藏	55.5	0.3	16.4	.9	6.0	.2	
陕　西	1 070.7	100.4	463.7	333.8	29.3	64.8	7.8
甘　肃	690.7	2.4	365.3	116.2	7.7	62.1	0.8
青　海	114.0		73.6			10.9	
宁　夏	190.1	54.3	78.0	37.6	2.4	8.4	
新　疆	666.2	43.1	391.6	201.2	3.4	3.5	46.9

各地区主要农产品产量(续1)

(1990年)

地 区	油 料 (万 吨)	#花 生	#油菜籽	#芝 麻	麻 类 (万 吨)	#黄红麻	甘 蔗 (万 吨)	甜 菜 (万 吨)	烟 叶 (万 吨)	#烤 烟
全 国	**1 613.2**	**636.8**	**695.8**	**46.9**	**109.7**	**72.6**	**5 762.0**	**1 452.5**	**262.7**	**225.9**
北 京	3.1	3.0								
天 津	4.7	2.0		0.3	0.2	0.2				
河 北	74.9	57.8	2.3	2.7	2.0	1.8		12.3	2.2	1.2
山 西	39.4	4.9	0.8	2.3	0.1			43.2	0.9	0.8
内蒙古	69.4		4.4	0.3	0.7			236.4	0.8	0.4
辽 宁	17.5	13.3		0.3	0.2			49.8	4.4	3.2
吉 林	46.7	1.4			0.4			116.4	5.7	3.4
黑龙江	17.2	0.1	7.0		22.4			632.0	21.9	19.3
上 海	18.2		18.2				0.7			
江 苏	112.4	30.1	81.4	0.7	1.9	1.4	18.0	4.3	0.9	0.8
浙 江	48.3	1.4	46.7	0.3	7.3	7.3	62.8		0.3	
安 徽	129.1	26.2	95.4	7.3	17.8	16.3	8.7	0.1	7.8	7.5
福 建	17.7	16.0	1.5	0.1	0.2	0.1	344.3		4.6	4.3
江 西	54.9	15.2	37.1	2.6	2.5	1.9	194.3		2.3	1.7
山 东	212.1	210.7	0.6	0.7	2.2	2.0		5.0	22.1	21.4
河 南	152.3	106.0	31.9	14.3	17.6	17.1	10.1		40.9	40.3
湖 北	95.8	12.8	70.9	11.7	12.3	10.7	34.6		10.7	6.2
湖 南	72.2	9.6	62.1	0.4	4.4	1.9	127.8		13.1	11.2
广 东	58.9	57.9	0.2	0.7	1.1	1.0	2 165.5		7.1	4.6
广 西	25.2	24.2	0.5	0.3	2.3	2.0	1 501.8		4.1	3.0
海 南	4.5	4.3		0.2	0.1	0.1	371.5			
四 川	155.6	26.9	127.9	0.3	11.6	8.8	238.6	1.8	20.7	9.8
贵 州	43.9	2.8	40.5		0.2		20.9		30.7	28.7
云 南	13.3	2.9	9.7		0.2		661.9	0.4	44.7	43.6
西 藏	1.7		1.7							
陕 西	33.4	7.0	19.3	0.9	0.2		0.5	5.5	13.6	12.3
甘 肃	33.7		11.7		0.3			72.4	2.7	2.2
青 海	12.0		11.7					0.8		
宁 夏	6.2							47.8		
新 疆	39.0	0.1	12.2	0.3	1.6			224.4	0.4	

各地区主要农产品产量(续2)

(1990年)

地区	蚕茧(吨)		茶叶(吨)	水果(吨)					
		#桑蚕茧			#苹果	#柑桔	#梨	#葡萄	#香蕉
全国	534 421	480 179	540 070	1 874	4 319 315	4 854 936	2 352 753	858 525	1 455 927
北京	57	57		263 837	74 125		59 130	12 829	
天津				101 032	31 108		12 274	17 433	
河北	694	576		1 754 709	467 647		763 038	80 921	
山西	3 323	3 323		405 699	146 370		63 100	15 324	
内蒙古	1 372			69 180	22 834		12 694	5 509	
辽宁	40 772	131		1 112 886	759 244		166 806	73 567	
吉林	1 707	12		133 338	11 391		55 383	20 786	
黑江	1 451			49 451	22 904		10 840	3 099	
上海	311	311		94 176		25 768	11 481	16 157	
江苏	120 021	120 021	14 054	493 343	106 314	31 333	150 134	24 228	
浙江	117 975	117 975	116 972	1 070 117	583	797 341	28 069	22 281	
安徽	18 844	18 840	53 581	269 937	58 240	6 987	116 824	16 370	
福建	156	156	58 221	757 805	77	406 768	13 329	2 668	136 759
江西	2 639	2 639	19 415	232 983		176 263	16 382	1 458	
山东	16 209	13 725	657	2 462 977	1 431 804		314 872	139 377	
河南	6 745	1 343	3 567	639 175	358 474	1 313	37 258	30 689	
湖北	7 852	7 007	28 443	268 937	12 015	130 813	59 803	3 142	
湖南	2 422	2 422	73 897	566 142		465 990	20 652	3 512	
广东	25 535	25 488	25 869	3 285 814		1 514 248	12 729		1 053 899
广西	7 475	7 432	16 410	916 094		340 878	22 237		165 995
海南	8		7 782	152 831		4 299			52 188
四川	143 448	143 448	58 093	1 270 627	62 903	901 534	105 937		
贵州	741	610	13 522	166 755	4 264	22 362	35 863	3 097	7 604
云南	2 482	2 482	44 828	319 719	31 087	19 324	98 092	4 505	39 482
西藏			66	5 445	4 371		319		
陕西	9 505	9 504	4 548	620 282	349 300	8 855	20 544	20 210	
甘肃	143	143	145	384 879	174 531	860	63 298	6 839	
青海				22 019	14 431		6 210	95	
宁夏				55 208	34 768		4 843	3 492	
新疆	2 534	2 534		798 826	140 530		70 612	330 937	

主要农产品产量与解放前最高年产量比较

产品名称	单位	解放前最高年		指数（以解放前最高年为100）		
		年份	产量	1949年	1952年	1990年
粮食	万吨	1936	15 000.00	75.45	109.28	297.50
稻谷	万吨	1936	5 735.00	84.83	119.40	330.13
小麦	万吨	1936	2 330.00	59.27	77.90	421.58
玉米	万吨	1936	1 010.00		166.83	958.60
大豆	万吨	1936	1 130.00	45.04	84.10	97.35
薯类	万吨	1936	635.00	155.12	257.50	432.00
棉花	万吨	1936	84.90	52.40	153.59	530.98
花生	万吨	1933	317.10	39.99	73.04	200.82
油菜籽	万吨	1934	190.70	38.49	48.87	364.87
芝麻	万吨	1933	99.10	32.90	48.54	47.33
黄红麻	万吨	1945	5.50	33.90	280.70	1 320.00
桑蚕茧	万吨	1931	22.10	14.03	28.05	217.28
柞蚕茧	万吨	1921	9.40	12.77	64.89	57.45
茶叶	万吨	1932	22.50	18.22	35.40	240.03
甘蔗	万吨	1940	565.20	46.74	125.90	1 019.46
甜菜	万吨	1939	32.90	58.05	145.59	4 414.89
烤烟	万吨	1948	17.90	24.02	124.02	1 262.01
苹果	万吨	1926	12.10		97.52	3 569.68
柑桔	万吨	1926	40.10		51.62	1 210.71
香蕉	万吨	1927	10.30		106.80	1 413.52
大牲畜年底头数	万头	1935	7 151.00	83.93	106.92	182.09
牛	万头	1935	4 827.00	91.02	117.26	213.14
马	万头	1935	649.00	75.12	94.45	156.76
驴	万头	1935	1 215.00	78.14	97.17	92.16
骡	万头	1935	460.00	31.98	35.59	119.43
猪年底头数	万头	1934	7 853.00	73.54	114.31	461.49
羊年底只数	万只	1937	6 252.00	67.74	98.82	335.93
水产品	万吨	1936	150.00	30.00	111.33	824.68

按人口平均的主要农产品产量

产品名称	单位	1949年	1952年	1957年	1965年	1978年	1980年	1985年	1989年	1990年
粮食	公斤/人	208.9	288.1	306.0	272.0	318.7	326.7	360.7	364.3	393.1
棉花	公斤/人	0.8	2.3	2.6	2.9	2.3	2.8	3.9	3.4	4.0
油料	公斤/人	4.8	7.4	6.6	5.1	5.5	7.9	15.0	11.6	14.2
肉猪	头/人		0.12	0.11	0.17	0.17	0.20	0.23	0.26	0.27
猪牛羊肉	公斤/人	4.1	6.0	6.3	7.7	9.0	12.3	16.8	20.8	22.1
水产品	公斤/人	0.9	3.0	4.9	4.2	4.9	4.6	6.7	10.3	10.9

主 要 农 产 品 单 位 面 积 产 量

（按播种面积计算）　　单位：公斤/亩

年　份	粮　食	#稻　谷	#小　麦	#玉　米	#大　豆	#薯　类	棉　花
1986	235	356	203	247	93	194	55
1987	241	361	199	261	98	212	58
1988	239	352	198	262	96	199	50
1989	242	367	203	259	85	200	49
1990	262	382	213	302	97	201	54

主要农产品单位面积产量（续）

（按播种面积计算）　　单位：公斤/亩

年　份	花　生	油菜籽	芝　麻	黄红麻	甘　蔗	甜　菜	烤　烟
1986	121	80	41	137	3 524	1 064	102
1987	136	84	40	139	3 676	1 090	119
1988	127	68	38	130	3 541	1 146	120
1989	121	73	31	154	3 390	1 083	107
1990	146	84	47	161	3 808	1 444	112

各种物价总指数

（上年＝100）

年　份	全国零售物价总指数	职工生活费用价格总指数	农副产品收购价格总指数	农村工业品零售价格总指数	工农业商品综合比价指数（以农副产品收购价格总指数为100）
1986	106.0	107.0	106.4	103.2	97.0
1987	107.3	108.8	112.0	104.8	93.6
1988	118.5	120.7	123.0	115.2	93.7
1989	117.8	116.3	115.0	118.7	103.2
1990	102.1	101.3	97.4	104.6	107.4

注：本表零售物价总指数、职工生活费用价格总指数是包括牌价、议价和市价的指数。农副产品收购价格总指数是包括牌价、议价和超购加价（1985年起为合同订购价、比例价和议价等市场收购价）的指数（下同）。

集市贸易价格分类指数

（1990年）

项　目	上　年＝100			本年国营商业价格＝100		
	全国平均	城　市	县　城	全国平均	城　市	县　城
总　指　数	94.0	95.1	93.3	107.7	115.9	100.1
一、消费品	94.3	95.1	93.5	107.7	115.9	100.1
1. 粮　食	81.4	81.9	81.1	202.5	200.0	204.8
2. 食用植物油	95.2	98.0	93.6	142.4	152.2	133.8
3. 鲜　菜	95.2	96.7	93.6	112.3	119.6	106.3
4. 干　菜	91.8	93.6	90.7	103.8	106.3	94.5
5. 肉禽蛋	95.9	96.3	95.6	109.9	114.9	78.0
6. 水产品	95.4	95.2	95.7	105.1	108.6	102.6
7. 鲜　果	92.2	93.2	90.9	95.2	99.1	92.4
8. 干　果	91.9	91.4	92.5	82.2	72.5	92.1
9. 日用杂品	103.5	106.1	102.6	94.7	101.9	89.4
10. 柴　草	97.8	98.6	97.4	119.5	125.0	117.2
11. 其　他	98.0	100.7	97.2	107.7	85.1	119.2
二、农业生产资料	92.6		92.6			
1. 饲　料	92.4		92.4			
2. 小农具	99.7		99.7			
3. 幼禽家畜	88.8		88.8			
4. 大牲畜	97.3		97.3			
5. 竹木材	94.4		94.4			

各地区集市贸易价格指数

（1990年）

地区	上年＝100			本年国营商业价格＝100		
	平均	城市	县城	平均	城市	县城
全国	94.0	95.1	93.3	107.7	115.9	100.1
北京	97.4	97.4		112.9	112.9	
天津	96.3	96.3		117.8	117.8	
河北	93.2	94.5	92.6	113.9	117.9	109.9
山西	94.3	96.8	92.1	110.6	110.0	111.1
内蒙古	95.9	96.1	93.5	107.2	108.7	87.3
辽宁	97.2	97.8	95.7	111.9	110.7	115.2
吉林	97.3	97.4	95.2	104.8	105.8	91.7
黑龙江	102.4	102.7	101.2	116.2	117.1	112.0
上海	102.5	102.5		123.3	123.3	
江苏	98.9	100.7	96.2	111.9	112.5	111.1
浙江	95.4	98.1	94.3	113.1	120.2	110.0
安徽	94.8	97.0	93.7	112.2	106.7	115.1
福建	95.6	96.2	94.0	109.2	110.4	106.5
江西	94.8	97.6	91.3	105.8	108.9	101.9
山东	97.9	99.2	95.8	109.8	112.3	105.4
河南	94.9	95.4	93.8	113.6	112.7	116.6
湖北	99.1	114.5	99.7	113.8	98.5	115.3
湖南	94.1	97.8	90.6	114.4	116.5	111.7
广东	92.5	93.1	91.6	101.0	100.7	101.4
广西	93.1	93.5	91.1	106.0	107.2	100.5
海南	91.4	92.7	89.9	110.4	108.6	112.8
四川	94.3	93.7	95.0	111.4	108.3	116.5
贵州	95.8	96.2	95.3	91.3	118.6	68.8
云南	93.3	94.0	93.0	117.4	117.7	117.3
西藏						
陕西	95.6	99.1	92.8	111.5	111.3	111.7
甘肃	96.5	95.9	97.3	110.3	108.9	112.3
青海	96.2	96.7	95.6	121.4	129.9	113.3
宁夏	94.0	94.8	90.3	117.7	120.9	104.5
新疆	94.2	93.7	95.1	113.9	111.5	119.1

农村零售物价分类指数

(以上年价格为100)

年份	总指数	一、消费品	1. 粮食	(1)粮食	(2)副食品	(3)烟酒茶	(4)其他食品
1986	105.0	106.1	107.5	113.0	108.6	101.0	105.8
1987	106.3	106.1	108.4	106.1	112.5	102.7	107.4
1988	117.1	117.4	120.9	114.0	129.5	111.3	119.5
1989	118.8	118.6	118.0	125.0	116.7	110.3	123.3
1990	103.2	102.7	101.7	96.7	103.2	101.1	104.0

年份	2. 衣着	3. 日用品	4.文化娱乐用品	5.药及医疗用品	6. 燃料	二、农业生产资料
1986	102.8	106.2	101.2	101.9	104.2	101.1
1987	102.7	105.8	101.9	104.3	103.7	107.0
1988	111.7	111.8	111.1	124.7	117.2	116.2
1989	117.8	116.1	113.5	121.2	129.7	118.9
1990	107.2	103.2	99.4	102.4	106.0	105.5

机耕、灌溉面积、化肥施用量、农村小水电站和农村用电量

年份	机耕面积(万亩)	灌溉面积(万亩)	#机电灌溉	机电灌溉面积占灌溉面积比重(%)
1986	54 642.0	66 339.0	37 548.0	56.6
1987	57 589.5	66 604.5	37 237.5	55.9
1988	61 371.0	66 564.0	39 124.5	58.8
1989	63 889.5	67 375.8	39 160.5	58.1
1990	72 382.8	71 104.6	40 722.5	57.3

机耕、灌溉面积、化肥施用量、农村小水电站和农村用电量(续)

年份	化肥施用量(万吨)	农村小型水电站		农村用电量(亿千瓦小时)
		个数(个)	发电能力(万千瓦)	
1986	1 930.6	54 136	387.9	586.7
1987	1 999.7	51 978	394.1	658.8
1988	2 141.5	51 558	428.9	712.0
1989	2 357.1	50 862	416.8	790.5
1990	2 590.3	52 387	428.8	844.5

各地区农用化肥施用量

（1990年）　　　　单位：万吨

地区	氮肥				磷肥		钾肥		复合肥	
	实物量	#氨水	折纯量	#氨水	实物量	折纯量	实物量	折纯量	实物量	折纯量
全国	6 542.4	76.2	1 638.4	11.8	2 827.2	462.4	331.6	147.9	850.2	341.6
北京	48.2	0.1	9.8		4.5	0.9	0.8	0.1	9.2	3.6
天津	26.8		4.7		6.9	0.6	1.0	0.3	6.3	1.3
河北	407.4	1.5	92.1	0.1	178.7	26.1	7.6	2.6	54.9	24.4
山西	152.3	0.2	34.4		81.5	13.1	2.0	1.0	15.4	8.1
内蒙古	69.9	0.3	20.9	0.1	16.0	5.4	1.5	0.7	8.1	7.5
辽宁	196.7	0.2	57.4		73.5	13.2	2.5	1.1	28.4	9.7
吉林	171.0	0.1	54.8		22.7	3.6	4.8	2.4	34.6	23.9
黑龙江	86.8	0.4	37.0	0.1	53.3	17.1	5.3	2.4	38.2	20.0
上海	80.8	7.9	16.1	1.0	17.8	8.0	0.4	0.2	1.7	0.5
江苏	626.3	2.3	150.6	0.4	206.2	36.2	13.8	6.8	86.4	28.2
浙江	320.9	5.1	67.8	0.8	76.9	13.8	20.8	5.4	35.7	7.7
安徽	403.5	0.5	90.4	0.1	260.7	31.9	10.5	5.1	42.2	17.1
福建	179.3	0.4	43.7	0.1	78.8	12.8	24.4	12.0	20.5	7.9
江西	150.5	0.7	46.1	0.2	90.0	17.8	26.7	13.3	18.4	6.4
山东	663.5	17.7	154.1	2.2	229.9	35.4	16.8	7.0	111.1	49.0
河南	594.1	1.0	137.3	0.2	318.2	52.0	13.0	6.0	40.4	17.9
湖北	404.1	7.9	91.2	0.9	188.0	31.1	17.5	7.3	46.8	19.0
湖南	332.6	9.0	77.0	1.3	151.8	21.3	35.7	17.6	23.0	10.2
广东	281.6	10.3	95.8	1.8	134.3	20.1	59.6	27.6	65.9	18.9
广西	170.2	1.2	45.0	0.2	90.8	14.8	38.5	16.3	30.9	10.1
海南	17.5	0.1	7.0		10.6	1.9	3.1	0.9	5.7	2.4
四川	604.9	2.7	139.1	0.4	244.6	37.1	5.7	2.9	30.6	13.4
贵州	69.5	2.1	26.3	0.5	45.6	7.2	5.3	2.2	13.5	3.0
云南	126.9	0.9	35.5	0.6	70.3	11.5	5.9	2.8	17.1	5.7
西藏	1.6		0.7		0.8	0.4	0.1		1.0	0.5
陕西	208.5	1.9	48.6	0.2	84.4	10.1	4.5	2.3	13.9	6.9
甘肃	58.6	0.2	21.6		54.6	9.2	1.1	0.5	13.3	6.2
青海	6.5		2.7		5.3	1.2	0.7	0.2	3.4	1.2
宁夏	32.1		8.2		9.2	1.3	0.1		4.7	2.1
新疆	49.8	1.5	22.5	0.6	21.3	7.3	1.9	0.9	18.9	8.8

乡镇企业单位数

单位：万个

年份	合计	乡办	村办	工业	工业	建筑业	交通运输业	商业饮食业
1979	148.04	32.05	115.99	44.39	76.71	4.97	8.21	13.76
1980	142.46	33.74	108.22	37.83	75.78	5.08	8.94	14.83
1981	133.75	33.53	100.22	31.90	72.54	4.83	8.89	15.59
1982	136.17	33.79	102.38	29.28	74.92	5.38	9.58	17.01
1983	134.64	33.81	100.83	26.98	74.40	5.70	9.16	18.40
1984	606.52	40.15	146.15	24.84	481.22	8.04	12.96	79.46
1985	1 222.45	41.95	143.04	22.42	493.03	8.26	10.61	688.13
1986	1 515.30	42.55	130.22	23.97	635.50	89.25	261.98	504.60
1987	1 750.24	42.01	116.27	23.12	708.28	90.25	325.24	603.35
1988	1 888.16	42.35	116.65	23.28	773.52	95.58	372.55	623.23
1989	1 868.63	40.57	113.00	22.68	736.47	92.55	379.88	637.05
1990	1 850.40	38.78	106.61	22.40	722.00	90.40	381.40	634.20

注：1978—1983年为乡、村两级数，1984年以后为乡镇企业全部数（以下两表同）。

乡镇企业职工人数

单位：万人

年份	合计	乡办	村办	农业	工业	建筑业	交通运输业	商业饮食业
1979	2 909.34	1 314.44	1 594.90	533.00	1 814.38	298.45	116.90	146.61
1980	2 999.67	1 393.81	1 605.86	456.07	1 942.30	334.67	113.56	153.07
1981	2 969.56	1 417.55	1 552.01	379.94	1 980.80	348.83	107.38	152.61
1982	3 112.91	1 495.00	1 617.91	344.00	2 072.81	421.29	112.94	161.87
1983	3 234.64	1 566.95	1 667.69	309.22	2 168.14	482.72	109.71	164.85
1984	5 208.11	1 879.17	2 103.00	283.93	3 656.07	683.49	129.30	455.32
1985	6 979.03	2 111.36	2 215.69	252.38	4 136.70	789.95	114.18	1 685.82
1986	7 937.14	2 274.88	2 266.40	240.80	4 761.96	1 270.37	541.26	1 122.75
1987	8 805.18	2 397.45	2 320.78	244.18	5 266.69	1 373.98	623.14	1 297.19
1988	9 545.45	2 490.42	2 403.52	249.99	5 703.39	1 484.81	684.16	1 423.10
1989	9 366.78	2 383.57	2 336.57	239.30	5 624.10	1 403.73	699.37	1 400.28
1990	9 264.75	2 333.24	2 259.21	236.06	5 571.69	1 346.84	711.22	1 398.94

乡镇企业总产值

单位：亿元

年份	合计	乡办	村办	农业	工业	建筑业	交通运输业	商业饮食业
1979	548.41	307.43	240.98	38.46	423.52	46.77	23.06	16.60
1980	656.90	369.44	287.46	39.38	509.41	60.05	24.52	23.44
1981	745.30	428.98	316.32	38.97	579.34	70.28	25.06	31.66
1982	853.08	492.28	360.80	40.06	646.02	100.38	29.27	37.35
1983	1 016.83	591.05	425.78	43.72	757.09	136.20	32.73	47.09
1984	1 709.89	817.51	648.38	52.91	1 245.35	216.54	47.31	147.78
1985	2 728.39	1 138.95	910.54	58.70	1 827.19	310.00	40.99	482.51
1986	3 540.87	1 413.85	1 102.56	68.87	2 413.40	522.73	255.93	279.94
1987	4 764.26	1 825.85	1 411.55	88.72	3 243.88	650.96	360.48	419.87
1988	5 495.66	2 438.51	1 924.19	115.27	4 529.38	827.70	473.46	549.85
1989	7 428.38	2 672.85	2 182.73	126.03	5 244.11	886.46	578.82	592.96
1990	8 461.64	2 987.38	2 441.81	141.80	6 050.25	952.37	647.95	669.27

乡镇企业主要经济效益指标

单位：元

年份	每百元固定资产原值实现利润	每百元资金实现利润	每百元资金实现的利润税金	每百元总收入实现利润	每百元固定资产原值实现总收入	每百元总收入占用的流动资金
1979	37.3	29.1	35.4	21.3	175.3	27.0
1980	36.3	26.7	32.5	19.9	182.7	29.7
1981	30.0	22.3	29.1	16.8	178.6	30.0
1982	26.9	20.2	28.0	15.0	179.8	29.9
1983	24.8	18.5	27.8	12.7	195.2	28.3
1984	22.4	15.2	24.6	10.1	220.6	31.4
1985	22.8	14.5	23.7	9.4	243.5	32.3
1986	17.0	10.6	19.7	7.2	234.9	34.6
1987	15.3	9.0	17.0	6.4	239.2	38.7
1988	16.4	9.3	17.9	6.1	267.1	36.4
1989	12.5	7.1	15.2	5.0	251.0	39.2
1990	10.6	5.9	13.0	4.5	237.0	43.0

乡镇企业主要财务指标

年　份	总收入（亿元）	各项费用支出（亿元）	#生产费用	国家税金（亿元）	#所得税	纯利润（亿元）
1979	491.1	364.0	227.7	22.6	7.0	104.5
1980	596.1	452.1	339.0	25.7	7.9	118.4
1981	670.4	523.3	402.0	34.3	9.5	112.8
1982	771.8	610.0	501.2	44.7	12.5	115.5
1983	928.7	752.0	615.7	58.9	18.9	117.8
1984	1 268.2	1 060.8	847.1	79.1	26.3	128.7
1985	1 827.4	1 547.0	1 266.9	108.6	32.7	171.3
1986	2 223.6	1 913.7	1 606.8	137.3	38.6	161.0
1987	2 934.1	2 560.5	2 136.2	168.1	43.9	187.8
1988	4 232.2	3 704.8	3 128.6	236.5	59.8	259.2
1989	4 821.6	4 288.4	3 628.2	272.5	60.9	240.1
1990	5 218.6	4 612.0	3 942.7	275.5	57.1	232.7

乡镇企业主要财务指标（续）

年　份	工资总额（亿元）	银行贷款余额（亿元）	固定资产原值（亿元）	固定资产净值（亿元）	年末占用流动资金（亿元）
1979	103.8	35.3	280.2	226.1	132.7
1980	119.4	56.1	326.3	266.0	177.2
1981	130.6	70.3	375.4	304.0	201.0
1982	153.3	81.5	429.3	342.4	230.5
1983	175.8	97.7	475.7	373.0	262.5
1984	239.3	198.0	575.0	445.7	398.7
1985	301.4	277.8	750.4	589.7	590.1
1986	355.5	408.3	946.7	743.2	769.8
1987	427.7	577.1	1 226.6	959.8	1 134.6
1988	541.2	732.4	1 584.3	1 234.5	1 540.6
1989	580.7	865.2	1 920.7	1 486.2	1 890.1
1990	606.8	1 056.1	2 202.0	1 668.7	2 244.7

注：本表为乡村两级数字。

各地区牲畜饲养情况

（1990年）

地　区	大牲畜年底头数	*役畜（万头）	牛（万头）	*乳　牛	马（万头）	驴（万头）	骡（万头）
全　国	13 021.3	7 606.0	10 288.4	269.1	1 017.4	1 119.8	549.4
北　京	29.4	16.3	14.5	6.5	2.8	5.8	6.3
天　津	31.3	24.9	10.3	2.3	3.1	11.5	6.4
河　北	525.2	396.4	207.9	9.5	56.9	176.7	83.7
山　西	293.2	215.6	179.3	8.2	11.3	49.2	53.4
内蒙古	707.5	251.2	385.3	39.4	156.8	87.8	55.3
辽　宁	326.1	217.2	150.9	6.0	47.0	84.5	43.7
吉　林	309.1	200.9	188.3	5.0	81.1	14.7	25.0
黑龙江	348.2	193.7	236.8	54.0	99.2	6.3	5.9
上　海	8.1	1.0	8.1	7.1			
江　苏	92.5	66.0	71.5	3.5	2.1	16.5	2.4
浙　江	68.0	47.3	68.0	4.0			
安　徽	536.3	386.8	501.2	1.4	8.1	21.8	5.2
福　建	129.7	95.1	129.5	2.1	0.1	0.1	
江　西	323.7	252.6	323.7	1.3			
山　东	725.8	528.5	511.8	2.9	33.1	139.7	41.2
河　南	1 116.3	798.3	892.5	2.9	39.2	120.9	63.7
湖　北	356.6	261.9	351.5	2.5	2.6	2.2	0.3
湖　南	400.6	297.0	399.2	0.7	1.0	0.3	0.1
广　东	476.5	376.4	476.5	2.9			
广　西	730.9	491.0	703.9	0.5	26.1	0.1	0.8
海　南	122.3	69.3	122.3	0.1			
四　川	1 069.2	452.7	1 008.0	4.5	51.9	5.6	3.7
贵　州	659.4	452.5	590.1	1.7	68.2	0.1	1.0
云　南	929.7	504.4	767.5	5.4	94.2	26.3	41.7
西　藏	553.8	125.8	505.6	23.3	33.4	13.7	1.1
陕　西	305.4	200.7	241.6	4.2	4.7	40.9	18.2
甘　肃	584.0	355.6	337.9	11.2	42.4	142.7	57.1
青　海	612.3	61.8	538.6	6.5	44.8	12.3	14.2
宁　夏	74.3	55.1	27.9	1.9	2.7	27.1	16.3
新　疆	575.9	210.0	338.2	47.6	104.6	113.0	2.7

各地区牲畜饲养情况(续)

(1990年)

地　区	骆驼 (万头)	肉猪出栏头数 (万头)	猪年底头数 (万头)	羊年底只数 (万只)	山羊	绵羊	养蜂 (万箱)
全　国	**46.3**	**30 991.0**	**36 240.8**	**21 002.1**	**9 720.5**	**11 281.6**	**764.5**
北　京		281.0	206.0	78.4	52.1	26.3	5.4
天　津		123.7	79.0	67.0	36.4	30.6	0.5
河　北		1 395.5	1 494.2	1 074.5	562.6	511.9	17.8
山　西		308.6	363.1	709.6	303.9	405.7	12.8
内蒙古	22.3	308.6	523.0	3 023.9	949.0	2 074.9	4.1
辽　宁		797.2	1 093.5	267.2	73.4	193.8	8.9
吉　林		419.6	507.5	233.6	15.0	218.6	8.6
黑龙江		458.6	654.9	283.3	34.2	249.1	8.9
上　海		411.8	237.5	37.2	28.9	8.3	1.5
江　苏		2 116.6	1 851.1	850.8	797.4	53.4	30.8
浙　江		1 287.9	1 330.5	185.1	77.4	107.7	127.1
安　徽		1 032.7	1 284.1	398.0	382.3	15.7	25.1
福　建		799.8	930.8	60.0	60.0		21.2
江　西		1 313.2	1 547.3	14.1	14.0	0.1	26.0
山　东		1 936.2	1 810.9	2 076.4	1 552.7	523.7	17.3
河　南		1 182.4	1 750.3	1 279.5	1 129.5	150.0	39.0
湖　北		1 714.3	2 063.5	163.1	160.7	2.4	39.1
湖　南		3 092.1	2 798.3	66.5	66.0	0.5	22.2
广　东		1 792.9	2 058.9	14.2	14.2		27.9
广　西		1 063.9	1 742.5	80.6	80.6		17.9
海　南		134.3	279.1	37.1	37.1		2.0
四　川		6 108.5	6 539.5	945.9	598.6	347.3	132.7
贵　州		800.0	1 354.9	177.7	137.3	40.4	17.8
云　南		897.4	2 064.9	722.4	568.6	153.8	87.6
西　藏		7.8	16.4	1 676.9	566.2	1 110.7	
陕　西		539.4	812.2	612.6	448.2	164.4	28.6
甘　肃	3.9	467.4	594.7	1 109.8	230.9	878.9	26.0
青　海	2.4	61.6	96.5	1 608.3	203.6	1 404.7	0.2
宁　夏	0.3	59.1	66.0	317.6	90.3	227.3	3.0
新　疆	17.4	78.9	89.7	2 830.8	449.4	2 381.4	4.5

各地区畜产品产量

（1990年）

地　区	猪牛羊肉产量（万吨）	猪　肉	牛　肉	羊　肉	奶　类（万吨）	*牛　奶
全　国	2513.5	2281.1	125.6	106.8	475.1	415.7
北　京	20.4	18.6	0.9	0.9	21.8	21.7
天　津	10.1	8.9	0.4	0.8	7.7	7.6
河　北	121.3	107.7	5.6	8.0	14.3	11.2
山　西	29.3	22.5	2.8	4.0	17.9	16.0
内蒙古	50.1	28.8	8.6	12.7	39.6	37.0
辽　宁	78.8	74.1	3.4	1.3	15.3	14.4
吉　林	43.3	38.9	3.6	0.8	12.1	11.7
黑龙江	46.0	39.5	5.2	1.3	102.7	101.7
上　海	23.6	23.3		0.3	22.7	22.7
江　苏	158.4	149.2	1.9	7.3	8.9	8.7
浙　江	85.6	84.1	0.5	1.0	11.3	11.3
安　徽	97.6	84.8	9.8	3.0	2.6	2.5
福　建	64.1	62.9	0.7	0.5	4.9	4.8
江　西	102.5	101.2	1.2	0.1	2.2	2.2
山　东	187.0	153.7	17.6	15.7	29.6	7.0
河　西	123.7	97.5	18.2	8.0	7.4	2.7
湖　北	137.5	135.1	1.3	1.1	5.2	5.2
湖　南	189.5	187.7	1.4	0.4	1.1	1.1
广　东	148.4	145.3	2.9	0.2	5.6	5.5
广　西	90.6	87.2	3.1	0.3	0.9	0.9
海　南	12.1	11.1	0.8	0.2	0.1	0.1
四　川	407.3	396.7	6.9	3.7	26.8	26.4
贵　州	71.3	68.0	2.4	0.9	1.0	1.0
云　南	74.9	71.1	2.5	1.3	7.6	7.3
西　藏	8.8	0.5	4.4	3.9	15.8	12.6
陕　西	44.5	39.1	3.2	2.2	21.2	9.5
甘　肃	37.5	30.2	3.5	3.8	8.1	7.9
青　海	15.2	4.4	5.2	5.6	21.0	20.1
宁　夏	6.3	4.1	0.5	1.7	4.1	4.1
新　疆	27.8	4.9	7.1	15.8	35.6	30.8

各地区畜产品产量(续)

(1990年)

地区	绵羊毛(吨)	#细羊毛	山羊毛(吨)	羊绒(吨)	禽蛋(万吨)	蜂蜜(万吨)
全国	239 457.0	119 457.0	16 506.0	5 751.0	794.6	19.3
北京	263.0		204.0	30.0	25.8	0.1
天津	350.0	6.0	64.0	1.0	18.6	
河北	12 634.0	6 001.0	2 389.0	400.0	51.3	0.5
山西	5 608.0	2 241.0	936.0	344.0	15.9	0.3
内蒙古	59 203.0	32 387.0	2 292.0	2 076.0	12.4	0.2
辽宁	7 803.0	4 450.0	291.0	135.0	45.2	0.5
吉林	8 487.0	6 948.0	22.0	2.0	25.0	0.3
黑龙江	9 614.0	3 672.0	93.0	4.0	30.9	0.3
上海	79.0		28.0		15.1	0.1
江苏	1 853.0		74.0	1.0	89.7	1.2
浙江	2 560.0	2 560.0	86.0		19.0	6.3
安徽	713.0	42.0	78.0		32.6	0.8
福建					12.9	0.7
江西	2.0		25.0		16.8	0.7
山东	21 362.0	9 470.0	2 987.0	540.0	124.3	0.8
河南	5 373.0	2 674.0	1 372.0	102.0	59.6	1.2
湖北	83.0	42.0	15.0		51.9	0.8
湖南	14.0				27.9	0.3
广东			11.0		18.8	0.6
广西					6.6	0.3
海南					1.2	
四川	2 739.0	201.0	167.0	4.0	47.1	1.7
贵州	821.0	117.0	21.0	6.0	4.5	0.1
云南	1 851.0	433.0	61.0	2.0	4.9	0.5
西藏	8 264.0	4.0	893.0	448.0	0.1	
陕西	4 006.0	2 709.0	920.0	475.0	18.4	0.5
甘肃	15 543.0	5 251.0	1 132.0	259.0	8.5	0.3
青海	17 155.0	272.0	420.0	157.0	1.1	
宁夏	3 780.0	539.0	290.0	158.0	2.2	0.1
新疆	49 297.0	39 438.0	1 635.0	607.0	6.3	0.1

各地区水产品产量

（1990年）　　单位：吨

地　　区	水产品总产量	海水产品	天然生产	人工养殖	* 鱼　类	* 虾蟹类	* 贝　类
全　　国	12 370 203	7 132 915	5 508 862	1 624 053	4 223 246	1 070 499	1 473 290
北　　京	51 602	519		519		519	
天　　津	108 338	36 270	29 291	6 979	22 677	12 148	1 310
河　　北	218 553	164 880	132 501	32 379	61 762	71 295	17 457
山　　西	10 228						
内 蒙 古	30 428						
辽　　宁	1 073 558	1 007 118	493 089	514 029	303 477	159 770	468 466
吉　　林	70 885						
黑 龙 江	147 869						
上　　海	273 583	170 438	166 874	3 564	148 627	20 186	1 593
江　　苏	1 182 549	338 540	306 824	31 716	207 191	60 138	52 456
浙　　江	1 389 791	1 131 742	993 674	138 068	717 823	264 637	139 901
安　　徽	291 044						
福　　建	1 186 412	1 091 643	829 691	261 952	708 406	105 600	195 678
江　　西	306 824						
山　　东	1 677 973	1 522 059	1 032 683	489 376	704 864	231 176	451 518
河　　南	104 753						
湖　　北	709 840						
湖　　南	530 082						
广　　东	2 076 577	1 245 332	1 107 413	137 919	979 014	109 835	130 541
广　　西	323 493	202 672	199 324	3 348	165 645	25 584	10 882
海　　南	167 464	145 555	141 351	4 204	127 613	9 611	3 488
四　　川	232 561						
贵　　州	22 440						
云　　南	46 041						
西　　藏	249						
陕　　西	20 567						
甘　　肃	3 562						
青　　海	3 356						
宁　　夏	10 217						
新　　疆	23 217						
中国水产品联合总公司	76 147	76 147	76 147		76 147		

各地区水产品产量（续）

（1990年） 单位：吨

地 区	*藻 类	淡水产品	天然生产	人工养殖	*鱼 类	*虾蟹类	*贝 类
全 国	**275 186**	**5 237 288**	**783 046**	**4 454 242**	**5 049 340**	**94 555**	**75 771**
北 京		51 083		51 083	51 083		
天 津		72 068	12 732	59 336	71 143	257	667
河 北		53 673	16 969	36 704	50 912	2 722	7
山 西		10 228	117	10 111	10 228		
内 蒙 古		30 428	14 767	15 661	30 428		
辽 宁	63 172	66 440	6 913	59 527	65 685	709	46
吉 林		70 885	25 517	45 368	70 435	260	190
黑 龙 江		147 869	47 940	99 929	146 916	892	52
上 海		103 145	5 124	98 021	102 249	779	117
江 苏	2 139	844 009	164 212	679 797	792 784	26 465	21 775
浙 江	7 049	258 049	28 093	229 956	250 222	1 951	4 964
安 徽		291 044	79 083	211 961	268 988	16 140	5 669
福 建	70 145	94 769	13 342	81 427	89 708	1 464	3 524
江 西		306 824	57 748	249 076	292 692	7 308	6 407
山 东	127 411	155 914	31 545	124 369	150 307	4 358	1 249
河 南		104 753	10 922	93 831	102 167	1 727	381
湖 北		709 840	105 734	604 106	679 567	15 583	10 459
湖 南		530 082	48 143	481 939	516 457	5 480	7 092
广 东	2 473	831 245	41 919	789 326	808 723	3 692	11 686
广 西	7	120 821	10 549	110 272	119 116	992	686
海 南	2 790	21 909	2 558	19 351	21 709	118	82
四 川		232 561	24 772	207 789	232 235	326	
贵 州		22 440	2 880	19 560	22 102	270	59
云 南		46 041	19 084	26 957	42 374	3 004	659
西 藏		249	249		249		
陕 西		20 567	575	19 992	20 509	58	
甘 肃		3 562	207	3 355	3 562		
青 海		3 356	2 981	375	3 356		
宁 夏		10 217	555	9 662	10 217		
新 疆		23 217	7 816	15 401	23 217		
中国水产品联合总公司							

农村经济收入分配情况

指标	1989年		1990年		1990年为1989年%
	金额(亿元)	比重(%)	金额(亿元)	比重(%)	
一、总收入	**12 637.6**	**100.0**	**14 230.7**	**100.0**	**112.6**
1. 乡村企业收入	4 821.6	38.2	5 218.6	36.7	108.2
2. 集体统一经营收入	390.7	3.1	386.9	2.7	99.0
3. 联户企业收入	397.5	3.1	458.6	3.2	115.4
4. 家庭经营收入	7 027.8	55.6	8 166.6	57.4	116.2
二、总费用	**6 977.2**	**100.0**	**7 760.4**	**100.0**	**111.2**
1. 乡村企业费用	3 746.4	53.7	4 105.0	52.9	109.6
2. 集体统一经营费用	218.4	3.1	233.0	3.0	106.7
3. 联户企业费用	274.4	3.9	324.9	4.2	118.4
4. 家庭经营费用	2 738.0	39.3	3 097.5	39.9	113.1
三、纯收入	**5 660.4**	**100.0**	**6 470.3**	**100.0**	**114.3**
1. 国家税金	352.6	6.2	380.0	5.9	107.8
2. 集体提留	596.7	10.6	621.5	9.6	104.2
3. 个人所得	4 711.1	83.2	5 468.8	84.5	116.1
(一)乡村企业	1 075.2	100.0	1 113.6	100.0	103.6
国家税金	196.1	18.2	206.2	18.5	105.2
企业利润	337.1	31.4	333.1	29.9	98.8
工资	542.0	50.4	574.3	51.6	106.0
(二)集体统一经营	172.3	100.0	153.9	100.0	89.3
国家税金	13.6	7.9	12.9	8.4	94.9
集体提留	58.9	34.2	40.0	26.0	67.9
个人所得	99.8	57.9	101.0	65.6	101.2
(三)联户企业	123.1	100.0	133.7	100.0	108.6
国家税金	13.8	11.2	15.0	11.2	108.7
集体提留	20.7	16.8	22.5	16.8	108.7
个人所得	88.6	72.0	96.2	72.0	108.6
(四)家庭经营	4 289.8	100.0	5 069.1	100.0	118.2
国家税金	129.1	3.0	145.9	2.9	113.0
集体提留	180.0	4.2	225.9	4.5	125.5
个人所得	3 980.7	92.8	4 697.3	92.6	118.0

9

农民家庭经济调查

调查户农民家庭总收支情况调查表

单位：元

项　　　目	1986年		1987年		1988年	
	人　均	比重(%)	人　均	比重(%)	人　均	比重(%)
一、全年总收入	681.97	100.00	769.94	100.00	969.14	100.00
（一）从集体得到的收入	51.05	7.49	72.07	9.36	87.81	9.06
# 从乡村企业直接得到的	32.93	4.83	43.05	5.59	54.68	5.64
（二）从经济联合体得到的	3.60	0.53	6.86	0.89	7.93	0.82
（三）家庭经营收入	552.75	81.05	614.75	79.84	779.65	80.45
#农业收入	282.17	41.38	317.39	41.22	359.93	37.14
#粮食收入	160.93	23.60	187.61	24.37	205.32	21.19
（四）其他非借贷性收入	74.57	10.93	76.26	9.90	93.75	9.67
#保险收入			0.26	0.03	0.56	0.06
二、全年总支出	619.75	100.00	681.04	100.00	885.19	100.00
#（一）家庭生活消费支出	366.92	59.20	400.39	58.79	508.37	57.43
#粮　食	167.16	29.97	183.63	26.96	223.91	25.30
衣　着	40.55	6.54	43.73	6.42	55.84	6.31
住　房	70.19	11.33	73.62	10.81	91.61	10.35
（二）家庭经营费用支出	121.16	27.07	187.73	27.57	266.40	30.10
#农业生产费用	68.55	11.06	79.74	11.71	99.92	11.29
林业生产费用	2.00	0.32	2.37	0.35	3.07	0.35
牧业生产费用	47.60	7.68	49.82	7.32	76.78	8.67
渔业生产费用	3.01	0.49	3.31	0.49	7.94	0.90
（三）缴纳税款	11.62	1.87	10.94	1.60	11.04	1.25
（四）上缴集体的承包任务			10.16	1.49	12.84	1.45
（五）上缴集体的其它支出			3.61	0.53	4.36	0.49
（六）购置生产性固定资产	32.57	5.26	35.04	5.15	40.97	4.63
#寄给或带给在外人口	2.27	0.37	2.78	0.41	3.30	0.37
保险支出			0.58	0.09	0.72	0.08

调查户农民家庭总收支情况调查表(续)

单位：元

项　　目	1989年		1990年		平均每年
	人　均	比重（%）	人　均	比重(%)	增长(%)
一、全年总收入	1041.18	100.00	1058.42	100.00	12.88
（一）从集体得到的收入	95.17	9.14	98.36	9.29	18.60
#从乡村企业直接得到的	59.48	5.71	61.78	5.84	19.79
（二）从经济联合体得到的	6.27	0.60	5.15	0.49	5.56
（三）家庭经营收入	831.65	79.88	843.13	79.66	12.35
#农业收入	420.62	40.40	437.21	41.31	13.88
#粮食收入	243.81	23.42	257.65	24.34	14.13
（四）其他非借贷性收入	108.09	10.38	111.78	10.56	12.97
#保险收入	0.36	0.03	0.52	0.05	
二、全年总支出	949.25	100.00	938.96	100.00	17.53
#（一）家庭生活消费支出	549.86	57.93	538.36	57.34	15.70
#粮　食	247.69	26.09	248.33	26.45	13.50
衣　着	57.20	6.03	58.60	6.24	12.64
住　房	94.82	9.99	83.24	8.87	17.10
（二）家庭经营费用支出	281.82	29.69	273.05	29.08	25.96
#农业生产费用	119.39	12.58	120.98	12.88	17.19
林业生产费用	2.70	0.28	2.90	0.31	0.15
牧业生产费用	81.28	8.56	75.11	8.00	21.17
渔业生产费用	8.09	0.85	6.72	0.72	50.44
（三）缴纳税款	12.96	1.37	14.67	1.56	10.32
（四）上缴集体的承包任务	14.99	1.58	18.77	2.00	−100.00
（五）上缴集体的其它支出	4.70	0.50	5.82	0.62	−100.00
（六）购置生产性固定资产	37.66	3.97	36.02	3.84	2.98
#寄给或带给在外人口	3.56	0.38	3.72	0.40	17.49
保险支出	0.68	0.07	0.82	0.09	−100.00

调查户农民家庭现金收支情况调查表

单位：元

项目	1986年		1987年		1988年	
	人均	比重(%)	人均	比重(%)	人均	比重(%)
一、年初手持现金	**65.63**		**78.87**		**101.64**	
二、年内现金收入合计	**638.76**	**100.00**	**760.47**	**100.00**	**967.64**	**100.00**
（一）从集体得到的现金	54.33	8.51	68.43	9.00	83.28	8.61
# 从乡村企业直接得到的	31.73	4.97	41.10	5.40	51.32	5.30
（二）从经济联合体得到的			5.85	0.77	7.08	0.73
（三）家庭经营现金收入	386.36	60.49	444.57	58.46	578.86	59.82
# 出售产品现金收入	280.85	43.97	325.33	42.78	424.67	43.89
# 出售农业产品	148.06	23.18	177.26	23.31	204.80	21.16
建筑、运输、生产性劳务收入	58.82	9.21	75.81	9.97	92.20	9.53
商业、饮食、服务业收入	28.06	4.39	27.14	3.57	42.11	4.35
（四）其他非借贷性	68.23	10.68	78.81	10.36	95.40	9.86
# 在外人口寄回或带回的	5.04	0.79	5.47	0.72	7.31	0.76
（五）储蓄借贷现金收入	129.84	20.33	162.81	21.41	203.02	20.98
# 从银行、信用社贷款	30.30	4.74	40.21	5.29	38.96	4.03
三、年内现金支出合计	**614.35**	**100.00**	**742.06**	**100.00**	**931.72**	**100.00**
（一）生活消费支出	283.12	46.08	323.71	43.62	413.01	44.33
（二）生产消费支出	145.26	23.64	179.14	24.14	244.13	26.20
1. 家庭经营费用支出	116.67	18.99	144.23	19.44	203.11	21.80
2. 购买生产性固定资产	28.59	4.65	34.91	4.70	41.02	4.40
（三）缴纳税款	9.72	1.58	8.73	1.18	8.89	0.95
（四）上缴集体承包的支出			8.58	1.16	11.10	1.19
（五）上缴集体其他支出			3.21	0.43	3.87	0.42
（六）其他非借贷性支出	35.37	5.76	37.19	5.01	45.24	4.86
# 寄给或带给在外人口	1.94	0.32	2.37	0.32	2.84	0.30
（七）储蓄借贷支出	140.88	22.93	181.50	24.46	205.48	22.05
# 归还银行、信用社款	28.73	4.68	34.90	4.70	37.37	4.01
四、年末手持现金	**81.15**		**97.27**		**137.55**	

调查户农民家庭现金收支情况调查表(续)

单位：元

项　　目	1989年		1990年		平均每年
	人　均	比重(%)	人　均	比重(%)	增长(%)
一、年初手持现金	138.23		156.49		25.11
二、年内现金收入合计	1 008.59	100.00	1 028.86	100.00	13.01
(一) 从集体得到的现金	90.72	8.99	92.89	9.03	15.70
* 从乡村企业直接得到的	58.1	5.76	58.42	5.68	20.98
(二) 从经济联合体得到的	5.36	0.53	5.32	0.52	
(三) 家庭经营现金收入	615.75	61.05	627.74	61.01	13.22
* 出售产品现金收入	456.79	45.29	469.70	45.65	13.98
* 出售农业产品	242.01	23.99	260.36	25.31	16.06
建筑、运输、生产性劳务收入	97.83	9.70	47.22	9.22	11.80
商业、饮食、服务业收入	39.68	3.93	38.91	3.78	10.83
(四) 其他非借贷性	107.12	10.62	110.90	10.78	14.65
* 在外人口寄回或带回的	7.49	0.74	7.16	0.70	11.53
(五) 储蓄借贷现金收入	189.64	18.80	192.01	18.66	9.87
* 从银行、信用社贷款	27.31	2.71	36.44	3.54	0.41
三、年内现金支出合计	983.28	100.00	996.71	100.00	12.88
(一) 生活消费支出	446.32	45.39	441.57	44.30	13.89
(二) 生产消费支出	251.48	25.58	255.23	25.61	13.38
1. 家庭经营费用支出	213.75	21.74	220.11	22.08	16.18
2. 购买生产性固定资产	37.73	3.84	35.11	3.52	1.71
(三) 缴纳税款	10.54	1.07	11.69	1.17	0.72
(四) 上缴集体承包的支出	12.42	1.26	16.40	1.65	
(五) 上缴集体其他支出	4.08	0.41	5.44	0.55	
(六) 其他非借贷性支出	50.22	5.11	52.58	5.28	6.95
* 寄给或带给在外人口	3.06	0.31	3.10	0.31	15.32
(七) 储蓄借贷支出	208.22	21.18	213.80	21.45	10.77
* 归还银行、信用社款	31.21	3.17	31.93	3.20	−1.36
四、年末手持现金	163.51		188.63	18.93	23.60

各地区调查户农民家庭人均新增储蓄存款

单位：元

地区	新增储蓄存款合计				
	1986年	1987年	1988年	1989年	1990年
全国	**21.16**	**33.34**	**18.18**	**35.00**	**44.05**
北京		87.29	54.54	119.19	128.49
天津	19.68	71.52	39.24	142.09	197.65
河北	30.39	54.58	39.47	56.50	53.92
山西	31.96	40.65	19.91	47.50	45.79
内蒙	7.75	26.71	30.53	12.68	13.50
辽宁	48.26	143.13	57.33	24.35	69.20
吉林	12.52	30.83	9.55	3.60	60.72
黑龙江	6.37	42.20	17.94	17.67	33.52
上海	50.83	96.05	50.11	211.95	174.34
江苏	30.83	27.96	16.28	65.91	54.35
浙江	37.26	21.76	16.11	34.27	112.79
安徽	18.56	19.37	1.86	13.20	18.71
福建	19.57	32.81	2.45	22.36	41.76
江西	6.96	13.22	17.61	18.71	27.74
山东	26.25	48.41	7.47	57.80	65.36
河南	11.48	22.42	13.16	15.47	21.84
湖北	17.58	17.19	12.83	22.99	29.74
湖南	23.00	20.45	11.56	32.41	35.32
广东	50.91	57.83	17.68	56.22	66.60
广西	17.26	17.27	7.02	27.29	38.66
海南			−38.98	−9.24	12.23
四川	6.21	4.83	0.59	6.10	8.14
贵州	28.68	6.69	4.24	−1.24	10.10
云南	12.41	12.24	8.05	7.34	29.85
陕西	4.23	19.67	17.23	65.74	42.80
甘肃	26.34	16.78	12.45	28.54	15.45
青海	4.84	10.25	8.18	−2.91	32.21
宁夏	18.24	42.38	8.72	51.79	80.84
新疆	18.05	101.11	48.99	8.40	24.17

各地区调查户农民家庭人均新增储蓄存款(续1)

单位：元

地区	新增活期储蓄存款				
	1986年	1987年	1988年	1989年	1990年
全国	**7.25**	**10.63**	**7.37**	**2.89**	**60.45**
北京		48.86	9.87	33.76	49.36
天津	11.62	6.65	18.16	27.96	31.69
河北	13.22	11.95	11.86	11.63	12.24
山西	2.74	10.67	9.15	−1.86	9.99
内蒙	−2.66	19.28	15.12	−0.70	7.65
辽宁	18.71	7.09	27.72	−11.11	12.39
吉林	0.02	25.30	33.26	−1.03	37.68
黑龙江	7.11	22.13	14.71	10.22	12.61
上海		0.59	3.47	14.68	1.61
江苏	10.67	1.87	5.39	7.66	3.01
浙江	12.81	−1.31	7.35	9.78	17.64
安徽	9.70	9.78	6.15	−1.26	9.26
福建	6.38	15.8	−1.60	−1.42	4.40
江西	1.73	7.27	10.28	6.41	13.27
山东	−1.72	7.51	−3.82	7.56	6.34
河南	−3.73	10.15	6.58	−0.16	8.83
湖北	5.88	3.56	3.27	0.78	5.35
湖南	9.86	10.34	6.61	7.33	6.92
广东	24.30	25.81	−33.16	6.42	21.90
广西	8.39	7.25	4.36	7.82	3.05
海南			−17.92	5.55	5.60
四川	0.61	1.79	1.11	1.04	2.10
贵州	26.62	2.26	4.92	−10.59	6.47
云南	6.36	8.53	1.16	0.50	1.32
陕西	2.04	0.88	12.79	−6.81	6.65
甘肃	7.89	12.33	9.56	−0.60	5.01
青海	−15.22	4.08	6.27	−5.07	16.68
宁夏	5.07	13.71	12.15	−3.35	10.13
新疆	1.31	8.70	31.40	−3.18	11.85

各地区调查户农民家庭人均新增储蓄存款（续2）

单位：元

地区	新增定期储蓄存款				
	1986年	1987年	1988年	1989年	1990年
全国	**13.91**	**22.71**	**10.81**	**32.10**	**33.60**
北京		38.43	44.68	85.43	79.13
天津	8.06	64.87	21.07	114.13	165.96
河北	17.16	42.63	27.62	44.41	41.68
山西	29.22	29.99	10.76	49.35	35.81
内蒙	10.41	7.43	15.41	13.38	5.85
辽宁	29.56	136.04	29.61	35.46	56.81
吉林	12.50	5.54	−23.71	4.63	23.04
黑龙江	−0.74	20.07	3.32	7.45	20.91
上海	50.83	95.46	46.64	197.27	172.73
江苏	20.16	26.09	10.89	58.25	51.34
浙江	24.45	23.07	8.77	24.49	95.15
安徽	8.86	9.59	−4.28	14.46	9.46
福建	13.19	17	4.05	23.78	37.36
江西	5.23	5.59	7.34	12.30	14.47
山东	27.96	39.66	11.29	50.24	59.02
河南	15.21	12.27	6.59	15.64	13.01
湖北	11.70	13.63	9.57	22.21	24.39
湖南	13.14	14.76	4.96	25.09	28.40
广东	26.61	32.02	50.84	49.80	44.70
广西	8.88	10.03	2.65	19.47	35.61
海南			−21.06	−14.79	6.63
四川	5.60	3.04	−0.52	5.07	6.04
贵州	2.06	10.04	−0.68	9.34	3.63
云南	6.05	3.71	6.88	6.84	28.52
陕西	2.19	18.79	4.44	35.25	36.15
甘肃	18.45	4.46	2.90	2.02	10.45
青海	20.06	6.18	1.91	2.16	15.52
宁夏	13.37	28.67	−3.43	55.14	70.70
新疆	16.64	92.41	17.59	11.58	12.32

各地区调查户农民家庭人均新增储蓄存款(续3)

单位：元

地区	一年及一年以内定期				三年定期			
	1987年	1988年	1989年	1990年	1987年	1988年	1989年	1990年
全国	**11.04**	**5.14**	**13.29**	**18.26**	**6.91**	**3.67**	**15.41**	**11.83**
北京	16.56	17.85	32.17	49.39	18.13	12.33	40.80	26.51
天津	28.89	−1.45	37.39	51.59	18.50	20.00	66.16	64.32
河北	26.52	11.84	15.86	18.60	10.18	13.38	26.53	19.92
山西	8.88	1.22	15.51	13.84	10.38	5.52	28.71	20.46
内蒙	3.10	12.28	5.87	−0.32	−0.42	3.30	6.52	3.84
辽宁	44.01	17.34	3.07	13.48	26.45	4.54	22.03	32.16
吉林	1.87	1.45	0.62	11.68	−0.22	−12.37	2.64	12.45
黑龙江	4.19	1.44	4.01	15.54	7.91	−2.27	3.77	3.32
上海	31.34	3.47	51.31	23.52	43.24	34.81	130.43	117.72
江苏	17.38	2.60	28.36	39.01	5.60	6.45	23.99	11.47
浙江	8.78	7.24	19.98	65.42	10.82	2.59	4.49	29.08
安徽	4.37	−3.92	6.75	7.92	2.75	0.23	7.18	2.68
福建	11.08	0.35	14.18	22.00	4.73	2.69	8.12	14.29
江西	4.01	6.99	4.19	7.98	2.07	0.31	8.11	5.44
山东	24.73	−6.15	22.21	36.38	8.27	9.35	25.70	16.14
河南	9.78	2.22	8.52	8.12	1.68	3.57	5.17	3.70
湖北	5.79	8.36	15.15	20.95	3.36	1.43	6.31	2.76
湖南	10.34	3.98	19.13	14.76	2.08	1.32	5.34	12.95
广东	25.30	46.47	30.56	36.94	3.82	1.06	17.62	6.11
广西	5.86	−0.05	13.93	28.48	2.71	0.95	7.01	7.06
海南		−23.06	−36.28	5.75		1.84	8.47	1.57
四川	1.59	0.51	4.72	5.48	0.57	−0.83	1.00	−0.07
贵州	6.30	−0.26	−0.03	4.13	−0.65	−0.08	1.89	−0.01
云南	2.35	8.02	9.52	17.76	1.31	−1.14	−2.68	6.54
陕西	9.50	6.32	7.75	22.48	6.52	−0.92	12.24	11.07
甘肃	3.57	3.02	1.83	2.82	0.73	−0.23	3.21	0.11
青海	0.75	4.13	−1.58	15.17	2.52	−3.03	2.41	2.17
宁夏	13.81	−6.59	16.14	23.27	8.30	1.19	36.37	31.29
新疆	22.87	14.58	−3.18	16.30	65.48	1.08	−0.38	−8.72

各地区调查户农民家庭人均新增储蓄存款(续4)

单位：元

地区	五年及五年以上定期			
	1987年	1988年	1989年	1990年
全国	**4.76**	**2**	**3.4**	**3.52**
北京	3.75	14.5	12.46	3.23
天津	17.48	2.53	10.59	50.05
河北	5.93	2.4	2.02	3.16
山西	10.73	4.02	6.12	1.50
内蒙	4.75	－0.17	0.99	2.33
辽宁	65.58	7.73	10.36	11.17
吉林	3.9	－12.78	1.37	－1.08
黑龙江	7.97	4.07	－0.33	2.06
上海	20.88	8.35	15.53	31.49
江苏	3.11	1.85	5.9	0.86
浙江	3.47	－1.06	0.02	0.64
安徽	2.47	0.6	0.52	－1.15
福建	1.19	1.01	1.47	1.07
江西	－0.13	0.03		1.06
山东	6.67	8.09	2.33	6.50
河南	0.81	0.8	1.95	1.18
湖北	4.48	－0.23	0.75	0.68
湖南	2.34	－0.34	0.61	0.70
广东	2.9	3.31	1.62	1.65
广西	1.46	1.75	－1.48	0.07
海南		0.17	13.03	－0.69
四川	0.87	－0.19	－0.65	0.64
贵州	4.39	－0.34	7.48	－0.49
云南	0.05			4.22
陕西	2.77	－0.95	15.26	2.60
甘肃	0.15	0.11	－3.02	7.52
青海	2.91	0.81	1.33	－1.82
宁夏	6.57	1.97	2.63	16.13
新疆	4.06	1.93	－1.63	4.74

各地区调查户农民家庭户均借入贷款情况

单位：元

地区	借入贷款				1. 农业贷款			
	1987年	1988年	1989年	1990年	1987年	1988年	1989年	1990年
全国	**218.17**	**203.46**	**145.95**	**190.75**	**75.62**	**65.83**	**57.53**	**89.74**
北京	32.25	63.93	13.55	14.75	0.79	0.02	0.36	0.18
天津	129.77	357.88	430.09	563.23	42.56	92.05	22.60	17.56
河北	240.59	180.12	124.96	90.10	28.43	34.10	35.42	33.55
山西	400.24	217.75	300.35	250.38	138.76	82.25	58.82	138.26
内蒙	246.59	166.94	175.78	338.53	133.77	58.76	74.98	240.29
辽宁	245.35	539.31	337.40	241.08	155.09	156.94	137.65	125.97
吉林	622.78	342.84	228.64	286.79	312.73	235.44	178.00	191.81
黑龙江	210.78	160.36	128.55	160.69	159.18	88.76	98.82	143.03
上海	32.14	34.17	5.95	75.46				1.92
江苏	148.08	143.02	102.45	136.32	40.51	42.16	37.25	55.54
浙江	215.37	187.62	119.75	161.80	34.34	68.35	26.96	58.93
安徽	319.87	299.04	140.40	247.80	70.78	68.40	40.53	84.98
福建	261.02	261.53	167.81	395.28	89.49	61.63	72.97	111.17
江西	174.93	202.83	69.78	151.76	59.65	57.42	54.56	77.13
山东	147.73	151.82	135.60	156.10	72.94	71.89	88.50	90.68
河南	112.18	85.24	66.41	85.90	41.65	24.31	29.15	49.79
湖北	231.29	197.02	94.31	146.44	58.21	49.94	43.20	82.47
湖南	314.10	238.67	93.70	198.51	59.35	76.31	32.68	67.68
广东	198.29	93.53	118.61	255.03	48.92	48.44	76.83	56.86
广西	287.32	232.16	110.49	164.15	88.33	102.53	74.29	118.83
海南		68.85	92.35	23.86		14.69	27.69	7.89
四川	114.44	75.07	62.45	127.86	51.21	37.82	29.77	51.73
贵州	200.98	167.21	109.17	158.36	56.65	50.27	65.02	69.93
云南	195.32	183.75	72.10	151.71	150.85	71.91	30.13	56.07
陕西	311.23	290.65	282.08	340.89	107.41	69.90	44.59	103.73
甘肃	243.10	182.93	186.34	225.15	85.10	45.33	43.13	146.61
青海	423.58	495.36	229.13	200.45	47.12	78.05	81.98	97.45
宁夏	235.30	303.27	176.44	329.45	107.77	211.13	122.44	163.57
新疆	209.43	231.32	165.01	239.96	115.57	146.69	131.62	178.31

各地区调查户农民家庭户均借入贷款情况（续1）

单位：元

地区	2. 林、牧、渔业贷款				3. 工业、建筑、运输业贷款			
	1987年	1988年	1989年	1990年	1987年	1988年	1989年	1990年
全国	**36.61**	**55.40**	**31.03**	**34.46**	**49.56**	**33.73**	**30.89**	**31.48**
北京	5.36	47.29	9.55	7.36	22.00	14.82	3.64	5.16
天津	40.70	201.55	386.42	496.49	13.11			11.71
河北	12.61	11.22	0.43	4.51	101.25	54.30	0.43	16.31
山西	34.59	22.77	11.06	4.93	181.32	75.34	209.24	73.07
内蒙	70.94	62.81	70.43	72.37	8.55	21.49	9.71	4.73
辽宁	47.03	308.75	132.77	65.43	7.38	34.94	27.50	28.03
吉林	111.98	65.61	30.44	16.02	39.19	20.90	2.31	50.40
黑龙江	15.99	31.91	6.75	2.13	19.48	36.17	4.26	12.87
上海	15.24	22.14	2.62	38.03	5.95	4.40	3.33	30.50
江苏	36.41	36.44	29.72	26.74	42.94	29.71	11.88	23.50
浙江	41.40	59.88	24.82	28.11	50.21	10.48	35.56	13.28
安徽	33.78	21.82	8.84	36.03	62.02	37.01	40.82	64.38
福建	85.48	114.07	21.96	48.72	19.73	33.89	21.11	171.93
江西	67.99	96.32	8.52	59.30	7.34	14.74	0.94	6.25
山东	11.48	18.27	4.60	12.14	17.80	18.03	13.12	9.94
河南	10.14	4.94	3.14	2.19	26.77	27.05	15.55	6.01
湖北	43.09	29.99	5.23	5.04	78.89	61.87	19.13	21.17
湖南	53.63	45.54	16.29	22.67	90.76	61.01	12.75	66.05
广东	34.40	7.58	11.22	83.47	63.41	16.85	11.25	6.86
广西	69.07	75.06	18.29	18.60	81.09	15.53		19.23
海南		28.79	52.59	13.17		16.52	3.22	1.80
四川	18.40	13.19	12.31	13.70	19.33	12.41	1.71	24.06
贵州	28.34	24.47	10.82	18.26	58.26	43.23	13.00	23.36
云南	14.09	34.74	4.88	17.21	25.07	49.36	14.13	56.51
陕西	31.77	33.54	52.99	29.69	102.28	76.42	106.94	117.69
甘肃	38.66	26.57	14.09	9.57	37.04	33.91	93.85	39.14
青海	193.13	190.38	33.49	37.85	82.92	31.17	19.92	7.50
宁夏	20.67	10.00	13.33	14.79	10.00	60.80	17.33	99.67
新疆	26.91	49.28	21.86	26.19	32.80	10.00	2.00	6.20

各地区调查户农民家庭户均借入贷款情况(续2)

单位：元

地区	4. 商业饮食服务业贷款				5. 生活贷款			
	1987年	1988年	1989年	1990年	1987年	1988年	1989年	1990年
全　国	**18.95**	**18.89**	**10.56**	**10.91**	**16.12**	**11.51**	**6.54**	**9.48**
北　京	1.00				2.64	0.91		0.32
天　津	29.62	63.10	21.08	37.47	0.49			
河　北	40.60	51.42	7.70	23.61	11.91	7.21	3.98	7.84
山　西	21.70	8.43	14.05	15.89	14.32	6.25	3.76	7.33
内　蒙	8.48	3.67	4.91	1.30	16.58	17.04	11.40	16.86
辽　宁	11.11	31.49	16.51	6.94	12.22	6.09	4.48	2.47
吉　林		1.49			20.75	19.40	10.59	3.21
黑龙江	9.86				1.70			2.66
上　海					10.95	7.62		5.00
江　苏	5.92	5.51	7.97	5.02	12.42	18.81	9.03	15.25
浙　江	44.94	26.19	16.82	24.88	38.89	10.00	11.87	16.87
安　徽	41.13	39.22	19.68	11.55	30.54	23.73	11.05	14.73
福　建	15.31	27.78	11.85	10.18	26.34	15.99	7.88	10.38
江　西	10.38	18.77	2.42	0.91	21.37	12.45	3.19	5.64
山　东	30.01	33.45	16.48	31.55	5.64	4.31	4.51	6.80
河　南	15.16	13.99	10.73	4.87	9.12	3.92	1.46	3.47
湖　北	20.94	19.50	8.68	7.19	8.22	12.53	12.06	13.31
湖　南	45.07	11.67	7.37	7.21	22.98	21.34	11.40	15.51
广　东	5.28	1.17	10.82	1.81	39.98	17.39	5.53	14.12
广　西	21.51	26.92	1.06	2.31	19.12	10.20	11.54	4.23
海　南							3.08	1.01
四　川	6.34	0.49	0.21	8.03	12.42	2.35	11.35	12.05
贵　州	14.20	24.05	7.70	16.05	8.06	1.93	2.05	2.96
云　南	1.38	1.82	2.43		2.33	8.39	12.72	21.45
陕　西	20.51	42.18	46.25	40.90	26.31	14.48	4.59	32.96
甘　肃	25.23	19.95	28.21	19.80	42.43	35.52	3.53	6.69
青　海	32.50	88.70	0.83	7.92	15.00	8.37	31.67	4.38
宁　夏	4.00	10.27			44.00	0.67	6.00	35.17
新　疆	13.00	8.31	1.88	18.40	10.00	11.04	5.09	9.86

各地区调查户农民家庭户均归还贷款情况

单位：元

地区	归还贷款总额				1.归还农业贷款			
	1987年	1988年	1989年	1990年	1987年	1988年	1989年	1990年
全　国	191.26	195.40	165.59	168.49	76.22	67.94	62.93	74.55
北　京	10.81	12.17	25.42	9.69	0.11	0.02	0.38	
天　津	53.06	243.86	385.88	554.80	17.70	50.00	7.03	7.03
河　北	198.12	185.75	128.76	134.49	27.78	43.61	13.66	43.95
山　西	392.15	188.36	317.12	204.84	127.04	68.10	49.88	73.93
内　蒙	269.12	220.50	244.38	288.81	132.99	115.18	130.06	193.37
辽　宁	316.53	521.95	378.32	193.28	163.55	158.43	130.06	106.65
吉　林	476.56	344.30	240.99	263.52	284.36	235.01	179.28	181.32
黑龙江	163.15	107.00	146.23	149.90	121.16	59.56	118.81	133.11
上　海	32.18	30.05	11.90	20.11				1.92
江　苏	133.22	137.99	113.93	126.66	43.50	38.91	41.20	48.67
浙　江	181.37	168.44	160.10	165.22	45.25	47.04	43.62	58.81
安　徽	232.47	281.95	147.01	201.71	63.46	61.57	47.25	53.22
福　建	251.23	292.23	149.64	364.01	84.11	73.02	62.83	113.89
江　西	149.97	171.96	126.82	144.59	68.57	54.48	62.53	77.12
山　东	152.38	128.45	124.21	113.73	75.69	61.81	65.12	64.36
河　南	87.80	89.45	74.39	55.60	45.65	33.68	31.87	27.89
湖　北	152.73	144.79	142.11	142.40	43.78	44.53	54.36	74.41
湖　南	241.45	188.76	131.52	169.25	64.52	54.62	42.21	51.41
广　东	123.87	120.94	111.36	195.11	31.04	49.52	67.97	28.44
广　西	284.05	216.01	124.22	178.60	101.92	64.01	81.60	157.92
海　南		74.73	152.09	30.94		18.93	86.87	7.48
四　川	93.45	87.33	70.12	94.30	52.40	41.57	42.46	45.57
贵　州	189.63	195.56	140.60	104.14	66.16	55.78	68.61	49.80
云　南	154.33	167.84	78.13	122.16	122.09	87.89	40.99	50.56
陕　西	214.11	275.11	241.40	238.73	55.57	77.67	55.15	78.57
甘　肃	295.17	252.41	224.71	358.17	146.06	124.87	54.19	189.53
青　海	293.20	357.46	365.00	254.75	100.72	61.04	127.01	69.68
宁　夏	232.27	348.44	181.85	315.15	122.93	211.00	130.43	207.27
新　疆	246.98	222.42	200.40	191.30	165.87	118.04	148.93	144.61

各地区调查户农民家庭户均归还贷款情况(续1)

单位：元

地区	2. 归还林、牧、渔业贷款				3. 归还工业、建筑、运输业贷款			
	1987年	1988年	1989年	1990年	1987年	1988年	1989年	1990年
全国	**31.18**	**51.17**	**37.07**	**34.47**	**38.58**	**29.95**	**34.23**	**29.20**
北京	3.38	9.46	14.79	4.36	4.73	2.29	7.73	5.14
天津	6.56	104.52	354.26	524.36	6.56	2.95		4.68
河北	9.68	55.18	3.37	5.64	83.23	46.76	75.63	50.58
山西	40.37	25.08	19.14	14.13	179.37	66.05	213.58	82.61
内蒙	82.66	73.69	82.60	64.96	15.39	12.51	13.38	7.75
辽宁	111.86	294.22	177.29	61.44	7.38	28.91	22.72	13.90
吉林	77.75	28.06	28.22	40.77	21.76	4.30	3.36	28.47
黑龙江	15.92	23.40	7.71	6.17	9.16	21.28	6.50	8.70
上海	12.02	16.68	3.57	17.00		4.17	4.29	
江苏	32.54	37.38	29.44	28.94	31.60	33.68	18.32	21.02
浙江	35.37	51.43	38.99	29.29	33.94	14.49	42.97	33.76
安徽	23.88	33.91	12.61	42.99	38.03	29.09	22.25	58.06
福建	73.97	122.42	23.47	46.25	17.17	35.39	25.93	
江西	60.62	70.58	42.83	50.58	4.45	9.00	4.16	7.23
山东	12.71	18.43	2.53	10.54	24.13	14.05	25.99	12.00
河南	5.64	9.07	3.44	2.81	16.88	19.79	17.68	11.02
湖北	17.38	17.89	13.16	8.73	20.97	35.55	34.84	28.78
湖南	52.23	40.95	21.97	23.67	55.05	51.47	38.87	50.52
广东	20.51	6.21	11.21	45.25	33.37	31.11	15.34	7.35
广西	59.08	84.51	22.27	8.65	69.79	26.38	6.75	6.91
海南		31.92	36.12	20.23		18.76	21.10	1.88
四川	14.16	13.75	9.37	17.40	6.47	18.75	4.22	11.51
贵州	31.45	27.70	18.38	12.26	47.72	37.77	22.67	11.77
云南	5.61	19.25	10.72	1.12	20.70	38.36	12.04	45.52
陕西	8.08	33.90	23.36	24.90	58.99	99.54	105.18	69.95
甘肃	16.85	22.62	22.53	11.49	67.85	45.04	66.40	61.52
青海	91.07	113.81	78.57	93.20	32.50	22.18	46.78	32.56
宁夏	9.33	37.11	13.33	16.00	17.00	59.27	15.81	51.67
新疆	31.20	61.01	38.35	23.42	6.80	6.40	5.01	9.60

各地区调查户农民家庭户均归还贷款情况(续2)

单位：元

地区	4. 归还商业饮食服务业贷款				5. 归还生活贷款			
	1987年	1988年	1989年	1990年	1987年	1988年	1989年	1990年
全国	**16.84**	**18.67**	**11.89**	**10.51**	**12.73**	**10.59**	**7.74**	**7.58**
北京	59.00				1.70	0.25	2.26	0.18
天津	18.48	72.18	24.59	18.74	0.49			
河北	47.41	50.00	12.96	21.14	10.62	5.47	2.62	8.92
山西	20.84	11.30	16.06	22.23	11.66	4.91	4.24	7.07
内蒙	8.78	2.35	5.40	1.70	21.11	13.51	8.87	14.85
辽宁	11.39	26.06	10.51	4.19	8.47	7.61	7.56	3.18
吉林		1.49			21.04	22.39	8.97	3.21
黑龙江	6.38	1.38	1.06	1.91	1.70		0.64	
上海					17.52	9.20	4.05	1.19
江苏	6.54	5.03	7.38	4.70	9.59	13.65	13.55	14.86
浙江	29.81	31.31	13.41	23.92	32.93	13.60	13.07	18.73
安徽	40.70	46.67	23.04	10.05	16.64	17.15	13.27	9.93
福建	14.50	37.87	9.20	13.79	21.17	13.29	12.35	7.68
江西	3.27	15.91	3.42	4.97	9.91	18.15	12.32	3.09
山东	27.46	25.59	18.31	21.03	6.04	4.27	5.04	2.24
河南	9.04	14.76	11.21	5.52	6.42	5.07	3.40	2.92
湖北	14.81	20.66	12.82	9.72	6.99	6.21	16.20	6.67
湖南	23.97	9.69	7.03	11.52	14.41	18.02	12.82	14.65
广东	8.25	2.97	5.23	2.27	25.93	26.92	7.66	29.27
广西	21.21	25.78	4.13	4.23	19.12	10.67	5.32	0.58
海南						3.58		0.64
四川	4.26	0.19	0.13	1.12	8.81	2.86	7.84	6.61
贵州	11.57	16.00	10.60	12.50	6.24	2.91	4.85	3.81
云南	0.02	1.14	1.43		1.95	11.64	2.34	23.17
陕西	34.30	30.42	35.05	41.56	26.04	18.66	14.98	9.00
甘肃	30.47	22.49	50.35	39.53	27.13	31.07	4.92	4.68
青海	27.71	68.08	25.96	3.58	13.08	4.55	20.47	11.25
宁夏	5.07	15.87			35.27	5.33	5.60	20.00
新疆	9.00	19.31	3.22	8.81	13.86	11.67	2.32	4.86

各地区调查户农民家庭户均年末贷款余额情况

单位：元

地区	年末贷款余额				1. 农业贷款			
	1987年	1988年	1989年	1990年	1987年	1988年	1989年	1990年
全国	**219.49**	**223.30**	**194.28**	**212.11**	**89.54**	**71.12**	**66.22**	**79.02**
北京	22.24	7.66	14.55	13.10	0.68	0.02	0.36	0.18
天津	1 253.30	354.69	356.32	571.57	1 189.32	56.33	56.49	51.43
河北	188.24	182.61	178.81	134.42	24.43	14.92	36.68	26.28
山西	393.20	338.62	298.46	354.92	137.44	99.39	88.99	153.64
内蒙	188.64	185.16	171.44	240.63	87.51	67.53	62.00	122.96
辽宁	159.08	277.86	241.16	194.73	83.34	90.20	125.95	111.04
吉林	333.00	331.54	223.17	208.61	170.08	170.52	110.68	101.03
黑龙江	190.84	223.66	186.28	192.47	162.59	160.79	120.68	150.69
上海	30.35	35.66	29.82	74.37				
江苏	80.89	75.14	64.07	77.70	14.99	16.89	12.95	21.65
浙江	135.61	140.88	117.04	99.43	20.04	43.89	14.60	14.68
安徽	296.54	292.60	261.92	297.56	106.03	95.99	81.82	11.26
福建	197.56	166.86	185.03	206.56	70.03	58.64	68.78	62.44
江西	144.54	180.88	120.74	127.23	77.31	86.02	76.05	70.69
山东	101.23	124.60	136.48	178.86	39.89	49.97	75.08	101.40
河南	120.43	113.38	109.69	129.69	55.19	44.80	46.61	59.49
湖北	285.13	259.70	154.81	160.69	88.63	69.67	42.04	54.44
湖南	235.63	264.40	162.34	180.50	54.03	64.20	29.91	56.32
广东	203.11	156.29	201.93	254.19	48.37	39.86	76.02	117.80
广西	196.79	254.68	243.85	480.18	79.10	126.00	135.78	267.40
海南		103.81	543.29	197.13		24.97	86.82	45.82
四川	90.13	101.47	77.35	112.21	36.85	44.91	38.96	44.67
贵州	238.90	210.56	170.56	219.27	85.02	79.50	74.30	93.51
云南	430.50	352.79	204.23	234.96	297.63	150.30	108.98	121.92
陕西	305.69	276.22	316.90	419.06	104.68	96.91	86.35	111.52
甘肃	375.45	305.98	490.62	507.50	116.08	36.53	59.41	139.56
青海	872.70	1014.24	869.45	342.54	82.70	108.43	193.54	224.26
宁夏	231.85	166.55	160.47	174.77	95.01	81.21	72.55	28.85
新疆	208.57	271.37	272.37	329.93	100.07	143.33	169.86	222.09

各地区调查户农民家庭户均年末贷款余额情况(续 1)

单位：元

地区	2. 林、牧、渔业贷款				3. 工业、建筑、运输业贷款			
	1987年	1988年	1989年	1990年	1987年	1988年	1989年	1990年
全国	**34.40**	**50.70**	**37.88**	**37.60**	**49.37**	**51.18**	**46.58**	**43.73**
北京	1.99	5.41	14.55	10.50	17.27	2.02	3.64	0.47
天津	46.28	281.07	294.68	447.54	6.56	2.29	5.15	49.18
河北	3.93	9.32	6.38	5.24	113.34	120.88	112.69	56.82
山西	33.71	42.83	31.47	21.44	174.76	142.16	131.77	122.60
内蒙	78.81	63.08	56.21	65.94	4.78	35.48	29.37	29.19
辽宁	43.49	123.64	64.96	25.99	4.17	16.14	18.42	31.76
吉林	62.58	100.00	73.62	36.64	30.86	47.46	20.59	41.75
黑龙江	3.19	11.28	19.47	2.13	18.19	45.85	37.01	33.40
上海	9.25	19.47	18.63	28.87	10.71	9.76	8.81	39.31
江苏	24.67	22.06	22.46	20.75	29.55	17.80	11.22	14.38
浙江	29.35	34.89	24.32	23.18	46.20	34.81	48.65	21.23
安徽	47.75	49.10	36.21	29.80	48.08	48.52	61.63	64.40
福建	47.22	38.87	37.36	37.87	24.60	23.10	18.28	28.25
江西	22.18	47.04	12.73	19.89	5.15	9.25	6.20	5.23
山东	5.86	5.70	6.42	8.02	35.12	39.11	32.11	30.05
河南	12.46	7.55	7.25	6.45	21.22	28.72	26.59	23.79
湖北	64.08	46.47	13.20	18.38	84.74	87.50	64.48	44.39
湖南	40.87	44.15	34.21	34.62	73.76	70.09	42.95	39.42
广东	42.59	43.16	60.00	103.31	42.76	26.10	18.97	11.33
广西	55.71	49.45	39.26	101.97	40.48	55.84	35.63	63.89
海南		59.55	364.62	127.48		12.81	53.17	12.03
四川	13.08	14.20	11.75	8.97	18.31	15.44	4.89	23.77
贵州	31.78	28.54	17.70	22.85	55.42	60.88	43.55	53.07
云南	48.59	73.61	27.86	30.70	75.34	107.72	44.50	
陕西	33.00	32.64	62.27	67.07	108.00	84.88	86.64	134.38
甘肃	46.37	50.32	24.97	25.79	113.43	102.30	223.99	134.43
青海	170.31	234.62	106.20	53.83	54.58	63.81	32.52	12.96
宁夏	29.77	2.67	2.67	1.46	29.00	65.47	66.99	114.99
新疆	43.75	66.55	38.26	35.65	30.56	35.74	37.87	34.47

各地区调查户农民家庭户均年末贷款余额情况(续2)

单位：元

地　区	4. 商业饮食服务业贷款				5. 生　活　贷　款			
	1987年	1988年	1989年	1990年	1987年	1988年	1989年	1990年
全　国	19.10	20.98	21.21	17.15	12.51	12.47	10.32	12.45
北　京	0.41	0.04			1.74	0.06		0.14
天　津	11.14	15.00		23.42				
河　北	6.92	8.34	3.08	27.15	2.47	4.21	5.57	4.49
山　西	13.71	18.32	21.74	23.42	14.53	7.07	6.92	10.49
内　蒙	1.14	2.37	2.00	1.61	12.07	12.16	15.92	16.66
辽　宁	1.67	23.25	17.81	8.49	22.22	9.80	6.99	9.26
吉　林					2.99		1.62	
黑龙江	3.48	2.10	1.04	0.82		0.64		5.43
上　海					10.38	6.43	2.38	6.19
江　苏	1.47	2.15	2.75	2.53	7.79	12.88	8.77	10.40
浙　江	25.23	15.28	18.81	13.74	12.20	6.73	9.65	6.57
安　徽	23.74	17.38	17.31	15.38	28.18	32.02	29.14	34.04
福　建	23.15	13.06	15.70	11.26	15.43	18.13	13.66	15.63
江　西	8.67	14.57	12.30	14.48	24.71	18.85	9.72	11.97
山　东	11.98	19.85	11.35	21.87	2.34	2.38	2.22	6.79
河　南	15.68	14.79	14.31	11.35	6.00	5.08	3.85	3.32
湖　北	29.12	29.15	18.41	17.83	9.19	14.50	6.76	13.30
湖　南	30.41	42.55	31.02	16.55	16.87	18.54	7.32	18.46
广　东	8.15	6.52	16.75	2.90	47.32	35.23	26.19	5.80
广　西	7.31	14.10	14.40	25.27	6.66	5.75	13.29	13.51
海　南						2.26	16.30	6.47
四　川	3.81	2.12	0.80	7.73	13.85	8.84	12.58	11.18
贵　州	15.17	23.22	9.37	12.48	10.90	9.92	5.90	4.76
云　南	1.86	3.22	2.00	1.86	5.02	8.04	14.93	3.31
陕　西	20.68	32.45	43.65	42.99	19.22	15.04	4.65	28.61
甘　肃	56.56	54.01	137.42	149.58	28.09	32.54	32.35	46.33
青　海	534.05	556.91	482.80	10.31	2.08	10.09	17.08	11.87
宁　夏	5.60				48.93	9.33	9.73	24.90
新　疆	21.64	4.36	4.88	13.54	5.34	19.14	19.84	21.51

农民家庭基本情况表

项目	单位	1990年	比1989年		比1988年	
			增减	增长(%)	增减	增长(%)
一、调查农民家庭总户数	户	24 119	90	0.37	32	0.13
二、调查农民家庭总人口	人	121 950	-151	-0.12	-2 803	-2.25
三、人均经营						
1. 耕地	亩	2.00	-0.13	-6.10	-1.00	-33.33
2. 山地	亩	0.68	-1.45	-68.08	-0.14	-17.07
3. 水面	亩	0.08	-2.05	-96.24	0.01	14.29
四、户均经营						
1. 耕地	亩	10.10	-0.73	-6.74	-4.61	-31.34
2. 山地	亩	3.42	-7.41	-68.42	-0.83	-19.53
3. 水面	亩	0.39	-10.44	-96.40	0.05	14.71
五、年内新建房屋						
1. 户均新建房屋面积	平方米	5.96	-1.04	-14.86	-1.20	-16.76
2. 户均新建房屋间数	间	0.34	-0.04	-10.53	-0.23	-40.35
六、户均年末生产性固定资产原值	元	1 956.82	-104.39	5.64	249.04	14.58

农民家庭拥有主要生产性固定资产情况

项目	单位	1990年	比1989年		比1988年	
			增减	增长(%)	增减	增长(%)
平均每百个调查农户拥有						
1. 大、中型拖拉机	台	5.02	4.01	397.03	3.25	183.62
2. 小型和手扶拖拉机	台	17.93	8.79	96.17	8.54	90.95
3. 铁木农具	件	340.09	23.43	7.40	91.63	36.88
4. 机引农具	部	7.57	0.87	12.99	1.92	33.98
5. 胶轮大车	辆	10.26	0.51	5.23	0.16	1.58
6. 胶轮手推车	辆	40.29	0.11	0.27	0.66	1.67
7. 抽水机	台	3.57	-0.06	-1.65	0.76	27.05
8. 水泵	台	7.30	0.45	6.57	-1.24	-14.52
9. 机动船	条	1.16	-4.76	-80.41	0.40	-52.63
10. 役畜	头	65.33	-1.22	-1.83	-20.01	23.45

农民家庭总收支分析表

（1990年）　　单位：元

项目	金额	人均比1989年增减	人均比1989年增长（%）	人均比1988年增减	人均比1988年增长（%）
一、全年总收入	1 058.42	17.25	1.66	89.28	9.21
1. 从集体得到的收入	98.36	3.18	3.34	10.55	12.01
*从乡镇企业得到的收入	61.78	2.30	3.87	7.10	12.98
2. 从经济联合体得到的收入	5.15	−1.12	−17.86	−2.78	−35.06
3. 家庭经营收入	843.13	11.49	1.38	63.48	8.14
*农业收入	437.21	16.59	3.94	77.28	21.47
*粮食收入	257.65	13.84	5.68	52.33	25.49
4. 其他非借贷性收入	111.78	3.70	3.41	18.03	19.23
*保险收入	0.52	0.16	44.44	−0.04	−7.14
二、全年总支出	938.96	−10.28	−1.08	53.77	6.07
1. 家庭生活消费支出	538.36	−11.49	−2.09	29.99	5.90
*食品	248.33	0.64	0.26	24.42	10.91
衣着	58.60	1.40	2.45	2.76	4.94
住房	83.24	−11.58	−12.21	−8.40	−9.17
2. 家庭经营费用支出	273.05	−8.77	−3.11	6.65	2.50
*农业生产费用	120.98	1.59	1.33	21.06	21.08
林、牧、渔生产费用	84.73	−7.34	−7.97	−3.06	−3.49
3. 缴纳税款	14.67	1.71	13.19	3.63	32.88
4. 上缴集体的承包任务支出	18.77	3.78	25.22	5.93	46.18
5. 上缴集体的其他支出	5.82	1.12	23.83	1.46	33.49
6. 购置生产性固定资产支出	36.02	−1.64	−4.35	−4.95	−12.08
7. 其他非借贷性支出	52.27	5.01	10.60	11.06	26.84
*保险费支出	0.82	0.14	20.59	0.10	13.89

农民家庭总收支分析表(续1)

(1990年)

单位：元

项目	户均				
	金额	比1989年		比1988年	
		增减	增长(%)	增减	增长(%)
一、全年总收入	**5 351.59**	**60.98**	**1.15**	**332.16**	**6.62**
1. 从集体得到的收入	497.33	13.69	2.83	42.56	9.36
#从乡镇企业得到的收入	312.38	10.11	3.34	29.19	10.31
2. 从经济联合体得到的收入	26.04	-5.81	-18.24	-15.05	-36.63
3. 家庭经营收入	4 263.04	37.16	0.88	225.00	5.57
#农业收入	2 210.59	73.27	3.43	346.43	18.58
#粮食收入	1 302.71	63.82	5.15	239.29	22.50
4. 其他非借贷性收入	565.18	15.94	2.90	79.65	16.40
#保险收入	2.62	0.78	42.39	-0.29	-9.97
二、全年总支出	**4 747.55**	**-75.90**	**-1.57**	**162.90**	**3.55**
1. 家庭生活消费支出	2 722.04	-71.96	-2.58	89.11	3.38
#食品	1 255.60	-3.00	-0.24	95.93	8.27
衣着	296.30	5.67	1.95	7.10	2.46
住房	420.90	-60.90	-12.64	-53.58	-11.29
2. 家庭经营费用支出	1 380.58	-51.46	-3.59	0.84	0.06
#农业生产费用	611.72	5.63	0.93	94.19	18.20
林、牧、渔生产费用	428.40	-39.45	-8.43	-26.26	-5.78
3. 缴纳税款	74.15	8.29	12.59	16.95	29.63
4. 上缴集体的承包任务支出	94.92	18.77	24.65	28.40	42.69
5. 上缴集体的其他支出	29.44	5.56	23.28	6.85	30.32
6. 购置生产性固定资产支出	182.15	-9.22	-4.77	-30.02	-14.15
7. 其他非借贷性支出	264.27	24.12	10.04	50.82	23.81
#保险费支出	4.14	0.68	19.65	0.39	10.40

农民家庭总收支分析表(续2)

(1990年)　　单位：元

项　　目	比重(%) 本　期	比1989年增减	比1988年增减
一、全年总收入	100.00		
1. 从集体得到的收入	9.29	0.15	0.23
# 从乡镇企业得到的收入	5.84	0.13	0.20
2. 从经济联合体得到的收入	0.49	-0.11	-0.33
3. 家庭经营收入	79.66	-0.22	-0.79
# 农业收入	41.31	0.91	4.17
# 粮食收入	24.34	0.92	3.15
4. 其他非借贷性收入	10.56	0.18	0.89
保险收入	0.05	0.02	-0.01
二、全年总支出	100.00		
1. 家庭生活消费支出	57.34	-0.59	-0.09
# 食　品	26.45	0.36	1.15
衣　着	6.24	0.21	-0.07
住　房	8.87	-1.12	-1.48
2. 家庭经营费用支出	29.08	-0.61	-1.02
# 农业生产费用	12.88	0.30	1.59
林、牧、渔生产费用	9.02	-0.68	-0.90
3. 缴纳税款	1.56	0.19	0.31
4. 上缴集体的承包任务支出	2.00	0.42	0.55
5. 上缴集体的其他支出	0.62	0.12	0.13
6. 购置生产性固定资产支出	3.84	-0.13	-0.79
7. 其他非借贷性支出	5.57	0.59	0.91
# 保险费支出	0.09	0.02	0.01

农民家庭现金收支分析表

（1990年）　　单位：元

项目	人均				
	金额	比1989年		比1988年	
		增减	增长（%）	增减	增长（%）
一、期初手持现金	156.49	18.26	13.21	54.85	53.96
二、本期现金收入合计	1028.85	20.26	2.01	61.21	6.33
1．从集体得到的现金收入	92.89	2.17	2.39	9.61	11.54
#从乡镇企业得到的现金收入	58.42	0.32	0.55	7.10	13.83
2．从经济联合体得到的现金收入	5.32	−0.04	−0.75	−1.76	−24.86
3．家庭经营现金收入	627.74	11.99	1.95	48.88	8.44
#出售农产品现金收入	469.70	227.69	94.08	264.90	129.35
建筑运输生产性劳务收入	47.22	−50.61	−51.73	−44.98	−48.79
商业饮食服务业收入	38.91	−0.77	−1.94	3.20	−7.60
4．其他非借贷性现金收入	110.89	3.77	3.52	15.49	16.24
5．储蓄借贷现金收入	192.01	2.37	1.25	−11.01	−5.42
#从银行、信用社贷款	36.44	9.13	33.43	−2.52	−6.47
三、期内现金支出合计	996.72	13.40	1.36	64.99	6.98
1．生活消费支出	441.57	−4.76	−1.07	28.56	6.92
2．生产消费支出	255.23	3.74	1.49	11.09	4.54
#家庭经营费用支出	220.11	6.36	2.98	17.00	8.37
购买生产性固定资产支出	35.11	−2.63	−6.97	−5.91	−14.41
3．缴纳税款	11.69	1.15	10.91	2.80	31.50
4．上缴集体的承包任务支出	16.40	3.98	32.05	5.30	47.75
5．上缴集体的其他支出	5.44	1.36	33.33	1.57	40.57
6．其他非借贷性支出	52.59	2.36	4.70	7.35	16.25
7．储蓄借贷支出	213.80	5.57	2.67	8.32	4.05
#归还银行、信用社贷款	31.93	0.72	2.31	−5.44	−14.56
四、期末手持现金	188.63	25.12	15.36	51.08	37.14

农民家庭现金收支分析表（续1）

（1990年）　　单位：元

项目	户均				
	金额	比1989年		比1988年	
		增减	增长（%）	增减	增长（%）
一、期初手持现金	791.24	88.82	12.64	264.82	50.31
二、本期现金收入合计	5 202.08	77.04	1.50	190.42	3.80
1. 从集体得到的现金收入	469.66	8.69	1.89	38.33	8.89
#从乡镇企业得到的现金收入	295.36	0.12	0.04	29.54	11.11
2. 从经济联合体得到的现金收入	26.92	−0.29	−1.07	−9.75	−26.59
3. 家庭经营现金收入	3 173.97	45.09	1.44	175.89	5.87
#出售农产品现金收入	2 374.88	1 075.14	82.72	1 314.17	123.90
建筑运输生产性劳务收入	238.75	−258.38	−51.97	−238.77	−50.00
商业饮食服务业收入	196.71	−4.93	−2.44	−21.41	−9.82
4. 其他非借贷性现金收入	560.68	16.36	3.01	66.59	13.48
5. 储蓄借贷现金收入	970.85	7.19	0.75	−80.64	−7.67
#从银行，信用社贷款	184.24	45.48	32.78	−17.53	−8.69
三、期内现金支出合计	5 039.55	42.96	0.86	213.86	4.43
1. 生活消费支出	2 232.67	−35.32	−1.56	93.57	4.37
2. 生产消费支出	1 290.46	12.55	0.98	26.01	2.06
#家庭经营费用支出	1 112.94	26.79	2.47	60.96	5.79
购买生产性固定资产支出	177.53	−14.23	−7.42	−34.94	−16.44
3. 缴纳税款	59.10	5.55	10.36	13.03	28.28
4. 上缴集体的承包任务支出	82.90	19.79	31.36	25.42	44.22
5. 上缴集体的其他支出	27.50	6.77	32.66	7.44	37.09
6. 其他非借贷性支出	265.91	10.70	4.19	31.62	13.50
7. 储蓄借贷支出	1 081.01	22.92	2.17	16.77	1.58
#归还银行，信用社贷款	161.47	2.87	1.81	−32.06	−16.57
四、期末手持现金	953.75	122.88	14.79	241.35	33.88

农民家庭现金收支分析表(续2)

(1990年) 单位：元

项　目	比重(%) 本期	比重(%) 比1989年增减	比重(%) 比1988年增减
一、期初手持现金			
二、本期现金收入合计	100.00	0.00	0.00
1．从集体得到的现金收入	9.03	0.04	0.42
#从乡镇企业得到的现金收入	5.68	−0.08	0.38
2．从经济联合体得到的现金收入	0.52	−0.01	−0.21
3．家庭经营现金收入	61.01	−0.04	1.19
#出售农产品现金收入	45.65	21.66	24.49
建筑运输生产性劳务收入	4.59	−5.11	−4.94
商业饮食服务业收入	3.78	−0.15	−0.57
4．其他非借贷性现金收入	10.78	0.16	0.92
5．储蓄借贷现金收入	18.66	−0.14	−2.32
#从银行，信用社贷款	3.54	0.83	−0.49
三、期内现金支出合计	100.00	0.00	0.00
1．生活消费支出	44.30	−1.09	−0.03
2．生产消费支出	25.61	0.03	−0.59
#家庭经营费用支出	22.08	0.34	0.28
购买生产性固定资产支出	3.52	−0.32	−0.88
3．缴纳税款	1.17	0.10	0.22
4．上缴集体的承包任务支出	1.65	0.39	0.46
5．上缴集体的其他支出	0.55	0.14	0.13
6．其他非借贷性支出	5.28	0.17	0.42
7．储蓄借贷支出	21.45	0.27	−0.60
#归还银行，信用社贷款	3.20	0.03	−0.81
四、期末手持现金			

农民家庭生产经营总收入与费用总支出情况表

（1990年）　　　　单位：元

项目	户均					比重（%）		
	金额	比1989年		比1988年		本期	比1989年	比1988年
		增减	增长（%）	增减	增长（%）		增减	增减
全年家庭经营收入总额	4 263.04	37.16	0.88	225.00	5.57	100.00		
1. 农业收入	2 210.59	73.27	3.43	346.43	18.58	51.85	1.27	5.68
# 粮食收入	1 302.71	63.82	5.15	239.29	22.50	30.56	1.24	4.22
2. 林业收入	80.04	3.55	4.64	−3.75	−4.48	1.88	0.07	−0.20
3. 牧业收入	822.58	−48.96	−5.62	−70.85	−7.93	19.30	−1.32	−2.83
4. 渔业收入	87.17	0.08	0.09	−9.20	−9.54	2.04	−0.02	−0.35
5. 手工业收入	122.09	11.84	10.74	−0.92	−0.75	2.86	0.25	−0.19
6. 采集捕猎收入	19.26	1.69	9.65	−6.20	−24.34	0.45	0.03	−0.18
7. 工业收入	37.86	0.87	2.35	1.12	3.05	0.89	0.01	−0.02
8. 建筑、运输业收入	257.68	−14.08	−5.18	−0.80	−0.31	6.04	−0.39	−0.36
9. 生产性劳务收入	255.09	−2.66	−1.03	22.13	9.50	5.98	−0.12	0.21
10. 商业收入	113.90	−12.87	−10.15	−18.50	−13.97	2.67	−0.33	−0.61
11. 饮食服务业收入	90.40	9.14	11.24	−5.62	−5.85	2.12	0.20	−0.26
12. 其他家庭经营收入	166.38	15.29	10.10	−28.84	−14.78	3.90	0.32	−0.93
全年家庭生产经营费用总支出合计	1 380.58	−51.46	−3.59	0.84	0.06	100.00		
1. 农业生产费用	611.72	5.03	0.83	94.19	18.20	44.31	1.94	6.80
2. 林业生产费用	14.65	0.91	6.62	−1.24	−7.83	1.06	0.10	−0.09
3. 牧业生产费用	379.77	−33.25	−8.05	−17.88	−4.50	27.51	−1.33	−1.31
4. 渔业生产费用	33.97	−7.12	−17.33	−7.15	−17.39	2.46	−0.41	−0.52
5. 手工业生产费用	59.69	4.72	8.59	−12.67	−17.52	4.32	0.48	−0.92
6. 工业生产费用	18.08	−3.44	−15.99	0.54	3.06	1.31	−0.19	0.04
7. 建筑、运输业	106.05	−9.37	−8.12	8.32	8.51	7.68	−0.38	0.60
8. 商业费用	55.09	−11.15	−16.84	−15.02	−21.42	3.99	−0.64	−1.09
9. 饮食、服务业费用	25.39	−3.47	−12.03	−11.86	−31.84	1.84	−0.18	−0.86
10. 其他家庭经营	76.17	5.68	8.06	−36.39	−32.32	5.52	0.60	−2.64

农民家庭生产资金(现金)使用情况分析表

(1990年)　　　　单位：元

项目	户均				
	金额	比1989年		比1988年	
		增减	增长(%)	增减	增长(%)
生产资金支出合计	**1 290.48**	**12.61**	**0.99**	**26.07**	**2.06**
(一) 家庭经营费用支出	1 112.91	26.76	2.46	60.95	5.79
1. 农业生产费用	489.89	36.53	8.06	97.25	24.77
2. 林业生产费用	12.13	1.76	17.02	0.27	2.28
3. 牧业生产费用	282.29	-8.62	-2.96	-16.40	-5.49
4. 渔业生产费用	30.34	-5.18	-14.58	-7.37	-19.54
5. 手工业生产费用	55.42	7.35	15.29	-5.90	-9.62
6. 工业生产费用	14.36	-6.68	-31.74	-1.28	-8.18
7. 建筑、运输业	95.66	1.86	1.98	11.70	13.94
8. 商业费用	52.03	-8.54	-14.10	-14.06	-21.27
9. 饮食、服务业费用	23.81	-1.14	-4.57	-10.89	-31.38
10. 其他家庭经营费用支出	56.98	9.42	19.80	7.63	15.44
(二) 购买生产性固定资产支出	177.57	-14.15	-7.38	-34.88	-16.42
1. 购买役畜、产品畜	33.52	-1.74	-4.95	-16.10	-32.45
2. 购买铁木农具	13.45	1.46	12.16	2.11	18.61
3. 购买农林牧渔业机械	26.70	0.23	0.85	-4.89	-15.48
4. 购买工副业机械	11.48	-1.38	-10.70	-0.23	-1.96
5. 购买运输机械	61.89	-6.81	-9.91	-15.13	-19.64
6. 购买其他固定资产	30.53	-5.91	-16.18	-0.64	-2.05

农民家庭生产资金(现金)使用情况分析表(续)

(1990年)　　　　单位：元

项目	比重(%)		
	本期	比1989年增减	比1988年增减
生产资金支出合计	100.00		
(一) 家庭经营费用支出	86.24	1.24	3.04
1. 农业生产费用	37.96	2.48	6.91
2. 林业生产费用	0.94	0.13	0.00
3. 牧业生产费用	21.87	−0.90	−1.75
4. 渔业生产费用	2.35	−0.43	−0.63
5. 手工业生产费用	4.29	0.53	−0.56
6. 工业生产费用	1.11	−0.54	−0.13
7. 建筑、运输业	7.41	0.07	0.77
8. 商业费用	4.03	−0.71	−1.20
9. 饮食、服务费用	1.85	−0.10	−0.89
10. 其他家庭经营费用支出	4.42	0.70	0.52
(二) 购买生产性固定资产支出	13.76	−1.24	−3.04
1. 购买役畜、产品畜	2.60	−0.16	−1.32
2. 购买铁木农具	1.04	0.10	0.14
3. 购买农林牧渔业机械	2.07	0.00	−0.43
4. 购买工副业机械	0.89	−0.12	−0.04
5. 购买运输机械	4.80	−0.58	−1.29
6. 购买其他固定资产	2.37	−0.48	−0.10

农民家庭生活消费总支出情况表

（1990年）　　　　单位：元

项目	人均 金额	比1989年 增减	比1989年 增长（%）	比1988年 增减	比1988年 增长（%）
全年家庭生活消费总额	538.36	−11.49	−2.09	29.99	5.90
1.食品	248.33	0.64	0.26	24.42	10.91
2.衣着	58.60	1.40	2.46	2.76	4.95
3.燃料	20.18	−3.19	−13.65	2.13	11.82
4.住房	83.24	−11.58	−12.21	−8.37	−9.14
#建筑材料	58.43	−8.50	−12.70	−9.25	−13.66
5.医疗	19.62	3.10	18.79	5.66	40.56
6.用品	54.34	−6.46	−10.63	−7.31	−11.86
7.文化生活服务支出	32.18	3.90	13.78	7.81	32.07
8.其他支出	21.87	0.70	3.21	2.89	15.12

项目	比重（%） 本期	比1989年 增减	比1988年 增减
全年家庭生活消费总额	100.00		
1.食品	46.13	1.08	2.09
2.衣着	10.89	0.49	−0.09
3.燃料	3.75	−0.50	0.20
4.住房	15.46	−1.78	−2.56
#建筑材料	10.85	−1.32	−2.46
5.医疗	3.64	0.64	0.89
6.用品	10.09	−0.97	−2.04
7.文化生活服务支出	5.98	0.84	1.19
8.其他支出	4.06	0.21	0.32

农民家庭生活消费现金支出情况表

（1990年）　　　　单位：元

项目	人均				
	金额	比1989年		比1988年	
		增减	增长（%）	增减	增长（%）
全年家庭生活消费现金支出合计	**441.57**	**－4.76**	**－1.07**	**28.56**	**6.91**
1. 食　品	169.85	3.19	1.91	19.58	13.03
2. 衣　着	56.28	1.58	2.88	3.86	7.36
3. 燃　料	14.11	1.23	9.55	2.85	25.35
4. 住　房	79.05	－11.78	－12.97	－6.99	－8.12
5. 医　疗	18.90	3.19	20.31	5.65	42.60
6. 用　品	52.72	－5.67	－9.72	－7.43	－12.36
7. 文化生活服务支出	30.90	3.35	12.14	7.73	33.39
8. 其他支出	19.76	0.15	0.82	3.31	20.11

项目	比重（%）		
	本期	比1989年增减	比1988年增减
全年家庭生活消费现金支出合计	100.00		
1. 食　品	38.47	1.13	2.09
2. 衣　着	12.75	0.49	0.06
3. 燃　料	3.19	0.30	0.46
4. 住　房	17.90	－2.45	－2.93
5. 医　疗	4.28	0.76	1.07
6. 用　品	11.94	－1.14	－2.62
7. 文化生活服务支出	7.00	0.83	1.39
8. 其他支出	4.48	0.09	0.50

农民家庭购买生产资料及建筑材料情况表

（1990年）

项　　目	单　位	数		量		
		户　均	比1989年		比1988年	
		购买总量	增　减	增长（%）	增　减	增长（%）
一、生产资料	元					
1. 化　肥	公　斤	512.37	61.95	13.75	43.58	9.30
2. 农　药	公　斤	6.11	0.42	7.38	－0.51	－7.70
3. 机、柴油	公　斤	38.03	2.49	7.01	－6.90	－15.36
4. 塑料薄膜	公　斤	5.48	2.15	64.56	0.77	16.35
5. 种　子	公　斤	27.06	5.49	25.45	5.24	24.01
6. 种　畜	头(只)	1.38	1.17	557.14	－0.97	－41.28
7. 役　畜	头(只)	0.06	0.00	0.00	－0.02	－25.00
8. 家　禽	只	11.02	－1.49	－11.91	－4.11	－27.16
9. 饲　料	公　斤	272.47	4.08	1.52	－88.65	－24.55
10. 手工业原料	元					
11. 铁木农具	件	0.57	0.18	46.15	0.11	23.91
二、建筑材料	元					
木　材	立方米	0.27	0.27	－100.00	－0.82	－75.23
水　泥	公　斤	238.26	19.87	9.10	－19.70	－7.64
钢　材	公　斤	15.83	－1.90	－10.72	－4.29	－21.32
玻　璃	平方米	0.64	－0.13	－16.88	－0.25	－28.09
砖　瓦	元					
其　他	元					

农民家庭购买生产资料及建筑材料情况表(续1)

(1990年)

项目	单位	金额(元)				
		户均	比1989年		比1988年	
		购买总额	增减	增长(%)	增减	增长(%)
一、生产资料	**元**	**1072.80**	**33.97**	**3.27**	**32.75**	**3.15**
1.化肥	公斤	295.57	19.50	7.06	52.87	21.78
2.农药	公斤	40.97	2.84	7.45	11.57	39.35
3.机、柴油	公斤	53.19	−2.92	−5.20	2.27	4.46
4.塑料薄膜	公斤	20.06	−0.94	−4.48	−0.59	−2.86
5.种子	公斤	46.55	14.08	43.36	19.82	74.15
6.种畜	头(只)	5.52	1.33	31.74	−10.30	−65.11
7.役畜	头(只)	22.06	−3.63	−14.13	−8.57	−27.98
8.家禽	只	15.79	−1.33	−7.77	−8.47	−34.91
9.饲料	公斤	166.21	1.68	1.02	18.87	12.81
10.手工业原料	元	50.16	7.26	16.92	−6.14	−10.91
11.铁木农具	件	11.65	−1.36	−10.45	0.64	5.81
二、建筑材料	**元**	**360.04**	**12.96**	**3.73**	**−53.52**	**−12.94**
木材	立方米	62.72	62.72	−100.00	−27.55	−30.52
水泥	公斤	46.98	−12.31	−20.76	2.50	5.62
钢材	公斤	27.28	−3.29	−10.76	−3.48	−11.31
玻璃	平方米	5.45	−0.02	−0.37	0.90	19.78
砖瓦	元	106.23	−14.08	−11.70	−21.28	−16.69
其他	元	111.38	−20.06	−15.26	−4.61	−6.97

农民家庭购买生产资料及建筑材料情况表（续2）

（1990年）

项目	单位	总额中用贷款购买	比1989年 增减	比1989年 增长(%)	比1988年 增减	比1988年 增长(%)
一、生产资料	元	76.38	11.49	17.71	-5.44	- 6.65
1. 化肥	公斤	24.71	5.40	27.96	2.29	10.21
2. 农药	公斤	2.00	0.61	43.88	0.89	80.18
3. 机、柴油	公斤	2.09	-0.58	-21.72	1.14	120.00
4. 塑料薄膜	公斤	1.93	-0.29	-13.06	0.21	12.21
5. 种子	公斤	2.19	0.79	56.43	0.94	75.20
6. 种畜	头(只)	0.20	0.16	400.00	-0.46	-69.70
7. 役畜	头(只)	1.24	0.19	18.10	-1.26	-50.40
8. 家禽	只	0.28	-0.22	-44.00	-2.73	-90.70
9. 饲料	公斤	12.42	3.14	33.84	-0.50	- 3.87
10. 手工业原料	元	3.04	0.95	45.45	-1.25	-29.14
11. 铁木农具	件	0.14	-0.13	-48.15	-0.07	-33.33
二、建筑材料	元	3.41	-0.71	-44.28	-3.56	-51.08
木材	立方米	0.49	-1.34	-73.22	-0.95	-65.97
水泥	公斤	0.39	-0.63	-61.76	-0.20	-33.90
钢材	公斤	0.08	-1.06	-92.98	-0.21	-72.41
玻璃	平方米		-0.01	-100.00		-100.00
砖瓦	元	1.18	-0.25	-17.48	-1.19	-50.21
其他	元	1.27	0.58	84.06	-1.01	-44.30

农民家庭购买生活用品情况表

(1990年)

项目	单位	数量				
		户均购买总量	比1989年		比1988年	
			增减	增长(%)	增减	增长(%)
一、生活用品	元					
1.食品	元					
主食	元					
副食	元					
其他食品	元					
2.衣着	元					
棉布	米	7.13	-0.93	-11.54	-7.02	-49.61
化纤布	米	6.71	-0.19	- 2.75	-2.50	-27.14
呢绒绸缎	米	1.26	-0.43	-25.44	-0.72	-36.36
成衣	件	5.44	0.10	1.87	-0.36	- 6.21
其他	元					
3.用品	元					
自行车	辆	0.08	-0.01	-11.11	-0.05	-38.46
缝纫机	架	0.02	0.00	0.00	-0.01	-33.33
收录机	台	0.03	-0.01	-25.00	-0.02	-40.00
钟表	只	0.08	-0.02	-20.00	-0.04	-33.33
# 手表	只	0.06	-0.01	-14.29	-0.08	-57.14
电视机	台	0.11	0.06	120.00	-0.03	37.50
电风扇	台	0.06	0.00	0.00	-0.02	-25.00
洗衣机	台	0.02	0.00	0.00	-0.02	-50.00
电冰箱	台	0.01	0.00	0.00	0.00	0.00
家俱(50元以上)	件	0.24	-0.04	-14.29	-0.14	-36.84
其他	元					
4.燃料	元					
煤	公斤	635.67	-5.06	-0.79	39.22	6.58
其他	元					
二、期内农民购买商品总额	元					

农民家庭购买生活用品情况表(续)

(1990年)

项目	单位	金额(元)				
		户均购买总额	比1989年		比1988年	
			增减	增长(%)	增减	增长(%)
一、生活用品	元	1 472.01	-17.43	-1.17	83.38	6.00
1. 食品	元	844.85	6.80	0.81	88.99	11.77
主食	元	203.83	1.32	0.65	22.36	12.32
副食	元	438.82	2.90	0.67	44.70	11.34
其他食品	元	202.20	2.58	1.29	21.93	12.17
2. 衣着	元	282.48	6.34	2.30	16.09	6.04
棉布	米	22.63	-2.33	- 9.33	- 2.78	-10.94
化纤布	米	45.09	-2.39	- 5.03	- 2.29	- 4.83
呢绒绸缎	米	15.68	0.27	1.75	- 0.41	- 2.55
成衣	件	128.43	8.17	6.79	14.50	12.73
其他	元	70.65	2.62	3.85	7.07	11.12
3. 用品	元	273.26	-35.11	-11.39	-37.84	-12.16
自行车	辆	19.71	-4.32	-17.98	- 9.16	-31.73
缝纫机	架	4.79	-0.40	- 7.71	- 2.20	-31.47
收录机	台	9.45	-5.03	-34.74	- 9.12	-49.11
钟表	只	5.30	-1.27	-19.33	- 1.79	-25.25
* 手表	只	3.61	-0.70	-16.24	- 1.42	-28.23
电视机	台	53.39	-8.11	-13.19	- 7.47	-12.27
电风扇	台	9.35	-1.39	-12.94	- 4.99	-34.80
洗衣机	台	6.73	-3.62	-34.98	- 6.33	-48.47
电冰箱	台	9.63	-5.03	-34.31	- 2.63	-21.45
家俱(50元以上)	件	37.99	-6.39	-14.40	- 5.22	-12.08
其他	元	116.92	0.45	0.39	11.07	10.46
4. 燃料	元	71.42	4.54	6.79	16.14	29.20
煤	公斤	56.01	4.95	9.69	13.78	32.63
其他	元	15.41	-0.41	- 2.59	2.36	18.08
二、期内农民购买商品总额	元	2 904.86	29.50	1.03	62.63	2.20

注:期内农民购买商品总额=农民购买生活用品+农民购买生产资料+农民购买建筑材料

农民家庭储蓄存款情况表

（1990年）

项　　　目	人均				
	金　额（元）	比1989年		比1988年	
		增　减	增长(%)	增　减	增长(%)
1. 期初储蓄存款余额	202.58	21.49	11.87	53.13	35.55
活　期	64.45	1.01	1.59	10.59	19.66
定　期	138.13	20.48	17.41	42.54	44.50
*在农业银行存款余额	73.52	12.30	20.09	23.21	46.13
活　期	21.79	1.13	5.47	6.03	38.26
定　期	51.73	11.17	27.54	17.18	49.68
2. 期内存入款	117.13	0.50	0.43	13.22	12.72
活　期	49.61	−0.81	−1.61	−6.95	−12.29
定　期	67.52	1.31	1.98	20.17	42.60
*在农业银行存款余额	42.88	0.71	1.68	6.12	16.65
活　期	17.47	−1.35	−7.17	−1.19	−6.38
定　期	25.41	2.06	8.82	7.31	40.39
3. 期内提取存款	73.08	−8.55	−10.47	−12.65	−14.76
活　期	39.16	−8.36	−17.59	−10.03	−20.39
定　期	33.92	−0.19	−0.56	−2.62	−7.17
*在农业银行存款余额	26.80	−1.79	−6.26	0.13	0.49
活　期	14.34	−2.82	−16.43	0.30	2.14
定　期	12.46	1.03	9.01	−0.17	−1.35
4. 期末储蓄存款余额	246.63	30.54	14.13	79.00	47.13
活　期	74.89	8.56	12.91	13.66	22.31
定　期	171.74	21.98	14.68	65.34	61.40
*在农业银行存款余额	89.60	14.80	19.79	29.20	48.34
活　期	24.92	2.60	11.65	4.55	22.34
定　期	64.68	12.20	23.25	24.65	61.58
5. 本期新增储蓄存款	44.05	9.05	25.86	25.87	142.30
活　期	10.45	7.56	261.59	3.08	41.79
定　期	33.60	1.49	4.64	22.79	210.82
*在农业银行存款余额	16.08	2.50	18.41	5.99	59.37
活　期	3.13	1.47	88.55	−1.48	−32.10
定　期	12.95	1.03	8.64	7.47	136.31

注：在调查的24119农户中，有储蓄存款的农户为13450户。

农民家庭储蓄存款情况表(续)

(1990年)

项　　目	比重(%)		
	本　期	比1989年增　减	比1988年增　减
1. 期初储蓄存款余额	100.00		
活　期	31.81	－3.22	－4.23
定　期	68.19	3.22	4.23
*在农业银行存款余额	36.29	2.48	2.63
活　期	10.75	－0.66	0.21
定　期	25.54	3.14	2.42
2. 期内存入款	100.00		
活　期	42.35	－0.88	－12.08
定　期	57.65	0.88	12.08
*在农业银行存额余额	36.61	0.45	1.23
活　期	14.92	－1.22	－3.03
定　期	21.69	1.67	4.27
3. 期内提取存款	100.00		
活　期	53.59	－4.63	－3.79
定　期	46.41	4.63	3.79
*在农业银行存款余额	36.67	1.65	5.56
活　期	19.63	－1.39	3.25
定　期	17.05	3.05	2.32
4. 期末储蓄存款余额	100.00		
活　期	30.37	－0.33	－6.16
定　期	69.63	0.33	6.16
*在农业银行存款余额	36.33	1.71	0.30
活　期	10.10	－0.23	－2.05
定　期	26.22	1.93	2.34
5. 本期新增储蓄存款	100.00		
活　期	23.72	－15.45	－16.82
定　期	76.28	－15.45	16.82
*在农业银行存款余额	36.50	2.31	－19.01
活　期	7.11	－2.36	－18.28
定　期	29.40	－4.67	－0.72

农民家庭定期储蓄存款情况表

（1990年）

项目	人均				
	金额	比1989年		比1988年	
	（元）	增减	增长(%)	增减	增长(%)
1. 期初定期储蓄存款余额	138.13	20.48	17.41	42.54	44.50
一年及一年以内	68.53	5.59	8.88	18.08	35.84
三年	49.37	13.17	36.38	18.88	61.92
五年及五年以上	20.23	1.72	9.29	5.58	38.09
# 在农业银行定期存款余额	51.73	11.17	27.54	17.17	49.68
一年及一年以内	24.98	4.34	21.03	7.60	43.73
三年	18.93	5.62	42.22	7.35	63.47
五年及五年以上	7.82	1.21	18.31	2.22	39.64
2. 期内存入定期储蓄存款	67.52	1.31	1.98	20.17	42.60
一年及一年以内	40.49	5.31	15.09	11.70	40.64
三年	21.13	−3.85	−15.41	8.14	62.66
五年及五年以上	5.90	−0.15	−2.48	0.33	5.92
# 在农业银行定期存款余额	25.40	2.05	8.78	7.30	40.33
一年及一年以内	13.62	1.76	14.84	3.60	35.93
三年	8.99	−0.53	−5.57	2.97	49.34
五年及五年以上	2.79	0.82	41.62	0.73	34.78
3. 期内提取定期存款	33.92	−0.19	−0.56	−2.62	−7.17
一年及一年以内	22.24	0.35	1.60	−1.41	−5.96
三年	9.31	−0.26	−2.72	−0.02	−0.21
五年及五年以上	2.37	−0.28	−10.19	−1.19	−33.33
# 在农业银行定期存款余额	12.46	1.03	9.01	−0.17	−1.35
一年及一年以内	7.72	0.55	7.67	0.16	2.12
三年	3.76	0.39	11.57	0.01	0.27
五年及五年以上	0.98	0.09	8.89	−0.34	−25.76
4. 期末定期储蓄存款余额	171.73	21.98	14.68	65.33	61.40
一年及一年以内	86.79	10.56	13.85	31.20	56.13
三年	61.19	9.58	18.56	27.03	79.13
五年及五年以上	23.75	1.84	8.40	7.10	42.64
# 在农业银行定期存款余额	64.68	12.20	23.25	24.65	61.58
一年及一年以内	30.88	5.54	21.86	11.05	55.72
三年	24.16	4.70	24.15	10.31	74.44
五年及五年以上	9.64	1.96	25.39	3.29	51.65

农民家庭定期储蓄存款情况表(续)

(1990年)

项目	比重(%)		
	本期	比1989年增减	比1988年增减
1. 期初定期储蓄存款余额	100.00	0.00	0.00
一年及一年以内	49.61	-3.89	-3.16
三年	35.74	4.97	3.84
五年及五年以上	14.65	-1.08	-0.68
* 在农业银行定期存款余额	37.45	2.98	1.30
一年及一年以内	18.08	0.54	-0.10
三年	13.71	2.40	1.60
五年及五年以上	5.66	0.04	-0.20
2. 期内存入定期储蓄存款	100.00	0.00	0.00
一年及一年以内	59.97	6.84	-0.83
三年	31.30	-6.42	3.86
五年及五年以上	8.73	-0.41	-3.03
* 在农业银行定期存款余额	37.63	2.36	-0.61
一年及一年以内	20.18	2.26	-0.98
三年	13.31	-1.07	0.60
五年及五年以上	4.14	1.17	-0.22
3. 期内提取定期存款	100.00	0.00	0.00
一年及一年以内	65.56	1.38	0.85
三年	27.43	-0.62	1.91
五年及五年以上	7.01	-0.76	-2.75
* 在农业银行定期存款余额	36.72	3.20	2.16
一年及一年以内	22.77	1.76	2.07
三年	11.07	1.20	0.82
五年及五年以上	2.88	0.25	-0.73
4. 期末定期储蓄存款余额	100.00	0.00	0.00
一年及一年以内	50.54	-0.36	-1.70
三年	35.63	1.16	3.52
五年及五年以上	13.83	-0.80	-1.82
* 在农业银行定期存款余额	37.66	2.62	0.04
一年及一年以内	17.98	1.06	-0.66
三年	14.07	1.07	1.05
五年及五年以上	5.61	0.48	-0.35

农民家庭贷款情况表

（1990年）　　　　单位：元

项目	户均贷款总额				
	金额	比1989年		比1988年	
		增减	增长(%)	增减	增长(%)
一、期初贷款余额	189.85	−24.07	−11.25	−25.39	−11.80
*在农业银行贷款余额	82.03	−11.55	−12.34	1.72	2.14
*逾期贷款	25.00	− 5.01	−16.69	− 2.48	− 9.02
二、期末贷款余额	212.11	17.83	9.18	−11.19	− 5.01
*在农业银行贷款余额	81.16	− 3.11	− 3.69	− 1.80	− 2.17
*逾期贷款	21.66	− 9.65	−30.82	− 2.97	−12.06
三、本期新增贷款	22.26	41.90	−213.34	14.20	176.18
*在农业银行新增贷款	−0.87	8.44	− 90.66	− 3.52	− 132.83
*新增逾期贷款	−0.69	− 1.99	− 153.08	2.16	−75.79

项目	1. 农业				
	金额	比1989年		比1988年	
		增减	增长(%)	增减	增长(%)
一、期初贷款余额	70.32	−1.30	−1.82	−2.91	−3.97
*在农业银行贷款余额	28.69	0.13	0.46	2.65	10.18
*逾期贷款	9.07	−1.81	−16.64	−2.12	−18.95
二、期末贷款余额	85.50	19.28	29.12	14.38	20.22
*在农业银行贷款余额	31.14	5.96	23.67	7.35	30.90
*逾期贷款	8.53	−1.02	−10.68	0.02	0.24
三、本期新增贷款	15.18	20.58	−381.11	17.29	−819.43
*在农业银行新增贷款	2.45	5.83	−172.49	4.70	−208.89
*新增逾期贷款	−0.54	0.79	−59.40	2.14	−79.85

农民家庭贷款情况表(续1)

(1990年)　　单位：元

项目	2. 林业				
	金额	比1989年		比1988年	
		增减	增长(%)	增减	增长(%)
一、期初贷款余额	3.31	−1.81	−35.35	−1.24	−27.25
*在农业银行贷款余额	1.92	−0.78	−28.89	−0.66	−25.58
*逾期贷款	0.94	0.08	9.30	0.13	16.05
二、期末贷款余额	3.16	−0.13	− 3.95	−2.80	−46.98
*在农业银行贷款余额	1.46	−0.66	−31.13	−1.58	−51.97
*逾期贷款	0.47	−0.41	−46.59	−0.39	−45.35
三、本期新增贷款	−0.15	1.68	91.80	−1.56	−110.64
*在农业银行新增贷款	−0.46	0.12	−20.69	−0.92	200.00
*新增逾期贷款	−0.47	−0.49	−2 450	−0.52	−1.040

项目	3. 牧业				
	金额	比1989年		比1988年	
		增减	增长(%)	增减	增长(%)
一、期初贷款余额	28.33	−1.84	− 6.10	−5.21	−15.53
*在农业银行贷款余额	13.45	−1.34	− 9.06	−0.09	− 0.66
*逾期贷款	3.42	−1.48	−30.20	−1.33	−28.00
二、期末贷款余额	27.80	1.07	4.00	−4.06	−12.74
*在农业银行贷款余额	12.80	2.75	27.36	−0.45	− 3.40
*逾期贷款	2.73	−0.58	−17.52	−0.52	−16.00
三、本期新增贷款	−0.53	2.91	84.59	1.15	68.45
*在农业银行新增贷款	−0.65	4.09	86.29	−0.36	−124.14
*新增逾期贷款	−0.69	0.90	56.60	0.81	54.00

农民家庭贷款情况表（续2）

（1990年）　　　　单位：元

项目	4. 渔业				
	金额	比1989年		比1988年	
		增减	增长（%）	增减	增长（%）
一、期初贷款余额	5.97	−2.66	−30.82	−2.41	−28.76
#在农业银业贷款余额	2.03	−1.88	−48.08	−1.13	−35.76
#逾期贷款	0.94	0.40	74.07	0.42	80.77
二、期末贷款余额	6.65	−1.21	−15.39	−6.23	−48.37
#在农业银行贷款余额	2.40	−1.21	−33.52	−4.63	−65.86
#逾期贷款	0.82	−0.22	−21.15	0.01	1.23
三、本期新增贷款	0.68	1.45	−188.31	−3.82	−84.89
#在农业银行新增贷款	0.37	0.67	−223.33	−3.50	−90.44
#新增逾期贷款	−0.12	−0.62	−124.00	−0.41	−141.38

项目	5. 工业、建筑、运输业				
	金额	比1989年		比1988年	
		增减	增长（%）	增减	增长（%）
一、期初贷款余额	41.45	−8.46	−16.95	−5.94	−12.53
#在农业银行贷款余额	18.93	0.46	2.49	4.04	27.13
#逾期贷款	5.62	−0.43	− 7.11	0.72	14.69
二、期末贷款余额	43.73	−2.85	− 6.12	7.45	−14.56
#在农业银行贷款余额	15.07	−6.94	−31.53	0.00	0.00
#逾期贷款	4.80	−5.04	−51.22	−0.06	− 1.23
三、本期新增贷款	2.28	5.61	−168.47	−1.51	−39.84
#在农业银行新增贷款	−3.86	−7.40	−209.04	−4.04	− 244
#新增逾期贷款	−0.82	−4.61	−121.64	−0.78	1950

农民家庭贷款情况表(续3)

(1990年) 单位：元

项目	6. 商业、饮食、服务业				
	金额	比89年		比88年	
		增减	增长(%)	增减	增长(%)
一、期初贷款余额	16.75	−5.79	−25.69	−4.01	−19.32
#在农业银行贷款余额	8.91	−5.84	−39.59	−2.68	−23.12
#逾期贷款余额	1.40	−0.42	−23.08	−0.49	−25.93
二、期末贷款余额	17.15	−4.06	−19.14	−3.83	−18.26
#在农业银行贷款余额	8.36	−5.38	−39.16	−2.67	−24.21
#逾期贷款	1.32	−2.20	−62.50	−0.81	−38.03
三、本期新增贷款	0.40	1.73	−130.08	0.18	81.82
#在农业银行新增贷款	−0.55	0.46	−45.54	0.01	−1.79
#新增逾期贷款	−0.08	−1.78	−104.71	−0.32	−133.33

项目	7. 生活				
	金额	比89年		比88年	
		增减	增长(%)	增减	增长(%)
一、期初贷款余额	10.55	−0.98	−8.50	−1.00	−8.66
#在农业银行贷款余额	3.91	0.16	4.27	0.66	20.31
#逾期贷款	1.82	−0.29	−13.74	−0.01	−0.55
二、期末贷款余额	12.45	2.13	20.64	−0.02	−0.16
#在农业银行贷款余额	4.43	0.91	25.85	0.71	19.09
#逾期贷款	1.82	−0.02	−1.09	−0.04	−2.15
三、本期新增贷款	1.90	3.11	−257.02	0.98	106.52
#在农业银行新增贷款	0.52	0.75	−326.09	0.05	10.64
#新增逾期贷款	0.00	0.27	−100.00	−0.03	−100.00

注：在调查的24 119农户中，有贷款的为8 652户。

农民家庭贷款情况表(比重)

(1990年)

项目	户均贷款总额比重(%)	1. 农业 本期(比重%)	1. 农业 比1989年增减	1. 农业 比1988年增减
一、期初贷款余额	100.00	37.04	3.56	3.02
#在农业银行贷款余额	100.00	34.98	4.46	2.56
#逾期贷款	100.00	36.28	0.02	-4.43
二、期末贷款余额	100.00	40.31	6.22	8.46
#在农业银行贷款余额	100.00	38.38	8.50	9.70
#逾期贷款	100.00	39.37	8.87	4.80
三、本期新增贷款	100.00	68.21	40.74	94.43
#在农业银行新增贷款	100.00	-280.29	-316.67	-195.71
#新增逾期贷款	100.00	16.27	118.48	-77.41

项目	2. 林业 本期(比重%)	2. 林业 比1989年增减	2. 林业 比1988年增减	3. 牧业 本期(比重%)	3. 牧业 比1989年增减	3. 牧业 比1988年增减
一、期初贷款余额	1.74	-0.65	-0.37	14.92	0.82	-0.66
#在农业银行贷款余额	2.34	-0.55	-0.87	16.40	0.60	-0.45
#逾期贷款	3.77	0.90	0.81	13.69	-2.65	-3.59
二、期末贷款余额	1.49	-0.20	-1.18	13.11	-0.65	-1.16
#在农业银行贷款余额	1.79	-0.72	-1.87	15.78	3.85	-0.19
#逾期贷款	2.16	-0.66	-1.33	12.61	2.02	-0.60
三、本期新增贷款	-0.68	-9.99	-18.18	-2.40	-19.92	18.35
#在农业银行新增贷款	52.99	46.69	35.82	74.45	23.61	85.37
#新增逾期贷款	14.24	12.52	15.80	20.70	142.78	-31.76

农民家庭贷款情况表(比重)(续)

(1990年)

项　　目	4. 渔业			5. 工业、建筑、运输业		
	本期(比重%)	比1989年增减	比1988年增减	本期(比重%)	比1989年增减	比1988年增减
一、期初贷款余额	3.14	−0.90	−0.75	21.84	−1.49	−0.18
# 在农业银行贷款余额	2.47	−1.71	−1.47	23.07	3.33	4.52
# 逾期贷款	3.75	1.95	1.86	22.47	2.29	4.65
二、期末贷款余额	3.13	−0.92	−2.64	20.62	−3.35	−2.30
# 在农业银行贷款余额	2.96	−1.33	−5.51	18.57	−7.55	0.41
# 逾期贷款	3.78	0.45	0.48	22.17	−9.25	2.43
三、本期新增贷款	3.04	−0.89	−52.79	10.23	−6.75	−[illegible].72
# 在农业银行新增贷款	−42.66	−45.86	−188.30	441.50	479.52	434.95
# 新增逾期贷款	3.55	−35.02	13.78	24.41	−265.94	23.11

项　　目	6. 商业、饮食、服务业			7. 生活		
	本期(比重%)	比1989年增减	比1988年增减	本期(比重%)	比1989年增减	比1988年增减
一、期初贷款余额	8.82	−1.72	−0.83	5.56	0.17	0.19
# 在农业银行贷款余额	10.87	−4.89	−3.56	4.77	0.77	0.73
# 逾期贷款	5.61	−0.46	−1.25	7.28	0.25	0.61
二、期末贷款余额	8.08	−2.84	−1.32	5.87	0.56	0.29
# 在农业银行贷款余额	10.30	−6.00	−3.00	5.45	1.28	0.96
# 逾期贷款	6.07	−5.17	−2.59	8.41	2.54	0.87
三、本期新增贷款	1.79	−4.99	−0.95	8.50	2.36	−2.86
# 在农业银行新增贷款	63.48	52.65	84.43	−58.65	−61.13	−76.62
# 新增逾期贷款	2.57	−127.87	11.19	−0.11	20.78	0.76

农民家庭主要产品生产、出售情况表

（1990年）

项目	单位	生产情况（户均）				
		数量	比1989年		比1988年	
			增减	增长(%)	增减	增长(%)
粮食	公斤	2 748.77	356.88	14.92	395.80	16.82
棉花	公斤	39.71	16.08	68.05	2.75	7.44
油料	公斤	122.53	18.07	17.30	33.80	38.09
麻类	公斤	9.64	2.02	26.51	−1.87	−16.25
糖料	公斤	305.08	44.24	16.96	24.48	8.72
烟	公斤	11.85	−0.34	−2.79	0.98	9.02
蔬菜	公斤	827.21	−201.23	−19.57	−13.59	−1.62
茶叶	公斤	18.27	14.28	357.89	13.19	259.65
瓜果	公斤	187.23	14.67	8.50	22.47	13.64
树苗	株	40.34	14.17	54.15	−28.09	−41.05
鱼虾	公斤	22.39	−25.57	−53.32	−5.88	−20.80
家禽	只	23.42	−1.75	−6.95	−5.34	−18.57
禽蛋	公斤	26.95	−7.36	−21.45	−3.25	−10.76
蚕茧	公斤	2.02	0.21	11.60	0.29	16.76

注：调查户数：24 119户。

农民家庭主要产品生产、出售情况表(续1)

(1990年)

项目	单位	出售情况(户均)				
		数量	比1989年		比1988年	
			增减	增长(%)	增减	增长(%)
粮食	公斤	1 242.13	143.11	13.02	230.28	22.76
棉花	公斤	35.62	14.57	69.22	4.89	15.91
油料	公斤	83.47	10.14	13.83	19.59	30.67
麻类	公斤	9.00	4.38	94.81	−2.50	−21.74
糖料	公斤	286.23	18.09	6.75	24.64	9.42
烟	公斤	10.38	−1.30	−11.13	0.95	10.07
蔬菜	公斤	535.84	−401.70	−42.85	11.98	2.29
茶叶	公斤	18.13	14.41	387.37	13.77	315.83
瓜果	公斤	165.56	17.78	12.03	17.21	11.60
树苗	株	59.58	34.77	140.15	−16.25	−21.43
鱼虾	公斤	20.28	2.60	14.71	−3.22	−13.70
家禽	只	20.06	−6.09	−23.29	−6.16	−23.49
禽蛋	公斤	22.03	−3.80	−14.71	−1.65	−6.97
蚕茧	公斤	1.97	0.02	1.03	0.26	15.20

注：调查户数：24119户。

农民家庭主要产品生产、出售情况表(续2)

(1990年)

项目	单位	出售情况(户均)				
		金额	比1989年		比1988年	
		(元)	增减	增长(%)	增减	增长(%)
粮食	公斤	686.48	53.52	8.46	181.62	35.97
棉花	公斤	128.88	52.96	69.76	50.48	64.39
油料	公斤	110.21	9.58	9.52	31.77	40.50
麻类	公斤	8.87	2.13	31.60	−1.04	−10.49
糖料	公斤	50.48	13.55	36.69	18.90	59.85
烟	公斤	25.59	−0.62	−2.37	−2.02	−7.32
蔬菜	公斤	184.80	−13.26	−6.69	13.69	8.00
茶叶	公斤	18.90	2.08	12.37	1.11	6.24
瓜果	公斤	129.54	43.38	50.35	53.04	69.33
树苗	株	11.54	3.62	45.71	3.25	39.20
鱼虾	公斤	62.80	14.23	29.30	−10.93	−14.82
家禽	只	85.53	−24.86	−22.52	−36.71	−30.03
禽蛋	公斤	80.52	−4.82	−5.65	−0.05	−0.06
蚕茧	公斤	17.33	−0.13	−0.74	−0.74	−4.10

注：调查户数：24 119户。